Hanjo Kesting
Thomas Mann
Glanz und Qual

Schon zu Lebzeiten war Thomas Mann ein Monument, der letzte Dichterfürst in der Nachfolge Goethes. Den Katastrophen seiner Zeit hat er sich unerschrocken ausgesetzt, auch wenn es ein weiter Weg war von der »machtgeschützten Innerlichkeit« des Kaiserreichs, die er verherrlichte, bis zum Kampf gegen Hitler und das nationalsozialistische Deutschland, den er unermüdlich führte. Seine Sprache besetzt alle Nischen und Winkel der benennbaren Welt, macht sie erzählerisch verfügbar in virtuoser Demonstration ihrer Allmacht. Und seine Ironie, nicht frei von Herablassung, lässt jederzeit die Präsenz des Erzählers spüren, der uns seinen Willen aufzwingt, indem er uns verführt und verzaubert. Hanjo Kestings Buch ist das Resultat einer lebenslangen Beschäftigung mit Thomas Mann in Nähe und Distanz. Klüger, origineller und eleganter ist selten über den »Zauberer« der deutschen Literatur geschrieben worden.

Hanjo Kesting leitete mehr als 30 Jahre (1973–2006) die Hauptredaktion »Kulturelles Wort« beim Norddeutschen Rundfunk. 2006–2023 arbeitete er als Redakteur der Zeitschrift »Neue Gesellschaft/Frankfurter Hefte«. 2005 erhielt er den Kurt-Morawietz-Literaturpreis der Stadt Hannover und 2007 die Ehrenpromotion der Universität Hamburg.

Hanjo Kesting

Thomas Mann

Glanz und Qual

dtv

Für Christian Dräger, Lübeck, in Dankbarkeit

2024 dtv Verlagsgesellschaft mbH & Co. KG, München
Lizenzausgabe mit Genehmigung des
Wallstein Verlags, Göttingen
© 2023 Wallstein Verlag, Göttingen
All rights reserved
Covergestaltung: dtv nach einem Entwurf von Marion Wiebel
Covermotiv: Thomas Mann, Fotografie von Eric Schaal
© Wallstein Verlag, Göttingen. Original in der
Deutschen Nationalbibliothek;
Deutsches Exilarchiv 1933-1945,
Frankfurt am Main
Satz: Fotosatz Amann, Memmingen
Druck und Bindung: CPI books GmbH. Leck
Printed in Germany · ISBN 978-3-423-35244-4

Inhalt

Vorwort
— 7 —

I Werkfahrten

Seelengeschichte des deutschen Bürgertums
»Buddenbrooks. Verfall einer Familie«
— 17 —

Wider die Todessympathie
»Der Zauberberg«
— 44 —

Der humanisierte Mythos
»Joseph und seine Brüder«
— 81 —

Goethe-Vision aus dem Exil
»Lotte in Weimar«
— 107 —

Elend und Gnade
»Der Erwählte«
— 131 —

Was meiner Humanität zum Grunde liegt
»Die Betrogene«
— 145 —

II Querfahrten

Seelenzauber mit finsteren Konsequenzen
Thomas Mann und die Musik
— 171 —

Mehr als befreundet, weniger als Freund
Die Brüder Heinrich Mann und Thomas Mann
— 197 —

Im Schatten des »Zauberers«
Thomas Mann und Klaus Mann
— 221 —

Endspiel im Hotel
Thomas Mann auf Reisen
— 239 —

III Lebensfahrten

Der Unpolitische und die Republik
Die Tagebücher 1918-1921
— 271 —

»Bin der Letzte, der überhaupt weiß, was ein Werk ist«
Die Tagebücher 1933-1955
— 296 —

Anmerkungen
— 369 —

Nachweise
— 390 —

Personenregister
— 391 —

Werkregister
— 397 —

Vorwort

Der Dichter gibt uns seinen Zauberberg zu lesen,
Was er (fürs Geld) da schreibt, ist gut gesprochen!,
Was er (umsonst) verschweigt, die Wahrheit wär's gewesen.
Ich sag: der Mann ist blind und nicht bestochen.

Das böse Spottgedicht schrieb Bertolt Brecht 1931 in seiner *Ballade von der Billigung der Welt*. Brecht schlug den Grundton an, mit dem Thomas Manns Werk im Kreis vieler Kollegen aufgenommen wurde. Je renommierter sie selber waren, desto größer waren Distanz und Abwehr, nicht selten auch der Spott über den Autor von *Buddenbrooks* und *Zauberberg*. Robert Musil schmähte ihn als »Großschriftsteller«, Joseph Roth nannte ihn einen jener Menschen, »die Alles erlauben, unter dem Vorwand, Alles zu verstehen«, und Gottfried Benn sprach vom »zerfetzten Intellektuellen«, gegen den er den Bruder Heinrich Mann in Stellung brachte: damals und noch lange Zeit danach ein beliebtes Gesellschaftsspiel.

Marcel Reich-Ranicki hat zum fünfzigsten Todestag Thomas Manns an die Generaloffensive erinnert, die dreißig Jahre zuvor – zum hundertsten Geburtstag – von Schriftstellern deutscher Sprache gegen Thomas Mann vorgetragen wurde, bei einer Umfrage, die der Autor dieses Buches damals für den Norddeutschen Rundfunk veranstaltete. Siebzig von ihnen gaben ihre Antworten zu Protokoll, und Thomas Mann, der Jubilar, erschien dabei, von wenigen Ausnahmen abgesehen, als der große Ungeliebte. Zum Tenor der Antworten ein einziges Zitat von Hans Erich Nossack: »Zu Thomas Mann möchte ich mich lieber nicht äußern. Er ist mir so fremd und seine Prosa ist mir von jeher so konträr, dass ich seine Bücher trotz aller Mühe nie habe zuende lesen können. Doch da er nun einmal weltberühmt ist und als Klassiker gilt, würde ich mich mit so einem Geständnis nur blamieren. Deshalb verschweige ich meine Meinung über ihn lieber.«

Für meine Person sei nicht verschwiegen, dass ich zum hundertsten Geburtstag 1975 eine rabiate Kritik an Thomas Mann formulierte. Sie trug die Überschrift »Der Selbsterwählte oder Zehn polemische Thesen über einen Klassiker« und bildete die Grundlage für eine Radiodiskussion, in der sich Martin Walser und Walter Boehlich in die Front der Thomas Mann-Kritiker einreihten, so dass Peter Wapnewski als Vierter am Tisch sich genötigt sah, die schwierige Rolle eines »Fürsprechers« zu übernehmen. Die Sendung ging in den Äther, sicher zum Kopfschütteln vieler Thomas Mann-Verehrer, ohne aber weitere meteorologische Störungen hervorzurufen. Dann jedoch gelangten die »polemischen Thesen« in die Hände von Hellmuth Karasek, damals Kulturredakteur des *Spiegel,* der sie unverzüglich abdruckte und damit einen Sturm von Leserbriefen entfachte, gefolgt von einer Erwiderung von Rolf Hochhuth, der Thomas Mann gegen den »Undank vom Urenkel« verteidigte.

Das liegt fast fünfzig Jahre zurück, aber noch heute kommt es vor, dass ich auf das aufsässige Produkt angesprochen werde. Zum fünfzigsten Todestag Thomas Manns prangte es, grellrot umrandet, als Kernstück in einer Lübecker Ausstellung über »Thomas Mann und die Nachwelt«. Es hängt mir, wenn ich so sagen darf, immer noch an, vor allem bei den Verehrern des »Zauberers«. Heute gehöre ich selber zu diesen Verehrern und finde das aus einem ödipalen Reflex entstandene Thesenpapier ziemlich unausgegoren, zwar nicht völlig falsch in manchen Beobachtungen, aber voreilig und kurzsichtig in seinen Schlussfolgerungen. Positiv formuliert: Thomas Mann ist für mich, trotz Kafka, Musil, Döblin und Brecht, der größte deutschsprachige Schriftsteller aus der ersten Hälfte des zwanzigsten Jahrhunderts. Das ist keine rein literarische Wertung, denn an seismographischer Tiefenlotung und künstlerischer Fernwirkung reicht er etwa an Kafka nicht heran, aber die immense öffentliche und politische Rolle, die er in seinen beiden letzten Lebensjahrzehnten spielte, ist von seinem Werk nicht abzutrennen. Wenn Literatur über das persönliche Leseerlebnis hinaus eine öffentliche Funktion zukommt, dann hat Thomas Mann sie beharrlich und wirkungsvoll wahrgenommen und ausgefüllt. Den deutschen Katastrophen des Jahrhunderts hat er sich unerschrocken ausgesetzt, auch wenn es ein weiter Weg war von der »machtgeschützten Innerlichkeit« des Kaiserreichs, die er verherrlichte, bis zum Kampf gegen Hitler und das nationalsozialistische Deutschland, den er unermüdlich führte. Die lange nach seinem Tod veröffentlichten Tagebücher geben Zeugnis davon. Sie sind mit ihrer Verbindung persönlicher, literarischer und historisch-politischer Elemente ein einzigartiges Dokument, das dichteste, umfassendste und eindringlichste, das ein einzelner Autor aus dieser Zeit hinterlassen hat.

Democracy will win! hieß 2021 eine Ausstellung im Münchner Literaturhaus, die im Namen Thomas Manns die Grundwerte der Demokratie gegen Populismus und Nationalismus verteidigen sollte. Man vergisst darüber leicht, dass man Thomas Mann ebendiese Haltung im westlichen Teil Deutschlands nach Ende des Zweiten Weltkriegs nicht selten verübelte. Und noch leichter vergisst man, dass er diese Haltung nicht immer in seinem Leben eingenommen hatte. Er war ein erzreaktionärer Apologet des deutschen Kaiserreichs und ein Lobredner des Krieges, weit entfernt von allem bürgerlichen Maß und aller demokratischen Vernunft. Belege dafür sind der Aufsatz *Friedrich und die große Koalition* von 1915 und die drei Jahre später publizierten *Betrachtungen eines Unpolitischen*. Es war keineswegs zufällig, dass diese beiden Schriften mit ihrer intellektuellen Schärfe und sprachlichen Höhenluft rein literarisch zum Besten gehören, das er geschrieben hat. Er hat sie auch niemals zurückgenommen, schon gar nicht widerrufen, und so taugt er nur in Maßen zur demokratischen Symbolfigur. Er habe immer gefühlt, schrieb er noch kurz vor seinem Tode, dass er zur Zeit seines reaktionären Trotzes »viel interessanter und der Platitüde ferner«

war als in der Rolle des »demokratischen Wanderredners«. Sie war eben nur eine Rolle, fast eine Attitüde, eine Gereiztheitsreaktion auf den Irrationalismus und Tiefenschwindel eines Regimes, das ihm den Weg ins Exil auferlegte, aber vor allem war sie eine erschrockene und empörte Abgrenzung von der unerhörten Entstellung und Verhunzung vieler Dinge, die ihm vormals lieb und teuer gewesen waren, durch eben dieses Regime. In den *Betrachtungen eines Unpolitischen* hat er sie mit phantastischer Genauigkeit beim Namen genannt: »Romantik, Nationalismus, Bürgerlichkeit, Musik, Pessimismus, Humor [...].« Die Aufzählung lässt keinen Zweifel daran, dass Thomas Mann seinem geistigen Herkommen nach ein Mann des neunzehnten Jahrhunderts war.

War er es auch als Schriftsteller? Mit dem Familienroman *Buddenbrooks* hatte der Lübecker Großbürgerssohn vom Jahrgang 1875 debütiert: das Buch eines Fünfundzwanzigjährigen, ein Wunderbuch an Reife und Wissen. In fast sechs Jahrzehnten wuchs das riesige literarische Werk, einzigartig nach Umfang und geistiger Spannweite: der magistrale *Zauberberg*, die biblische Tetralogie *Joseph und seine Brüder*, das Schmerzensbuch des *Doktor Faustus*, die kleineren Romane, die Erzählungen, die Essays, Reden und Rezensionen, die politischen und autobiographischen Schriften, die Tagebücher und das gewaltige Briefwerk. Thomas Mann: ein Dichterfürst von feinster Empfindlichkeit, aber mit lauernden Abgründen, tief verwurzelt in deutscher Kultur, aufgewachsen mit Schopenhauer, Nietzsche und Wagner, sich selbst vollendend im Zeichen Goethes. Schiller galt sein letztes Liebeswort. Schon diese grobe Skizze macht deutlich, dass er nicht zur literarischen Moderne gehörte, weniger jedenfalls als Döblin, Kafka, Musil, seine großen Zeitgenossen, oder auch Joyce, Proust und Virginia Woolf. Nicht völlig zu Unrecht ist der Einwand gegen ihn vorgebracht worden, er sei ein Nachfahr des bürgerlichen Realismus, der nie versucht habe, »durch neuartige Anordnung der Prosaelemente eine bessere, eindringlichere

Abbildung der Welt zu erreichen«. Aber der emphatische Begriff der Moderne, so wie ihn die Joyce-Adepten und in ihrem Gefolge Arno Schmidt vertraten, ist selber historisch geworden und wirkt künstlerisch nicht mehr verpflichtend. Ein anderer Einwand lautet, dass Thomas Mann in vielen Erzählungen und Romanen über weite Strecken Geistesgeschichte geschrieben habe. Seine Bücher seien kulturgeschichtliche Maskeraden, worin sich ein Essayist als Romancier verkleide und seine Figuren zu bloßen Maskenträgern degradiere. Doch was immer daran zutreffen mag, es wird bei weitem aufgewogen und überwogen durch die Vielzahl tiefenscharf gesehener Figuren, die die Intensität seiner Wahrnehmung ebenso belegen wie sein virtuoses Vermögen künstlerischer Ausgestaltung. Ein dritter Einwand wiegt am schwersten: die weitgehende Abwesenheit des Weiblichen in seinem Werk. Thomas Manns Frauengestalten sind, wie sonst nur die Nebenfiguren, Leitmotiv-Träger und haben weder Charakter noch Persönlichkeit oder gar eigene Entwicklung. Sie sind den männlichen Helden funktionell zugeordnet, weitgehend geschlechtslos oder reduziert auf die Rolle bedrohlicher *femmes fatales*. Die verborgene Triebhaftigkeit, die Thomas Manns Werk durchzieht, ist homoerotisch getönt. Weibliche Sexualität ist meist unterdrückt oder erscheint krass naturalistisch, als bloße Sexualfunktion. Als Kraft, die dieses klug verwaltete Werk hätte sprengen können, wurde das Weibliche verdrängt, tabuisiert, auch dämonisiert.

Gewiss trifft zu, dass Thomas Mann der Endpunkt einer ganz bestimmten Richtung deutscher Prosasprache ist, einer Sprache, die stark vom rhetorischen Element durchsetzt und bestimmt ist, man könnte auch sagen: vom Bereden der Dinge. Seine Sprache besetzt alle Nischen und Winkel der benennbaren Welt und macht sie erzählerisch verfügbar in virtuoser Demonstration seiner Allmacht. Deren wichtigstes Instrument ist die berühmte Thomas Mann'sche Ironie, die das ganze Werk bestimmt, imprägniert, »trägt«. Lückenlos, universell und nicht frei von Herablassung macht sie jederzeit die Präsenz des Erzählers spürbar, der uns seinen Willen aufzwingt, indem er uns verführt und verzaubert. Ironie und Humor wirken dabei als Mittel der Steigerung. Ihrer zweideutigen Natur nach ist Ironie aber ein Kunstmittel, das gleichzeitig in die andere Richtung wirkt und nicht verbergen kann, dass dieses erzählerische Wunder- und Zauberwerk innerlich brüchig ist und auf tönernen Füßen steht. Ironie ist Abwehr und Leugnung des bürgerlichen Zerfalls, eine Leugnung wider besseres Wissen, denn für den Niedergang und Untergang des Bürgertums wie für alle Formen des Verfalls hatte Thomas Mann von früh auf ein feines Gespür. Es war überhaupt der Ausgangspunkt und tiefere Anreiz seines Künstlertums, in dem er sich, wie in seiner Schlüsselnovelle *Tonio Kröger*, als verirrten Bürger erkannte. Das zwang ihm ein zunehmend gebrochenes Verhältnis zur Sprache auf, denn um weiter in dem Haus wohnen zu können, in dem er aufgewachsen war, musste er diese Sprache immer reicher entfalten, immer virtuoser entwickeln, mit immer neuen Reizen ausstatten, bis jene alexandrinische Vollhöhe erreicht war, jenseits derer keine Fortsetzung und Weiterentwicklung mehr möglich war, nicht einmal als Parodie oder Travestie, da alle Spielarten komischer Dekonstruktion bereits von ihm selber ausgereizt worden waren. So ist Thomas Manns Werk, wo immer man es aufschlägt, vom Goldglanz der Vollendung umgeben, der es wie ein magischer Schutzwall umhüllt. Vor langen Jahren, als ich meine polemischen Thesen anschlug, habe ich vor allem dieses glänzende Gold gesehen, den Prunkrahmen um das Gemälde des großen Werkes. Doch muss man das Gemälde selbst ins Auge fassen, um zu erkennen, dass es bei allem Glanz über einem Abgrund von Qual, Not und Schmerz errichtet ist. Heute scheint mir die große Leistung Thomas Manns darin zu bestehen, dass das vollkommen Rhetorische seines Duktus die literarische Substanz nicht auflöst, sondern für alle Antinomien und Widersprüche der menschlichen Existenz durchlässig bleibt. Im Josephsroman stößt er sogar, unter Verzicht auf alle formalen Experimente, in eine neue Dimension vor. Gedrängt durch die Macht der biblischen Vorlage führt er ein mythologisches, religionswissenschaftlich und ethnologisch unterfüttertes Welttheater auf, worin die Ironie nur noch ein Reiz neben anderen ist, geläutert durch die Spiritualität des Stoffes und ins Kosmische erweitert durch den geisterhaften Umgang mit dem Erbe von Jahrtausenden.

Thomas Mann verstand sich als Schriftsteller einer Spätzeit. Wie in seinem ersten Roman der kleine Hanno Buddenbrook unter die Genealogie seiner Familie einen langen Strich zieht und, deswegen zur Rede gestellt, erklärt: »Ich dachte – ich dachte – es käme nichts mehr«, so hätte auch Thomas Mann unter sein Werk einen solchen Strich ziehen können. Tatsächlich schrieb er fünfzig Jahre später anlässlich des kleinen Romans *Der Erwählte:* »Es kommt nichts mehr. Barbarei senkt sich herab, eine lange Nacht vielleicht und ein tiefes Vergessen.« Das mag hochmütig klingen, denn zweifellos meinte Thomas Mann das Vergessen *seiner,* der *bürgerlichen Kultur*, die er zeitlebens repräsentierte – heute fasst man sie gern in die abfällige Formel vom Bildungsbürgertum. An ihre Stelle ist die Wegwerfgesellschaft getreten, die alles den Maximen der Käuflichkeit und Profitabilität unterwirft. Auch wo die Ahnung dafür aufdämmert, dass dies ein unaufhaltsamer, von Katastrophen begleiteter Weg in den Untergang ist, ein Weg, der sich nur durch eine andere Form der Ökonomie und das Eintreten für Natur- und Klimaschutz aufhalten oder verlangsamen lässt, erkennt man nirgendwo ein vergleichbares Bewusstsein für die Bewahrung der Kultur. Vielmehr akklamiert man heute ihrer Verwandlung in ein umfassendes Entertainment im Zeichen materieller Verwertung oder gibt sich weltoffen und fortschrittlich im Zeichen eines multikulturellen Mischmaschs, der alles Spezifische zerstört und das eigene Herkommen undeutlich macht. Thomas

Manns Werk kann wie kaum ein anderes daran erinnern, wieviel Großes und Unwiederholbares im sich ausbreitenden Vergessen zunehmend in Verlust gerät.

I Werkfahrten

Seelengeschichte des deutschen Bürgertums
»Buddenbrooks. Verfall einer Familie«

»Das Epische ist Hörwerk weit eher als Lesewerk«, schrieb Thomas Mann 1940, als er ein Kapitel aus *Buddenbrooks* in Amerika für die Schallplatte aufnahm, »und auch diesem Buch wurde zuerst zugehört, wenn der junge Mensch, der daran schrieb, Angehörigen und Freunden daraus vorlas.« Die Entstehung des Jugendwerks lag damals vier Jahrzehnte zurück, ein beständig wachsender Ruhm und viele große Ehren waren ihm zuteil geworden. Dennoch fügte Thomas Mann hinzu: »Keine rührt mich mehr als die, die ihm nun hier in Amerika zugedacht ist: daß es Schallplatten eingeprägt werden […] soll […].«

Es war vermutlich der Reiz des jungen Mediums, der den Autor so überschwänglich urteilen ließ. Schon 1932 war er erstmals eingeladen worden, im Rundfunk eine persönliche Erinnerung preiszugeben, und auch bei dieser Gelegenheit kam er auf das Jugendwerk zu sprechen, mit Worten, die etwas kokett, aber in sich widersprüchlich klangen: »Es ist lange her, daß dieser bürgerliche Roman mir erwuchs, ein Vierundzwanzigjähriger schrieb ihn, der ich einst war, der ich in der seltsamen Kontinuität des individuellen Lebens noch immer bin und der mir doch so fern schon ist, daß ich über sein Werk zu sprechen vermag wie über ein Fremdes.« Thomas Mann war damals siebenundfünfzig Jahre alt und bereits weltberühmt. Drei Jahre zuvor war ihm die höchste literarische Auszeichnung, der Nobelpreis, zugesprochen worden, freilich nicht für sein damals neuestes und intellektuell anspruchsvollstes Werk, den Roman *Der Zauberberg*, sondern für *Buddenbrooks*, das Epos über den »Verfall einer Familie«. Seinen Autor wird es zwiespältig berührt haben, ein weiteres

Mal auf das geniale Jugendwerk festgelegt zu werden, in dem die Frische des ersten Entwurfs und die entwickelte Meisterschaft des Erzählens eine glückliche Synthese eingehen. Den Zwiespalt hielt er im Tagebuch mit einem musikalischen Vergleich fest: »Ein Fall, wie die ›Cavalleria‹ ist es gewiß nicht. Aber vielleicht einer wie der ›Freischütz‹. Immerhin sind ›Oberon‹ und ›Euryanthe‹ noch auf dem Repertoire. – Etwas goethischer habe ich die Lebensentfaltung mit Z[auber]-b[er]g, Joseph, Lotte doch zu gestalten gesucht nach dem Jugendwurf.«

Der »Jugendwurf«: ohne Zweifel nehmen die *Buddenbrooks* im Gesamtwerk des Schriftstellers eine ähnliche Stellung ein wie *Peer Gynt* bei Ibsen oder die *Pickwick Papers* bei Dickens. Man könnte sie auch mit Goethes *Werther* vergleichen, ebenfalls das Werk eines Fünfundzwanzigjährigen. Aber während der *Werther* auf jeder Seite zu erkennen gibt, dass es sich um das Buch eines jungen Schriftstellers handelt, käme kein Leser in Unkenntnis der Umstände so bald auf den Gedanken, in *Buddenbrooks* ein Jugendwerk zu vermuten. In seiner formalen Ausgewogenheit und epischen Objektivität, auch in seinem humoristischen Weltgefühl ist es ein Werk der Vollendung – der krönende Schlussstein des europäischen Realismus im neunzehnten Jahrhundert. Gerade deshalb mochte Thomas Mann Freude daran haben, es aus der Perspektive des Jahres 1932 als Jugendsünde eines angehenden Schriftstellers erscheinen zu lassen.

Bei Erscheinen im Oktober 1901 löste der Roman in Thomas Manns Heimatstadt Lübeck und bei seiner Familie Entsetzen aus. Die Bürger der Hansestadt fühlten sich verunglimpft, die Indiskretionen über den allmählichen Abstieg einer angesehenen Patrizierfamilie verletzten die Angehörigen zutiefst: »Es sind mir im Laufe der letzten 12 Jahre durch die Herausgabe der ›Buddenbrocks‹, verfaßt von meinem Neffen, Herrn Thomas Mann in München, dermaßen viele Unannehmlichkeiten erwachsen, die von den traurigsten

Konsequenzen für mich waren ... Ich sehe mich deshalb veranlaßt, mich an das lesende Publikum Lübecks zu wenden und dasselbe zu bitten, das oben erwähnte Buch gebührend einzuschätzen. – Wenn der Verfasser der ›Buddenbrocks‹ in karikierender Weise seine allernächsten Verwandten in den Schmutz zieht und deren Lebensschicksale eklatant preisgibt, so wird jeder rechtdenkende Mensch finden, daß dies verwerflich ist. Ein trauriger Vogel, der sein eignes Nest beschmutzt.« So eine Zuschrift des Onkels Friedrich Mann an den *Lübecker Generalanzeiger*, in der nicht einmal der Titel richtig wiedergegeben war. Der Stachel saß tief. Noch fünfundzwanzig Jahre später war Thomas Mann bemüht, in seiner Heimatstadt Wunden zu schließen, etwa mit dem Vortrag *Lübeck als geistige Lebensform*, in dem er sich nicht ohne Stolz zu seiner Herkunft bekannte. Es war eben jener Text, den er etwas später für das Radio variierte und in dem er auf die immer noch schmerzende Kritik mit dem Zugeständnis einging, »daß hier zu Hause dem viel angeführten Wort von dem Vogel, der sein eigenes Nest beschmutzt, nur wenige zu widersprechen wagten«. Thomas Mann fuhr fort mit dem scheinbaren Zugeständnis: »Vielleicht wagte nicht einmal der junge Autor und Übeltäter selbst, ihm zu widersprechen. Ihm war es ja, offen gestanden, wirklich nicht um eine Glorifikation Lübecks zu tun gewesen, sondern um den aus allen literarischen Zonen und außerdem von Wagner her beeinflußten Versuch eines Prosa-Epos, in das er die recht unlübeckischen geistigen Erlebnisse einströmen ließ, die seine zwanzig Jahre erschüttert hatten: den musikalischen Pessimismus Schopenhauers, die Verfalls-Psychologie Nietzsche's, und dessen örtlich-stoffliches Teil ihn im Grunde wenig begeisterte. Dieses hatte sich ihm angeboten als das, was er beherrschte, womit er sein ernstes Spiel treiben mochte [...].«

Das örtlich-stoffliche Teil, also Lübeck und seine Familie, nur als Versatzstücke auf einer Bühne zu einem Stück, das mit deutlicher Anspielung auf Goethes *Dichtung und Wahr-*

heit in erster Linie die verschlüsselte Autobiographie des eigenen Bildungsweges und einer problematischen Jugend sein wollte, einer Adoleszenz, die durch die Lektüre Schopenhauers und Nietzsches, aber auch die Musik Richard Wagners geprägt war. Im Roman ist die Senatorengattin Gerda Buddenbrook die Anwältin dieser damals neuen Musik, die sie gegen die Einrede ihres Musiklehrers Pfühl verteidigt.

Am Tage, da sie ihm zum ersten Male Klavierauszüge aus ›Tristan und Isolde‹ aufs Pult gelegt und ihn gebeten hatte, ihr vorzuspielen, war er nach fünfundzwanzig Takten aufgesprungen und mit allen Anzeichen des äußersten Ekels zwischen Erker und Flügel hin und wider geeilt.

»Ich spiele dies nicht, gnädige Frau, ich bin Ihr ergebenster Diener, aber ich spiele dies nicht! Das ist keine Musik … glauben Sie mir doch … ich habe mir immer eingebildet, ein wenig von Musik zu verstehen! Dies ist das Chaos! Dies ist Demagogie, Blasphemie und Wahnwitz! Dies ist ein parfümierter Qualm, in dem es blitzt! Dies ist das Ende aller Moral in der Kunst! Ich spiele es nicht!« Und mit diesen Worten hatte er sich wieder auf den Sessel geworfen und, während sein Kehlkopf auf und nieder wanderte, unter Schlucken und hohlem Husten weitere fünfundzwanzig Takte hervorgebracht, um dann das Klavier zu schließen und zu rufen:

»Pfui! Nein, Herr du mein Gott, dies geht zu weit! Verzeihen Sie mir, verehrteste Frau, ich rede offen … Sie honorieren mich, Sie bezahlen mich seit Jahr und Tag für meine Dienste … und ich bin ein Mann in bescheidener Lebenslage. Aber ich lege mein Amt nieder, ich verzichte darauf, wenn Sie mich zu diesen Ruchlosigkeiten zwingen …! Und das Kind, dort sitzt das Kind auf seinem Stuhle! Es ist leise hereingekommen, um Musik zu hören! Wollen Sie seinen Geist denn ganz und gar vergiften?…«

Aber so fürchterlich er sich gebärdete, – langsam und

Schritt für Schritt, durch Gewöhnung und Zureden, zog sie ihn zu sich herüber.

»Pfühl«, sagte sie, »seien Sie billig und nehmen Sie die Sache mit Ruhe. Seine ungewohnte Art im Gebrauch der Harmonien verwirrt Sie ... Sie finden, im Vergleich damit, Beethoven rein, klar und natürlich. Aber bedenken Sie, wie Beethoven seine nach alter Weise gebildeten Zeitgenossen aus der Fassung gebracht hat ... und Bach selbst, mein Gott, man warf ihm Mangel an Wohlklang und Klarheit vor! ... Sie sprechen von Moral ... aber was verstehen Sie unter Moral in der Kunst?«

Die Szene aus dem achten Teil von *Buddenbrooks* ist exemplarisch nicht nur für die Erzählhaltung des ganzen Werks, sondern auch für die fließende Grenze zwischen Dichtung und Wahrheit in Thomas Manns Familienchronik. Der Klavierlehrer Pfühl mit seiner kleinbürgerlichen Aufgeregtheit ist dem Organisten von St. Marien, direkt gegenüber dem heutigen Buddenbrookhaus, nachempfunden, die musisch feinsinnige Gerda Buddenbrook trägt Züge der Mutter Thomas Manns, und auch für die dritte beteiligte Person, das stumm lauschende Kind Hanno Buddenbrook, gibt es ein reales Vorbild, diesmal sogar mit direktem autobiographischen Bezug: »[...] ich [kauerte] stundenlang in einem der hellgrau gesteppten Fauteuils und lauschte dem wohlgeübten, sinnlich feinfühligen Spiel meiner Mutter [...]. Ihr verdanke ich eine nie verlorene Vertrautheit mit diesem vielleicht herrlichsten Gebiet deutscher Kunstpflege, einer Kultur für sich, in der Tat, in der ein Meister dem anderen den goldenen Ball zuwirft.«

Diese Mutter, im Roman Gerda Buddenbrook geb. Arnoldsen aus Amsterdam, war Julia Mann geb. da Silva-Bruhns. Sie entstammte der Verbindung eines nach Südamerika ausgewanderten deutschen Kaffeeplantagenbesitzers mit einer portugiesisch-kreolischen Brasilianerin. Im Roman ist sie eine elegante, exotische, aber auch rätselhafte Schönheit mit schwerem, dunkelrotem Haar, das ein mattweißes Gesicht und einen edelgeformten Mund umrahmt. Leitmotivisch werden immer wieder ihre »nahe beieinander liegenden, braunen, von feinen bläulichen Schatten umlagerten Augen« erwähnt. Aber nicht nur Thomas Manns eigene Mutter, auch Hans Christian Andersens geheimnisvolle Schneekönigin hat, wie Michael Maar gezeigt hat, für diese Figur Modell gestanden. Anders der Vater, der sich als großbürgerlicher Inhaber der Firma Buddenbrook und einflussreicher Senator Sorgen macht:

> Thomas Buddenbrook war in seinem Herzen nicht einverstanden mit dem Wesen und der Entwicklung des kleinen Johann. – Er hatte einst, allem Kopfschütteln schnell verblüffter Philister zum Trotz, Gerda Arnoldsen heimgeführt, weil er sich stark und frei genug gefühlt hatte, unbeschadet seiner bürgerlichen Tüchtigkeit einen distinguierteren Geschmack an den Tag zu legen als den allgemein üblichen. Aber sollte nun das Kind, dieser lange vergebens ersehnte Erbe, der doch äußerlich und körperlich manche Abzeichen seiner väterlichen Familie trug, so ganz und gar dieser Mutter gehören? Sollte er, von dem er erhofft hatte, daß er einst mit glücklicherer und unbefangenerer Hand die Arbeit seines Lebens fortführen werde, der ganzen Umgebung, in der er zu leben und wirken berufen, ja seinem Vater selbst, innerlich und von Natur aus fremd und befremdend gegenüberstehen?

Wenn die Handlung bis an diesen Punkt der Familiengeschichte gelangt ist, sind Zweidrittel des Stoffes – in der noch in Fraktur gesetzten Ausgabe von 1901 gut siebenhundert Seiten – bewältigt, und es wird immer deutlicher, dass der Verfall der Familie zum Untergang der Getreidefirma Buddenbrook führen wird. Denn worüber Senator Buddenbrook nachsinnt, ist weniger der geläufige Generationenkonflikt, der das Verhältnis von Vätern und Söhnen belastet, sondern ein Syndrom, das sich in großbürgerlichen Unternehmerkreisen der Gründerzeit immer wieder zeigte und das Bismarck auf die Formel gebracht hatte, die erste Generation schaffe an, die zweite verwalte, die dritte studiere Kunstgeschichte.

Im Falle des jungen Thomas Mann hatte es nicht einmal bis zum Studium gereicht. Der aus heutiger Sicht so gelehrt wirkende und später mit akademischen Ehrentiteln überhäufte Schriftsteller war reiner Autodidakt, der sich nicht auf lohnabhängige Arbeit verstand, sieht man ab von einer kurzen Episode als Volontär bei einer Feuerversicherungsanstalt, der zeitweisen redaktionellen Mitarbeit bei der satirischen Zeitschrift *Simplicissimus* und einer vorübergehenden Tätigkeit als Lektor im Münchner Verlag Albert Langen.

»Wie wurde er überhaupt zum Künstler? Was ließ ihn so zerfallen mit der Sphäre seiner Herkunft, die ihn doch zum fest auf dem Boden der Wirklichkeit stehenden Kaufmann hätte bestimmen können?« Hermann Kurzke hat in seiner bedeutenden Thomas Mann-Studie die Lebensumstände des jungen Schriftstellers in einen gesellschaftspolitischen Zusammenhang gestellt: »Der Vater starb 1891, als Thomas sechzehn Jahre alt war. Die angesehene Getreidefirma ›Johann Siegmund Mann‹ wurde im 101. Jahr ihres Bestehens auf Grund einer testamentarischen Verfügung des Vaters liquidiert. Offenbar traute er weder seiner Frau noch den Kindern die Führung des Geschäfts zu. In einer Zeit, in der sonst vorwiegend Firmen gegründet werden, wird hier eine geschlossen. Soziologisch ist Thomas Manns Herkunft insoweit *nicht* repräsentativ. Er ist nicht der zeittypische Bürger, so wenig die Traditionen der republikanischen Hansestadt Lübeck die gleichen sind wie die des staatlich gedeckten Kapitalismus der Gründerjahre im übrigen Deutschland. Der schon Jahrhunderte alte patrizische Republikanismus der Hansestadt hat Lebensformen geschaffen, die eher denen des Adels gleichen als denen einer robusten neureichen Bourgeoisie. Es ist das Bewußtsein einer *besonderen* und seltenen, einer aristokratischen Herkunft, was Thomas Manns Distanz zu allen Gruppierungen seiner Zeit erklärt. Es ist schließlich die soziale Ortlosigkeit nach der Liquidation der Firma, die ihn zum Künstler prädestiniert.«

Zweifellos gehörten hanseatisches Selbstbewusstsein und ein ins Dünkelhafte gesteigerter Patrizierstolz zu den milieubedingten Eigenschaften, die Thomas Mann bereits in der Kindheit vermittelt wurden. Doch nicht weniger entscheidend wurden für ihn seine pubertären Bildungserlebnisse, allen voran Nietzsche. Der Philosoph, der als scharfsinniger Psychologe die Dekadenz der bürgerlichen Welt durchschaut hatte und der sich, zerrissen zwischen Künstlertum und Gelehrtendasein, stets als ein Besonderer, als Ausnahmemensch gefühlt hatte – eben dieser Friedrich Nietzsche war das Leitbild des jungen Thomas Mann, das ihn sein Leben lang begleiten sollte und noch in die Tiefenschichten seines Spätwerkes *Doktor Faustus* hineinwirkte. Die alten Werte sind brüchig geworden und zum Untergang bestimmt – es ist die fahle Nacht der Götterdämmerung, die es zu bezeugen gilt: Dieses Selbstverständnis hatten beide, der Philosoph und der Dichter, jeder auf seine Weise verinnerlicht.

»Ich war ein elfjähriges Kind, als er in Berlin seinen Verlag gründete. Zehn Jahre später war es der Traum jedes jungen Literaten, ein Buch bei S. Fischer zu haben, und meiner auch«, schrieb Thomas Mann später zur Erinnerung an den Verleger Samuel Fischer. Nach einigen literarischen Versuchen in den ersten Münchner Jahren, darunter eine Geschichte, die im *Simplicissimus* veröffentlicht und sogar ordentlich honoriert worden war, wagte es der Einundzwanzigjährige im Januar 1897, seine neue Novelle *Der kleine Herr Friedemann* an den Verlag zu schicken, der damals bereits zum wichtigsten Organ der literarischen Moderne in Deutschland geworden war. In Berlin war man beeindruckt. Die Novelle wurde im Aprilheft der hauseigenen *Neuen Rundschau* veröffentlicht, gleichzeitig äußerte der Verlag den Wunsch, auch weitere, ja *alle* Manuskripte des jungen Autors kennenzulernen. Thomas Mann, der inzwischen mit seinem älteren Bruder Heinrich nach Rom übergesiedelt war, wählte einige ältere und neuere Texte aus, da er vermutete, der Verlag plane einen kompletten Band mit seinen Arbeiten. Der Verleger aber wollte mehr und schrieb Ende Mai 1897 den entscheidenden Brief, von dem der englische Literaturhistoriker Nigel Hamilton gesagt hat, kein anderes Schreiben in der Geschichte des deutschen Verlagswesens habe sich so glänzend ausgezahlt wie dieses: »Sehr geehrter Herr Mann! Ihren Novellenband will ich gern verlegen. Die Sachen haben mir sehr gut gefallen, ich möchte sie mit einem illustrierten Umschlag in meiner ›Collection Fischer‹ bringen […]. Ich kann Ihnen für die ›Collection‹, die ich zu einem sehr billigen Preis vertreibe, ein gutes Honorar nicht anbieten; ich würde mich aber sehr freuen, wenn Sie mir Gelegenheit geben würden, ein größeres Prosawerk von Ihnen zu veröffentlichen, vielleicht einen Roman, wenn er auch nicht so lang ist. Für Publikationen dieser Art kann ich ungleich bessere Honorare bezahlen […]. Ich will für Ihre Production gern wirken, natürlich unter der Voraussetzung, daß Sie mir alle Ihre Produkte zum Verlag übergeben.«

»Fischers Spürsinn war auf der richtigen Fährte«, schrieb Peter de Mendelssohn, der spätere Verlagschronist, über den jungen Verleger, der mit abenteuerlichem Wagemut schon andere, bis dahin wenig bekannte Autoren an sich gebunden hatte: Gerhart Hauptmann, Arthur Schnitzler, Hugo von Hofmannsthal, aber auch Henrik Ibsen, Leo Tolstoi und Herman Bang – die ganze Palette einer sich etablierenden literarischen Moderne. Nun erging der Lockruf an Thomas Mann, dessen erste Arbeiten dem Verleger offenbar den Gedanken eingegeben hatten, es könne in ihm wohl auch ein Roman, vielleicht sogar eine dereinstige Gesamtausgabe stecken.

Der so mit Vorschusslorbeer geschmückte Autor selbst zweifelte noch an den eigenen Fähigkeiten: »[...] die psychologische short story war es, die ich endgültig für mein Genre hielt: ich glaubte nicht, daß ich es je mit einer großen Komposition würde aufnehmen können und wollen.« Doch schon bald wurde er anderen Sinnes. An seinen Jugendfreund Otto Grautoff schrieb er im August 1897 aus Palestrina: »Ich selbst hatte eigentlich bislang nicht geglaubt, daß ich jemals die Courage zu einem solchen Unternehmen finden würde. Nun aber habe ich, ziemlich plötzlich, einen Stoff entdeckt, einen Entschluß gefaßt und denke nächstens, nachdem ich noch ein bischen kontempliert, mit dem Schreiben zu beginnen.« In dem nur fragmentarisch erhaltenen Brief teilt Thomas Mann weiter mit, dass der Roman den Titel »Abwärts« tragen solle. Dabei blieb es nicht, doch die Grundidee erhielt sich in dem späteren Untertitel »Verfall einer Familie«. Er rückt das Buch in den zeitgenössischen Zusammenhang der *fin de siècle*-Literatur und der europäischen Dekadenz. Die Vorbilder liegen auf der Hand: Bücher skandinavischer Autoren wie Jens Peter Jacobsens *Niels Lyhne* und Herman Bangs *Hoffnungslose Geschlechter*, die beide 1880 erschienen waren; ferner die Romane von Alexander Kielland und Jonas Lie, vor allem dessen 1888 in deutscher Übersetzung publizierter *Mahlstrom*, der den Verfall einer angesehenen Kaufmannsfamilie beschreibt und einige Figuren aus *Buddenbrooks* typengenau vorwegnimmt. Schließlich dürfen die Einflüsse der französischen Naturalisten, voran Paul Bourget und die Brüder Goncourt, nicht unerwähnt bleiben. Von ihnen ging die Initialzündung aus, wie Thomas Mann es später in seinem Rundfunkvortrag beschrieben hat: »Da geschah es, daß ich in Rom, wo ich damals mit meinem Bruder vorläufig lebte, einen französischen Roman, die ›Renée Mauperin‹ der Brüder Goncourt, las und wiederlas, mit einem Entzücken über die Leichtigkeit, Geglücktheit und Präzision dieses in ganz kurzen Kapiteln komponierten Werkes, einer Bewunderung, die produktiv wurde und mich denken ließ, dergleichen müsse doch schließlich wohl auch zu machen sein. Nicht Zola also, wie man vielfach angenommen hat – ich kannte ihn damals gar nicht –, sondern die sehr viel artistischeren Goncourts waren es, die mich in Bewegung setzten, und als weitere Vorbilder boten skandinavische Familienromane sich an, legten sich als Vorbilder darum nahe, weil es ja eine Familiengeschichte, und zwar eine handelsstädtische, der skandinavischen Sphäre schon nahe, war, die mir vorschwebte. Auch dem Umfang nach wurde dann etwas den Büchern Kiellands und Jonas Lie's Entsprechendes konzipiert: zweihundertfünfzig Seiten, nicht mehr, in fünfzehn Kapiteln – ich weiß es noch, wie ich sie aufstellte.«

Es war ein Akt der Selbstfindung, aber auch der Selbstbefreiung. Der einst so arbeitsunwillige Schüler, der bürgerliche Tugenden wie Fleiß und Disziplin geringgeschätzt hatte, wurde plötzlich zu einem ehrgeizigen Perfektionisten, der chronologische Schemata und exakte Stammbäume entwarf, viel gegenständliches Material und sogar psychologische Pointen sammelte und familiäre Wissenslücken durch penible Recherchen, Anfragen bei Verwandten und Bekannten im weit entfernten Lübeck, zu schließen suchte. Das Konvolut der Vorarbeiten hat sich erhalten, darin findet sich auch die erwähnte skizzenhafte Kapiteleinteilung. »Das neue Haus. Festessen. Brief von Gotthold« heißt hier das erste Kapitel; »Thomas stirbt« und »Der kleine Johann stirbt« heißen die letzten beiden. Erwähnt sind auch die beiden Verlobungen und Scheidungen Tony Buddenbrooks, Thomas Buddenbrooks Wahl zum Senator und die Verhaftung des Direktors Weinschenk. Und schon in den frühesten Notizen finden sich prägnante Formulierungen, die später in den Roman eingingen und mehr mit Atmosphäre und Kolorit des Buches als mit seiner Handlung zu tun haben. Unter dem Stichwort »Anfang« heißt es da: »Was ist das. – Was – ist – das ...« »Je, den Düwel ook, c'est la question, ma très chère demoiselle!«

Es sind die berühmten Anfangsworte des Romans. Auch das Schlusswort »*Es ist so!*« der kleinen, strafenden, begeisterten Prophetin Sesemi Weichbrodt ist hier bereits notiert. Andere Einflüsse wirkten mehr aus der Tiefe: die Romane Tolstois, die Novellistik Turgenjews, der musikalisch grundierte Pessimismus Schopenhauers, der Leitmotivzauber Wagners. Auch Theodor Fontane, der temperamentverwandte märkische Romancier, übte seinen Einfluss aus. Zwar hat Thomas Mann später erklärt, Fontane zur Entstehungszeit von *Buddenbrooks* noch nicht gekannt zu haben, doch ist die Fontane-Lektüre durch frühe Briefe belegt. Sogar der Name der Familie, deren Verfall im Roman erzählt wird, ist von Fontane übernommen: Buddenbrook heißt in *Effi Briest* der Sekundant des Majors Crampas, und der Silbenfall des Namens erinnert an Fontanes *Poggenpuhls*.

Als Thomas Mann einige Monate später von Rom nach München übersiedelte, trug er bereits ein stattliches Manuskript im Reisegepäck. »[...] was war im Begriffe, aus den zweihundertfünfzig Seiten zu werden!«, fragte er verwundert sich selber. »Die Arbeit schwoll mir unter den Händen auf; alles nahm ungeheuer viel mehr Raum (und Zeit) in Anspruch, als ich mir hatte träumen lassen; während ich mich eigentlich nur für die Geschichte des sensitiven Spätlings Hanno und allenfalls die des Thomas Buddenbrook interessiert hatte, nahm all das, was ich nur als Vorgeschichte behandeln zu können geglaubt hatte, sehr selbständige, sehr eigenberechtigte Gestalt an, und ein wenig fühlte sich meine Sorge über dieses Wachstum erinnert an das ›Ring‹-Erlebnis Wagners, dem aus der Konzeption von ›Siegfrieds Tod‹ die leitmotiv-durchwobene Tetralogie geworden war.«

Ein Anfänger, der sein Unternehmen mit Wagners *Ring* vergleicht, könnte als überheblich und vermessen gelten. Doch geriet Thomas Mann die ebenso besessene wie geduldige Arbeit an *Buddenbrooks* zur entscheidenden Selbsterfahrung: »Was ich selber sei, was ich wolle und nicht wolle, nämlich nicht südliche Schönheitsruhmredigkeit, sondern den Norden, Ethik, Musik, Humor; wie ich mich zum Leben verhielte und zum Tode: ich erfuhr das alles, indem ich *schrieb* – und erfuhr zugleich, daß der Mensch auf keine andere Weise sich kennenlernt, als indem er handelt.« So steht es in *Lübeck als geistige Lebensform*, aus dem Abstand eines Vierteljahrhunderts geschrieben und nicht frei von der Absicht, die frühe Schreiberfahrung lebensgeschichtlich zu deuten.

Drei Jahre nahm die Arbeit an *Buddenbrooks* in Anspruch. Eine Zeit, die – wenn sie glückt – eine Psychoanalyse braucht, um die Ängste und Konflikte der Kindheit bewusst zu machen, zu bearbeiten und vielleicht zu lösen. Die starke ödipale Bindung an die Mutter, die Schuldgefühle gegenüber einem übermächtigen Vater, dessen Erbe anzutreten man für ungeeignet befunden worden war, das Unbehagen an einer bürgerlich-leistungsbestimmten Kultur, deren Dressur man auszuweichen gesucht hatte: all dessen sich schreibend zu vergewissern, geriet zu einem Akt der Selbstheilung, die keines Therapeuten bedurfte. »Tief ist der Brunnen der Vergangenheit. Sollte man ihn nicht unergründlich nennen?« Die berühmte Sentenz am Beginn von *Joseph und seine Brüder* hätte schon dem Erstlingsroman als Motto dienen können. Längst hatte der junge Autor während seiner Arbeit erfahren, dass es für eine gründliche Anamnese nicht genügt, Erlebnisse der eigenen Kindheit zu vergegenwärtigen, sondern dass die Frage nach der Herkunft weiter zurückgreifen muss, wenn der Schlüssel zu dem Rätsel gefunden werden soll, wer man ist und warum man so geworden ist. So wurde aus dem ursprünglichen Konzept eines Vater-Sohn-Konflikts die – vom Vorbild skandinavischer Romane – beeinflusste Familienchronik, die vier Generationen umfasst.

Im Mai 1900 war das Epos abgeschlossen: »[...] die erste und einzig vorhandene Niederschrift, das ungeschickteste Manuskript, auf liniiertem Geschäftspapier doppelseitig geschrieben«, wie Thomas Mann sich später erinnerte, »und so schickte ich es an Fischer, ohne viel Hoffnung, ohne viel Verzweiflung: hier denn, ich hatte getan, was ich konnte.« In der Berliner Bülowstraße war man beim Eintreffen des Konvoluts eher verunsichert. Ein Text von mehr als tausend Seiten, handgeschrieben, wollte erst einmal gelesen und geprüft werden, und es war nicht leicht, Übersicht zu gewinnen, so wie sie heute jedes bessere Literatur-Lexikon gewährt, wenn sie den »Verfall einer Familie« in wenige Zeilen zusammendrängt: »Das im Untertitel genannte Thema des Romans wird an vier Generationen einer Lübecker Kaufmannsfamilie dargestellt [...]. Der Untergang der Buddenbrooks steht für das Schicksal eines patrizischen Bürgertums, an dessen Stelle – im Roman durch den Aufstieg der Familie Hagenström angedeutet – der kapitalistische Bourgeois tritt.«

Die Abfolge von vier Generationen bestimmt die Struktur des Romans, dessen Zeitrahmen gut vier Jahrzehnte, von 1835 bis 1877, umfasst. In diese Zeit fällt der Aufstieg des deutschen Bürgertums, Zollverein und Revolution von 1848, die preußisch-deutschen Kriege gegen Dänemark und Österreich, der deutsch-französische Krieg, Bismarcks Reichsgründung, die ersten Jahre der sogenannten Gründerzeit, nicht zuletzt das Anwachsen des Proletariats und die Gründung sozialistischer oder sozialdemokratischer Parteien. Vier Buddenbrooks werden als Oberhäupter und Erben des Handelshauses vorgestellt: Monsieur Johann Buddenbrook, ein Mann von großem Unternehmungsgeist und frühbürgerlicher Tüchtigkeit; der Konsul Jean Buddenbrook, sein Sohn, bei dem neben den merkantilen Interessen auch die künstlerischen zur Geltung kommen; sein Nachfolger Thomas, der das Geschäftsleben bereits als Last empfindet, kein Bürger mehr, sondern ein Darsteller der Bürgerrolle; schließlich Hanno Buddenbrook, der letzte kränkelnde Spross der Familie, der nur in der Musik Befriedigung findet. »Verfall« ist ein doppeldeutiger Begriff, er bedeutet nicht nur Abstieg und

Untergang, sondern auch Steigerung und ästhetische Verfeinerung, mag ihr Preis auch wachsende Lebensuntüchtigkeit sein.

Im Verlag von S. Fischer war der erfahrene und literarisch renommierte Lektor Moritz Heimann für Thomas Manns Manuskript zuständig. Heimann, als Autor von Komödien und Novellen ein strenger Meister der kleinen Form, dürfte am episch ausladenden Erzählstil des jungen Schriftstellers wenig Gefallen gefunden haben. Der ursprüngliche Text seines Gutachtens ist nicht erhalten, dass es negativ ausfiel, steht außer Zweifel. Auch der Verleger war verunsichert. Welchem Publikum lässt sich die 1000-Seiten-Geschichte eines nahezu unbekannten Autors verkaufen? Samuel Fischers Brief an Thomas Mann, nachdem er die Hälfte des Manuskriptes gelesen hatte, ist voller Vorbehalte: »Glauben Sie, daß es Ihnen möglich ist, Ihr Werk um etwa die Hälfte zu kürzen, so finden Sie mich im Prinzip sehr geneigt, Ihr Buch zu verlegen. Ein Roman von 65 ausgedruckten Bogen ist für unser heutiges Leben fast eine Unmöglichkeit; ich glaube nicht, ob sich viele Menschen finden, die Zeit und Concentrationslust haben, um ein Romanwerk von diesem Umfang in sich aufzunehmen.«

Der wenig schmeichelhafte Brief erreichte Thomas Mann im Münchner Garnisons-Lazarett, wo der Einjährig-Freiwillige gerade eine Sehnenscheidenentzündung auskurierte, die er sich durch »Parademarsch-Exercitien« zugezogen hatte. Die Krankenstube bot dem Rekruten genügend Muße, das »Bubenstück von einer Zumuthung«, wie er den Vorschlag des Verlegers in einem Brief an seinen Bruder nannte, in Ruhe zu bedenken. Da zeigte er sich nicht bereit, die Arbeit dreier Jahre zu verschenken, und lehnte den rigorosen Kürzungsvorschlag ab: »... er soll das Buch bringen, wie es ist. Zwischen langwierig und langweilig ist doch noch ein Unterschied! Ein zweibändiger Roman ist doch auch heute noch keine unbedingte Unmöglichkeit!« Mit Bleistift schrieb er einen langen Brief an Fischer, worin er ihm auseinandersetzte, dass der große Umfang eine wesentliche Eigenschaft des Buches sei: »Es gäbe Bücher, die nichts seien, wenn sie nicht ausgiebig seien […].« – »Ich glaube, der Brief war gut«, hat Thomas Mann im autobiographischen Rückblick hinzugesetzt, dennoch stellte sich das erhoffte Ergebnis nicht sofort ein. Moritz Heimann musste das Manuskript ein zweites Mal lesen, und diesmal erschloss sich ihm die Qualität des Werkes und nötigte ihm das Urteil ab: »... daß der Zug zum Satirischen und Grottesken [sic] *die große epische Form nicht nur nicht stört, sondern sogar unterstützt.*« Trotzdem empfahl er Kürzungen in einzelnen Kapiteln – und siehe da, Thomas Mann erklärte sich zu einer Revision des Textes bereit, ohne dass wir wissen, wie eingreifend seine Bearbeitung war, da das Originalmanuskript verloren ist. Unterdessen kalkulierte der Verleger nochmals und arbeitete ein Vertragsangebot aus. Lange und lebhafte Korrespondenzen folgten, bis sich Verleger, Lektor und Autor über die Edition eines Werk verständigt hatten, das schon bald als eines der großen Meisterwerke der Epoche gelten sollte. Peter de Mendelssohn hat die Umstände des Erscheinens akribisch erforscht: »Am 17. April war das durchgesehene Manuskript zurück an den Verlag gelangt. Am 25. Mai gingen dem Autor die ersten Fahnenabzüge zu. Am 5. August konnte [die Leipziger Druckerei] Brandstetter mitteilen: ›Die Auflage wird in etwa 8 Tagen nach Rückkunft der letzten Bogen zur Ablieferung an die Buchbinderei kommen.‹ – Anfang Oktober 1901 wurde das Werk ausgeliefert. Der just sechsundzwanzigjährige Dichter hielt zwei dicke Bände von insgesamt elfhundert Seiten in der Hand, die zusammen zwölf Mark kosteten. Fischer hatte vorsichtigerweise eine Auflage von nur 1000 Exemplaren gedruckt. Der Autor verdiente an jedem verkauften Exemplar zwei Mark vierzig, und tausend Exemplare brachten ihm – wenn sie verkauft wurden – zweitausendvierhundert Mark ein.«

So schnell gingen die Dinge aber nicht. Der Absatz war

schleppend, die Pressereaktion nicht günstig. Noch Jahre später schrieb der einflussreiche Kritiker Eduard Engel in seiner Literaturgeschichte: »Fraglich bleibt, ob ein Werk mit so überwiegend unerfreulichen Menschen Aussicht hat, sich auf den Höhen der dauerhaften Erzählungsliteratur zu halten. Die Erfahrung lehrt, daß kein Kunstwerk ohne innere Wärme, oder sagen wir noch schlichter: ohne Liebe, auf die Nachwelt kommt.« In diesem Urteil spiegelt sich die Anstrengung, die Thomas Mann seinen Lesern zumutete. Noch fünfundzwanzig Jahre später zitierte er in dem Vortrag *Lübeck als geistige Lebensform* voller Genugtuung eine junge Dame der Münchner Gesellschaft, die ihm im Erscheinungsjahr des Romans gesagt hatte: »Ich habe mich *nicht* gelangweilt beim Lesen Ihres Buches und habe mich auf jeder Seite gewundert, daß ich mich nicht langweilte.« Das entsprach nicht der Stimmungslage einer Zeit, deren literarisches Signum die Kürze, die pointierte Prägnanz, die Kunst der Abbreviatur war. All dies lag damals gleichsam in der Luft, vorbereitet von den Meistern des Wiener Feuilletons. »Wir lassen uns nicht mehr behaglich über den Dingen nieder«, schrieb etwa Egon Friedell. »Unsere gesamte Zivilisation steht unter dem Grundsatz: *Le minimum d'effort et le maximum d'effet!* […] Bücher sind Surrogate für Erlebnisse, Notbehelfe für Menschen, die keine Zeit haben. Daher ist Knappheit und Kürze die erste Forderung, die das moderne Buch erfüllen muß, aber nicht die dürftige oder die aphoristische Kürze, sondern die gehaltvolle, gedrängte Kürze, die gerade dem gedankenreichsten Schriftsteller ein stetes Bedürfnis ist.« Friedells Text war auf Peter Altenberg gemünzt, dessen Skizzensammlung *Wie ich es sehe* 1896, gleichfalls bei S. Fischer in Berlin, erschienen war. Altenberg selber hob das »abgekürzte Verfahren«, den »Telegramm-Stil der Seele« als seine künstlerische Intention hervor: »Ich möchte einen Menschen in einem Satze schildern, ein Erlebnis der Seele auf einer Seite, eine Landschaft in einem Worte!«

Thomas Mann fasste die Reaktion auf seinen Roman im Rückblick mit den Worten zusammen: »Wie? hieß es, sollen die dicken Wälzer wieder Mode werden? Ist es nicht die Zeit der Nervosität, der Ungeduld, die Zeit des Kurzen, der keck-künstlerischen Skizze? Vier Generationen Bürgertum, zum Auswachsen. Die Kritik verglich den Roman mit einem im Sande mahlenden Lastwagen.« Zwei Jahrzehnte später widmete er Altenberg eine zwischen Bewunderung und Spott oszillierende Erinnerung, worin er von »Liebe auf den ersten *Laut*« zu dessen Buch sprach, um dann sogleich den »Geist der Epik« gegen Altenbergs »atemknappen Pointillismus« auszuspielen. Das ging nicht ab, ohne erneut die Lasten der *Buddenbrooks*-Jahre zu beschwören und sich an die eigene, scheinbare Unzeitgemäßheit zu erinnern: »[...] was Tragen heißt, wie es tut, jahrelang unter der Spannung eines Werkes zu leben; Pathos und Ethos der großen Komposition; das Werk als fixe Idee, als verwirklichter Plan – davon wußte sein [Altenbergs] lyrischer Journalismus nichts. Er war immer fertig. Ich weiß wohl, wie halbwahr das ist, wenn man es auf die lyrische Form in ihrer Zeitlosigkeit bezieht. Aber er lehrte seine Form als *zeitgemäß*, verkündete sie im Sinn einer primitiven Fortschrittlichkeit gegen das Ausführliche und ›Langweilige‹, gegen den Geist der Epik mit einem Wort, der zeitlos und unsterblich ist!«

Als Thomas Mann diese Sätze schrieb, hatten die *Buddenbrooks* längst ihren Siegeszug angetreten. Gerade deswegen meint man in dieser Selbstbehauptung die bleibende Besorgnis zu spüren, der Erstlingsroman könne vielleicht doch nur ein epischer Nachzügler von eher epigonalem Charakter sein oder, wie der Autor in einem depressiven Augenblick notierte, »ein Bürgerbuch und [...] nichts mehr fürs 20. Jahrhundert«. Was hier zerknirschte Selbstkritik war, hat als Einwand gegen Thomas Mann auch späterhin seine Wirkung getan, ja ist bis heute virulent geblieben, verallgemeinert zu dem Urteil, er gehöre gar nicht zur literarischen »Moderne«.

Vladimir Nabokov, eine Generation jünger als Thomas Mann, nannte den Verfasser der *Buddenbrooks* im Vergleich mit Proust und Joyce schlichtweg einen »Scharlatan«. Ernest Hemingway nahm ausgerechnet den Familienroman von diesem Verdikt aus: »He would be a great writer if he had never written another thing than Buddenbrooks«, sagte er in einem Interview. Thomas Mann notierte den Satz am 25. November 1935 im Tagebuch und setzte als Kommentar das Wort hinzu: »Zweideutig!« Tatsächlich lässt Hemingways Feststellung auch die Lesart zu, der Autor der *Buddenbrooks* sei in diesem Buch zwar ein großer Schriftsteller, aber das spätere Werk falle daneben nicht sonderlich ins Gewicht. Hätte Thomas Mann die Zweideutigkeit – die wirkliche oder vermeintliche – überhaupt bemerkt, wenn damit nicht Zweifel berührt worden wären, die ihm selber vertraut waren?

So schwankt das Urteil über den Familienroman zwischen zwei Extremen: Manche sehen darin den nie mehr erreichten Gipfel von Thomas Manns Werk, andere einen bloßen Nachzügler der großen Epik des neunzehnten Jahrhunderts. Erzählt wird nicht nur die Familiengeschichte der Buddenbrooks, die einst aus dem Mecklenburgischen eingewandert waren und nun, zu Beginn des Romans im Jahr 1835, zu den wenigen Familien gehören, in deren Händen die Geschicke des kleinen Stadtstaates Lübeck liegen. Parallel wird von zwei weiteren Familien berichtet –: der noch älteren Patrizierfamilie Huneus und den neureichen Hagenströms. Auffällig ist die Zahl der Geburten, die bei den Buddenbrooks zwischen 1835 und 1877 deutlich abnimmt, wie sich auch die Lebenszeiten der männlichen Mitglieder verkürzen: der alte Johann erreicht mehr als siebzig Jahre, sein Sohn Jean wird fünfundfünfzig, dessen ältester Sohn und Firmenerbe Thomas stirbt bereits mit neunundvierzig an einem kranken Zahn, Hanno, der letzte Spross, erreicht nur noch das Alter von sechzehn Jahren. Hagenströms dagegen können sich nicht nur über reichlichen Nachwuchs freuen, auch ihr Vermögen nimmt stetig zu, nicht zuletzt dank einer einträglichen Verbindung mit der Huneus-Familie, deren Nachkommen es gelingt, das väterliche Vermögen in wenigen Jahren zu verdoppeln, während das der Buddenbrooks ständig abnimmt.

Rekonstruiert man die Stammbäume der Familien, kommt man auf über vierzig Angehörige, unter ihnen ein gutes Dutzend Hauptpersonen. Dazu gesellen sich zahlreiche, oft detailliert ausgeführte Randfiguren: Ärzte, Seelsorger, Dienstboten, Lehrer und Mitschüler, Geschäftspartner, Bankiers, musizierende Hausfreunde und andere Bekannte. Ein stattliches Personal mit über vierhundert Rollen. Zu Recht sprach Thomas Mann von einer *Komposition*. Es ist ein musikalisch geprägter Begriff, und tatsächlich sorgen die Prägnanz der Figurenzeichnung und die stetige Wiederkehr von Motiven in dem Gewirr von Stimmen und Stimmungen, von grotesken Situationen und raffinierten Intrigen, inmitten der opulenten Interieurs der Gründerzeit für ein hohes Maß an Transparenz und epischer Struktur. Zweifellos haben die Wagner'schen Leitmotive hier Modell gestanden, sie sind das einheitsstiftende Element der erzählerischen Partitur, auch wenn sie hier noch überwiegend schematisch, als bloße Erinnerungsmotive, eingesetzt werden.

Doch hat Thomas Mann von Wagner nicht nur gewisse Kompositionsprinzipien übernommen, die Musik des Bayreuther Meisters ist, wie schon früher erwähnt, im Roman auch unmittelbar gegenwärtig und spielt im Fortgang dieser bürgerlichen Tragödie eine immer bedrohlichere und schließlich zerstörerische Rolle. So wird das Finale des Romans dadurch eingeleitet, dass Hanno Buddenbrook sich am Klavier einer seiner Phantasien hingibt: »Es war ein ganz einfaches Motiv, das er sich vorführte, ein Nichts, das Bruchstück einer nicht vorhandenen Melodie, eine Figur von anderthalb Takten, und als er sie zum erstenmal mit einer Kraft, die man ihm nicht zugetraut hätte, in tiefer Lage als einzelne Stimme ertönen ließ, wie als sollte sie von Posaunen einstimmig und befehlshaberisch als Urstoff und Ausgang alles Kommenden verkündet werden, war gar nicht abzusehen, was eigentlich gemeint sei. Als er sie aber im Diskant, in einer Klangfarbe von mattem Silber, harmonisiert wiederholte, erwies sich, daß sie im wesentlichen aus einer einzigen Auflösung bestand, einem sehnsüchtigen und schmerzlichen Hinsinken von einer Tonart in die andere ...«

Wagner als musikalisch drapierte Versuchung, als schwelgerischer Untergangszauber. Nur wenige Tage nach seiner Klavierorgie stirbt Hanno Buddenbrook an Typhus. Sehr genau wusste der junge Autor, worauf er hinauswollte. Schon auf den ersten Seiten erklingt das Motiv des Untergangs einer Familie, beiläufig und von weit herkommend, in jener unvergleichlich geschilderten Tafelrunde, die den Auftakt bildet. Fast die ganze Familie hat sich zu einer ihrer regelmäßigen Donnerstag-Zusammenkünfte eingefunden und dazu auch Freunde aus der Stadt in das kürzlich erworbene Haus geladen. Die Gäste sind entzückt von einem Ambiente, das Geschmack und Wohlstand mit dem Gefühl bürgerlicher Sicherheit verbindet, die Gespräche fließen in heiterer Beiläufigkeit dahin, wie es die Konvention verlangt. Dann aber taucht plötzlich, noch verschleiert, das Verfallsmotiv auf, als sich der Konsul der Vorbesitzer erinnert, die das Haus einst erbaut hatten: »›1682, im Winter, ist es fertig geworden. Mit ›Ratenkamp & Comp.‹ fing es damals an, aufs glänzendste bergauf zu gehen ... Traurig, dieses Sinken der Firma in den letzten zwanzig Jahren ...‹« An dieser Stelle schreibt Thomas Mann, um einen musikalischen Vergleich zu verwenden, eine Generalpause vor. »Ein allgemeiner Stillstand des Gesprächs trat ein und dauerte eine halbe Minute. Man blickte in seinen Teller und gedachte dieser ehemals so glänzenden Familie, die das Haus erbaut und bewohnt hatte und die verarmt, heruntergekommen, davongezogen war ...«

Viele hundert Seiten später kehrt das Motiv gleich zweifach wieder. Zunächst ist es Thomas Buddenbrooks grotesker

Tod an einem faulen Zahn, danach seines Sohnes Hanno frühes Sterben, die die letzten Anstöße zum Ruin der Firma geben. Die Familie hat längst abgewirtschaftet, wie einst die Familie Ratenkamp & Comp. Und wieder gibt es zum Schluss eine, diesmal nur kleine Familienzusammenkunft, zu der sich, da alle männlichen Hauptpersonen tot sind, ausnahmslos schwarz gekleidete Damen einfinden, um Abschied zu nehmen: »Abschied von Gerda Buddenbrook, die im Begriff stand, die Stadt zu verlassen und nach Amsterdam zurückzukehren [...]. Es war von Gerda's Reise die Rede, von dem Zuge, mit dem sie zu fahren gedachte, und dem Verkaufe der Villa samt den Möbeln, den der Makler Gosch übernommen hatte. Denn Gerda nahm nichts mit und ging fort, wie sie gekommen war.«

Décadence und Ewige Wiederkehr – zwei sehr unterschiedliche Motive Nietzsches, jetzt zu strukturbildenden Leitmotiven abgewandelt – entfalten sich in dem Roman, der im Verfall einer Familie zugleich den Zerfall einer Epoche beschreibt, wie eine der Natur abgelauschte Gesetzlichkeit. Solche Deutungen gab es nach dem Erscheinen der *Buddenbrooks* zunächst freilich nicht. Thomas Mann hatte nicht versäumt, mit seinen vorerst schwachen Kräften auf die Aufnahme des Buches durch die literarische Kritik einzuwirken. Dem Jugendfreund Grautoff, der *Buddenbrooks* für die *Münchner Neuesten Nachrichten* besprechen sollte, gab er detaillierte Hinweise, wie er vorzugehen und auf welche Aspekte er besonders zu achten habe: »... betone, bitte, den *deutschen* Charakter des Buches«, schrieb er. »Als zwei echt deutsche Ingredienzen [...] nenne *Musik* und *Philosophie*. Seine *Meister*, wenn schon von solchen die Rede sein müsse, habe der Verfasser freilich nicht in Deutschland. Für gewisse Partien des Buches sei Dickens, für andere seien die großen Russen zu nennen.« Schließlich versäumte er nicht, den Freund auf »die eminent epische Wirkung des *Leitmotivs*« hinzuweisen: »Das *Wagnerische* in der Wirkung dieser wörtlichen Rückbeziehung über weite Strecken hin, im Wechsel der Generationen.« Mit diesem Brief begann Thomas Manns lebenslanges Bemühen, seinen Kritikern und Interpreten die Stichworte zu liefern, die sie dann nur noch auszubuchstabieren hatten. Auch Grautoff hat die Hinweise getreulich ausgeführt und teilweise wörtlich aus Thomas Manns Brief übernommen, dem letzten übrigens, den er von ihm erhielt. Dennoch hatten die *Buddenbrooks* es zunächst schwer, und es gab nur vereinzelt ermutigende Stimmen. Im *Bremer Tageblatt* ließ ein Kritiker verlauten: »Man wird sich diesen Namen unbedingt notieren müssen. Mit einem Roman von elfhundert Seiten hat Thomas Mann einen Beweis von Arbeitskraft und Können gegeben, den man nicht übersehen kann.« Der Verfasser der Besprechung war Rainer Maria Rilke, der ein gutes Jahrzehnt später in seinem einzigen Roman *Aufzeichnungen des Malte Laurids Brigge* eine Gestalt schuf, deren morbide und neurotische Ängste durchaus mit denen Hanno Buddenbrooks verglichen werden können. Bemerkenswert war, dass Rilke in der Figur Hannos nicht bloß die Apotheose des Verfalls, sondern auch den Keim zu etwas Neuem erkannte: »In ihm ist noch einmal die Möglichkeit zu einem Aufstieg (freilich einem anderen als die Buddenbrooks erhoffen) gegeben: die unendlich gefährdete Möglichkeit eines großen Künstlertums, die nicht in Erfüllung geht.« Anders ausgedrückt: Thomas Mann als Verfasser des Buches ist ein überlebender Hanno. Heinrich Mann drückte Rilkes Gedanken in seinem Erinnerungsbuch *Ein Zeitalter wird besichtigt* mit Blick auf den jüngeren Bruder und dessen ersten Roman ganz ähnlich aus: »Nur er begriff damals den Verfall; erfuhr gerade durch seinen eigenen, fruchtbaren Aufstieg, wie es geht, daß man absteigt, aus einer zahlreichen Familie eine kleine wird und den Verlust eines letzten tüchtigen Mannes nie mehr verwindet. Der zarte Junge, der übrig ist, stirbt, und gesagt ist alles für die ganze Ewigkeit. In Wirklichkeit, wie sich dann herausstellte, blieb vieles nachzutragen, wenn für keine Ewigkeit, doch für die wenigen Jahrzehnte, die wir kontrollieren. Die ›verrottete‹ Familie, so genannt von einem voreiligen Pastor, sollte noch auffallend produktiv sein.«

Als geradezu prophetisch für die Zukunft der *Buddenbrooks* sollte sich eine Äußerung des Literaturkritikers Samuel Lublinski erweisen, die im *Berliner Tageblatt* zu lesen war: »Der Roman wird wachsen mit der Zeit und noch von vielen Generationen gelesen werden: eines jener Kunstwerke, die wirklich über den Tag und das Zeitalter erhaben sind, die nicht im Sturm mit sich fortreißen, aber mit sanfter Überredung allmälig und unwiderstehlich überwältigen.« Durch Rezensionen wie diese sah sich Samuel Fischer in seinem Spürsinn bestätigt, und er erkannte wohl auch, dass es ein Fehler gewesen war, den Roman in *zwei* Bänden herauszubringen. Im selben Herbst 1901 war in einem anderen Verlag der Roman *Jörn Uhl* von Gustav Frenssen erschienen, ähnlich umfangreich wie *Buddenbrooks*, doch in einem Band. Ein Verkaufserfolg. Beide Bücher wurden häufig miteinander verglichen. Also entschloss sich Fischer, eine preiswerte Ausgabe in einem Band auf dünnem Papier herauszubringen, und stattete sie – eine buchtechnische Novität – mit einem farbigen, direkt auf den Einband gedruckten Bild aus, das Bürgerhäuser in einer Gasse mit norddeutsch-hanseatischer Anmutung zeigte. Diese Ausgabe brachte den Durchbruch. Auch die mit dem Roman verbundenen Lübecker Klatsch- und Skandalgeschichten hatten sich inzwischen überall verbreitet, so dass sich Josef Hofmiller in den *Süddeutschen Monatsheften* zu der Festtellung veranlasst sah: »Was aber kümmern uns im südlichsten Süden Deutschlands gewisse Lübecker Verstimmungen? Was werden sie unsere Nachkommen in fünfzig Jahren kümmern? Welch schönes Thema für Doktorarbeiten im Jahre 2000: ›Dichtung und Wahrheit in Thomas Manns Buddenbrooks‹.« Hofmiller sollte Recht behalten – nur ließen Dissertationen und literaturkritische Forschungen nicht hundert Jahre auf sich warten. Thomas Mann hat es in seiner Lübecker Versöhnungsrede mit den Worten ausgedrückt: »Das Buch wurde vom Erfolg ergriffen; Auflage folgte auf Auflage, und heute ist es wahrhaftig die zweite Generation, die sich mit ihm beschäftigt: sonderbar zu denken, daß junge Leute den Roman in Händen halten, die in der Wiege lagen, noch jüngere Seminaraufsätze darüber schreiben, die nicht auf der Welt waren, als ich ihn zu Papier brachte.«

Als Seelengeschichte des deutschen, ja des europäischen Bürgertums hat Thomas Mann rückblickend sein Jugendepos bezeichnet. Das erste Jahrzehnt des zwanzigsten Jahrhunderts konnte durchaus als Verlängerung des *fin de siècle* angesehen werden. Noch dominierten Familiensinn und Sesshaftigkeit, man reiste in die Sommerfrische ans Meer, wie die Buddenbrooks nach Travemünde vor den Toren der Stadt, die Promenaden- und Kurkonzerte mit den Orchestermuscheln glichen einander, und in allen Opernhäusern des wilhelminischen Reiches wurde vor vollen Häusern Wagner gespielt. Auch das Wirtschaftsleben verlief in den gewohnten Bahnen nach den Wechselfällen von Hausse und Baisse. Über seine Konkurrenten Strunck & Hagenström, diese »hergelaufene Familie«, sagt Thomas Buddenbrook mit der Fairness des altbürgerlichen Kaufmanns, sie machten sich geschäftlich heraus: »das ist die Hauptsache«. Und seine oft so naive Schwester Tony antwortete: »Selbstverständlich! und man weiß ja auch, wie sie's machen ... Mit den Ellenbogen, weißt du ... ohne jede Kulanz und Vornehmheit ... Großvater sagte von Hinrich Hagenström: ›Dem kalbt der Ochse‹, das waren seine Worte ...« Riskante Warentermingeschäfte und Spekulationen auf die Zukunft gehörten zum unternehmerischen Alltag. Auch betrügerische und faule Schwiegersöhne, Mitgiftjäger wie Bendix Grünlich und Alois Permaneder waren keine Einzelfälle, und das galt auch für Mitglieder der ehrbaren Familie, die vom Stil des Bürgerhauses abwichen wie der in einer Anstalt landende Lebemann Christian, Thomas Buddenbrooks Bruder, oder der kleine Hanno, der Verfallsprinz, der in der Familienchronik einen Strich unter seinen Namen zieht, was er später mit den Worten erklärt: »Ich glaubte ... ich glaubte ... es käme nichts mehr ...« Es ist die dauernd plappernde Tony, der am Schluss das Resümee der konservativen, gegenüber der Zukunft blinden Gesellschaft in den Mund gelegt wird: »Ja, so geht es. Man müht sich und nimmt Anläufe und kämpft ... und du hast dagesessen und geduldig alles abgewartet.«

Tatsächlich hatte Thomas Mann, damals ein gänzlich unpolitischer Autor nationalkonservativer Haltung, nicht nur das grandiose Wetterleuchten schwelender Konflikte als Schauspiel mit hohem Unterhaltungswert auf die Bühne seines Lübecker Welttheaters gebracht. Er hatte auch, ohne sich dessen voll bewusst zu sein, die morschen Fundamente bloßgelegt, die 1914 mit dem Ausbruch des Weltkrieges zum Einsturz der bürgerlichen Welt führten. Seelengeschichte eines überlangen Jahrhunderts, an dessen Anfang 1789 der befreite mündige Citoyen gestanden hatte und dessen Ende der saturierte Bourgeois beschloss. Das epische Monumentalfresko fand mancherlei Bestätigung durch Kultursoziologen wie Georg Simmel und Max Weber, die die Entwicklung des Bürgertums im neunzehnten Jahrhundert als Tragödie beschrieben. Aber so sterbensmüde oder gar tot, wie die Kulturkritik meinte, war das Bürgertum noch lange nicht. Vielleicht war das einer der Gründe, warum die *Buddenbrooks* sich gerade in den 1920er Jahren zu einem Lieblingsbuch des deutschen Bürgertums entwickelten. Nachdem Thomas Mann 1929 den Nobelpreis für Literatur erhalten hatte, folgte der Verlag seinem Wunsch nach einer preisgünstigen Ausgabe zum Warenhauspreis von 2 Mark 85, was zur Folge hatte, dass die Gesamtauflage schon bald die Millionengrenze überschritt. Auch dem Verleger und seinem Autor kalbte der Ochse, um Johann Buddenbrooks Wort abzuwandeln. Der Familienroman war zum Hausbuch des deutschen Bürgertums geworden. Kurt Tucholsky, in seiner geistig-politischen Haltung

Thomas Mann eher fernstehend, konstatierte: »Was so erstaunlich bleibt – und das Buch wird nicht alt – ist, daß das Lübeckische und das Persönliche so zum Allgemein-Menschlichen vertieft ist, daß es alle angeht.« Diese Wirkung des Buches hat stellvertretend für viele Leser Franz Werfel bezeugt, als er im Januar 1944, nicht lange vor seinem Tod, den Erstlingsroman Thomas Manns noch einmal las und dem Verfasser vom Krankenbett dazu schrieb: »Wahrhaftig, die Buddenbrooks sind unsterblich. Sie haben die herrliche Eigenschaft organischer Substanz, mit der Zeit zu wachsen. Vom Welken ist nichts zu spüren. Ich habe diesem Buch vier *volle* Tage zu verdanken, die es der Leere meines gegenwärtigen Daseins geschenkt hat.« Thomas Mann war von diesen Zeilen beeindruckt und bewegt, er besuchte Werfel einige Tage später im Hospital und notierte im Tagebuch dessen Bemerkung über *Buddenbrooks:* »Ein unsterbliches Meisterwerk, dessen Verfasser so empirisch vor sich zu sehen, sehr merkwürdig sei.« Deutlicher lässt sich nicht sagen, dass der Roman knapp fünfzig Jahre nach seinem Erscheinen den Rang eines literarischen Denkmals einzunehmen begann, das sich bereits von seinem Autor gelöst hatte, und man begreift die Genugtuung, die Thomas Mann bei dieser Gelegenheit empfand. In dem wenig später entstandenen Buch über die *Entstehung des Doktor Faustus* hat er, sein eigenes Tagebuch zitierend, an Werfels Lob eine nachdenkliche Reflexion geknüpft: »Obgleich das Jugendwerk nun so lange schon, fast ein halbes Jahrhundert lang, sein eigenes, von mir abgelöstes Leben führte und ich es kaum noch als mir zugehörig empfand, war ich tief betroffen von dieser Botschaft […] ›Ich sinne darüber‹, schrieb ich, ›ob es nicht dies Buch sein mag unter all den meinen, dem bestimmt ist, zu bleiben. Vielleicht war damit meine ›Sendung‹ erfüllt und es war nur noch mein Teil, ein nachfolgendes langes Leben leidlich würdig und interessant zu erfüllen.‹«

Wider die Todessympathie
»Der Zauberberg«

Ein junger Mensch, Hans Castorp, fährt im Sommer 1907 von seiner Heimatstadt Hamburg auf Erholungsreise in die Schweizer Alpen. Im Sanatorium *Berghof* in Davos besucht er seinen lungenkranken Vetter Joachim Ziemßen, der die Offizierslaufbahn einschlagen will. Ein Familienbesuch, weiter nichts. Danach will der angehende Ingenieur seine Ausbildung beginnen. Hans Castorp entstammt einer wohlhabenden Kaufmannsfamilie, er ist ein deutscher Bürgersohn wie viele andere, gutmütig und ein bisschen simpel, empfänglich für Eindrücke, mit einer verborgenen Neigung zu Weltschmerz und Träumerei. Noch weiß er über sich selbst nicht Bescheid, und auch wir lernen ihn erst allmählich kennen als den, der er ist: nämlich ein Sorgenkind des Lebens. Hans Castorp will drei Wochen in Davos bleiben, aber aus diesen drei kurzen Wochen wird eine viel längere Zeit – er hätte es sich nicht träumen lassen. Die Welt des Sanatoriums zieht ihn in Bann, die verführerische Atmosphäre des Zauberbergs, die Aura von Krankheit, Morbidezza und Frivolität, die »dort oben«, im Luxusmilieu der Lungenkranken, alles durchdringt. Hans Castorp erlebt moralische, geistige und sinnliche Abenteuer, zu denen er nicht ohne weiteres vorbestimmt schien. Sogar mit der Gesundheit des jungen Mannes steht es nicht zum Besten, denn auf dem Röntgenschirm entdeckt Hofrat Behrens, der Chefarzt des Sanatoriums, eine feuchte Stelle in seiner Lunge. Die Abreise verzögert sich, und aus den Wochen werden Monate, aus Monaten Jahre. Festgehalten wird Hans Castorp auch durch die Faszination einer Frau, die türenschlagende und Nägel kauende Clawdia Chauchat. Gleichzeitig lauscht er den pädagogischen Belehrungen des italienischen Literaten Settembrini und gerät später in den Bann von dessen Widersacher Naphta, der einen asketischen Gottesstaat propagiert auf Grundlage heilsamen Terrors. Aus Hans Castorp, dem Hamburger Bürgersohn, wird mehr und mehr ein träumerischer Gralssucher, der sich geheimnisvollen Prüfungen und Initiationsriten unterzieht, die ihn immer tiefer in die Welt des Zauberbergs und ihre esoterischen Geheimnisse hineinführen. All diese Situationen, Erlebnisse und Begegnungen – eine Liebes-Walpurgisnacht mit Clawdia Chauchat, der Tod des Vetters Joachim Ziemßen, okkulte Experimente und die Traumvision des einsamen Bergwanderers im Schnee: sie sind real und symbolisch zugleich, werden transparent für die Stimmungslage der Zeit, der Epoche vor dem Ersten Weltkrieg, mit dem das alte Europa aus den Fugen gerät. Hans Castorps Krankheitsbild ist das vieler Zeitgenossen; er selber nennt es »Sympathie mit dem Tode«, und er weiß in seinen besten Augenblicken, dass er diese Sympathie bekämpfen und überwinden muss.

Der *Zauberberg* ist der zweite der vier großen Romane Thomas Manns, erschienen 1924, auf dem Scheitelpunkt der kurzlebigen Weimarer Republik, die aus der Kriegsniederlage von 1918 hervorgegangen war und vierzehn Jahre später mit Beginn eines sogenannten »Dritten Reiches« buchstäblich unterging. Thomas Mann hat den *Zauberberg* einen »Zeitroman« genannt, und tatsächlich sind die großen Themen und Fragen der Epoche darin aufgeworfen, voran die Geisteskämpfe in allen ihren Spielarten. Das Buch bietet eine Vielzahl von Figuren auf, die jedem Leser unvergesslich bleiben. Sein Protagonist ist Hans Castorp, ein angehender Schiffsbauingenieur aus Hamburg – Hamburgs, nebenbei gesagt, größter Beitrag zur Weltliteratur. Auf den zwölfhundert Seiten des Romans vollzieht er eine Art Bildungsreise – das Muster des deutschen Bildungsromans, wie es von Goethes *Wilhelm Meister* geprägt wurde, schimmert durch. Es ist ein großes Buch, ein magistrales Buch, unvergleichlich in rein artistischer Hinsicht, ein Buch, das an den Leser große Ansprüche stellt, an seine Geduld, seine Konzentrationsfähigkeit, seine Bildung, nicht zuletzt an seine Zeit. – Als Thomas Mann 1939 im amerikanischen Exil vor den Studenten von Princeton einen Vortrag über den *Zauberberg* hielt, empfahl er ihnen, das Buch zweimal zu lesen, und er begründete diese – wie er sagte – »arrogante Forderung« mit den Worten: »[…] seine besondere Machart, sein Charakter als Komposition bringt es mit sich, daß das Vergnügen des Lesers sich beim zweiten Mal erhöhen und vertiefen wird, – wie man ja auch Musik schon kennen muß, um sie richtig zu genießen.« Thomas Mann spielt damit auf die Technik der Leitmotive an – Leitmotive nicht in der naturalistischen, eher mechanischen Form seiner frühen Werke, sondern in der Form, wie er sie von Richard Wagner übernommen und auf den Roman übertragen hat. Wagner hat in einem späten Aufsatz – er trägt den Titel *Über die Anwendung der Musik auf das Drama* – betont, dass die musikalische Einheit eines Werkes nicht durch Tektonik, also das Zusammenfügen einzelner fester Teile, zustande komme, sondern vielmehr durch ein »das ganze Kunstwerk durchziehendes Gewebe von Grundthemen, welche sich, ähnlich wie im Symphoniesatze, gegenüberstehen, ergänzen, neu gestalten, trennen und verbinden«. Thomas Mann hat mit Blick auf Wagner von »Beziehungszauber« gesprochen, und solcher Beziehungszauber bestimmt auf eine alles durchdringende Weise auch die Komposition des *Zauberbergs*. »Und eben damit«, sagte Thomas Mann in seinem Princetoner Vortrag, »hängt meine anmaßende Forderung zusammen, den ›Zauberberg‹ zweimal zu lesen. Man kann den musikalisch-ideellen Beziehungskomplex, den er bildet, erst richtig durchschauen und genießen, wenn man seine Thematik kennt und imstande ist, das symbolisch anspielende Formelwort nicht nur rückwärts, sondern auch vorwärts zu deuten.«

Was soll man von einer solchen Forderung halten angesichts der veränderten Lesegewohnheiten von heute? Wer täglich Dutzende von Mails oder Tweets liest und schreibt, ist vielleicht gar nicht mehr in der Lage, anspruchsvoller Literatur, gerade in ihren Großformaten, gerecht zu werden. Der englische Schriftsteller Tim Parks, ein guter Kenner der Geistesgeschichte, hat kürzlich diese Befürchtung geäußert. Für den *Zauberberg*, dieses erzählerisch unwiderstehliche, dabei subtile, detailgesättigte, vom feinen Netz der Leitmotive umsponnene Meisterwerk von gut tausend Seiten, reicht eine Lektürewoche kaum aus. Eine Woche überdies, die, will man dem Buch gerecht werden, von äußeren Störungen und anderen starken Eindrücken möglichst freigehalten werden muss. Man muss völlig eintauchen in dieses Meer von Erzählung und darin für einige Zeit seine einzige geistige Nahrung suchen, nur so wiederholt man die Erfahrung, die der Autor selber machte, als er, beim Durchblättern des ersten gebundenen Exemplars, das ihm der Verleger Samuel Fischer zugesandt hatte, so tief ins Lesen geriet, dass er nicht mehr aufhören konnte. In diesem Roman sind alle Register gezogen, alle Klangfarben des spätromantischen Orchesters aufgeboten für eine große Nachtmusik, die man als Abgesang einer Epoche hören kann. Aber anders als bei einem Musikwerk muss der Leser wenigstens teilweise in die Rolle des Dirigenten eintreten, um die Geheimnisse der Partitur zu entziffern. Und so fangen wir an mit dem »Vorsatz«, den der Autor seinem Buch vorangestellt hat.

Das Wort »Vorsatz« ist doppeldeutig: Es steht einerseits für »Vorwort« und deutet andererseits eine Absichtserklärung an, das, was der Erzähler sich vorgenommen, »vorgesetzt« hat. Er versichert, dass die Geschichte sehr lange her und »sozusagen schon ganz mit historischem Edelrost überzogen« sei, so dass sie »unbedingt in der Zeitform der tiefsten Vergangenheit« vorgetragen werden müsse, obwohl er gleich danach erklärt, sie spiele vor dem großen Kriege, und jedermann bekannt war, dass dessen Beginn bei Erscheinen des Romans gerade erst zehn Jahre zurücklag. Der Widerspruch wird dadurch aufgelöst, dass der Krieg als große, Leben und Bewusstsein tief zerklüftende Wende und Grenze verstanden wird; er trennt die Welt von gestern von der Gegenwart. Mit diesem Krieg begann etwas Neues, es begann die Welt von heute, die moderne Welt, und wenn gesagt wird, dass dieses Neue »zu beginnen wohl kaum schon aufgehört hat«, dann können wir uns hundert Jahre später fragen, ob diese Feststellung auch noch für unsere Gegenwart gilt. Gleich danach heißt es: »... ist der Vergangenheitscharakter einer Geschichte nicht desto tiefer, vollkommener und märchenhafter, je dichter *vorher* sie spielt?« Das klingt rätselhaft, und noch rätselhafter ist der Satz, der folgt: »Zudem könnte es sein, daß die unsrige mit dem Märchen auch sonst, ihrer inneren Natur nach, das eine und andre zu schaffen hat.« Wie soll man das verstehen? Der *Zauberberg*, ein Zeitroman nach des Autors erklärter Absicht, soll insgeheim, seiner »inneren Natur nach«, ein Märchen sein? Darüber später.

Thomas Mann begann 1913, also noch vor Beginn des Ersten Weltkriegs, an dem Roman zu schreiben, und der Anstoß dazu ging von einem Besuch in einem Davoser Lungensanatorium aus, wo sich Thomas Manns Frau Katia 1912 vorübergehend aufhielt und wo ihr Mann, siebenunddreißig Jahre alt und ein bereits berühmter Schriftsteller, sie für drei Wochen besuchte. Katia Mann hat das Davoser *Waldsanatorium* – es entspricht dem *Berghof* des Romans – sechsundfünfzig Jahre später wiedergesehen und sich an viele Einzelheiten erinnert, die Thomas Mann während seines Besuchs aufgenommen und in seinem Buch verwendet hat. Die Sitten im Sanatorium seien in der Tat »etwas gelockert« gewesen. Der Chefarzt Professor Jessen, ein Deutscher übrigens, das Vorbild für den Hofrat Behrens des Romans, sei ein sehr amüsanter und liebenswürdiger Mann gewesen, eine »sehr farbenreiche Persönlichkeit«. Auch an den Assistenzarzt Dr. Moschytz erinnerte sie sich und an die Oberin, die eine Verwandte des Professors war und Alyke von Tümpling hieß. Des Weiteren, im Speisesaal, habe eine verwachsene kleine Person, eine richtige Zwergin, bedient, es seien viele Russen dagewesen, und es habe einen »guten« und einen »schlechten« Russentisch gegeben. Der Professor habe abwechselnd an den verschiedenen Tischen seine Mahlzeit eingenommen. Eine russische Dame sei immer zu spät zu den Mahlzeiten gekommen und habe die Glastür mit einem Schmettern hinter sich zugeworfen, so dass jedermann zusammengezuckt sei. Auch an Mitpatienten vermochte Katia Mann sich zu erinnern, etwa an die schwerkranke Frau Plühr und die nicht weniger kranke Frau Maus, ferner an einen jungen Offizier, der aus soldatischem Pflichtbewusstsein zu früh zu den Fahnen geeilt sei, was zu seinem frühen Tod geführt habe. Spaziergänge habe man am Berghang entlang, zum Wasserfall beispielsweise, unternommen, sich aber sonst im Sanatorium aufgehalten, in einer internationalen Gesellschaft und in einer »unerhört geschlossenen Atmosphäre«. Mit vielen diesen Einzelheiten war Thomas Mann bereits aus Briefen seiner Frau vertraut, er musste den Figuren nur neue Namen geben, und er hat überhaupt, was die Realien betrifft, nach seiner Gewohnheit nur wenig erfunden und konnte für das meiste auf seine nähere Umgebung zurückgreifen, bis hin zur Taufschale seines Großvaters, die er geerbt hatte und die nun für Hans Castorps Jugendgeschichte zur Verfügung stand. Auch das Wiedersehen von Katia und Thomas Mann am Bahnhof von Davos ist in den Roman eingegangen. Thomas Mann selbst hat in dem Princetoner Vortrag darauf hingewiesen: »Wenn Sie das Kapitel am Anfang des ›Zauberbergs‹ lesen, das ›Ankunft‹ überschrieben ist«, sagte er seinen Zuhörern, »so haben Sie eine ziemlich genaue Beschreibung unseres Wiedersehens in dieser Sphäre und meiner eigenen wunderlichen Eindrücke von damals.« Im Roman ist es der lungenkranke Vetter Joachim Ziemßen, der Hans Castorp am Bahnhof abholt, wobei dieser, kaum angekommen, bereits von Abreise und Rückkehr spricht. Er muss erst noch lernen, dass »hier oben«, in der Welt der lungenkranken Sanatoriumsgäste, andere Gesetze gelten.

Der Ankunftstag Hans Castorps lässt sich genau bestimmen: »Die letzten Juli-Tage waren schon da«, heißt es am Ende des zweiten Kapitels, und da ein Dienstag als Ankunftstag genannt wird, muss es sich um den 30. Juli 1907 handeln, ein Datum, das bedeutungsvoll vorausweist auf den 30. Juli 1914, den Mobilmachungstag des Ersten Weltkriegs sieben Jahre später – am Ende des Buches wird er der »Donnerschlag« genannt. Hans Castorp bezieht ein Gästezimmer – es trägt die Nummer 34 –, am nächsten Morgen unangenehm gestört von seinen Zimmernachbarn, einem russischen Ehepaar, dessen Geräusche in unziemlicher Weise durch die Wand dringen. Hans Castorp nimmt Anstoß daran, ja es sitzt ihm verstörend im Gemüt und offenbart etwas von der inneren Befindlichkeit des jungen Mannes, der gleichsam als reiner Tor auf dem Zauberberg Einzug hält. Überhaupt befremdet ihn die »hier oben« herrschende lockere Lebensart, die Neigung zu Flirt und Frivolität. Schon bald lernt er die auffälligsten Bewohner des Sanatoriums kennen, voran Chefarzt Behrens und dessen Assistenten Dr. Krokowski, der sich für »Seelenzergliederung«, das heißt die damals noch junge Psychoanalyse interessiert. Behrens hat bereits einen Blick auf den neuen Gast geworfen und dabei dessen anämische Blässe konstatiert, ja sein geradezu »grünes Aussehen«. Und Hans Castorp nimmt sich auch gleich vor, etwas gesünder zu leben und es seinem Vetter für die Dauer des Aufenthaltes in allem nachzutun. Er braucht nur wenige Tage, um sich dem Rhythmus der Kranken und Rekonvaleszenten anzupassen, vor allem ihrem im Vergleich mit dem Flachland ganz anderen Zeitgefühl. Eile scheint hier niemand zu kennen. Die Gäste des Hauses kommen aus allen Ländern Europas, einige sogar aus Übersee, sie bieten einen Querschnitt durch die bürgerliche Gesellschaft der Vorkriegszeit in allen ihren Spielarten. Die auffälligsten Erscheinungen unter ihnen sind ein Italiener namens Settembrini, Literat von Beruf, der seine ärmliche, immer gleiche Kleidung nicht ohne Anmut trägt, und eine aparte Russin mit Kirgisenaugen und katzengleichen Bewegungen, Madame Chauchat, die immer, wenn sie den Speisesaal betritt, die Glastür knallend zufallen lässt. Aber da sind auch noch andere Patienten, etwa der namenlos bleibende »Herrenreiter«, der Hans Castorp schon am ersten Tag durch sein unheimliches Husten erschreckt, eine mexikanische Dame, die den sonderbaren Spitznamen Tous-les-deux führt, weil gleich zwei ihrer Söhne erkrankt sind und sie um beider Leben fürchtet, oder auch Karoline Stöhr, seine Tischgenossin, eine stockdumme ungebildete Person, die viele Fremdwörter im Munde führt und nicht dagegen gefeit ist, Eroica und Erotika zu verwechseln. Alle diese Menschen sind krank, sie tragen den Todesvirus in sich und bieten dem neuen Gast reiches Beobachtungsmaterial, gleichsam unter Laborbedingungen. Der *Berghof*, so stellt sich heraus, ist weniger ein Sanatorium, in dem man gesund werden soll und gesund werden will, er ist weit eher ein Sterbebetrieb.

Über seine biographische Situation im Jahre 1912, zur Zeit seiner Davos-Reise, hat Thomas Mann später angemerkt: »Nach dem Abschluß meines Prinzenromanes ›Königliche Hoheit‹ hatte ich mich auf das wunderliche Unternehmen eingelassen, die Memoiren eines Hochstaplers und Hoteldiebes zu schreiben, einen Roman, der in der Form des Kriminellen und Anti-Sozialen im Grunde auch eine Künstlergeschichte wie die des kleinen Prinzen in ›Königliche Hoheit‹ war. Der Stil dieses kuriosen Buches, von dem nur ein größeres Fragment übriggeblieben ist« (damit ist die Keimzelle des erst fünfzig Jahre später, kurz vor Thomas Manns Tod, wiederaufgenommenen Romans *Felix Krull* gemeint), »war eine Art von Parodie auf die große Memoiren-Literatur des achtzehnten Jahrhunderts und auch auf Goethe's ›Dichtung und Wahrheit‹, und sein Ton war auf lange Zeit schwer durchzuhalten. So drängte sich das Bedürfnis nach einem stilistischen

Ausruhen in anderen Sphären der Sprache und des Gedankens auf, und ich unterbrach mich in diesem Roman, indem ich die long short story ›Der Tod in Venedig‹ schrieb. Mit ihm war ich nahezu fertig zu dem Zeitpunkt meines Besuchs in Davos, und die Erzählung nun, die ich plante – und die sofort den Titel ›Der Zauberberg‹ erhielt –, sollte nichts weiter sein als ein humoristisches Gegenstück zum ›Tod in Venedig‹, ein Gegenstück auch dem Umfang nach, also eine nur etwas ausgedehnte short story. Sie war gedacht als ein Satyrspiel zu der tragischen Novelle, die ich eben beendete. Ihre Atmosphäre sollte die Mischung von Tod und Amüsement sein, die ich an dem sonderbaren Ort hier oben erprobt hatte. Die Faszination des Todes, der Triumph der rauschhaften Unordnung über ein der höchsten Ordnung geweihtes Leben, die im ›Tod in Venedig‹ geschildert ist, sollte auf eine humoristische Ebene übertragen werden. Ein simpler Held, der komische Konflikt zwischen makabren Abenteuern und bürgerlicher Ehrbarkeit, soweit ging mein Vorsatz. Der Ausgang war ungewiß, würde sich aber finden; das Ganze schien leicht und unterhaltsam zu machen und würde nicht viel Raum einnehmen.« Wir wissen, dass es anders kam: aus der ausgedehnten Short Story wurde ein großer Zeitroman, der erst zwölf Jahre später abgeschlossen wurde, eine umfassende Auseinandersetzung mit der europäischen Kultur und Gesellschaft in der Epoche des Ersten Weltkriegs. »Eine heimliche Ahnung von den Gefahren der Ausdehnung dieser Erzählung, von der Neigung des Stoffes zum Bedeutenden und zum gedanklich Uferlosen, beschlich mich schon bald«, schrieb Thomas Mann im Rückblick, um fortzufahren: »Dann kam der Krieg, dessen Ausbruch mir zwar sofort den Schluß des Romans an die Hand gab und dessen innere Erfahrungen das Buch unberechenbar bereicherten, der mich aber in seiner Ausführung auf Jahre unterbrach.«

Was hier die »inneren Erfahrungen des Krieges« genannt werden, verlangt nach Erläuterung. Thomas Mann bekannte sich zum kaiserlichen Deutschland und verteidigte dessen kulturellen und politischen Sonderweg einer – wie er es nannte – »machtgeschützten Innerlichkeit«. Seine geistige Verfassung in der Zeit um 1914 lässt sich am besten mit einer Formel beschreiben, die er zuerst in einem Brief an Heinrich Mann verwendete: »Sympathie mit dem Tode«. Diese Sympathie, heißt es da, sei ihm »tief eingeboren«. »Mein ganzes Interesse galt immer dem Verfall, und das ist es wohl eigentlich, was mich hindert, mich für Fortschritt zu interessieren.« Da er nicht ins Feld musste, wollte er bei Ausbruch des Krieges »Gedankendienst mit der Waffe« leisten; die Pflicht des Schriftstellers sei nämlich, wie er an Richard Dehmel schrieb, »Ausdeutung, Verherrlichung, Vertiefung der Geschehnisse«. Darüber entzweite Thomas Mann sich mit seinem Bruder Heinrich, der sich nicht von der allgemeinen Kriegsbegeisterung hinreißen ließ. Der Zwist zwischen den Brüdern schwelte schon lange, mit Kriegsbeginn trat er aus der Latenz und entlud sich in heftigem Affekt. Heinrich Mann, der gerade seinen Roman *Der Untertan*, eine Satire auf das kaiserliche Deutschland, abgeschlossen hatte, wurde zum Vorkämpfer eines künftigen Europas, eines Europas aus dem Geist der westlichen Demokratie; in der Niederlage Deutschlands, die er für unvermeidlich hielt, sah er die notwendige Voraussetzung dafür. Das war der zentrale Gedanke seines großen Essays über Émile Zola, den er 1915 publizierte und worin er die deutschen Schriftsteller und Intellektuellen beschuldigte, Ruhmredner der ruchlosen Gewalt zu sein. Dadurch fühlte sich vor allem Thomas Mann provoziert, der Jahre daran wendete, seine Antwort auf diesen vermeintlichen Angriff Heinrichs auszuarbeiten: die *Betrachtungen eines Unpolitischen*, ein Langessay von sechshundert Seiten, worin der Bruder als »Zivilisationsliterat« figuriert und mit allerlei Schmähworten bedacht wird. Als die *Betrachtungen* endlich erschienen, im Oktober 1918, war der Krieg mit der deutschen Niederlage fast zu Ende. Thomas Mann erkannte, dass er auf verlorenem Posten gekämpft hatte, ja dass die Geschichte im Begriff war, ihn niederschmetternd zu widerlegen. Er suchte nach einem Ausweg, und diesen Ausweg bot ihm der Roman, den er Jahre zuvor liegengelassen hatte. Die ganze geistig-politische Debatte, die er hadernd mit sich selbst und dem Bruder Heinrich geführt hatte, ging nun in den *Zauberberg* ein und konnte zur selbstkritischen Korrektur der eigenen Haltung genutzt werden. So stellt der Roman, den Thomas Mann im April 1919 wieder vornahm, sozusagen sein Abschiedswort an die »Sympathie mit dem Tode« dar, in deren Dienst er so lange gestanden hatte. Gleichwohl hielt er daran fest, dass es kein verächtlicher Dienst gewesen war. Auch sein Held Hans Castorp besitzt als Waisenkind eine früh erworbene Affinität zur Sphäre des Todes und kommt überhaupt aus der protestantisch-ethischen Atmosphäre von »Kreuz, Tod und Gruft«, um es mit einer von Thomas Mann gern zitierten Nietzsche-Formel zu sagen. In einem Kondolenzbrief aus dem Jahr 1917 schrieb Thomas Mann: »Der Tod und die geistliche Stimmung, die er erzeugt, war mir von jeher auf besondere Art anziehend und vertraut, meine Bücher handeln eigentlich nur von ihm, und wenn ich nicht Schriftsteller geworden wäre, so hätte ich, glaube ich, ganz gut Geistlicher werden können. Dazu ist nicht so sehr irgendwelche Gläubigkeit notwendig, sondern nur, oder doch hauptsächlich, eine bestimmte Grundstimmung, ein Sich daheim fühlen in der ethischen Atmosphäre von ›Kreuz, Tod und Gruft‹.« Auch Hans Castorp ist ein Mensch der Innerlichkeit mit ausgeprägter Neigung zur Musik, wie sogleich dem Signor Settembrini auffällt, dem erwähnten italienischen Literaten, der sich für Hans Castorp interessiert und seinen pädagogischen Einfluss bei ihm geltend zu machen sucht. Für Settembrini, eine der wichtigsten Figuren des Buches, hat man kein reales Vorbild ausfindig machen können, doch lässt sich in ihm ein ins Italienische versetztes Porträt von Heinrich Mann erkennen. Er ist ein typischer »Zivilisationsliterat«, und viele auf Heinrich gemünzte Schmähworte aus den *Betrachtungen eines Unpolitischen* – »Menschenrechtler«, »Freiheitspfaffe«, »Rhetor-bourgeois« oder »Revolutionsschulmeister« – könnten auf Settembrini passen. Die erste Empfehlung, die er Hans Castorp gegenüber ausspricht, ist, unverzüglich wieder abzureisen, aber Castorp, empfänglich für den morbiden Reiz des Ortes, schlägt sie in den Wind. Auch Castorps Empfänglichkeit für Musik bleibt Settembrini nicht verborgen, und obwohl er selbst aus einem Land der Musik kommt, misstraut er dieser wirklichkeitsfernsten der Künste. Er selbst begeistert sich für die Ideale der bürgerlichen Revolution, für Freiheit, Gleichheit und Brüderlichkeit, und überhaupt für den sozialen und zivilisatorischen Fortschritt. Es sind Vokabeln, die er in seinen langen Reden vorzugsweise im Munde führt, und in Hans Castorp hat er einen lernwilligen, leicht beeinflussbaren, allerdings nicht unkritischen Zuhörer. Mit dem Helden der Geschichte hat es, wie man sieht, eine besondere Bewandtnis: Ständig werden ihm vom Erzähler Eigenschaften des Einfachen und Schlichten zugeschrieben, und doch zeigt er sich in hohem Maße aufgeschlossen für alles Geistig-Interessante, Kränkelnde und Morbide. Er träumt viel auf dem Zauberberg und ist durchlässig für alle möglichen Reize, was zweifellos an der anregenden Luft des Ortes liegt. Die aparte russische Dame mit den Kirgisenaugen, Madame Chauchat, weckt sein Interesse, und zwar in einer Weise, die einer Verzauberung gleichkommt. In diesem Sinn lässt sich der Zauberberg mit dem Hörselberg des Märchens vergleichen, in den Tannhäuser zu Frau Venus einzieht. Überhaupt ist das Titelwort des Buches nicht Thomas Manns Erfindung, es kommt schon in Eichendorffs Erzählung *Das Marmorbild* vor, wo es heißt: »Habt ihr wohl jemals von dem wunderbaren Spielmann gehört, der durch seine Töne die Jugend in einen Zauberberg hinein verlockt, aus dem keiner wieder zurückgekehrt ist? Hütet Euch!« Hans Castorp ist weit davon entfernt, sich zu hüten.

Über Madame Chauchat hat er in Erfahrung gebracht, dass sie im fernen Daghestan verheiratet ist und mit Vornamen Clawdia heißt, und mit ihren schräggestellten schmalen Augen erinnert sie ihn an den Mitschüler Pribislav Hippe, der ihm vor langen Jahren im Zeichenunterricht einen Stift geliehen und ihn dabei aus ebensolchen Augen angesehen hatte. Diese Erinnerung geht ihm während eines Ausflugs im Traum auf, in dem er sich in seine alte Schule zurückversetzt sieht. »Entschuldige, kannst du mir einen Bleistift leihen?«, fragt er den Mitschüler im Traum. Weiter heißt es: »Und Pribislav sah ihn an mit seinen Kirgisenaugen über den vorstehenden Backenknochen und sprach zu ihm mit seiner angenehm heiseren Stimme, ohne Verwunderung oder doch ohne Verwunderung an den Tag zu legen. ›Gern‹, sagte er. ›Du mußt ihn mir nach der Stunde aber bestimmt zurückgeben.‹ Und zog sein Crayon aus der Tasche, ein versilbertes Crayon mit einem Ring, den man aufwärts schieben mußte, damit der rotgefärbte Stift aus der Metallhülse wachse.«

Diesen Traum träumt Hans Castorp, angeregt durch seine täglichen Begegnungen mit Clawdia Chauchat im Speisesaal des Sanatoriums, ohne dass er doch Anstalten trifft, ihre persönliche Bekanntschaft zu suchen. Nun sind allerdings seine drei Zauberberg-Wochen, die so viel in ihm in Bewegung gebracht haben, abgelaufen, und er bereitet sich auf die Abreise vor. Da er sich einen Katarrh seiner Luftwege zugezogen hat, begleitet er Vetter Joachim auf dessen monatlicher Arztvisite und lässt sich seinerseits untersuchen, womit er nur eine Erfahrung wiederholt, die der Autor selbst 1912 bei seiner Davoser Stippvisite gemacht hatte. »Ich befand mich etwa zehn Tage dort oben«, erinnerte sich Thomas Mann, »als ich mir bei feuchtem und kaltem Wetter auf dem Balkon einen lästigen Katarrh der oberen Luftwege zuzog. Da zwei Spezialisten im Hause waren, der Chef und sein Assistent, lag nichts näher, als der Ordnung und Sicherheit halber meine Bronchien untersuchen zu lassen, und so schloß ich mich denn meiner Frau an, die gerade zur Untersuchung befohlen worden war. Der Chef, der, wie Sie sich denken können, meinem Hofrat Behrens in Äußerlichkeiten ein wenig ähnlich sah, beklopfte mich und stellte mit größter Schnelligkeit eine sogenannte Dämpfung, einen kranken Punkt an meiner Lunge fest, die, wenn ich Hans Castorp gewesen wäre, vielleicht meinem ganzen Leben eine andere Wendung gegeben hätte. Der Arzt versicherte mir, ich würde sehr klug handeln, mich für ein halbes Jahr hier oben in die Kur zu begeben, und wenn ich seinem Rat gefolgt wäre, wer weiß, vielleicht läge ich noch immer dort oben.« Thomas Mann fügt dann einen Satz hinzu, der ironisch andeutet, was ihn von seinem Romanhelden Hans Castorp unterscheidet: »Ich habe es vorgezogen, den ›Zauberberg‹ zu schreiben […].«

Hans Castorp verlängert seinen Aufenthalt im Sanatorium, anders gesagt, er geht vom Status eines Besuchers in den eines Patienten über. Warum widersetzt er sich nicht dieser, wie er ahnt, tiefgreifenden Veränderung seines Lebens? Warum schlug er schon früher Settembrinis Warnung in den Wind? Es gibt dafür äußere und innere Gründe. Zu den äußeren gehört, dass er es sich leisten kann, ein solches Leben von den Zinsen eines ererbten Kapitals zu führen, anders als sein italienischer Mentor, der, als seine Krankheit sich als dauerhaft herausstellt, das Sanatorium verlassen und zur Untermiete wohnen muss. Auch Thomas Mann kennt so etwas wie die materiellen Bedingungen, er sieht an ihnen nicht vorbei. Die Sanatorien waren für ihn typische Erscheinungen einer großbürgerlichen Vorkriegszeit. »Nur unter jenen Verhältnissen war es möglich«, schrieb er, »daß die Patienten auf Kosten ihrer Familien jahrelang oder auch ad infinitum dies Leben führen konnten.« Was die inneren Gründe von Hans Castorps Bleiben betrifft, so ist zunächst sein Interesse für das Phänomen der Krankheit zu erwähnen, von dem er glaubt, dass es den Menschen vergeistige und veredle. Tatsächlich sucht er, zusammen mit Vetter Joachim, in den folgenden Wochen schwerkranke und moribunde Patienten auf, um ihnen

Trost zu spenden: etwa dem jungen Herrn Rotbein, der wächsern und abgezehrt in den Kissen liegt, in Erwartung einer Rippenresektion, oder der junge Leila Gerngroß, »ein überaus liebreizendes blondes Geschöpf mit genau vergißmeinnichtblauen Augen«. Es gibt in diesem Roman einige erschütternde Bilder animalen Sterbens, am ergreifendsten das der kleinen Dame, die sich vor dem Priester unter die Decken verkriecht und markerschütternd nach Leben schreit. Diese Passage wählte Thomas Mann im April 1920 für eine Lesung in Augsburg aus, und sie trug ihm eine respektvolle Rezension des jungen Bertolt Brecht im Lokalblatt ein, die umso bemerkenswerter ist, als sich Brecht später in kritisch-abfälliger Weise über den *Zauberberg* äußerte. Die spielerische Anmut des Textes, schrieb Brecht, könne leicht über die in der Tiefe bewältigten Schwierigkeiten hinwegtäuschen: »Die Geschichte von der Sterbenden, die nicht sterben will, die vor Opposition mit den Beinen strampelt, als der Priester zu ihr kommt, ist in ihrer Mischung tiefster Schauerlichkeit und liebenswürdiger Grandezza so unvergleichlich wie die von dem sterbenden Jüngling, der den Damen ein kleines eitles Schauspiel aus seinem beispiellos einsamen und ernsthaft geführten Todeskampf macht, in ihrer Mischung aus Reserviertheit und Liebe.« Was Hans Castorp zu seinem Liebesdienst antreibt, ist die von Settembrini bei dem jungen Deutschen diagnostizierte »Sympathie mit dem Tode«, und der italienische Literat versäumt nicht, ihn deswegen zur Rede zu stellen. Hans Castorp besucht auch die psychoanalytische Vortragsreihe des Assistenzarztes Dr. Krokowski, deren zentrale These darauf hinausläuft, dass die Symptome von Krankheit verkappte Liebesbetätigung sind, somit Krankheit nichts anderes ist als verwandelte Liebe. Nicht auszuschließen ist, dass auch bei Hans Castorp erst seine Verliebtheit die Symptome der Tuberkulose hervorgebracht hat. Denn was ihn am stärksten auf dem Zauberberg festhält, ist nämlich die schöne Russin, die ihn an den früheren Mitschüler erinnert. In seiner neuen Verliebtheit lebt die frühere zu dem Mitschüler wieder auf, sie ist sozusagen Wiederholung, und es scheint müßig, nach Prioritäten zu fragen, schon gar bei einem Autor, der vor dem *Zauberberg* die Novelle *Der Tod in Venedig* schrieb, dieses große Monument der eigenen verdrängten Homoerotik.

Was ist überhaupt Liebe? Und was ist Leben? Das sind Fragen, denen Hans Castorp während seiner viermal täglichen Liegekur auf dem Balkon des Sanatoriums nachhängt, mal unter der Leselampe, mal während er in den gestirnten Himmel blickt. Er liest medizinische Bücher, Werke der Humanwissenschaft, der Psychologie und Physiologie. Der Kosmos in beiderlei Gestalt hat es ihm angetan, der Makrokosmos und die molekulare Welt, und den Beziehungen zwischen beiden spürt er mit bemerkenswerter Ausdauer nach. Er eignet sich Wissen an, Wissen um des Wissens willen, er ist, wie Harold Bloom gesagt hat, »der ideale Student, den die Universitäten (vor ihrer derzeitigen Selbstdegradierung) immer wieder proklamierten, doch niemals fanden«, ein später Adept des Humboldt'schen Zeitalters. Für ihn ist Wissen nicht Macht, sondern ein Instrument der Selbstentwicklung und Lebenssteigerung, es bringt Fähigkeiten in ihm hervor, von denen er zuvor nichts geahnt hatte. Und er legt bei seinen Studien eine spirituelle Verfeinerung an den Tag, die man bei ihm nicht vermutet hätte, da der Autor immer wieder bestrebt ist, ihn als einfachen Menschen und Simplex erscheinen zu lassen. Fast dreißig Seiten umfasst das »Forschungen« überschriebene Kapitel, das die Ergebnisse von Hans Castorps Lektüre ausbreitet, und um es schreiben zu können, wie auch einige andere Kapitel des Romans, hat Thomas Mann ungeheuer viel Lesestoff in sich aufnehmen müssen, gemäß seinem Wort, so wie er über der Arbeit am Josephsroman ein wenig zum Archäologen und Orientalisten geworden sei, so über der Arbeit am *Zauberberg* zum Mediziner. Doch hat er dem Roman nicht bloß Bildungs- und Wissensstoff aufgeladen, sondern das Gelesene mit immenser Aneignungsenergie und der ihm eigenen außerordentlichen Umschmelzungsvirtuosität in lebendigen Erzählstoff verwandelt. Wenn Hans Castorp, das Bild Clawdia Chauchats vor Augen, über das Geheimnis des Lebens und der Liebe nachdenkt, dann kommen sich naturwissenschaftliche Erkenntnis und romantische Liebes- und Todesmystik à la Novalis in bestürzender Weise nahe. Man fühlt sich gedrängt zu zitieren, was Thomas Mann in sein Tagebuch schrieb: »Humanismus und Körpermystik vermischen sich ... Diese Zusammenhänge haben unzweifelhaft eine gewisse Kühnheit.«

> Die Bücher lagen zuhauf auf dem Lampentischchen, [...] und dasjenige, worin Hans Castorp zuletzt geforscht, lag ihm auf dem Magen und drückte, beschwerte ihm sehr den Atem, doch ohne daß von seiner Hirnrinde an die zuständigen Muskeln Order ergangen wäre, es zu entfernen. Er hatte die Seite hinunter gelesen, sein Kinn hatte die Brust erreicht, die Lider waren ihm über die einfachen blauen Augen gefallen. Er sah das Bild des Lebens, seinen blühenden Gliederbau, die fleischgetragene Schönheit. Sie hatte die Hände aus dem Nacken gelöst, und ihre Arme, die sie öffnete und an deren Innenseite, namentlich unter der zarten Haut des Ellbogengelenks, die Gefäße, die beiden Äste der großen Venen, sich bläulich abzeichneten, – diese Arme waren von unaussprechlicher Süßigkeit. Sie neigte sich ihm, neigte sich zu ihm, über ihn, er spürte ihren organischen Duft, spürte den Spitzenstoß ihres Herzens. Heiße Zartheit umschlang seinen Hals, und während er, vergehend vor Lust und Grauen, seine Hände an ihre äußeren Oberarme legte, dorthin, wo die den Triceps überspannende, körnige Haut von wonniger Kühle war, fühlte er auf seinen Lippen die feuchte Ansaugung ihres Kusses.

Der Schriftsteller Jean Améry hat Thomas Mann einmal den »größten Erotiker der deutschen Literatur« genannt, eine

These, die sicher überraschend ist, obwohl ihr hier gar nicht widersprochen werden soll. Nur erzählt Thomas Mann nicht von erotischem Genuss, sondern von erotischer Verlockung, nicht von Lust, sondern vom Reiz. Das galt schon für Tonio Kröger und Gustav von Aschenbach, wie es später noch für den jungen Joseph gelten wird. Auch die sinnlich-übersinnlichen Ekstasen Hans Castorps sind ein reines Phantasieprodukt, während er der konkreten Begegnung mit Madame Chauchat ängstlich ausweicht. Robert Musil schrieb in sein Tagebuch: »Und was tut sein Sorgenkind Castorp in all der Zeit am Zauberberg? Offenbar hat er masturbiert!« Nun aber wird im Sanatorium *Berghof* Fasching gefeiert, und Settembrini zitiert anspielungsreich Goethes *Faust:* »Der Berg ist heute zaubertoll«. Es ist der siebte Monat von Hans Castorps Aufenthalt, denn hier auf dem Zauberberg scheint alles der magischen Sieben zu gehorchen. Die Märchen-Zahl taucht in allen möglichen Zusammenhängen auf: Der Roman hat sieben Kapitel, Hans Castorp verbringt sieben Jahre auf dem *Berghof*, sieben Tische stehen im Speisesaal, an jedem Tisch sitzen sieben Gäste, Madame Chauchat bewohnt das Zimmer 7, und die Sieben steckt als Quersumme in den Zimmernummern ihrer beiden Liebhaber, Hans Castorps Nummer 34 und später Mynheer Peeperkorns Nummer 43. Settembrinis Name enthält die Zahl Sieben auf Italienisch. Und die Namen fast aller Hauptfiguren des Buches haben sieben Buchstaben, nur Naphta, Settembrinis Gegenspieler, den wir noch kennenlernen werden, muss mit sechs auskommen. Thomas Mann hatte eine ausgesprochene Vorliebe für solche Zahlenmystik, und sie bewährt sich besonders in dem Kapitel, das »Walpurgisnacht« überschrieben ist. Es geht zu wie im *Faust*: Herr Urian in Gestalt von Hofrat Behrens sitzt obenauf, er hat mit eigener Hand die Bowle verzapft, die Festlaune ist allen in die Krone gestiegen, und als es ans Schweinchen-Zeichnen geht, eine Art Gesellschaftsspiel, ist Hans Castorp mit von der Partie. Nur fehlt ihm auch diesmal wieder ein Bleistift, und er hält Ausschau, wo oder von wem er einen bekommen kann. »Wer hat einen vernünftigen Bleistift? Wer leiht mir einen?«, ruft er aus und geht, unbeirrt durch Settembrinis warnende Zurufe, geradewegs auf Clawdia Chauchat zu, die das Treiben lächelnd beobachtet hat. Dann heißt es: »Hans Castorp aber stand auf dem Klinkerhof, blickte aus nächster Nähe in die blau-graugrünen Epicanthus-Augen über den vortretenden Backenknochen und sprach: ›Hast *du* nicht vielleicht einen Bleistift?‹«

Der Klinkerhof gehört natürlich zur Erinnerung an den Mitschüler Pribislav Hippe. Den darauf folgenden Dialog zwischen Clawdia Chauchat und Hans Castorp, der dessen bis zu leidenschaftlichem Gestammel gesteigertes Liebesgeständnis enthält, hat Thomas Mann in französischer Sprache geschrieben: »*Quelles fêtes immense de les caresser ces endroits délicieux du corps humain! Fête à mourir sans plainte après!*« Warum Französisch? »*Parler français, c'est parler sans parler, en quelque manière*«, sagt Hans Castorp, was sicher kein Kompliment an die französische Sprache ist, die Thomas Mann nur unvollkommen beherrschte, so dass für die Feinheiten des Dialogs der Freund und Kollege Bruno Frank zurate gezogen wurde. Gemeint ist aber die Unverbindlichkeit, die das Französische als bürgerlich-gesellschaftliche Konversationssprache damals besaß. Dem Liebesgeständnis wird dadurch die Drastik und Direktheit genommen, die Leidenschaft in die neutralisierende Zone eines anderen Idioms befördert und speziell zur weiblichen Sinnlichkeit ein Sicherheitsabstand hergestellt. Hans Wysling, der große Kenner Thomas Manns, hat ohnehin angemerkt, Hans Castorps Liebe zu Clawdia Chauchat schwebe »eigenartig zwischen Knaben- und Frauenliebe« und sei im Grunde homophil.

Am Scheitelpunkt des Buches angelangt, muss noch einmal auf die Meisterschaft hingewiesen werden, mit der hier erzählt wird, die Lust am Wort, die Leichtigkeit des Vortrags in aller Komplexität und Verschlungenheit des Stils. Es ist ein Zeitroman, eine Epochendiagnose, auch wenn die greifbare

Aktualität vom Tage darin ausgespart wird. Es gerät dem Buch nicht zum Nachteil, dass Marokko-Krisen und Tirpitz'sche Flottenpolitik darin ebenso unerwähnt bleiben wie die schwelenden Konflikte auf dem Balkan. Das Werk lebt aus der Kraft der Erzählung, aus seinem inneren Beziehungszauber, den Antagonismen von Krankheit und Gesundheit, Geist und Natur, Todessympathie und Lebensdienst, aus dem feinen Spiel zwischen dem Realen und dem Ideellen. Nicht zuletzt lebt es von der unermüdlichen Geduld des Erzählers, der die Langwierigkeit seines Unternehmens oft beklagte und sich zum Trost das Goethe-Wort zitierte: »Daß du nicht enden kannst das macht dich groß«. Doch gibt es auch eine beachtliche Schar von *Zauberberg*-Kritikern, die sich an der »Rhetorik« des Buches stoßen, an dem von Thomas Mann stets festgehaltenen Prinzip, alles Wesentliche mit Mitteln der Sprache zu sagen, in langen, verschachtelten Sätzen, die den Leser einspinnen und verzaubern sollen. Deswegen hat man dem Autor ja den Beinamen des »Zauberers« gegeben. Alle Personen des Buches sprechen, abgesehen von individuellen, oft karikaturistischen Eigenheiten, wie Thomas Mann, sie drücken sich gehoben, gewunden, kompliziert, eben rhetorisch aus, sie kommen gar nicht auf den Gedanken, dass sie sich knapper ausdrücken könnten oder vielleicht sogar durch Schweigen. Denn selbst wenn sie schweigen, ist es ein beredtes Schweigen. Alle Figuren gibt uns der Autor vermittels seiner Sprache: Hans Castorp in seiner listigen Scheinsimplizität, Settembrini in seinem intellektuellen Schwung, Naphta in seiner insistierenden Intensität, Mynheer Peeperkorn in seiner unaufhörlichen Eruption von Sprachbrocken; es gilt sogar für Nebenfiguren wie den armen Herrn Wehsal, der Claudia Chauchat nicht weniger leidenschaftlich liebt als Hans Castorp, aber ohne jede Hoffnung, was er in demütiger, nachgerade hündischer Selbsterniedrigung gegenüber dem glücklicheren Rivalen preisgibt, indem er seine schlimmen Tage und Nächte mit Worten wie »Lustfolter« und »Schandhölle« beschreibt, die ihm so mühelos von den Lippen fließen, als hätte er bereits den Roman gelesen, in dem er eine so traurige Figur abgibt. Sie alle fängt der Autor im Netz seiner Sprache, sie ist das Medium, durch das er sich der Personen und Dinge bemächtigt. Man nehme als Beispiel den ersten Auftritt Mynheer Peeperkorns. Zunächst wird sein Vortragsduktus ausführlich beschrieben: »die Aufmerksamkeit spannenden Gebärden, den delikat nuancierenden, gepflegten, genauen und reinlichen Kulturgebärden eines Dirigenten« (so geht es über eine volle Seite), es folgt die Rede selbst: »Meine Herrschaften. – Gut. Alles gut. Er-ledigt. Wollen Sie jedoch ins Auge fassen und nicht – keinen Augenblick – außer acht lassen, daß – Doch über diesen Punkt nichts weiter. Was auszusprechen mir obliegt …« usw. Der Leser begreift schnell, dass Mynheer Peeperkorn zwar lange spricht, aber nichts sagt. Thomas Mann genügt das nicht, er beschreibt auch noch die *Wirkung* von Peeperkorns Rede, und für alle, die nicht zu lesen wissen, fügt er hinzu: »Er hatte nichts gesagt; aber sein Haupt erschien so unzweifelhaft bedeutend, sein Mienen- und Gestenspiel war dermaßen entschieden, eindringlich, ausdrucksvoll gewesen, daß alle und auch der lauschende Hans Castorp höchst Wichtiges vernommen zu haben meinten.« Thomas Mann erläutert die eigene Erzählung, und indem er ihre künstlerische Wirkung zu steigern sucht, mindert er sie. Manche Seiten, etwa der Anfang des Kapitels »Noch jemand«, sind von einer schwer erträglichen Umständlichkeit, weil die Rhetorik, die das erzählerische Grundprinzip bildet und die in den besten Passagen das Beschriebene merkwürdig vertieft, hier leer in sich selber läuft. Schließlich wird die sprachliche Virtuosität getrübt durch stilistischen Selbstgenuss. Thomas Mann verfährt wie ein Sänger, der, um seine Kunstfertigkeit zu zeigen, dem Vortrag einer Arie virtuose Koloraturen hinzufügt. Im Kapitel »Fülle des Wohllauts« hört Hans Castorp Auszüge aus Verdis *Aida*: »Eine kleine Gruppe von Platten bot die Schlußszenen des pompösen, von melodiösem Genie überquellenden Opernwerks, das ein großer Landsmann des Herrn Settembrini, der Altmeister der dramatischen Musik des Südens, in der zweiten Hälfte des vorigen Jahrhunderts aus solennem Anlaß, bei Gelegenheit der Übergabe eines Werkes der völkerverbindenden Technik an die Menschheit, im Auftrage eines orientalischen Fürsten geschaffen hatte.« Der Name der Oper wird nicht genannt und erst mit Verzögerung fällt der Name der Titelheldin. Dann heißt es: »Hans Castorp wußte bildungsweise ungefähr Bescheid damit […].« Der Leser, der bildungsweise nicht Bescheid damit weiß, fühlt sich in einer Art Musikquiz, denn auch beim nächsten Musikstück, Debussys *Prélude à l'après-midi d'un faune*, verfährt der Autor nicht anders: »Es war ein reines Orchesterstück, ohne Gesang, ein symphonisches Präludium französischen Ursprungs, bewerkstelligt mit einem für zeitgenössische Verhältnisse kleinen Apparat, jedoch mit allen Wassern moderner Klangtechnik gewaschen und klüglich danach angetan, die Seele in Traum zu spinnen.« Wer das Stück nicht kennt, steht auf verlorenem Posten, denn der Titel wird auch später nicht genannt. Diese indirekte, umschreibende Erzählweise wird über viele Seiten beibehalten, gemäß der Maxime, dass ein Künstler der selbstgesetzten Regel folgen muss. Damit erweist sich Thomas Mann als Nachfahre des neunzehnten Jahrhunderts, was ein Autor wie Arno Schmidt ihm zum Nachteil gerechnet hat. Aber soll man Thomas Mann vorwerfen, dass er nicht schrieb wie Arno Schmidt? Zwar gibt es bei ihm hier und da, zumal im *Zauberberg*, das allzu innige Behagen am Stilistischen, aber seine große Leistung besteht darin, dass die Rhetorik nicht bloß ein äußeres, dem Buch umgehängtes Gewand ist, sondern noch einmal, vielleicht ein letztes Mal, in die Tiefe der literarischen Substanz dringt und sie in den großartig gelungenen Passagen zum Strahlen bringt. So durchsetzt die vielzitierte Thomas Mann'sche Ironie das ganze Buch, ohne den Leser zu ernüchtern, sie steigert vielmehr seine intellektuelle und emotionale Anteilnahme. In diesem Sinn ist der *Zauberberg* geradezu ein literarisches Mysterium, obwohl darin alles oder fast alles im Realistischen fundiert ist, in der Genauigkeit von Raum und Zeit. Das Zeitlose des Buches tritt aus dem Abstand von hundert Jahren nur umso leuchtender hervor in der Fähigkeit, der erzählten Geschichte Leben einzuhauchen, ihr Humor, Phantastik und schmerzliche Tiefe zu geben.

»Veränderungen« heißt das nächste Kapitel des Buches, und wirklich sind bedeutsame Veränderungen eingetreten seit jener Faschings-Walpurgisnacht, in der Hans Castorp zum ersten Mal ein Gespräch mit der sonst nur von Tisch zu Tisch im Speisesaal angebeteten Clawdia Chauchat führte. Es sei daran erinnert, dass Madame Chauchat es Hans Castorp gestattete, ihr spät in der Nacht den ausgeliehenen Bleistift auf ihr Zimmer zurückzubringen. Mit dieser Andeutung einer ersten und einzigen Liebesnacht hat es sein Bewenden, tags darauf verlässt die schöne Russin das Sanatorium und lässt Hans Castorp als Erinnerungsgabe nur ihr »Innenporträt« in Form eines Röntgenbildes zurück. Danach hebt der Roman wie von neuem an:

> Was ist die Zeit? Ein Geheimnis, – wesenlos und allmächtig. Eine Bedingung der Erscheinungswelt, eine Bewegung, verkoppelt und vermengt dem Dasein der Körper im Raum und ihrer Bewegung. Wäre aber keine Zeit, wenn keine Bewegung wäre? Keine Bewegung, wenn keine Zeit? Frage nur! Ist die Zeit eine Funktion des Raumes? Oder umgekehrt? Oder sind beide identisch? Nur zu gefragt! Die Zeit ist tätig, sie hat verbale Beschaffenheit, sie ›zeitigt‹ […] Veränderung […]. Die Zeit schreitet fort, während wir erzählen, – *unsere* Zeit, die wir dieser Erzählung widmen, aber auch die tief vergangene Zeit Hans Castorps und seiner Schicksalsgenossen dort oben im Schnee […] [Aber] die Zeit, die das Element der Erzählung ist, [kann] auch zu *ih-*

rem Gegenstande werden; und wenn es zuviel gesagt wäre, man könne »die Zeit erzählen«, so ist doch, *von der Zeit* erzählen zu wollen, offenbar kein ganz so absurdes Beginnen, wie es uns anfangs scheinen wollte, – so daß denn also dem Namen des »Zeitromans« ein eigentümlich träumerischer Doppelsinn zukommen könnte. Tatsächlich haben wir die Frage, ob man die Zeit erzählen könne, nur aufgeworfen, um zu gestehen, daß wir mit laufender Geschichte wirklich dergleichen vorhaben.

Wie aber erzählt man die Zeit, ohne unaufhörlich von ihr zu reden? Was den *Zauberberg* betrifft, so wird die Zeit darin immer ungreifbarer oder, paradox gesagt, immer zeitloser. Man kann es schon am Äußeren des Buches ablesen: Es umfasst sieben Kapitel, die ersten vier Kapitel behandeln die drei Besuchswochen Hans Castorps, das folgende vierte Kapitel umfasst die sechs Monate bis zur Fastnacht, jetzt halten wir am Ende des fünften Kapitels, aber nur noch zwei Kapitel liegen vor uns, die aber mehr als die Hälfte des Textes und fast sechseinhalb Jahre umfassen. Immer schwerer wird es im Fortgang der Geschichte, sich zeitlich zu orientieren und die Frage zu beantworten: Wo sind wir in Hans Castorps Aufenthalt, in welchem Monat, in welchem Jahr? Sind wir im dritten, fünften oder sechsten Jahr, im Jahr 1909, 1911 oder gar schon 1913? Immer reißender wird der Erzählstrom, aber immer wesenloser wird die Zeit, wir können in ihr keinen Halt mehr finden, so reißt sie uns und so reißt es sie zum Untergang hin, zum Donnerschlag, der am Ende des Buches Hans Castorp und seine Mitpatienten endlich ihrer Zeitlosigkeit entreißt und die Welt in die Katastrophe stürzt.

Ein neuer Besucher ist auf dem Zauberberg eingetroffen und zieht bald das Interesse Hans Castorps auf sich: Leo Naphta, der große Gegenspieler von Lodovico Settembrini, fast in jedem Betracht dessen Kontrahent und Widerpart. Thomas Mann hat lange nach dieser Figur gesucht, die, wie er in einem Brief schrieb, ein »verzweifelt-geistreicher Reaktionär« sein, aber ihm selbst, dem Autor der *Betrachtungen eines Unpolitischen*, nicht allzu ähnlich sehen sollte. Nur beiläufig sei erwähnt, dass Naphta seinen Vornamen mit Leo Trotzki gemein hat, zur Zeit der Niederschrift Organisator der Roten Armee im russischen Bürgerkrieg, dass er äußerlich aber nach dem Vorbild des ungarischen Philosophen Georg Lukács geformt ist, den Thomas Mann im Januar 1922 kennengelernt hatte. Der Eindruck war so intensiv, dass er zu einer Hauptfigur des großen Zeitromans avancierte, in einer Weise, wie sie zunächst nicht vorgesehen war. Naphta ist Jude, Jesuit, Kommunist in einer Person, er verkörpert gewissermaßen das dreifache Schreckgespenst aller bürgerlichen Alpträume in der jungen Weimarer Republik. Aber es geht eine eigentümliche Faszination von ihm aus, wenn er in seinen Disputen mit Settembrini einen auf spiritueller Askese, jakobinischem Terror und völkischer Disziplin beruhenden Gottesstaat propagiert.

> »Das Prinzip der Freiheit hat sich in fünfhundert Jahren erfüllt und überlebt [...]. Zuletzt bedeutet es ein liebloses Mißverstehen der Jugend, zu glauben, sie finde ihre Lust in der Freiheit. Ihre tiefste Lust ist der Gehorsam.«
> Joachim richtete sich gerade auf. Hans Castorp errötete. Herr Settembrini drehte erregt an seinem schönen Schnurrbart. »Nein!« fuhr Naphta fort. »Nicht Befreiung und Entfaltung des Ich sind das Geheimnis und das Gebot der Zeit. Was sie braucht, wonach sie verlangt, was sie sich schaffen wird, das ist – der Terror.«
> Er hatte das letzte Wort leiser als alles Vorhergehende gesprochen, ohne eine Körperbewegung; nur seine Brillengläser hatten kurz aufgeblitzt.

Für ein Erzählwerk ist es immer problematisch, wenn die Geisteskämpfe der Zeit nicht in konkreten Handlungen und realen Konflikten ausgetragen werden, sondern diskursiv, in Streitgesprächen und Disputen über alle möglichen Themen: Christentum, Heidentum, Judentum, Geist und Macht, Kunst und Leben, Sozialismus, Liberalismus, Spiritismus, Nihilismus. All das nimmt im zweiten Teil des *Zauberbergs* viel Platz ein, zieht sich in immer neuen Anläufen über viele, allzu viele Seiten hin, und während Settembrini als Repräsentant des bürgerlichen Humanismus noch eine weitgehend stimmige Figur ist, die ungeachtet aller ironischen Relativierung die Sympathie des Lesers gewinnt, wird dem Gegenspieler Naphta doch allzu Vieles und Heterogenes auf die Schultern geladen. Zweifellos ist er der Ideologe schlechthin, der für die Errichtung seines Gottesstaates den großen Weltenbrand in Kauf zu nehmen bereit ist – heute würde man ihn einen Fundamentalisten nennen. Und so ist es richtig und konsequent, dass er am Ende des Buches, in einem von ihm provozierten tragikomischen Duell mit Settembrini, von eigener Hand stirbt, ein Selbstmordattentäter *avant la lettre*, im tiefsten Kern ein lebensfeindlicher Verneinungsgeist. Man kann in dieser Figur eine Vorwegnahme der totalitären Tendenzen erkennen, die seit Mitte der zwanziger Jahre in ganz Europa an Boden gewannen, und es ist nachgerade unheimlich, dass der Name »Berghof«, den Thomas Mann für das Sanatorium seines Romans wählte, nur wenige Jahre später der Name von Hitlers Residenz auf dem Obersalzberg wurde.

Joachim Ziemßen, Hans Castorps Vetter, verlässt im Folgenden den *Berghof* – auf eigene Verantwortung, wie Hofrat Behrens betont –, um im Flachland Dienst zu tun und das Leutnantspatent zu erwerben. Er flieht die verhängnisvolle Atmosphäre des Zauberbergs, während Hans Castorp, der doch eigentlich nur als Besucher nach Davos gekommen war, es vorzieht, noch länger hier oben zu verweilen, zur Beunruhigung seiner Verwandten. Aber der Versuch seines Onkels James Tienappel, durch persönliches Erscheinen den Patienten zur Rückkehr zu bewegen, wird erfolgreich abgewehrt.

Immer tiefer und unausweichlicher lässt sich der junge Deutsche von der todesschwangeren Atmosphäre des Sanatoriums umfangen. Nun hat unaufhörlicher Schneefall eingesetzt, beharrlich-geheimnisvoll wie in einer Erzählung von Stifter, es fällt so viel Schnee, dass den Patienten des Lungensanatoriums die Bewegung im Freien verwehrt ist, mit Ausnahme der Skifahrer. Und so überkommt auch Hans Castorp der Wunsch, sich Skibretter anzuschaffen und das schneebedeckte Gebirge kennenzulernen. Er unterschätzt aber die Mühen des Weges und die Tücken des Wetters; auf halbem Weg setzt ein Schneesturm ein, und er kann sich mit Glück in den Windschatten eines Schuppens flüchten. Hier träumt er einen seltsamen, bedeutungsvollen Traum, der ihn zunächst an die Säulen eines Tempeltors führt – man fühlt sich an Dostojewskijs *Traum eines lächerlichen Menschen* erinnert –, dann aber in die Tempelkammer, wo zwei graue Weiber, halbnackt, zottelhaarig, ein schauerliches Blutmahl feiern. Im Erwachen setzt sich der Traum fort, nun nicht mehr in Bildern, und mündet in gewagte und krause Gedanken.

Tod und Liebe, – das ist ein schlechter Reim, ein abgeschmackter, ein falscher Reim! Die Liebe steht dem Tode entgegen, nur sie, nicht die Vernunft, ist stärker als er [...] – in stillem Hinblick auf das Blutmahl. Oh, so ist es deutlich geträumt und gut regiert! Ich will dran denken. Ich will dem Tode Treue halten in meinem Herzen, doch mich hell erinnern, daß Treue zum Tode und Gewesenen nur Bosheit und finstere Wollust und Menschenfeindschaft ist, bestimmt sie unser Denken und Regieren. *Der Mensch soll um der Güte und Liebe willen dem Tode keine Herrschaft einräumen über seine Gedanken.* Und damit wach' ich auf ...

Der Schneetraum ist das Herzstück des Buches, eine vierteilige, sorgfältig komponierte Binnenerzählung. Zuvor wurde der Zauberberg mit dem Hörselberg des Märchens verglichen, aber ebenso naheliegend ist die Verbindung zu Dantes Inferno und zur Unterwelt Homers, wohin Odysseus auf seiner Irrfahrt gelangt. Dass die Sanatoriumsärzte Behrens und Krokowski zum Scherz die Beinamen der antiken Unterweltsrichter Minos und Rhadamanthys tragen, weist schon ganz zu Anfang des Buches in diese Richtung. Im Schneetraum nun vollzieht sich die Hadesfahrt Hans Castorps, er ist sein Abstieg zu den Uranfängen, wo er die Weisung erhält – es ist der einzige Satz des Buches, der kursiv gesetzt ist: »*Der Mensch soll um der Güte und Liebe willen dem Tode keine Herrschaft einräumen über seine Gedanken.*« Traumgedanken Hans Castorps, über die es nach glücklicher Rückkehr heißt: »Was er gedacht, verstand er schon diesen Abend nicht mehr so recht.« Es sind auch gar nicht Hans Castorps eigene Gedanken, er ist in diesem Fall nur das Medium des Autors.

Jetzt aber tritt die schöne Russin wieder auf den Plan, mit der Hans Castorp vormals eine verwirrende Walpurgisnacht verbracht hat: Clawdia Chauchat. Sie kommt diesmal nicht allein, sondern in Begleitung eines älteren, eindruckheischenden Herrn namens Peeperkorn, eines Holländers, der in den Kolonien ein gewaltiges Vermögen angehäuft hat. Mynheer Peeperkorn steht im Vordergrund von drei langen Romankapiteln und imponiert fortwährend, auch wenn es diesem Inbegriff einer »Persönlichkeit« selten gelingt, einen begonnenen Satz halbwegs zu Ende zu bringen. Hier kann nicht unerwähnt bleiben, dass Thomas Mann im Oktober 1923, vor Niederschrift des siebten und letzten Kapitels, nicht so recht wusste, wie er den Schluss des Romans angreifen sollte. Er trachtete nach einer Figur, die kompositionell zwar längst vorgesehen war, die er aber nach eigenem Bekenntnis »nicht sah, nicht hörte, nicht besaß«. Da traf er während eines Ferienaufenthaltes im Hotel *Austria* in Bozen mit Gerhart Hauptmann zusammen, dem berühmten und auch von ihm selbst verehrten deutschen Dramatiker; er besuchte ihn sogar am Krankenbett. Es war diese Begegnung, die den erzählerischen

Knoten löste, nach Gerhart Hauptmann formte er seinen Mynheer Peeperkorn. Das war nichts Neues. Zeitlebens hat Thomas Mann Personen seiner Bekanntschaft in Literatur überführt, angefangen vom Personal der *Buddenbrooks* über den Detlev Spinell der *Tristan*-Novelle (hinter dem der Schriftsteller Arthur Holitscher erkennbar war) bis zu den vielen Figuren des *Doktor Faustus*, die Opfer seines kühldistanzierten Blicks wurden, Opfer von »Morden«, wie er selbst es genannt hat. Peeperkorn, das romanhaft versetzte Porträt Gerhart Hauptmanns, ist nur das berühmteste Beispiel. Die beiden Autoren verbrachten 1924, im Erscheinungsjahr des *Zauberbergs*, gleichzeitig zwei Sommerwochen auf Hiddensee, was Thomas Mann eher Verdruss bereitete, denn Hauptmann war auf der Insel der unbestrittene Herrscher, während für ihn, wie Katia Mann sich erinnerte, »wenig Aufmerksamkeit abfiel«. Thomas Mann fand, dass die Insel für zwei Große der Literatur einfach zu klein war. Den Pfeil seiner Rache hatte er bereits im Köcher, nämlich die Peeperkorn-Karikatur des *Zauberbergs*, die zu erheblicher Verstimmung zwischen den beiden Schriftstellern führte. »Dieses idiotische Schwein soll Ähnlichkeit mit meiner geringen Person haben?«, notierte Hauptmann bei der Lektüre, und an Thomas Mann gerichtet: »Sie besuchten mich, während ich krank im Bett lag. Ich glaubte, Sie taten das aus menschlichem Anstand. Sie hatten aber einen unsichtbaren Gänsekiel hinterm Ohr …« Doch würde man das Künstlertum Thomas Manns unterschätzen, sähe man in Peeperkorn nur oder vor allem eine Karikatur. Er ist, mögen sich seine Sätze auch im Ungefähren verlieren, eine starke Figur, die sich tief in der Erinnerung des Lesers verankert. Inmitten all der Kranken verkörpert er das vitale Prinzip, er ist Inbegriff des Lebens, ja Gott Pan selbst, auf geheimnisvolle Weise dem Wasserfall verwandt, unter dem er sich am Tag vor seinem Tod aufstellt, um eine letzte, unverständliche Ansprache zu halten, bevor er sich dann, da er den Verlust seiner Lebens-

und Manneskraft befürchtet, mit Gift tötet. Dieser Suizid gehört im Übrigen zu den wenigen nicht völlig überzeugenden Elementen des Buches, denn der Selbstmord sollte Naphta, ihm allein, vorbehalten bleiben, und Hauptmann hätte sich nicht über die Karikatur ärgern sollen, die ihm nichts anhaben konnte, sondern allein über diesen Suizid. Nach Peeperkorns Tod verlässt Madame Chauchat den *Berghof* für immer, sie reist ab, und Hans Castorp unternimmt keinen Versuch, sie zur Bahnstation zu begleiten.

Er steht inzwischen im Banne einer neuen Errungenschaft, die seiner schon früh bemerkten Empfänglichkeit für Musik entgegenkommt: eines Grammophons. Thomas Mann hatte ein solches Gerät während der Arbeit am Roman im Landhaus eines Freundes kennengelernt, wo er sich zahlreiche Schallplatten vorführen ließ. Im Tagebuch notierte er: »Neues Motiv für den ›Zauberberg‹, gedanklich und rein episch ein Fund.« Hans Castorp bedient das Grammophon mit Vorliebe, nimmt es geradezu in Beschlag und legt sich in einsamen Stunden seine Lieblingsplatten auf: Verdis *Aida* (das Duett der Liebenden im unterirdischen Gemäuer), Valentins Lied aus Gounods *Faust*, Bizets *Carmen* (Don Josés Arie und die Schlussszene mit Carmens todesbereitem Fatalismus der Liebe) sowie Debussys *Prélude à l'après-midi d'un faune*, von Hans Castorp erlebt als Befreiung vom »abendländischen Aktivitätskommando«. Seine letzte und liebste Platte ist Schuberts Lied vom Lindenbaum mit der berühmten Anfangszeile »Am Brunnen vor dem Thore« und der düsteren Schlussstrophe: »Nun bin ich manche Stunde / Entfernt von jenem Ort, / Und immer hör' ich's rauschen: / Du fändest Ruhe dort!«

Hans Castorps Gedanken oder ahndevolle Halbgedanken gingen hoch, während er in Nacht und Einsamkeit vor seinem gestutzten Musiksarge saß, – sie gingen höher, als sein Verstand reichte [...]. Oh, er war mächtig, der Seelenzauber!

Wir alle waren seine Söhne, und Mächtiges konnten wir ausrichten auf Erden, indem wir ihm dienten. Man brauchte nicht mehr Genie, nur viel mehr Talent als der Autor des Lindenbaumliedes, um als Seelenzauberkünstler dem Liede Riesenmaße zu geben und die Welt damit zu unterwerfen […]. Aber sein bester Sohn mochte doch derjenige sein, der in seiner Überwindung sein Leben verzehrte und starb, auf den Lippen das neue Wort der Liebe, das er noch nicht zu sprechen wußte. Es war so wert, dafür zu sterben, das Zauberlied! Aber wer dafür starb, der starb schon eigentlich nicht mehr dafür und war ein Held nur, weil er im Grunde schon für das Neue starb, das neue Wort der Liebe und der Zukunft in seinem Herzen – –

Es ist ein seltsamer, undeutlicher, unentschiedener Text, der die Sympathie mit dem Tode in Lebenssympathie umdeutet und fast mit ihr gleichsetzt. Er spielt an auf Richard Wagner, der als »Seelenzauberkünstler« der deutsch-romantischen Innerlichkeit Riesenmaße gab und damit die Welt unterwarf, zumindest die Bühnenwelt, und auf seinen Antipoden Nietzsche, der sich von Wagner losriss, ihn »überwand« und darüber sein Leben verzehrte. Aber Thomas Mann gelang es nicht wirklich, das Erbe der deutschen Romantik hinter sich zu lassen. Diese Ambivalenz wurde niemals aufgelöst, und unaufgelöst steht sie auch im *Zauberberg*-Kapitel »Fülle des Wohllauts«.

Ein Kapitel des Romans ist »Als Soldat und brav« überschrieben, nach dem Wort Valentins aus Goethes *Faust*. Der Valentin des Romans ist Joachim Ziemßen, der in das Sanatorium zurückgekehrt ist, kränker als er zuvor daraus geschieden. Der Zustand des jungen Offiziers lässt das Schlimmste für ihn befürchten, obwohl er selber, der sich seiner Lage zweifellos bewusst ist, »Haltung« bewahrt. Sein Tod ist ein schmerzhaft angreifendes Kapitel, aber auch eine behutsame Huldigung an das preußische Soldatentum, an das

Ethos von Pflicht und Disziplin. Nebenbei ist er ein Abkömmling von Hans Christian Andersens standhaftem Zinnsoldaten, an den er schon durch seinen Namen erinnert. Die Beziehung Thomas Manns zu dem dänischen Märchendichter, der in demselben Jahr 1875 starb, in dem Thomas Mann zur Welt kam, ist ein großes Kapitel. Wie tief der Eindruck war, den Thomas Mann von Andersens Märchen und besonders vom Märchen *Der standhafte Zinnsoldat* empfing, ist durch einen Brief bezeugt, den er kurz vor seinem achtzigsten Geburtstag an seine amerikanische Mäzenatin Agnes Meyer schrieb: »Was man für den 6. Juni mit mir vorhat, denke ich in militärischer Haltung über mich ergehen zu lassen. Immer habe ich eine Vorliebe gehabt für Andersens Märchen vom *Standhaften Zinnsoldaten*. Er ist im Grunde das Symbol meines Lebens.« Das klingt ziemlich rätselhaft. Dabei hatte Thomas Mann bereits 1928 auf die besondere, ja singuläre Bedeutung Andersens für sich und sein Werk hingewiesen. Auf die Rundfrage einer Berliner Zeitschrift: »Welches Buch hat Ihnen in Ihrem Leben den stärksten Eindruck gemacht?« antwortete er: »Man kann sich sehr täuschen bei Beantwortung Ihrer Frage ... ich könnte *Die Welt als Wille und Vorstellung* sagen oder Nietzsche oder Tolstoi. Aber ich glaube, ich muß weiter zurückgehen, einer der frühesten literarischen Eindrücke, deren ich teilhaft wurde, war auch der tiefste und nachhaltigste: Andersens Märchen.« Dieser Hinweis blieb lange unbeachtet, vermutlich weil es bei Thomas Mann wie bei Hans Christian Andersen untergründig um die Darstellung der Liebe zwischen Männern geht. Andersens Märchen stellten dafür das Modell bereit: die Maskierungen des erotischen Außenseiters, meist in weiblicher, manchmal in amphibisch-zweigeschlechtlicher Gestalt, wie in der Figur der kleinen Meerjungfrau. Michael Maar hat vor fünfundzwanzig Jahren in seinem Buch *Geister und Kunst* den Nachweis geführt, dass fast das ganze auf den ersten Blick so weltläufige, modern-intellektuelle Werk Thomas Manns in seinen Tiefenschichten Märchen erzählt, sentimentale Tragödien von Liebe und Tod nach dem Vorbild Andersens. Dessen Märchen liefern das Arsenal von Grundmotiven und die emotionale Textur, sie spuken sogar leibhaftig mit Figuren und Farben, mit Nachtmützen, roten Schuhen und toten Zähnen durch Thomas Manns Erzählwelt, als wirke der Märchendichter darin wie ein verborgener Souffleur. In Andersens Märchen erkannte Thomas Mann das ideale, ihm von Kindheit an vertraute Versteck, das er benutzen konnte, weil bereits ein anderer, sein seelischer und erotischer Doppelgänger Hans Christian Andersen, sich darin versteckt und seine abweichende Gefühlswelt als artifizielle Kunstwelt sublimiert hatte. Für kein Buch gilt das mehr als für den *Zauberberg*, wo es über die Geschichte Hans Castorps, noch bevor sie begonnen hat, heißt: »Zudem könnte es sein, daß die unsrige mit dem Märchen auch sonst, ihrer inneren Natur nach, das eine und andre zu schaffen hat.« Im drittletzten Kapitel des Buches, das »Fragwürdigstes« überschrieben ist, kommt eine Spiritistenrunde zusammen, um den Geist des verstorbenen Joachim Ziemßen zu beschwören, der dann auch aus seinem wurzeldurchwachsenen Soldatengrab zu neuem Schein- und Schauerdasein aufgeweckt wird. Das ist in einem realistischen Zeitroman unglaubwürdig, sogar anstößig; Thomas Mann wollte ja keine *ghost story* schreiben. Warum also lässt er einen Toten wiedererscheinen? Und warum schreibt er, auf den Spielmarken, die die Geisterbeschwörer in Händen halten, befänden sich »die fünfundzwanzig Buchstaben des Alphabets«, obwohl wir wissen und auch er selber weiß, dass das Alphabet sechsundzwanzig Buchstaben umfasst? Des Rätsels Lösung führt über das Märchen *Der standhafte Zinnsoldat*, das mit den Worten beginnt: »Es waren einmal fünfundzwanzig Zinnsoldaten.« Diesen fünfundzwanzig Zinnsoldaten des Märchens entsprechen die fünfundzwanzig Spielmarken der Spiritistenrunde; Joachim Ziemßen aber, dessen Geist beschworen wird, ist kein anderer als der Wiedergänger des standhaften Zinnsoldaten. Ziemßen ist Soldat, sein Name beginnt mit Zi, er ist keusch verliebt, er hält tapfer aus bis zum Tod, er hat auch einen körperlichen Defekt: seine abstehenden Ohren. Und da dieses Signal vielleicht nicht genügt, führt Thomas Mann bei Ziemßens erstem Auftritt eine Nebenfigur, einen Concierge, ein, der wie Ziemßen Uniform trägt und – hinkt. Das Hinken ersetzt das Manko des einbeinigen Zinnsoldaten, das wiederum auf sein erotisches Außenseitertum hinweist. Man hat es mit einem ausgeklügelten Maskenspiel zu tun, das aber den existentiellen Ursprungsschmerz nicht vergessen lässt, den Schmerz versäumter, vermiedener, gefürchteter, doch immer ersehnter sinnlicher Liebe. Die Séance der Spiritisten, die den Toten beschwören, ist nichts weniger als ein Schöpfungsakt. Er wird, wie im biblischen Ursprungstext, durch das *Wort* vollzogen, durch ebenjene fünfundzwanzig Lettern des Alphabets. Und er gleicht dem Schöpfungsakt des Künstlers, der die Welt in der Kunst aufs Neue hervorbringt und aufbewahrt. Wie fragwürdig das ist, verrät die Überschrift dieses *Zauberberg*-Kapitels: »Fragwürdigstes«. Zur Liebe, das weiß der Erotiker Thomas Mann, gehört ihr geschlechtlicher Teil, und so vollzieht Hans Castorp vor der Anrufung des toten Vetters eine Art Zeugungs- und Geburtsakt, bei dem ihm eine junge Frau, Ellen Brand, als spiritistisches Medium dient. Ellen Brand stammt aus Dänemark, genauer aus Odense auf Fünen, dem Geburtsort Hans Christian Andersens. Auch der Märchendichter selbst erhält im *Zauberberg* einen Wiedergänger, der in geisterhafter Form als »spirit Holger« auftritt und den Namen des Sagenhelden Holger Danske trägt. Ihm hat Andersen ein Märchen gewidmet und darin durchscheinen lassen, dass der Nationalheld, der mit dem Schwert ficht, auch ein Poet sein könne, der die Feder führt: kein anderer als er selber, Hans Christian Andersen, der dänische Nationaldichter. Die Initialen seines Namens Hans Christian sind übrigens dieselben wie die des Romanhelden Hans Castorp, ganz im Sinne der heimlichen Verwandtschaft, die zwischen Andersens Märchengestalten und Thomas Manns Erzählpersonal obwaltet. Diese Andeutung muss hier genügen.

Das vorletzte Kapitel heißt »Die große Gereiztheit«, als Anspielung zu verstehen auf die Atmosphäre der Jahre vor dem Ersten Weltkrieg, auf all die Spannungen, die sich im großen Krieg entluden. Ähnliches vollzieht sich auf dem Zauberberg, in der internationalen Gesellschaft der Lungenkranken. Aber auch Hans Castorps Zeit läuft ab.

So lag er, und so lief wieder einmal, im Hochsommer, der Zeit seiner Ankunft, zum siebentenmal – er wußte es nicht – das Jahr in sich selber.

Da erdröhnte –

Aber Scham und Scheu halten uns ab, erzählerisch den Mund vollzunehmen von dem, was da erscholl und geschah. Nur hier keine Prahlerei, kein Jägerlatein! Die Stimme gemäßigt zu der Aussage, daß also der Donnerschlag erdröhnte, von dem wir alle wissen, diese betäubende Detonation lang angesammelter Unheilsgemenge von Stumpfsinn und Gereiztheit, – ein historischer Donnerschlag, mit gedämpftem Respekt zu sagen, der die Grundfesten der Erde erschütterte, für uns aber der Donnerschlag, der den Zauberberg sprengt und den Siebenschläfer unsanft vor seine Tore setzt. Verdutzt sitzt er im Grase und reibt sich die Augen, wie ein Mann, der es trotz mancher Ermahnung versäumt hat, die Presse zu lesen.

Hans Castorp wird als Siebenschläfer bezeichnet, und man kann nicht umhin, dabei an das Buch des australischen Historikers Christopher Clark über die Vorgeschichte des Ersten Weltkriegs zu denken, das den Titel *Die Schlafwandler* trägt. Thomas Mann hat diese Metapher, die heute gern gehört wird, weil sie für die Kriegsschuldfrage etwas Entlastendes hat, schon hundert Jahre früher verwendet. Auch er selbst,

Thomas Mann, war ein Schlafwandler gewesen, der noch am Mobilmachungstag an seinen hellsichtigeren Bruder Heinrich schrieb: »… man ist zu civilen Gemütes um das Ungeheuerliche für möglich zu halten.«

Was bleibt noch zu sagen? Ein Wort vielleicht zu Hans Castorp, dem »philosophischen Taugenichts«, wie er einmal von Peeperkorn genannt wird. Wie der Held in Eichendorffs Erzählung ist er eine sehr deutsche Figur. Durch seine Perspektive wird alles – oder fast alles – erzählt, er bestimmt, beherrscht, »trägt« das Buch von der ersten bis zur letzten Seite, er ist der einzige, der eine Entwicklung durchläuft. Harold Bloom fand an Hans Castorp »etwas Magisches oder Verzaubertes, vollkommen Zeitloses«: »Er könnte«, schrieb er, »wie eine Apotheose des Durchschnitts *erscheinen*, aber er ist eindeutig dämonisch und hat in Wirklichkeit die unaufhörliche kulturelle Belehrung, die ihm zuteil wird, nicht nötig. Hans Castorp trägt den Segen wie Manns Joseph in der späteren Tetralogie *Joseph und seine Brüder*.« Hier wird dem Helden des *Zauberbergs* sicher etwas zu viel aufgeladen. Mit gleichem Recht lässt sich sagen: Hans Castorp hat kein Ziel, er verschleudert seine Lebenszeit, wird nicht erwachsen, und wenn er in diesen sieben Jahren einen Bildungsroman durchlaufen hat, dann führt er zu keinem guten Ende. Ist er überhaupt krank? Am Ende erweisen sich seine tuberkulösen Stellen als vernarbt und geheilt. Er hat »hier oben« viel erlebt, aber wir wissen am Ende nicht, was er daraus machen wird, ob er gesünder, klüger, welterfahrener geworden ist oder bloß älter, erfahrener im Leiden, vertrauter mit dem Schmerz. Hans Castorps Geschichte, heißt es zum Schluss, wurde nicht um seinetwillen erzählt, sondern um ihrer selbst willen. Was sich daraus lernen lässt, bleibt dem Leser überlassen. Von seinen ferneren Geschicken erfahren wir nichts, außer ein »Fahr wohl – du lebest nun oder bleibest!« Er muss in den Krieg, und die Chancen, dass er davonkommt, stehen nicht gut.

Thomas Mann nennt den großen Krieg am Schluss des

Buches ein »Weltfest des Todes«. Die Formulierung lässt daran zweifeln, ob er die Realität des vier Jahre währenden großen Mordens auf den Schlachtfeldern Europas an sich herankommen ließ, als er seinen wütenden Geisteskampf austrug. Wahrscheinlich war es die Lust am sprachlichen Motiv- und Beziehungsspiel, die ihm diese Wendung eingab. Unglücklich ist sie dennoch, zumal im letzten Satz eines langen Buches, das sich die Überwindung der Todessympathie zum Ziel gesetzt hat. Sie lässt an die Sätze denken, die Heinrich Mann auf dem Höhepunkt ihres Zwistes an seinen Bruder schrieb: »Ich glaube nicht, dass der Sieg irgend einer Sache noch der Rede werth ist, wo wir Menschen untergehen. Alles, was nach dem Letzten, Furchtbarsten, das noch bevorsteht, an besserer Menschlichkeit kann errungen werden, wird bitter u. traurig schmecken. Ich weiss nicht, ob irgend Jemand seinem Mitmenschen ›leben helfen‹ kann; nur möge unsere Literatur ihm dann nie zum Sterben verhelfen!«

Der humanisierte Mythos
»Joseph und seine Brüder«

Bücher haben ihre Schicksale – die oft zitierte und auch von Thomas Mann gern verwendete Sentenz passt nirgends besser als auf den Roman *Joseph und seine Brüder*, und zwar gleichermaßen für seine Entstehungs- wie für seine Wirkungsgeschichte. Das vierteilige biblische Epos wird zu den Hauptwerken der Romankunst im zwanzigsten Jahrhundert gezählt, und sein literarisches Ansehen ist gewaltig. Doch es ist ein Ruhm von eher spezieller Art, wie man ihn den großen Meisterwerken schuldet. Etwas Einschüchterndes ist darin, etwas von der Ehrfurcht, welche die Lektüre eher erschwert und zuweilen verhindert. Verglichen mit der tiefverwurzelten Popularität des Familienromans *Buddenbrooks*, dem magistralen Rang des *Zauberbergs*, sogar der unverwüstlichen Beliebtheit des Hochstaplerromans *Felix Krull* hat der Ruhm des Josephsromans etwas Unwirkliches. Man muss nicht erst die Auflagenstatistiken lesen, um zu wissen, dass dem literarischen Nimbus des Buches keine fundierte Leseerfahrung entspricht. Und wahrscheinlich niemals entsprochen hat.

Als Thomas Mann 1943 im kalifornischen Exil den *Joseph* vollendete, schrieb er im Rückblick auf die lange, sechzehn Jahre währende Entstehungszeit: »Wie wird die Nachwelt blicken auf dies Werk? Wird es ihr nur ein rasch verstaubendes Kuriosum für Archivare sein, ein leichter Raub der Vergänglichkeit? Oder wird sein Scherz noch diejenigen erheitern, die nach uns kommen, seine Rührung Spätere rühren? […] Ich weiß es nicht, und niemand kann es mir sagen.« – Welche Antwort würde man heute auf Thomas Manns Fragen geben? Es lässt sich schwer übersehen, dass *Joseph und seine Brüder* nach wie vor ein Geheimbuch ist, abweisend hinter seinem rhetorischen Prunk, schwer zugänglich in seiner epischen Redseligkeit. Es ist gewiss nicht so rätselhaft wie Joyces Spätwerk *Finnegans Wake*, umgeben von der Aura der Unübersetzbarkeit, nicht so undurchdringlich wie *Zettels Traum* von Arno Schmidt, geschmückt mit der Dornenkrone der Undechiffrierbarkeit. Am ehesten vergleichbar scheint der Josephsroman mit Robert Musils *Mann ohne Eigenschaften*, einem nicht minder berühmten Buch von exklusivem, ja esoterischem Charakter. Jeder kennt den Titel, aber nicht viele haben es gelesen. Dem Musil'schen Roman hatte Thomas Manns Tetralogie von je den Popularitätsbonus seines Verfassers voraus. Dass er in diesem Fall nicht so recht zündete, hat mit der Form und der thematischen Besonderheit des Buches zu tun, dann auch mit seinen äußeren Schicksalen.

Joseph und seine Brüder ist ein Werk des Exils. Thomas Mann begann die Niederschrift zwar schon 1926, und er vollendete die ersten beiden Bände, *Die Geschichten Jaakobs* und *Der junge Joseph*, noch in den letzten Jahren der Weimarer Republik. Aber sie erschienen erst nach der Machtübernahme der Nationalsozialisten am 30. Januar 1933. Wenige Tage später, am 11. Februar 1933, verließen Thomas Mann und seine Frau Katia ihren Wohnort München, um in Amsterdam, Brüssel und Paris Vorträge über Richard Wagner zu dessen fünfzigstem Todestag zu halten. Er kehrte von dieser Reise nicht mehr nach München zurück, schlug vielmehr seinen Wohnsitz zunächst in südfranzösischen Badeorten, danach in Küsnacht am Zürichsee auf. Hier übte er sich in politischer Zurückhaltung, um die Existenz seiner Bücher, gerade der beiden Bände des *Joseph*, zu ermöglichen. Seinem Sohn Klaus, der ihn drängte, sich entschiedener auf die Seite der Emigration zu stellen und den *Joseph* im Exilverlag Querido in Amsterdam erscheinen zu lassen, hielt er entgegen: »In Deutschland gibt es viele Trotzige und Sehnsüchtige. Der Verkauf meiner Bücher war in den letzten Wochen besser als seit langem. Das Sortiment zeigt sich dem neuen Bande günstig, die

Vorbestellungen gehen in die Tausende. Ich bilde mir keine Schwachheiten ein; aber die Neugier, wie der Versuch verlaufen wird, ist berechtigt und nicht jede Rücksichtnahme auf ihn sinn- und ehrlos. Wenn er gelingt, wenn das Publikum in Deutschland diesem Buch, dem Werk eines Verfemten und einem schon stofflich opponierenden Werk einen Erfolg bereitet, ohne daß die Machthaber es daran zu hindern wagen, – man muß zugeben, daß das viel richtiger und lustiger, für die Machthaber viel ärgerlicher, ein eklatanterer Sieg über sie wäre als ein ganzer Stoß Emigranten-Polemik.« Aber schon bald musste Thomas Mann das Illusionäre dieser Haltung erkennen, denn selbst Besprechungen waren in Deutschland bereits unerwünscht. Der dritte Band *Joseph in Ägypten* entstand dann größtenteils im Schweizer Exil und wurde 1936 in Wien veröffentlicht, immerhin noch im deutschen Sprachgebiet. Der vierte Band schließlich, *Joseph der Ernährer*, wurde in Amerika geschrieben, weit entfernt von der gewaltsam entfremdeten Heimat.

Thomas Mann hat bekannt, dass die treue und stetige Arbeit an der Schilderung längst vergangener Mythen ihm Festigkeit und Halt gegeben habe in den Jahren einer unsicheren persönlichen Existenz und der mörderischen Barbarei in Deutschland. Er vollendete den Roman am 4. Januar 1943; das Tagebuch hält Atmosphäre und Einzelheiten dieses Tages fest: »Arbeitete nach dem Frühstück nah gegen das Ende, ging hinaus, erledigte Maniküre, Haarwaschung und Rasieren, setzte mich wieder und schrieb genau bis zum Lunch-Zeichen die letzten Zeilen von *Joseph der Ernährer* und damit von *Joseph und seine Brüder*. Ich war erregt und traurig. Aber so ist es getan, schlecht und recht. Ich sehe darin weit mehr ein Monument meines Lebens, als ein solches der Kunst und des Gedankens, ein Monument der *Beharrlichkeit*.« – Der Roman erschien zuerst in Amerika in englischer Übersetzung. Die deutsche Ausgabe wurde 1943 in Stockholm gedruckt, eine Ausgabe voller Fehler und Auslassungen. »Immerhin«, schrieb Thomas Mann, »es ist der deutsche Rhythmus, sind meine eigenen Sätze. Wie beneide ich die Musik, daß sie keine Übersetzung braucht. Man muß sich eine Musik vorstellen, die auf eine solche angewiesen wäre, um die Melancholie meines Zustandes zu verstehen und zu verstehen, daß ich an den 1800 deutschen Exemplaren in Amerika mehr Freude habe, als an den 200 000 englischen.« So wurde, unter den Zungenschlägen einer anderen Kultur und Sprache, das deutsche Idiom für Thomas Mann, wie auch sein Bruder Heinrich bezeugt hat, zur »sakralen« Sprache.

Als der deutsche Markt endlich frei war, der *Joseph* in Deutschland gelesen werden konnte, standen ihm andere Bücher Thomas Manns aus seiner Exilzeit im Wege: der Goethe-Roman *Lotte in Weimar* und vor allem der *Doktor Faustus*, das »Buch des Endes«, wie man ihn genannt hat, da er die deutsche Geschichte als konsequenten, zu Hitler führenden Irrweg deutet. Die aktuelle Brisanz des *Doktor Faustus* ließ damals wenig Platz für die höhere Humoristik des biblischen Romans. *Joseph und seine Brüder*, das Buch des Anfangs, einer mythischen Zeitenferne, Thomas Manns größtes, kühnstes, ehrgeizigstes episches Unternehmen, blieb im Wartestand, aus dem es aber nie recht erlöst wurde. Es blieb lange ein Buch für Liebhaber, für Philologen und Germanisten, für die engste Gemeinde des Autors – ein eher abweisendes Kolossalwerk, kolossal dem Umfang nach, kolossal in seinem mythendeutenden und zeitarchäologischen Anspruch, kolossal nicht zuletzt durch den Umstand, dass es vier Romane in einem einzigen umfasst.

Der bleiche, maßlose Ehrgeiz steht nicht am Anfang großer Konzeptionen, wenn sie gedeihen und gelingen sollen. Thomas Mann dachte nicht an vier Bücher, zweitausend Seiten und sechzehn Jahre Arbeit, als er sich mit dem Joseph-Stoff zu beschäftigen begann. Er dachte an eine Novelle, einen kleinen Roman. Eine Bilder-Mappe mit Joseph-Lithographien, die er 1923 in München sah, gab den Anstoß. Doch war Thomas Mann auf den Stoff und auf die Art, ihn zu behandeln, innerlich gut vorbereitet. Er selbst schrieb in einem seiner amerikanischen Aufsätze zum Josephsroman, Hamlet zitierend: »The readiness is all.« Was ließ ihn in Bereitschaft sein? Zunächst das Interesse am Mythischen, an den Urformen des Lebens, an der von Nietzsche übernommenen Gedankenfigur von der Wiederkehr des Gleichen. Dann aber auch die *Kritik* des Mythos, die bei Freud entdeckte Verbindung des Mythos mit Psychologie, wodurch der Mythos nicht rationalistisch hinwegerklärt, vielmehr aufgehellt, aufgeklärt, humanisiert, auch humorisiert wird. Mit Thomas Manns eigenen Worten: »Um was es mir geht, das ist das Wesen des Mythus als zeitlose Immer-Gegenwart; es sind die Ideen der Wiederkehr, der Fleischwerdung und des ›Festes‹; es ist damit zugleich eine bei aller relativen Neuzeitlichkeit dieser Menschen noch einigermaßen verträumte Psychologie des Ich, welches nämlich weniger fest umzirkt erscheint als das unsrige und gleichsam nach hinten offensteht, mit Früherem, außer seiner engeren Individualität Gelegenem fromm und spielerisch verfließt [...].« All dies traf zusammen mit einer schon aus der Kindheit Thomas Manns herrührenden Faszination durch die ägyptisch-orientalische Welt und dem bereits in *Buddenbrooks* bewährten Sinn für konfliktgeladene Familiengeschichten, durchaus mit autobiographischem Hintergrund. Dieses Selbsterfahrene wirkte als halbunbewusster Antrieb mit: jugendlich-kühne Auserwähltheitsträume, so wie sie der Romanheld Joseph träumt, schmerzhafte Brüderrivalitäten, so wie sie das Rahelskind, das elfte unter zwölf Geschwistern, erleidet, ehrwürdig-ernste Vaterbilder, so wie sie dem Lieblingssohn Jaakobs vorschweben. Die Patrizierhäuser Lübecks und die Patriarchenzelte der Weiden von Hebron liegen nicht so weit auseinander, als dass nicht die gleichen Grundmuster erkennbar würden. So reifte der Plan, die biblische Frühgeschichte von Jakob und seinen Söhnen, wie sie im Ersten Buch Moses erzählt wird, zum Roman auszugestalten, zur Darstellung der Urvorkommnisse des Menschenlebens, von Liebe und Hass, Segen und Fluch, Bruderzwist und Vaterleid, Hoffart und Buße, Sturz und Erhebung. Ein »Roman der Seele«, nach Thomas Manns Worten, sollte es werden, aber es wurde daraus ein humoristisch-tiefsinniges Menschheitsepos.

Ein weiterer Anstoß ging von Goethe aus, von dessen Bericht in *Dichtung und Wahrheit* über seine jugendliche Begegnung mit dem biblischen Ursprungstext. Im vierten Buch der Autobiographie lässt Goethe die Erzväter vorüberdefilieren, so wie er ihnen als Kind begegnet war, und knüpft daran dann folgende Reflexion: »So flüchtete ich gern nach jenen morgenländischen Gegenden […] und fand mich dort unter den ausgebreiteten Hirtenstämmen zugleich in der größten Einsamkeit und in der größten Gesellschaft. Diese Familienauftritte, ehe sie sich in eine Geschichte des israelitischen Volkes verlieren sollten, lassen uns nun zum Schluß noch eine Gestalt sehen, an der sich besonders die Jugend mit Hoffnungen und Einbildungen gar artig schmeicheln kann: Joseph, das Kind der leidenschaftlichsten ehelichen Liebe. Ruhig scheint er uns und klar und prophezeit sich selbst die Vorzüge, die ihn über seine Familie erheben sollten. Durch seine Geschwister ins Unglück gestoßen, bleibt er standhaft und rechtlich in der Sklaverei, widersteht den gefährlichsten Versuchungen, rettet sich durch Weissagung und wird zu hohen Ehren nach Verdienst erhoben. Erst zeigt er sich in einem großen Königreiche, sodann den Seinigen hülfreich und nützlich. Er gleicht seinem Urvater Abraham an Ruhe und Großheit, seinem Großvater Isaak an Stille und Ergebenheit. Den von seinem Vater ihm angestammten Gewerbssinn übt er im großen: es sind nicht mehr Herden, die man einem Schwiegervater, die man für sich selbst gewinnt, es sind Völker mit allen ihren Besitzungen, die man für einen König einzuhandeln versteht.« Dann folgt in Goethes Darstellung der erstaunliche Satz: »Höchst anmutig ist diese natürliche Erzählung, nur erscheint sie zu kurz, und man fühlt sich berufen, sie ins einzelne auszumalen.« Doch hat Goethe das Werk, zu dem er sich berufen fühlte, nicht selber vollbracht, sondern nach jugendlichen Versuchen aufgegeben. Es wurde zwar äußerlich abgeschlossen, aber es mangelte ihm, wie der junge Goethe bald gewahr wurde, an »Gehalt«. Thomas Mann, erfüllt vom Bewusstsein der Tradition, entzückt von der Idee der *Nachfolge* (einer solchen Nachfolge), wusste hier anzuknüpfen. Und zwar nicht im Sinne einer *imitatio*, einer bloßen Ausführung dessen, was dem jungen Goethe vorgeschwebt haben mochte. Er entdeckte vielmehr in der Begegnung des jungen Goethe mit dem jungen Joseph selber ein quasi mythisches Motiv: das Motiv der Bevorzugung und Auserwähltheit, der »angeborenen Verdienste«, um die Goethe'sche Formel dafür zu verwenden.

Joseph ist der Rahelssohn und verwöhnte Liebling seines Vaters, ein Himmelsträumer, der in dem Gott-Jüngling Adonai sein mythisches Ebenbild erblickt, er ist der Träger des bunten Rockes, den ihm sein Vater in einer schwachen Stunde geschenkt hat. Er träumt den Traum von den Garben, die sich vor ihm neigen, und den Traum von den sich neigenden Himmelsgestirnen. In humoristischer Übertreibung heißt es von ihm, dass er die Hälfte aller vorhandenen Schönheit in sich vereine. Zweimal fährt er in die Grube, aber niemals zweifelt er an seiner späteren Erhebung, die er sich selbst vorausgeträumt. Denn der große Träumer ist zugleich ein mächtiger Traum*deuter*, und diese Fähigkeit erhebt ihn schließlich bis zur Höhe seiner Träume. Aber so wie Joseph hat sich auch der junge Goethe selbst vorausgeträumt in seiner Fixierung an die Joseph-Gestalt. Sein Entzücken an ihr ist gleichzeitig ein Selbstentwurf. Diese Konstellation ist als untergründige Motivstruktur in Thomas Manns Roman eingewoben. Man muss ihn als biblischen Roman, aber zugleich auch als Künstlerroman lesen. Es war kein Zufall, dass Thomas Mann, nachdem er den dritten Band *Joseph in Ägypten* abgeschlossen hatte, das biblische Epos fast fünf Jahre lang liegen ließ, um *Lotte in Weimar* zu schreiben. Der Goethe-Roman ist als großer Ast auf dem Stamm der Josephsgeschichte gewachsen, so wie diese wiederum eine ihrer Wurzeln in Goethes Schilderung aus *Dichtung und Wahrheit* hat.

All dies lag in weiter Ferne, als Thomas Mann mit der Arbeit am *Joseph* begann. Das Buch sollte, wie erwähnt, eher eine Novelle als ein Roman werden. Aber schon mit dem ersten Satz triumphierte das innere Gesetz des Buches über die Absicht des Autors: »Tief ist der Brunnen der Vergangenheit. Sollte man ihn nicht unergründlich nennen?« So beginnt keine Novelle. Und unnovellistisch ist das gesamte Eingangskapitel, das große Vorspiel »Höllenfahrt«. Mit seiner wissenschaftlich unterfütterten Prähistorie und anthropologisch-religionsgeschichtlichen Essayistik erscheint es wie das Fundament einer größer und weiter ambitionierten Erzählarchitektur. Stoff und Buch gingen, unter den Händen des Autors, ihre eigenen Wege. Thomas Mann wollte es lange nicht wahrhaben. Er benötigte mehr als fünf Jahre für die Arbeit an den ersten beiden Bänden *Die Geschichten Jaakobs* und *Der junge Joseph:* vom Dezember 1926 bis zum Juni 1932. Das fertige Manuskript umfasste rund 850 Seiten, und sein Verfasser glaubte sicher zu sein, weit mehr als die Hälfte der langen Strecke zurückgelegt zu haben. Das war, wie sich herausstellte, eine jener Illusionen, ohne die Werke dieser Dimension kaum zustande kommen. Der dritte und der vierte Band sind bei weitem umfangreicher als die beiden vorausgegangenen, und Thomas Mann benötigte für sie weitere zehn Jahre. So wuchs die Sorge um sein »weitschichtiges, problematisches, schwer zu ermöglichendes Arbeitsunternehmen«, wie er den Roman in einem Brief nannte. 1932 musste er mehrere Arbeitspausen einlegen, um Goethe in dessen hundertstem Todesjahr nach Pflicht und Neigung in nicht weniger als sechs Arbeiten zu huldigen, darunter die beiden großen Studien *Goethe als Repräsentant des bürger-*

lichen Zeitalters und *Goethes Laufbahn als Schriftsteller*, die allein schon an die hundert Seiten umfassen. Als dies abgetan war, schrieb er in einem Brief vom Mai 1932: »Ich bin aus inneren und äußeren Gründen jetzt wirklich darauf angewiesen, nach vielen Nachgiebigkeiten und zeitlichen Pflichterfüllungen mich an meine Arbeit zu halten, den Roman, der immer noch *une mer à boire* ist, und den ich, endlich, zum Ziele führen muß.«

Das Meer war noch lange nicht ausgetrunken. An seinen Verleger Gottfried Bermann Fischer schrieb Thomas Mann nach Abschluss des zweiten Bandes *Der junge Joseph*: »Das Buch hat das Andante-Tempo in sich und überhaupt seine eigenen etwas seltsamen Gesetze, die auf Schritt und Tritt respektiert sein wollen; aber da ich es so weit geführt habe und, bei allen möglichen Einwendungen, doch, wie es scheint, nicht ohne Glück, so wird es schon fertig werden.« Thomas Mann machte sich, nun bereits im Küsnachter Quasi-Exil, an den dritten Band, der der Schlussband werden sollte. Fast sechshundert Seiten davon waren geschrieben, als im Tagebuch, im November 1935, erstmals der Gedanke der Vierteiligkeit, einer Tetralogie, auftauchte. Thomas Mann notierte: »Feststellende Berechnung, meine Scheu überwindend, daß der III. Band bereits 594 Manuskript-Seiten stark ist. Ich hatte es mir tatsächlich [nicht] klar gemacht, obgleich in 3 Jahren nicht gut weniger zustande kommen konnte […]. Ohne Zweifel folgt noch so viel, daß ›Joseph in Ägypten‹ zweibändig werden muß, und zwar ist klar, daß der erste Teil nach der Liebesgeschichte schließen muß […]. Man kann wohl behaupten, daß die ca. 650 Seiten bis zur Katastrophe mit Mut [-em-enet] ausreichende Substanz für einen einzeln erscheinenden Band haben …« Dann heißt es lapidar: »Eine neue, erregende Vorstellung.«

Was Thomas Mann so erregte, war die Vierzahl und der Gedanke einer Nachfolge anderer Art, diesmal nicht Goethes, sondern Richard Wagners und dessen Tetralogie *Der*

Ring des Nibelungen. Ihr ist der Josephsroman in vielfacher Hinsicht verwandt, nicht nur durch die Vierzahl. Beide Werke sind Werke des Anfangs, im Mythischen wurzelnd, aus märchenhaften Bereichen sich vortastend in historische Zeit, hier der Pharaonen, dort der burgundischen Könige; beide sind reich an Leitmotivik und einheitsstiftendem Beziehungsspiel; beide sind Werke, gewachsen über Jahre und Jahrzehnte, stilistisch heterogen und doch von höherer Einheit und Geschlossenheit. Wagner saß achtundzwanzig Jahre über dem *Ring des Nibelungen*, Thomas Mann immerhin sechzehn über dem *Joseph*, den er in Deutschland konzipierte und in Kalifornien abschloss, im Exil – so wie Wagner den *Ring*, nach Dresdner Anfängen, größtenteils in der Schweiz dichtete und komponierte, in seinem zwölf Jahre währenden Exil. Die Parallelen lassen sich noch weiter ausspinnen. Wagner entwarf und dichtete sein Riesenwerk gleichsam im Rückwärtsgang, von *Siegfrieds Tod* (der späteren *Götterdämmerung*) über den *Jungen Siegfried* und die *Walküre* bis zum *Rheingold*, zu immer früheren Anfängen und schließlich zum Uranfang sich zurücktastend. Auch Thomas Mann meinte, als er daran ging, die Geschichte Josephs zu erzählen, dass es mit dessen persönlicher Geschichte nicht getan sei, dass vielmehr die Vor- und Urgeschichte, die Geschichten Jaakobs und die Geschichten der Erzväter bis zurück zu Abraham, ja bis zu den Anfängen der Welt »wenigstens in der Perspektive« mitaufgenommen werden müsse. Das ist wagnerisch gedacht. Und weiter: Thomas Mann unterbrach die Arbeit nach dem dritten Band, um *Lotte in Weimar* zu schreiben. Aber auch Wagner legte kurz vor Ende seines dritten Teils eine über zehnjährige *Ring*-Pause ein, um *Tristan und Isolde* und die *Meistersinger von Nürnberg* zu dichten und zu komponieren. Und so wie beide mit einem Ur-Vorspiel begonnen hatten, Wagner mit den Es-Dur-Dreiklängen des *Rheingolds*, Thomas Mann mit der »Höllenfahrt«, so stellten nun beide, als sie nach langer Unterbrechung zu ihrer Tetralogie zurückkehrten, dem vierten Teil ein weiteres Vorspiel voran: Wagner der *Götterdämmerung* die Nornenszene, Thomas Mann dem Schlussband des *Joseph* ein »Vorspiel in oberen Rängen«. Das war mehr als ein Erfordernis des Stoffes, es war *bewusste* Nachfolge. Thomas Mann hat diese Nachfolge, als er *Joseph, der Ernährer* in Angriff nahm, mit den Worten eingestanden: »Ich stand, wo Wagner gestanden hatte, als er nach der großen Einschaltung des ›Tristan‹ und der ›Meistersinger‹ die Arbeit an dem dramatischen Epos und Riesenmärchenspiel vom ›Ring des Nibelungen‹ wieder aufnahm. Es ist wahr, meine Art, den Mythos zu traktieren, stand im Grunde der Humoristik von Goethe's ›Klassischer Walpurgisnacht‹ näher als Wagner'schem Pathos; aber der unerwartete Entwicklungsweg, den die Erzählung von Joseph eingeschlagen, war insgeheim gewiß doch auch immer von der Erinnerung an Wagners grandiosen Motivbau bestimmt, eine Nachfolge dieses Sinnes gewesen. Mit längst erfundenen Themen arbeitend, hatte ich, sie um- und ausgestaltend, sie alle zu krönender Zusammenfassung führend, meinen drei schon vorhandenen Märchenopern eine heitere ›Götterdämmerung‹ hinzuzufügen.«

Spätestens hier, bei der paradoxen Wortfügung »heitere *Götterdämmerung*«, erkennt man neben den Gemeinsamkeiten auch die Unterschiede der beiden Tetralogien. Während die Wagner'sche im mythischen Zwang und Nornen-Verhängnis gefangen bleibt, ein Werk voll tragischem Pathos, hören wir bei Thomas Mann in seinem »Vorspiel in oberen Rängen« dem lustigen Gezänk und Palaver der Engel zu, die eifersüchtig das humane Experiment beobachten, das mit dem jungen Joseph getrieben wird und das er in gewisser Weise mit sich selber treibt. Es ist die ironisch-parodistische Auflösung des Mythos in Heiterkeit und Humor, eine klassische Walpurgisnacht am Nil und im Wüstensand, die der germanischen Walpurgisnacht Wagners eher fremd gegenübersteht. Ja, Wagner selbst, das heimliche Vorbild, wird im Schlussband des Josephsromans parodistisch zitiert, etwa bei

Josephs erster Begegnung mit Potiphar-Peteprê, wenn er sich dem Groß-Eunuchen des Pharao mit den Worten vorstellt: »Einen Weh-Froh-Menschen muß ich mich nennen.« Es sind Siegmunds Worte aus der *Walküre*, die hier abgewandelt und ins Heitere transponiert werden: »Doch Wehwalt – muß ich mich nennen.«

Die Bibel weiß nichts von einem solchen Gespräch zwischen Joseph und Potiphar, das bei Thomas Mann so ausführlich, detailgenau und wortwörtlich erzählt wird, dass man zu wissen meint, wie alles »in Wirklichkeit gewesen ist«. Auch der Erzähler selber rühmt sich der Genauigkeit seiner Darstellung, die »zutage zu fördern und den schönen Wissenschaften einzuverleiben unsere Version und Fassung sich rühmen darf«. So wie der Erzähler später, nach Josephs Gespräch mit dem Pharao, das die Traumdeutung enthält und zu seiner Erhöhung zum »Herrn über Ägyptenland« führt, mit humoristischer Umständlichkeit feststellen wird, »daß dieses berühmte und dabei fast unbekannte Gespräch, welches die anwesende Große Mutter nicht mit Unrecht als ein Gottes- und Göttergespräch bezeichnete, nun von Anfang bis zu Ende, nach allen seinen Windungen, Wendungen und konversationellen Zwischenfällen wiederhergestellt und für immer in aller Genauigkeit festgehalten ist [...]«. Ironie à la Laurence Sterne, dessen *Tristram Shandy* Thomas Mann während der Arbeit am *Joseph* ebenso in ständiger Reichweite hielt wie den *Don Quijote* von Cervantes. Das Buch funkelt von solchen Ironien, parodistischen Brechungen und Verfremdungen, die zuweilen mehr sind als humoristische Erzählmanöver um ihrer selbst willen – sie dienen auch der *Kritik* der biblischen Überlieferung. Schon im ersten Band der Tetralogie, in den *Geschichten Jaakobs*, heißt es, als die Rede auf Jaakobs Tochter Dina kommt: »Da er damals nach Sichem kam, ist hier der Ort, die Geschichten und schweren Wirren dieses Aufenthaltes darzulegen, nämlich so, wie sie sich in Wirklichkeit zutrugen, unter Richtigstellung also jener kleinen

Verbesserungen der Wahrheit, die man später bei ›Schönen Gesprächen‹, wenn es hieß: ›Weißt du davon? Ich weiß es genau‹, daran vornehmen zu sollen meinte und mit denen sie dann in die Stammes- und Weltüberlieferung eingegangen sind.« In Sichem richteten die Jaakobsleute ein gewaltiges Gemetzel an, ein Massaker, um Vergeltung zu üben für Handlungen, an denen sie selber nicht unschuldig waren. Thomas Manns »wahrheitsgetreue Darstellung« »korrigiert« den Bibeltext, wie er im Ersten Buch Mose niedergelegt ist, er korrigiert die beschönigende Überlieferung – beschönigend im Sinne Israels. Und er tut es mit den Mitteln der Ironie und Parodie, die von Band zu Band souveräner, spielerischer und komplexer gehandhabt werden.

Die vier Bände der Joseph-Tetralogie sind keineswegs aus einem Guss, sie unterscheiden sich durch Erzählhaltung, Tempo, Klangfarbe und Kolorit – darin den vier Stücken von Wagners *Ring* vergleichbar. In den *Geschichten Jaakobs* herrscht der Tonfall eines märchenhaft-mythischen »Es war einmal«. Es ist jener Tonfall, den Thomas Mann in einer berühmten Wendung als »raunende Beschwörung des Imperfekts« bezeichnet hat. Das Buch folgt in den großen Zügen dem biblischen Bericht, auch wenn der junge Joseph als Zentralgestalt des ganzen Romans gleich zu Anfang eingeführt wird und Jaakobs Lebensbericht danach in der Form einer großen Rückblende nachgeholt wird: sein Bruderzwist mit Esau, der Streit um das Erstgeburtsrecht, sein listiger Betrug, die Flucht nach Haran, der Dienst bei Laban – sieben Jahre um dessen Tochter Lea, weitere sieben um Rahel –, Jaakobs Erwerbssinn, der ihm Reichtum bringt, die List mit den gesprenkelten Schafen, die neuerliche Flucht diesmal vor Laban, die Versöhnung mit Esau, das Blutbad von Sichem, der Kindersegen und das späte Glück gewünschter Nachkommenschaft mit Joseph und Benjamin, schließlich der Tod Rahels. Das alles wird der biblischen Abfolge gemäß erzählt. Wichtiger aber ist noch etwas anderes: die mythische Grundstimmung, die das Buch durchwebt, das Ungefähre und Ungewisse seiner Zeitrechnung, die sich noch nicht auf geschichtlichem Boden verwurzeln lässt. Man weilt noch in den Patriarchenzelten, wo die Urformen des Lebens gegründet werden und wo unter dem Sternenhimmel der Nomadenvölker das Bild des Einen Gottes entsteht, des Gottes Abrahams, Isaaks und Jakobs: der Anfang der monotheistischen Religion.

Auch der zweite Band, *Der junge Joseph*, ist vor allem fabulierende Ausgestaltung der biblischen Geschichte. Diese bildet sein festes Gerüst und besitzt mit Josephs Erhöhungsträumen, dem Zwist mit den Brüdern, der Geschichte vom bunten Rock, dem Sturz in die Grube, der wunderbaren Errettung durch die Midianiter, schließlich mit Rubens Sondergeschick und Jaakobs Trauer um den vermeintlich toten Joseph so viel eigene erzählerische Plastizität – die zur Entstehungszeit des Buches noch fest in der Erinnerung der meisten Leser verwurzelt war –, dass der ausgestaltende Romancier gut daran tat, den von der Bibel gesetzten Rahmen nicht allzu weit zu überschreiten.

In dieser Hinsicht ist der dritte Band, *Joseph in Ägypten*, geradezu das Gegenteil des *Jungen Joseph*. Er ist zunächst der umfangreichste der vier Bände und steht dadurch in einem auffälligen Missverhältnis zu der fast lapidaren Knappheit, mit der Josephs Zug nach Ägypten und sein Aufenthalt im Hause Potiphars in der Genesis dargestellt werden. Es liegt in diesem Fall nahe, den biblischen Text vollständig zu zitieren: »Joseph wurde hinab nach Ägypten geführt, und Potiphar, ein ägyptischer Mann, des Pharao Kämmerer und Oberster der Leibwache, kaufte ihn von den Ismaelitern, die ihn hinabgebracht hatten. Und der HERR war mit Joseph, so daß er ein Mann wurde, dem alles glückte. Und er war in seines Herrn, des Ägypters, Hause. Und sein Herr sah, daß der HERR mit ihm war; denn alles, was er tat, das ließ der HERR seiner Hand glücken, so daß er Gnade fand vor seinem Herrn und sein Diener wurde. Der setzte ihn über sein Haus; und alles, was er hatte, tat er unter seine Hände. Und von der Zeit an, da er ihn über sein Haus und alle seine Güter gesetzt hatte, segnete der HERR des Ägypters Haus um Josephs willen, und es war lauter Segen des HERRN in allem, was er hatte, zu Hause und auf dem Felde. Darum ließ er alles unter Josephs Händen, was er hatte, und kümmerte sich, da er ihn hatte, um nichts außer um das, was er aß und trank. Und Joseph war schön von Gestalt und hübsch von Angesicht. Und es begab sich danach, daß seines Herrn Frau ihre Augen auf Joseph warf und sprach: Lege dich zu mir! Er weigerte sich aber und sprach zu ihr: Siehe, mein Herr kümmert sich, da er mich hat, um nichts, was im Hause ist, und alles, was er hat, das hat er unter meine Hände getan; er ist in diesem Hause nicht größer als ich, und er hat mir nichts vorenthalten außer dir, weil du seine Frau bist. Wie sollte ich denn nun ein solch großes Übel tun und gegen Gott sündigen? Und sie bedrängte Joseph mit solchen Worten täglich. Aber er gehorchte ihr nicht, daß er sich zu ihr legte und bei ihr wäre.«

So der biblische Bericht, zwanzig Verse, aus denen Thomas Mann sechshundert Buchseiten gemacht hat. Wo nichts, oder wenig, ist, ist die Versuchung, aber auch die Notwendigkeit groß, die Leerstellen des Bibeltextes auszufüllen. Um nochmals Goethes Satz aus *Dichtung und Wahrheit zu* zitieren: »Höchst anmutig ist diese natürliche Erzählung, nur erscheint sie zu kurz, und man fühlt sich berufen, sie ins einzelne auszumalen.« Thomas Mann, hundertzwanzig Jahre nach Goethe, hat es ausgiebig getan, gerade in den Anfangskapiteln, die Josephs große Reise zu Wasser und zu Land durch Ägypten schildern, jene Reise, die das Buch Genesis in den einzigen Satz zusammendrängt: »Joseph wurde hinab nach Ägypten geführt ...« Thomas Mann hat diese Partien selber als erzählerisch bedenklich empfunden, sie haben ihm viel Mühe gemacht und ihn bis zuletzt nachhaltig beunruhigt. Grundfarbe und Charakter des Romans, auch die Haltung des Erzählers verändern sich über weite Strecken. Thomas Mann gibt uns ein aufwendiges Gemälde der ägyptischen Hochzivilisation. Hundert Seiten lang »passiert« nichts außer karawanenlangsames Reisen, und karawanenlangsam ist in diesen Kapiteln auch der Fluss der Erzählung. Der Autor hat sich lange mit ihnen gequält, voller Geduld, aber auch voller Zweifel. Im Tagebuch klagt er immer wieder über die »Mangelhaftigkeit«, »Falsch-Angegriffenheit« dieses Anfangs, und diese Klage bezieht sich am stärksten auf die Segelpartie, die Joseph nilaufwärts an seinen neuen Bestimmungsort führt. Mehrfache Umarbeitungen waren nötig. Thomas Mann bemerkte: »Die Partie von Menfe« – das ist Memphis – »bis zur Ankunft bei Peteprê« – das ist Potiphar – »ist wohl die unlustigste des Bandes.« Man darf hinzufügen: die unlustigste der gesamten Tetralogie. Doch hat der Autor, der solche Unlust in Kauf nahm, dem Buch bei dieser Wanderung von Kanaan nach Ägypten, aus mythischer in historische Zeit, zugleich seine präzise ethnographisch-religionsgeschichtliche Grundierung gegeben. Man taucht förmlich ein in die Totenstarre dieser ägyptischen Hochzivilisation, sieht die Sphinx und die Pyramiden, das »Großgerümpel des Todes«, wie Joseph sie nennt, den strömenden Nil und die stinkenden Metropolen, zieht mit der Karawanengesellschaft durch das fremde Land, das »äffische Ägypterland«, von dem Jaakob, der Vater, so oft verächtlich gesprochen hat, und das nun das Land sein wird, dem sein Sohn Joseph sich anpassen wird, ohne doch die jüdische Geistigkeit seiner Herkunft preiszugeben.

Thomas Mann hat dabei nichts weniger im Sinn gehabt als einen historischen Roman im Stil des späten neunzehnten Jahrhunderts, angesiedelt irgendwo zwischen Felix Dahn und dem Pharao-Roman von Bolesław Prus; schon gar nicht wollte er den Orient beschwören als gleißende, in allen Farben schillernde, erotisch verheißungsvolle Gegenwelt zu den bürgerlichen Gesellschaften Europas, etwa im Stil des einst vielgelesenen Pierre Loti oder der exogamen Heroinen der Opernbühne wie Dalilah, Aida, Carmen und Salome. »Bevor ich zu schreiben begann«, heißt es in einem Aufsatz Thomas Manns über den Josephsroman, »habe ich ›Salammbô‹ wiedergelesen, um zu sehen, wie man es heute nicht machen kann. Nur keinen archäologischen Brokat! Nur nichts Gelehrt-Artistisches und keinen gewollt gegenbürgerlichen Kult krasser Exotik! Das Archäologische ist ein Reiz unter anderen [...]. Der antike Osten zieht mich an, ich hege vor allem für das alte Ägypten und seine Kultur eine schon aus Knabenzeiten stammende Sympathie und Vorliebe. Wirklich, ich weiß nachgerade gar nicht wenig davon, ich bin ein wenig Orientalist geworden, wie ich zur Zeit des ›Zauberbergs‹ Mediziner war. Das Archäologische, so weit entfernt es ist, Zweck und Gegenstand der Kunst zu sein, ist in einem gewissen Grade unentbehrlich, und zwar um der lustigen Exaktheit willen, als Mittel der Realisierung. Ich möchte die frommen Historien so erzählen, wie sie sich *wirklich* zugetragen haben oder wie sie sich zugetragen hätten, wenn ...«

So der Autor mit seinem humoristisch verkleideten ernsthaften Anspruch. Wie gut er ihn erfüllt hat, hat niemand schöner beschrieben als Thomas Manns Bruder Heinrich in einem Brief vom September 1944 – wo es heißt: »Dein Buch beschäftigte mich wochenlang und ich brauche nur daran zu denken, um starke Eindrücke zurückzurufen. Der Gesamteindruck befriedigt dauernd, wie jede erreichte, relativ erreichte Vollendung [...]. Deine lange und innig erworbene Sache war es, das Alt-Ungeheure auf die menschlichen Maße zurückzuführen, das Fabelhafte in die Nähe zu rücken. – Die realistische Enthüllung einer Welt, die man unberührbar fern glaubt, läßt dennoch zu, daß sie ehrwürdig bleibt: sie wird es erst recht. Der ganze Grund ist, daß sie selbst, Eingeweihte und Masse, jeder auf seine Art, das Geistige achten, vor dem Unfaßbaren mehr Respekt haben als vor den ›wässerigen‹ Dingen, wie eine Kapitel-Überschrift sagt. Das ›drollige‹

Ägypten erweist sich, mit dem Vater ›im Himmel‹, nicht weniger heilig – unter Schwierigkeiten heilig – als Israel. Dies war mein entscheidender Eindruck.«

Der dritte Band *Joseph in Ägypten* enthält aber auch die großartigsten Charakterschöpfungen des Romans: Montkaw, den Hausmeier, die grotesken Zwerge Gottlieb und Dûdu, vor allem Potiphar und seine Gemahlin Mut-em-enet. Beide verwandeln sich aus der Schemenhaftigkeit des Bibeltextes in plastische Romanfiguren, an der Grenze des Tragischen: der turmhafte, seelisch verfeinerte Günstling Pharaos, der im Roman Peteprê heißt und der Sitzskulptur nachgebildet ist, die im Hildesheimer Roemer-Pelizaeus-Museum aufbewahrt wird, und die jungfräuliche Mondnonne, des Eunuchen Frau, die großartigste weibliche Verkörperung des erotischen Verhängnisses, die Thomas Mann gelungen ist. Mut-em-enet, aus hohem ägyptischen Adel, ist im Roman keineswegs die buhlerische Metze, die Joseph, wie der Bibeltext nahelegt, mit dem ersten Wort sagt: »Lege dich zu mir!« Sie ist eine in Seele und Sinnen verfeinerte Person, der es nie in den Sinn käme, die so vielfältigen und engen Grenzen des Schicklichen zu überschreiten – es widerfährt ihr einfach, jenseits der Willenssphäre, und zwar nicht geradezu, sondern indem es in ihre Träume eindringt: Sie träumt nämlich, blutend am Tisch zu sitzen, während Joseph zu ihr kommt, um das Blut mit den Lippen zu stillen; ja Mut-em-enet macht sogar einen übermenschlichen Versuch, den Günstling ihres Gatten aus dem Hause zu entfernen. In diesen Kapiteln nähert sich das Buch dem Genre des Gesellschafts- und Eheromans französischer Provenienz, denn Potiphars Frau, vom Schlag der Lebensrute unwiderstehlich getroffen, ist auch eine komische Figur und in aller Komik eine tragisch-anrührende Figur, etwa wenn sie beim schmerzlich-lustvollen Liebesgeständnis unwillkürlich ins Lispeln gerät. Thomas Mann hat viel Mühe darauf verwendet, Josephs »Keuschheit« gegenüber der Gattin seines Herrn annehmbar zu machen und nicht als Kälte erscheinen zu lassen. Wie in den Traumerzählungen, die ihm den Hass der Brüder und den Sturz in die Grube eintragen, ist auch in dieser Keuschheit genug Hochmut, Dünkel, persönliche Schuld, um Josephs zweiten Sturz, diesmal in den Kerker, nicht als Strafe, sondern als Buße erscheinen zu lassen.

Während Joseph im Kerker liegt, besteigt in Thomas Manns Roman jener Pharao den Thron, zu dessen Stellvertreter und »oberstem Mund« er später aufsteigen wird: Amenhotep IV., Echnaton genannt. Zu seiner Regierungszeit und der seines Vaters Amenhotep III. hat Thomas Mann die Lebensgeschichte Josephs angesetzt. Echnaton ist siebzehn Jahre alt, ein überfeinerter, zarter Jüngling, dem seine kluge Mutter beim Regieren zur Seite steht und den das Volk in liebevoller Verehrung den »Herrn des süßen Hauches« nennt. Doch ist er zugleich ein Herrscher mit kühnen Ideen und seherischen Träumen, »ein Vorwegnehmender, ein vorzeitiger Christ«, wie Thomas Mann ihn genannt hat. Ihm wird das Gesicht »eines jungen vornehmen Engländers von etwas ausgeblühtem Geschlecht« zugeschrieben, wie es in humoristischer Verfremdung der erzählten Zeit heißt. Doch ist die Gestalt mit großer Treue im Detail dargestellt, äußerlich geformt nach den in Berlin und Paris erhaltenen Echnaton-Büsten. Die Königinmutter Teje wiederum, die der Sohn nach verwöhnter Prinzenart »Mamachen« nennt, entspricht einer Plastik aus der Berliner Sammlung ägyptischer Kunst. Der Name des Kerkermeisters Mai-Sachme ist einer historischen Chronik aus der Zeit des vierten Amenhotep entlehnt. In solchen Details, die sich mühelos vermehren ließen, herrscht eine beeindruckende geschichtliche und wissenschaftliche Genauigkeit – Zeugnis der von Thomas Mann geleisteten orientalistischen und archäologischen Studien.

Im Widerspruch dazu scheint die Tatsache zu stehen, dass Thomas Mann in anderen, wesentlicheren Fragen ein großes Maß an dichterischer Freiheit hat walten lassen, ja geradezu ungeschichtlich verfahren ist. Da zum Beispiel der mosaische Auszug aus Ägypten ein Jahrhundert vor der Lebenszeit Echnatons anzusetzen ist, muss die mit der Josephsgeschichte verknüpfte Einwanderung der Juden nach Ägypten weitere zweihundert Jahre früher, um das Jahr 1700 vor unserer Zeitrechnung, angenommen werden. Das passt nicht zu Thomas Manns Datierung des Romans um das Jahr 1400. Hans Mayer hat die Unstimmigkeit mit den Worten kommentiert: »Thomas Mann hat also im Mittelpunkt seiner Erzählung vom Aufstieg Josephs zum ›Ernährer‹ in kühnster Kombination zwei gesellschaftlich scharf umrissene Komplexe zu völlig ungeschichtlichem Gegenspiel widereinander gestellt. Unsinnig zu vermuten, hier habe Vater Homer plötzlich geschlafen. Die Sorgsamkeit in der wissenschaftlichen Vorarbeit für den großen Roman ist allenthalben so stark spürbar, daß an eine Absichtslosigkeit nicht gedacht werden kann.« Mit anderen Worten: Es ging dem Autor nicht um die historisch exakte Rekonstruktion einer Anfangsgeschichte, vielmehr steigt er in den Brunnen der Vergangenheit, um eine mythische Geschichte nach oben zu fördern, die auch ein Modell der Gegenwart sein kann. Und das präzise Detail dient – außer dass es ein Mittel der erzählerischen Realisierung ist – einer Scheingenauigkeit, die den Mythos ironisch verfremdet.

»[...] das Wissenschaftliche, angewandt auf das ganz Unwissenschaftliche und Märchenhafte ist pure Ironie«, hat Thomas Mann gesagt. Und weiter: »Ich setze die Lebensgeschichte Josephs [...] um 1400 vor Christo an, als in Ägypten die beiden berühmtesten Amenhoteps, der III. und IV., regierten, – woraus sich ergibt, daß Joseph nicht ›wirklich‹ der Urenkel des Mannes ist, der zuerst von dem mesopotamischen Charran aus das Westland erwanderte, denn Abraham lebte sechshundert Jahre früher, zur Zeit Hammurapi's, des Gesetzgebers. Das hindert nicht, daß der hübsche und schöne Joseph sich für seinen Urenkel *hielt*, denn die sehr lustige Schwierigkeit besteht, daß ich von Menschen erzähle, die nicht ganz genau wissen, wer sie sind, das heißt, deren Ich-Bewußtsein viel weniger auf der klaren Unterscheidung ihres Existenzpunktes zwischen Vergangenheit und Zukunft beruht als auf der Identität mit ihrem mythischen Typus ...« Mythos ist Wiederholung, und so gleiten Joseph auch die Bilder seines Vaters Jaakob, des Großvaters Isaak und der Urväter Noah und Abraham, ja sogar das Bild seines Gottes zuweilen ineinander. Die Parallelen zu Sigmund Freuds Schrift *Der Mann Moses und die monotheistische Religion* liegen auf der Hand. Freuds Schrift, seine letzte, erschien 1939, im selben Jahr, in dem Thomas Mann die Arbeit am vierten Band, *Joseph, der Ernährer*, aufnahm.

In den ägyptischen Teilen des Romans tritt Joseph durch den genau ausgemalten Hintergrund aus dem Dunst mythischer Vorzeit teilweise in das Licht der Geschichte – als eine schon mehr individuelle als mythische Gestalt. Sie hat am Mythischen zwar noch teil, aber auf eine bereits bewusste, künstlerisch verspielte, manchmal hochstaplerisch absichtsvolle Weise. Flüchtig betrachtet erscheint Joseph wie eine Gestalt der Frühzeit, als letzter der Erzväter. Er selber jedoch sieht sich – und so begriff ihn schon Goethe, so zeigt ihn Thomas Mann – als Spätling und Nachgeborenen, als einen, der halb noch in der mythisch-kollektiven Ahnenreihe seiner Väter steht, halb schon außerhalb. Er lernt Ägyptens Götter kennen und in Tammuz und Osiris auch solche, die es ihm erlauben, den alten Väterglauben nicht nur den neuen Verhältnissen Ägyptens anzupassen, sondern sich gleichsam darüber zu erheben, in einer Synthese des Jüdischen und Ägyptischen, das heißt zugleich des allgemein Humanen und Menschheitlichen. Seine Nachfolge hat nur noch wenig von der Unbewusstheit früherer Generationen, sie ist *bewusste* Nachfolge, das heißt Tradition. Deshalb kann Joseph, der Liebling Jaakobs, auch nicht der Träger des Stammessegens sein. Der fällt bekanntlich auf Juda, der nicht recht begreift, wie ihm geschieht.

Joseph dagegen ist der *Mittler*. Er vermittelt zwischen der Frühzeit des Menschen und der Epoche eines sich bereits regenden historischen Bewusstseins, zwischen Archaik und Moderne, aber auch zwischen den Kulturen, in denen er nicht das Trennende, sondern das Gemeinsame sucht; er vermittelt zwischen Mythos und Wissenschaft, Tod und Leben, Geist und Tat, zwischen dem freien Spiel des Künstlers und der sozialen Verantwortung des handelnden Staatsmanns. Er ist gesegnet mit zweifachem Segen, »mit Segen oben vom Himmel herab und mit Segen von der Tiefe, die unten liegt«, wie es in den *Geschichten Jaakobs* heißt. Das macht ihn zu einer Menschheitsfigur, jenseits der eigenen Stammesgeschichte und über diese hinaus. Natürlich konzipierte Thomas Mann gerade die letzten beiden, die ägyptischen Bände der Tetralogie vor dem Hintergrund der zeitgeschichtlichen Ereignisse in den dreißiger und frühen vierziger Jahren in Europa, der Vertreibung und Vernichtung des europäischen Judentums durch das Hitler-Regime. Der jüdische und alttestamentarische Mythos wurde zum humanen Exemplum, wie er immer wieder betont hat: »Man hat in ›Joseph und seine Brüder‹ einen Judenroman, wohl gar nur einen Roman für Juden sehen wollen. Nun, die alttestamentarische Stoffwahl war gewiß kein Zufall. Ganz gewiß stand sie in geheimem, trotzig-polemischem Zusammenhang mit Zeit-Tendenzen, die mir von Grund aus zuwider waren, mit dem in Deutschland besonders unerlaubten Rassewahn, der einen Hauptbestandteil des faschistischen Pöbel-Mythos bildet. Einen Roman des jüdischen Geistes zu schreiben war zeitgemäß, gerade weil es unzeitgemäß schien. Und es ist wahr, meine Erzählung hält sich mit immer halb scherzhafter Treulichkeit an die Daten der Genesis und liest sich oft wie eine Thora-Exegese und -Amplifikation, wie ein rabbinischer Midrasch. Und doch ist das Jüdische überall in dem Werk nur Vordergrund, wie der hebräische Tonfall seines Vortrages nur Vordergrund, nur ein Stilelement unter anderen, nur *eine* Schicht seiner das Archaische und Moderne, das Epische und das Analytische sonderbar vermischenden Sprache ist.«

Nach dem dritten Band legte Thomas Mann die bereits erwähnte Pause ein. Und es war gewiss kein Zufall, sondern gehorchte einer tieferen Notwendigkeit, dass der Niederschrift des vierten Bandes *Joseph, der Ernährer* die große Einschaltung des Goethe-Romans *Lotte in Weimar* vorausging. Die Konzeption des letzten Teils der Tetralogie wiederum ist undenkbar ohne Goethe, undenkbar vor allem ohne dessen späte soziale Utopien in *Wilhelms Meisters Wanderjahren* und dem zweiten Teil von *Faust*. Joseph wird zum »Ernährer«, zum sozialen Gesetzgeber und Volkswirt großen Stils, zum Vertreter einer Vernunft, die die mythischen Muster nicht verwirft oder verleugnet, sie vielmehr aufgreift und humanisiert. Der Roman, ursprünglich angelegt als »Roman der Seele«, ein verkappter Bildungsroman wie so viele große deutsche Bücher, mündet zuletzt, wie die *Wanderjahre*, wie der zweite *Faust*, in eine aufgeklärte Soziallehre. »*Faust, der Ernährer*«, hat Hans Mayer in einer kühnen Wortfügung gesagt. Thomas Mann selbst hat den Joseph des Schlussbandes in einem Brief an Karl Kerényi einmal einen »Staats-Geschäftsmann von reichlicher Durchtriebenheit« genannt. *Dieser* Joseph, der die Geschäftslage nutzt um der Mildtätigkeit willen, der mit dem Staatsbesitz wuchert, um fiskalische Fürsorge zu üben, der einen Staatskapitalismus treibt, der fast schon wie ein Sozialismus erscheint, ist aber auch undenkbar ohne die amerikanischen Zeiterfahrungen Thomas Manns, die soziale Gesetzgebung des Präsidenten Franklin D. Roosevelt und seine Wirtschaftspolitik des *New Deal*. Thomas Mann hat diesen *New Deal* an den Nil verpflanzt und zum Werk seines mythischen Romanhelden gemacht, so wie es ähnlich und fast gleichzeitig André Gide in seiner letzten Erzählung *Theseus*, hier auf der Grundlage des griechischen Mythos, getan hat. Aber auch Heinrich Manns Roman über den »guten König« Henri Quatre gehört in diesen Zusammenhang. Wenn es bei Thomas Mann ganz am Anfang heißt: »Tief ist der Brunnen der Vergangenheit. Sollte man ihn nicht unergründlich nennen?« – dann verliert er sich nicht in solcher Brunnentiefe und Unergründlichkeit, vielmehr wird eine Geschichte wieder- und neuerzählt und aus der mythischen Tiefe ans Licht gebracht, die zum Verständnis der Gegenwart führen und aus ihren Katastrophen heraushelfen kann – Thomas Manns Antwort auf die Fragen der Zeit, vor allem auf den kapitalistisch-sozialistischen Grundkonflikt.

Doch erschließt sich der Roman nicht ganz auf dieser und überhaupt nicht nur auf *einer* Ebene. So wie Joseph im entscheidenden Augenblick im leeren Haus, bei der Prüfung seiner »Keuschheit«, das Antlitz des Vaters erblickt, Jaakobs Bild, vermischt mit Potiphars und Mont-kaws Vaterzügen, – und weiter heißt es: »und viel gewaltigere Züge noch trug es alles in allem und über diese Ähnlichkeiten hinaus« –, so ergibt sich auch beim Blick auf den Josephsroman gleichsam ein perspektivisch gestaffeltes Bild, dessen Schichten, die mythische, religionsgeschichtliche, politisch-soziale, ästhetische, sprachliche usw. einander unaufhörlich durchdringen. Wenn Joseph im »Vorspiel« seinen Träumereien nachhängt, die mit Vaterbildern zu tun haben, heißt es: »Wir erwähnten zum Beispiel, daß Joseph schöne babylonische Verse auswendig wußte, die aus einem großen und schriftlich vorliegenden Zusammenhange voll lügenhafter Weisheit stammten […]. Nun denn, wir kennen diese Verse und Mären; wir besitzen Tafeltexte davon, die im Palaste Assurbanipals […] zu Niniveh gefunden worden und von denen einige die Ur-Kunde der großen Flut […] in zierlicher Keilschrift auf graugelbem Tone darbieten.« Offensichtlich ist hier vom Gilgamesch-Epos die Rede, dessen Kenntnis Joseph zugeschrieben wird. Dann aber geschieht etwas Seltsames. Was Joseph liest, heißt es weiter, seien nur Abschriften, schwer lesbar auf schadhaften Täfelchen, Abschriften von Vorlagen, die ihrerseits Abschriften gewesen seien, versetzt mit Glossen und Ergänzungen, in denen Missverständnis und Verballhornung gewaltet hätten, so dass der heutige Leser immerzu Gefahr laufe, in die Irre zu gehen. Und so immer weiter zurück, ohne dass man je zu einem Text gelange, den man mit Fug und Recht als Original bezeichnen könne. »… und so könnten wir fortfahren«, schließt Thomas Mann, »wenn wir nicht hoffen dürften, daß unsere Zuhörer schon hier erfassen, was wir im Sinne haben, wenn wir von […] Brunnenschlund reden.« Man begreift, dass der Brunnen der Vergangenheit tatsächlich unergründlich ist, und das gilt für die Josephsgeschichten wie für die älteren Geschichten um Gilgamesch. Eine zeitliche Entgrenzung findet statt, wodurch die Zuverlässigkeit der Dokumente in ein Zwielicht gebracht wird. Man nennt das Verfahren »Dekonstruktion« und ist gut beraten, sich nicht einfach darüber hinwegzusetzen. Alles aber ist Sprache, sie ist das eigentlich konstruktive Element, denn außerhalb ihrer ist nichts. Für kein Buch Thomas Manns gilt das mehr als für *Joseph und seine Brüder*. Mit den Worten des Autors: »Mehr und mehr sehe ich in dem Ganzen in erster Linie ein *Sprach*werk, zu welchem alle möglichen Sphären herhalten und Material liefern müssen.« So heißt es in einem Brief, wieder an Karl Kerényi. Und an anderer Stelle: »Der Geist der Erzählung, wenn man meine mythische Meinung hören will, ist ein bis zur Abstraktheit ungebundener Geist, dessen Mittel die Sprache an sich und als solche, die Sprache selbst ist, welche sich absolut setzt und schließlich nicht viel nach Idiomen und sprachlichen Landesgöttern noch fragt. Ich habe wenig dagegen, wenn man urteilt, daß etwa das Deutsch des ›Vorspiels in oberen Rängen‹ zu ›Joseph, der Ernährer‹ eigentlich ›gar kein Deutsch mehr sei‹. Genug, daß es Sprache ist, und genug, daß das ganze Opus in erster Linie ein Sprachwerk vorstellt, in dessen Vielstimmigkeit Laute des Ur-Orients sich mit Modernstem, den Akzenten einer fiktiven Wissenschaftlichkeit, vermischen und das sich darin gefällt, die sprachlichen Masken zu wechseln wie sein Held die Gottesmasken […].«

Dadurch trägt der Roman die Merkmale einer Spätzeit, so wie es Spätwerke waren, durch die der Autor sich bei der Niederschrift anregen ließ und gewissermaßen in Stimmung hielt: außer den schon erwähnten *Don Quijote* und *Tristram Shandy* vor allem Fontanes *Stechlin* und Stifters *Witiko*, Prousts *Recherche* und natürlich der späte Goethe, vom *West-östlichen Divan* bis zur Klassischen Walpurgisnacht des zweiten Teils von *Faust*. Von diesen Büchern, ihrem inneren Wachstum, ihrer skurrilen und souveränen Humoristik, ihrer sklerotischen, das Stoffliche mehr und mehr verflüchtigenden Wortmusik, dem epischen Andante Stifters und seiner pedantisch-eigensinnigen Erzählweise, nährte sich Thomas Mann. Er führte weiter und »machte nach«, gewann Sprache aus Sprache in artistischer Potenzierung. Im Wettstreit zwischen dem »Was« und dem »Wie« siegt im Josephsroman, von Band zu Band mehr, das »Wie«, wird der Stoff immer mehr an die Form ausgeliefert. Der Dichter scheint zu sagen: »Ich will gar nichts mehr; ich will spielen.« Es ist ein Spiel der Ironie und Parodie, in dem der mythische Zwang sich lockert und läutert. Nicht die Wahrheit, aber der Weg, gemäß dem Wort aus *Joseph, der Ernährer*: »Denn was wahr ist, ist nicht die Wahrheit. Die ist unendlich fern, und unendlich alles Gespräch.«

Goethe-Vision aus dem Exil
»Lotte in Weimar«

Im November 1939 – Hitlers Krieg in Europa war gerade zehn Wochen alt – hielt Thomas Mann vor Studenten der Universität Princeton, wo er eine Gastdozentur innehatte, einen der nicht sehr zahlreichen Vorträge, zu denen sein akademisches Amt ihn verpflichtete. Als Thema wählte er Goethes *Werther*, den ersten Geniestreich des jungen Dichters, der die Zeitgenossen in Deutschland und Europa zu hellem Entzücken und Todestrunkenheit hingerissen hatte: »Das Büchlein ›Werther‹ oder mit seinem ganzen Titel ›Die Leiden des jungen Werthers, ein Roman in Briefen‹ war der größte, ausgedehnteste, sensationellste Erfolg, den Goethe, der Schriftsteller, je erlebt hat. Der Frankfurter Jurist war ganze vierundzwanzig Jahre alt, als er dies äußerlich wenig umfangreiche, auch als Welt- und Lebensbild jugendlich eingeschränkte, aber mit explosivem Gefühl unglaublich geladene Werkchen schrieb [...]. Sein Erfolg hatte zum Teil sogar einen skandalösen Charakter. Die entnervende und zerrüttende Empfindsamkeit des kleinen Buches rief die Sittenwächter auf den Plan, war der Schrecken und Abscheu der Moralisten, die eine Verherrlichung des Selbstmordes und die Verführung dazu in diesen Blättern sahen; aber eben diese Eigenschaften erregten auch einen Erfolgssturm, der alle Grenzen überschritt, und machten buchstäblich die Welt verrückt vor Sterbenswonne [...].«
Das Wichtigste ist hier in wenigen Sätzen angesprochen: die enorme Wirkung des Buches, seine Neuartigkeit gerade innerhalb der deutschen Literatur, seine hochgespannte Empfindsamkeit und Gefühlskraft, das heikle Thema des Selbstmordes. Drei Themen laufen durch die Dichtung hindurch und sind ineinander verschlungen: das psychologische

Thema der unglücklichen Liebe; das metaphysische Thema eines Menschen, der an der Unendlichkeit seines Gefühls zugrunde geht; schließlich das gesellschaftskritische Thema, das den unglücklichen Helden in der Enge und Gebundenheit der bürgerlichen Existenz darstellt. Goethe, der seinem frühen Roman im Alter distanziert, beinahe ablehnend gegenüberstand, hat gleichwohl zu Eckermann gesagt: »Das ist auch so ein Geschöpf, das ich gleich dem Pelikan mit dem Blut meines eigenen Herzens gefüttert habe. Es ist darin so viel Innerliches aus meiner eigenen Brust, so viel von Empfindungen und Gedanken, um damit wohl einen Roman von zehn solcher Bändchen auszustatten. Übrigens habe ich das Buch [...] seit seinem Erscheinen nur ein einzigesmal wieder gelesen und mich gehütet, es abermals zu tun. Es sind lauter Brandraketen.« Thomas Mann hat diese Metapher in seinem *Werther*-Vortrag aufgegriffen, als er fortfuhr: »[...] der Roman rief einen Rausch, ein Fieber, eine über die bewohnte Erde hinlaufende Ekstase hervor und wirkte wie ein Funke, der ins Pulverfaß fällt, wobei in plötzlicher Ausdehnung eine gefährliche Menge von Kräften frei wird.«

Am Ende des Vortrags wies Thomas Mann auf eine Begebenheit hin, die sich mehr als vier Jahrzehnte nach Erscheinen des *Werther*, im Jahr 1816, zugetragen hatte. Eine alte Dame, nur vier Jahre jünger als der damals siebenundsechzigjährige Goethe, sei zu Besuch nach Weimar gekommen, keine andere als Charlotte Kestner, geborene Buff, die Lotte des Jugendromans, Werthers Lotte. »Sie hatten einander vierundvierzig Jahre nicht gesehen. Sie und ihr Mann hatten damals unter der rücksichtslosen Bloßstellung, die ihre Verhältnisse durch die Werther-Dichtung erfahren, recht sehr gelitten. Jetzt aber, wie die Dinge sich entwickelt hatten, war die gute Frau eher stolz auf ihre Eigenschaft als Modell der Heldin des Jugendwerks eines so groß gewordnen Mannes.« Es habe ein Wiedersehen mit dem Dichter gegeben, der sie zum Mittagessen in sein Haus lud und ihr mit steifer Höflichkeit begegnet sein soll. »Ich meine«, schloss Thomas Mann, »daß sich auf diese Anekdote eine nachdenkliche Erzählung, ja ein Roman gründen ließe, der über Gefühl und Dichtung, über Würde und Verfall des Alters manches abhandeln und Anlaß geben könnte zu einem eindringlichen Charakterbilde Goethe's, ja des Genies überhaupt. Vielleicht findet sich der Dichter, der es unternimmt.«

Der humoristische Charakter der Bemerkung wird den Kundigen unter den Zuhörern nicht verborgen geblieben sein. Denn der Roman über die Weimarer Anekdote war bereits unternommen und geschrieben worden, als Werk des Exils. Der Autor befand sich, als er daran zu schreiben begann, während der nationalsozialistischen Herrschaft, noch in Küsnacht in der Schweiz, dort wurde es am 11. November 1936 begonnen. Das Buch war zunächst als Novelle konzipiert, weitete sich jedoch während der Arbeit in die Dimension eines Vierhundert-Seiten-Romans aus. Später, im amerikanischen Princeton, wurde es fortgeführt und dort am 25. Oktober 1939 abgeschlossen. Thomas Mann vermerkte im Tagebuch: »Schwer über das Produkt zu denken. Es ist als solches originell, als Beziehungsgewebe recht reich, manches ist Compilation und Aneignung, hilfesuchend, das Goethe-Porträt intim, heiter, neu, nicht ohne Intimität mit der Größe, der dabei eine demokratische Ironie entgegengesetzt wird.«

Ein Goethe-Roman also, kaum ein historischer Roman. Denn hinsichtlich des Historischen hat Thomas Mann sich mancherlei Freiheit herausgenommen. In den Herbsttagen des Jahres 1816, als die verwitwete Hofrätin Kestner aus Hannover im Hotel *Zum Elephanten* Quartier nahm und so viel unerwünschte Aufmerksamkeit auf sich zog, waren einige Hauptfiguren des Romanpersonals in Weimar gar nicht zur Stelle: Adele Schopenhauer zum Beispiel, die die Leidensgeschichte der Ottilie von Pogwisch, der Braut des Goethe-Sohnes August, vorträgt; Goethes Sekretär Riemer, dessen enthemmte, durchaus befremdliche Redseligkeit ein Kapitel von achtzig Seiten Länge ausfüllt, stand damals nicht in Goethes Diensten und war sogar mit einem Hausverbot belegt; selbst der Streicher'sche Flügel, den Thomas Mann ins Juno-Zimmer des geheimrätlichen Hauses platziert, wurde erst fünf Jahre später angeschafft. Auf Genauigkeit im Detail kam es dem Autor offenbar nicht an. Er hielt sich an den historischen Kern der Anekdote, Charlotte Kestners durch Briefe und Dokumente bezeugten Aufenthalt in Weimar. So heißt es etwa in Goethes Tagebuch: »Lottes Ankunft also am 22. September. Sie bleibt bis nach Mitte Oktober.« Auch das im vorletzten Romankapitel geschilderte Mittagessen am Frauenplan hat wirklich stattgefunden; Charlotte schrieb darüber an einen ihrer Söhne: »... ich habe eine neue Bekanntschaft von einem alten Mann gemacht, welcher, wenn ich nicht wüßte, daß er Goethe wäre, und auch dennoch, hat er keinen angenehmen Eindruck auf mich gemacht.« Schließlich existiert ein ungewöhnlich kritischer Brief von Charlottes Tochter, die ebenfalls Charlotte hieß: »Darauf gingen wir zu Tisch«, heißt es da, »wohin er Mutter führte und auch natürlich bei ihr saß, ihm gegenüber der Onkel und ich daneben, so daß ich ihm ganz nahe war, und mir kein Wort und kein Blick von ihm entging. Leider aber waren alle Gespräche, die er führte, so gewöhnlich, so oberflächlich, daß es eine Anmaßung für mich sein würde zu sagen, ich hörte ihn sprechen oder ich sprach ihn; denn aus seinem Innern, oder auch nur aus seinem Geiste kam nichts von dem, was er sagte. Beständig höflich war sein Betragen gegen Mutter und gegen uns alle, wie das Betragen eines Kammerherrn [...]. Du siehst aus allem diesen: er wollte verbindlich sein, doch alles hatte eine so wunderbare Teinture von höfischem Wesen, so gar nichts Herzliches, daß es doch mein Innerstes oft beleidigte.«

Die Tochter der Hofrätin Charlotte Kestner nahm, wie man sieht, kein Blatt vor den Mund. Aber so steif-zeremoniell und auf Distanz bedacht, wie dieser Brief und Thomas Manns Roman es nahelegen, ist Goethe der einst Geliebten nicht begegnet. Man traf sich ein zweites Mal zum Tee beim Kanzler Müller, und Goethe begleitete die Hofrätin auch ins Theater zu einer Aufführung seines *Epimenides*. Thomas Mann ließ es mit der einen Begegnung an der Mittagstafel sein Bewenden haben. Die zweite ganz am Ende des Buches, nach Charlottes Theaterbesuch, hat er in das diffuse Licht des Imaginären, ja Irrealen getaucht, einer bloßen Vision irgendwo zwischen Traum und Wirklichkeit, aber mit einem Übergewicht, wie er selber schrieb, des »Irrealen«. Hier erst, im imaginären Gespräch Goethes mit der Jugendfreundin, fallen endlich die Masken, wird das Thema des Buches direkt angesprochen, das geheime Drama, um das der Roman neun Kapitel und vierhundert Seiten lang kreist. Thomas Mann legt Charlotte die Worte in den Mund: »Goethe: so sehr wohl und behaglich war mir's nicht eben in deiner Wirklichkeit, in deinem Kunsthaus und Lebenskreis, es war eher eine Beklemmung und Apprehension damit […] allzusehr riecht es nach Opfer in deiner Nähe […] es ist ja beinah wie ein Schlachtfeld und wie in eines bösen Kaisers Reich.«

Goethe unter seinen Opfern: Spricht aus dieser Konstellation die »demokratische Ironie«, die Thomas Mann laut Tagebuch dem Phänomen der »Größe« entgegensetzen wollte? War es ihm darum zu tun, die Schattenseite solcher Größe zu zeigen, das Inhumane als peinlichen Erdenrest klassischer Humanität, den Opfergeruch als Begleiterscheinung jeder Gottähnlichkeit? Es konnte nicht ausbleiben, dass man sich über die Richtigkeit oder verzerrende Schiefheit von Thomas Manns Goethe-Porträt eifernd gestritten hat, die Frage aufwarf, ob man es hier überhaupt mit Goethe, »authentischem« Goethe, zu tun habe. Eine Frage, die ohne Antwort bleiben muss und wohl auch müßig ist. An Goethes Überlebensgröße haben sich seine Zeitgenossen und alle nachkommenden Generationen gerieben und nicht selten daran ihr Mütchen gekühlt, von den Ausfällen Ludwig Börnes noch zu Goethes Lebzeiten bis zu den späten Reizbarkeiten Martin Walsers.

Andere Autoren haben es vorgezogen, Goethe zu huldigen, sich in ihm zu spiegeln, ja sich in ihm selber zu verklären bis zum physiognomischen Ähnlichwerden, Ähnlichwerden-*wollen* eines Gerhart Hauptmann. Stets aber handelte es sich um Projektionen, Spiegelbilder, um Affekte des Größen-Ichs in Abwehr oder Identifikation, insofern authentisch, doch nicht authentischer Goethe.

Thomas Mann in seiner *imitatio* Goethes – um nichts Geringeres ging es auch ihm – beschreitet in seinem Roman einen anderen Weg, indem er Goethe von Anfang an in ein Spiegelkabinett stellt, ihn sechs Kapitel lang aus wechselnden Blickwinkeln und subjektiv eingeschränkten Perspektiven zeigt. Wir begegnen Goethe, bevor er dann im langen Selbstgespräch des siebenten Kapitels selber auftreten darf, nur in der Wahrnehmung von anderen, die mit ihm leben und zu tun haben: vom Kellner Mager bis zu seinem Sohn August. Lassen wir den Roman in angemessener Kürze Revue passieren, um die verschiedenen Goethe-Bilder aufzunehmen, die, so zutreffend sie sein mögen, selbst in ihrer Summe nicht mit dem »wahren«, dem »eigentlichen« Goethe zu verwechseln sind.

»Der Kellner des Gasthofes ›Zum Elephanten‹ in Weimar, *Mager*, ein gebildeter Mann, hatte an einem fast noch sommerlichen Tage ziemlich tief im September des Jahres 1816 ein bewegendes, freudig verwirrendes Erlebnis. Nicht, daß etwas Unnatürliches an dem Vorfall gewesen wäre; und doch kann man sagen, daß Mager eine Weile zu träumen glaubte.« – So der Anfang von Thomas Manns Roman. Wir sind in Weimar, und der kleine Ort ist, dank Goethe und durch Goethe, zum Wallfahrtsort geworden, vornehmlich für Gäste aus England. Thomas Mann lässt es sich nicht entgehen, an der Rezeption des Hotels *Zum Elephanten* einige englisch parlierende Gäste einzuführen. Was aber den Kellner Mager, der gleich eingangs als »gebildeter Mann« vorgestellt wird, so aus der Fassung bringt, ist die Ankunft von drei Frauen, die leicht als Mutter, Tochter und Zofe zu identifizieren sind. Die Mutter wird als eine Frau von – mindestens – Ende fünfzig vorgestellt, mit blauen Augen, kleinem Mund und einigem Altersspeck an den Wangen, indes das auffälligste Kennzeichen ihrer Person ein nickendes Zittern des Kopfes ist, das sich immer wieder bemerkbar macht. Ihr wird mit der Tochter Zimmer Siebenundzwanzig zugewiesen, aber bevor sie es bezieht, schreibt sie ihren Namen auf die Meldetafel des Hotels: »Hofräthin Witwe Charlotte Kestner, geb. Buff, von Hannover, […] geboren am 11. Januar 1753 zu Wetzlar, nebst Tochter und Bedienung.« So der Eintrag, der, wie gesagt, den Kellner Mager aus der Fassung bringt. Als gebildeter Mann erkennt er sogleich, dass er in der Hofrätin aus Hannover niemand anderen vor sich hat als Charlotte Buff, aus Wetzlar gebürtig, einem literarisch geheiligten Ort, kurz Werthers Lotte aus Goethes berühmtem Jugendroman. Und da Mager die Nachricht nicht fassen kann, verstrickt er die Hofrätin in ein langes, von seiner Seite atemlos geführtes Gespräch, das in der Feststellung gipfelt, es handle sich um ein »buchenswertes Ereignis«.

Die Hofrätin aus Hannover weiß die Aufregung zu dämpfen, trotz einer unverkennbaren Genugtuung, die Lottchen, ihre Tochter, scharfblickend und ein wenig spitz tadeln zu müssen glaubt. Die Kestners, Mutter und Tochter, sind nach Weimar gekommen, um Verwandte wiederzusehen. Das ist der offizielle, fast möchte man sagen: vorgeschobene Grund. Denn dass die Hofrätin begierig ist, den Dichter des *Werther* wiederzusehen, zum ersten Mal nach vierundvierzig Jahren, spricht aus dem Umstand, dass sie ihm gleich nach der Ankunft ein Billett zum Frauenplan schickt: dem »verehrten Freund, […] der der Welt so bedeutend geworden«. Danach bettet sich die Hofrätin, dreiundsechzig Jahre alt, doch mit Herzklopfen wie ein Schulmädchen, für eine Stunde zur Ruhe, und hängt ihrer Erinnerung an die Wetzlarer Zeit nach, als der junge Goethe ihr und ihrem Verlobten Kestner fast tägliche Besuche machte.

Die Ruhe ist nur von kurzer Dauer, da sich eine junge Britin, genauer: Irin, Miss Rose Cuzzle, mit Skizzenblock und Zeichenstift in ihr Zimmer drängt, um Lottes Konterfei aufzunehmen: das Konterfei einer »Zelebrität«, wie Miss Cuzzle anmerkt; sie, Miss Cuzzle, sammle solche Zelebritäten, sie habe Kant und den Kaiser Napoleon in ihrer Sammlung, ferner die erlauchten Herrschaften des Wiener Kongresses, und finde nun in Weimar ein ergiebiges Terrain, nicht zuletzt in der Hoffnung, das Urbild von Werthers Lotte werde ihr auch die Tür zum Frauenplan und zum Haus der Frau von Stein öffnen. Die Hofrätin kann so viel Beharrlichkeit und Energie nicht widerstehen, sie lässt sich von der jungen Irin mit dem Lockenkopf zeichnen, verbringt fast eine Stunde mit ihr, bis unversehens der Kellner Mager im Zimmer steht und den nächsten Besucher anmeldet: »Herrn Doktor Riemer«.

Friedrich Wilhelm Riemer ist Goethes langjähriger Sekretär und vertrauter Reisebegleiter, auch Gymnasialdozent in Weimar. Und nun entspinnt sich – die Hofrätin Kestner kann und will es am Ende nicht verhindern – das erste der drei langen Zwiegespräche, die fast zwei Drittel des Romans umfassen. Der Dialog Riemer – Lotte ist nicht weniger als siebzig Druckseiten lang und, nebenbei gesagt, kein einfacher Lesestoff. Man lernt Doktor Riemer als einen etwas steifen, leicht verdrießlichen Philologen kennen, der sich viel darauf einbildet, in der Nähe des Weimarer Dichter-Herkules zu wirken, und doch unbedingt als eigene Person, aus eigenem Wert und eigener Würde, etwas gelten möchte. Die Hofrätin registriert es nicht ohne befremdete Zurückhaltung. Dabei weiß sie sich in einer Riemer nicht unähnlichen Lage: Auch ihre Existenz ist, wie die Riemers, in das Leben des großen Mannes verwoben. Von ihm allein möchte sie Nachricht haben, wozu das Gespräch mit dem Sekretär nicht die schlechteste Gelegenheit bietet. Dieser ist ein mit sich selbst uneiniger, zwiespältiger, ja zerrissener Mensch. Was ihn so zerreißt, ist die tägliche Zusammenarbeit und Konfrontation mit dem

»großen Mann«, der inkommensurablen Persönlichkeit. Goethe ist für Riemer das »Göttlich-Teuflische«, und er beschreibt es mit den Worten: »Da Gott das Ganze ist, so ist er auch der Teufel, und man nähert sich offenbar dem Göttlichen nicht, ohne sich auch dem Teuflischen zu nähern, so daß einem sozusagen aus einem Auge der Himmel und die Liebe und aus dem anderen die Hölle der eisigsten Negation und der vernichtendsten Neutralität hervorschaut. Aber zwei Augen, meine Teuerste, ob sie nun näher oder weiter beieinander liegen, ergeben *einen* Blick [...]. Was für ein Blick ist es, zu dem und in dem der erschreckende Widerspruch der Augen sich aufhebt? [...] Es ist der Blick der Kunst, der absoluten Kunst, welche zugleich die absolute Liebe und die absolute Vernichtung oder Gleichgültigkeit ist und jene erschrekkende Annäherung ans Göttlich-Teuflische bedeutet, welche wir ›Größe‹ nennen.« So Riemer über Goethe. Und er fügt noch hinzu, dass es die »umfassende Ironie« sei, die zwischen den so erschreckenden Widersprüchen, zwischen Liebe und Kälte, vermittle.

Riemers Redefluss, seine langatmigen Ausführungen beginnen Lotte zunehmend zu faszinieren. Ein Thema wird hier nämlich angeschlagen, das, seit der Werther-Erfahrung, auch ihr eigenes Thema ist: der Egoismus des Genies, das die Existenz der anderen lediglich als Mittel zum Zweck behandelt und damit diesen anderen die unfreiwillige Opferrolle aufbürdet. Die Hofrätin hört Riemer mit angehaltenem Atem und zugleich mit innerer Beklommenheit zu, sie spürt den Vorbehalt in Riemers Worten, sein Überwältigtsein ohne Liebe. Riemer erhält Gelegenheit, Goethes »Kälte« und »Gleichgültigkeit« weiter auszumalen, etwa seine sonderbare Unbeteiligtheit an den Geschicken seiner Verwandten, der Schwester Cornelia zumal und sogar der Mutter, von der er die Frohnatur geerbt zu haben erklärt und die er doch in den elf Jahren vor ihrem Tod kein einziges Mal gesehen oder besucht habe. Riemer scheint fragen zu wollen: Ist es nicht ungeheuerlich?

Die Worte lösen auch Lotte endlich die Zunge, und sie erinnert sich freimütig der Wetzlarer Zeit und des ebenso beglückenden wie quälenden Verhältnisses zu dritt, als Goethe, damals dreiundzwanzig Jahre alt, »in ein gemachtes Nest das Kuckucksei seines Gefühles legt«.

Kaum hat sie das Wort ausgesprochen, da meldet der Kellner Mager den nächsten Besucher, diesmal eine Besucherin: Demoiselle Schopenhauer, Tochter der Johanna Schopenhauer und Schwester von Arthur, Anfang zwanzig, geistreich, äußerlich wenig anziehend, Mitglied eines weimarischen literarischen Salons, des »Musenvereins«. Eben dies verschafft ihr das gewünschte Entrée bei der Hofrätin aus Hannover. Das Gespräch bleibt zunächst im Konventionell-Gesellschaftlichen und bietet Gelegenheit, das Weimar Goethes aus einer anderen Perspektive wahrzunehmen: durch den Klatsch über Goethes wenig standesgemäße Ehe mit Christiane Vulpius (die nur im Hause Schopenhauer unvoreingenommen betrachtet wird); Goethes Neigung zum Humor und seine Fähigkeit, die Leute lachen zu machen; sein gespanntes Verhältnis zur jüngeren Generation der Romantiker, die im Musenverein hoch im Kurs steht. Dann aber, als das Gespräch ins Stocken gerät, verrät Adele Schopenhauer den eigentlichen Grund ihres Besuches, nämlich die Sorge um ihre beste Freundin, Ottilie von Pogwisch, die Verlobte von Goethes Sohn August. Adele hält dieses bereits beschlossene Verhältnis für ein Missverhältnis, das weder August noch Ottilie Glück bringen werde. Sie beschreibt August als einen wenig anmutigen, unwirschen, auch dem Geistigen und Poetischen beinahe feindlich gesinnten Menschen, der die Neigung Ottilies vor allem in seiner Eigenschaft als Sohn gewonnen habe, dank Ottilies Verehrung für den Vater. Ottilie wird als hochherzig, vielfältig begabt und schwärmerisch beschrieben. Ihre Schwärmerei gilt vor allem den romantischen Dichtern, die damals in Deutschland bereits tonangebend sind, und noch mehr den Helden der Befreiungskriege gegen Napoleon. Alle jungen Männer hätten als Freiwillige zu den Fahnen ziehen müssen, was Goethe im Falle seines Sohnes August zu verhindern gewusst habe. August, der in dieser Frage keinen eigenen Willen hat, muss in Weimar bleiben, so dass bald der Vorwurf der Feigheit gegen ihn in der Luft liegt, auch von Seiten seiner Verlobten. Dann werden die Franzosen vertrieben, und die deutschen Patrioten sind obenauf, zum Missvergnügen Goethes, der unpatriotisch genug ist, das Heilmittel des Sieges für schlimmer zu halten als die Krankheit der Fremdherrschaft. Mit dieser Haltung steht er allein, denn die öffentliche Meinung wird bestimmt vom Siegestaumel. Schlechte Zeiten für das Brautpaar, doch erfolgt nach einiger Zeit eine neue Annäherung. Widerstrebend fühlt sich Ottilie von dem Werben des Mannes angezogen, in dem sie weniger diesen selbst als dessen Vater verehrt. Ein Gespräch mit Goethe schließlich, über das wir nichts Genaues erfahren, gibt Ottilie neuen Mut, die Verbindung mit August zu wagen.

Kaum hat Adele Schopenhauer ihre Erzählung geendigt, da wird ein neuer Besucher gemeldet, diesmal kein anderer als August von Goethe, der zuletzt so ausführlich und wenig schmeichelhaft Besprochene. Seine Ähnlichkeit mit ihrem einstigen Jugendfreund erfüllt Lotte Kestner mit Rührung. Allerdings ist diese Ähnlichkeit eine eingeschränkte und herabgesetzte: eine geringere Stirn, eine schwunglose Nase, ein kleiner Mund. Fast scheint es, als würden sich die Vorzüge des Vaters beim Sohn ins Negative wenden. Eine gewisse Gezwungenheit und Exzentrizität ist August zu eigen, ganz abgesehen von seiner Neigung zum Jähzorn und zum Alkohol – auch das Gespräch mit Lotte führt er nicht in vollständig nüchternem Zustand. Es kreist zunächst um Augusts Mutter, die gerade verstorbene Christiane Vulpius, eine lebenslustige Frau aus einfachen Verhältnissen, die Goethe als Gattin in sein Haus genommen hat – zur Missbilligung der sogenannten guten Gesellschaft in Weimar. Sein Vater, fährt August fort, habe schon immer unter dem Zorn der Philister und selbsternannten Moralisten zu leiden gehabt, und auch ehrwürdige Männer wie Klopstock und Herder seien davon nicht auszunehmen. Dann berichtet August der lauschenden Besucherin von den neuesten poetischen Erzeugnissen des Vaters, insbesondere einer Sammlung von Sprüchen und Liedern, in denen das Vorbild der orientalischen und namentlich der persischen Poesie nicht verleugnet werde. August erwähnt auch die beiden Reisen ins Rheinland, die Goethe im Sommer 1815 und 1816 unternommen habe und die ihm so wohltätig gewesen seien, erwähnt nicht zuletzt Goethes Gastgeber auf der Gerbermühle, nahe Frankfurt, das Ehepaar Willemer. Die hellhörige Charlotte erahnt sogleich die Zusammenhänge: dass nämlich der alte Goethe, jetzt ein Mann Mitte sechzig, von seiner Gastgeberin Marianne Willemer, der Suleika seines *West-östlichen Divans*, ganz ähnliche Anregungen empfangen hat, wie einst der junge Goethe von ihr. Auch die anderen Jugendlieben Goethes werden im Gespräch mit August erwähnt: Friederike Brion, die vor drei Jahren gestorben ist, und Lili Schönemann, die an Auszehrung leiden soll. Der Vater dagegen, so berichtet August, habe alle Krankheiten und Gefährdungen glücklich überstanden, wolle vom Tod nichts wissen, ignoriere ihn bei nahestehenden Freunden und Verwandten und werde noch in hohen Jahren alle anderen überleben.

An dieser Stelle des Buches, nach dem sechsten Kapitel, sei die Nacherzählung des Buches unterbrochen. Denn es folgt nun jenes Kapitel, das vor den anderen, ordentlich und artikellos gezählten Kapiteln, den Vorzug hat, »*Das* siebente Kapitel« zu heißen, und Goethes großen Monolog erhält. Vorher sah man Goethe durch die Augen von anderen, jetzt hat er selbst das Wort. Aus den vielfältigen Spiegelsplittern, die zuvor zusammengefügt wurden, vom Kellner Mager über den Doktor Riemer und Adele Schopenhauer bis zum Sohn August, fügte sich für den Leser ein Bild Goethes zusammen, das kritische Züge nicht ausspart und in aller Verehrung weit eher von Gehemmtheit, Devotion und heimlicher Aufsässigkeit bestimmt ist. Man erfährt, dass Goethe sich die anderen für seine Lebenspläne dienstbar gemacht, ja unterworfen hat, dass er sich lebenslang wie ein »Kuckucksei« in andere Nester gelegt, viele seiner Freunde und Weggefährten, die Frauen zumal, um ihre eigene Wirklichkeit, ihr eigenes Leben betrogen hat, um daraus die höhere Wirklichkeit der Kunst zu gewinnen. All diese Menschen, die schon in den ersten Stunden nach ihrer Ankunft bei der Hofrätin vorsprechen, sehen sich mehr oder weniger in der Rolle von Opfern: der redselige Riemer als Vertreter aller Goethe'schen Hilfskräfte, Zuarbeiter und redensartlichen Eckermanns; Ottilie von Pogwisch, das »Persönchen« aus altpreußischem Adel, das der Geheimrat als Braut für seinen Sohn bestimmt hat, um sich bequem im Dreiecksverhältnis einzurichten; nicht zuletzt dieser Sohn selber, August von Goethe, dessen einzige Rolle, wie er wohl weiß und ohnmächtig anerkennt, darin besteht, Sohn und nichts als Sohn zu sein. Auch die Hofrätin Kestner, einst die Lotte von Wetzlar, ist vorübergehend geneigt, sich den Opfern zuzuzählen, da sie ihre persönlichen Verhältnisse im *Werther* vor aller Welt aufgedeckt, schmerzhaft bloßgestellt und dichterisch ausgebeutet sah. Und noch das Gelächter der Tischrunde am Frauenplan, in deren Mitte der Meister thront und seine komisch-unheimlichen Scherze zum Besten gibt, tönt gespenstisch, verrät Befangenheit, innere Abwehr und den Leidensdruck der versammelten Statisten. Vor aller Ohren zitiert Goethe das chinesische Sprichwort, der »große Mann« sei ein »öffentliches Unglück«. Spätestens hier ist klar, dass er vor allem ein *privates* Unglück ist.

Aber ist dies nun der wahre, der authentische Goethe? Thomas Mann zeigt Goethe beharrlich aus der Perspektive jener, die von ihm abhängig und nur durch ihn etwas sind. Gleichzeitig wird Goethes »Größe« durch das perspektivische Verfahren zwar gebrochen, menschlich relativiert, ironisch reduziert, doch nicht gänzlich aufgelöst. Als Kontrastfolie der allgemeinen Mittelmäßigkeit bleibt seine Größe jederzeit gegenwärtig. Man erblickt den Dichterfürsten in seiner Menschlichkeit und Allzumenschlichkeit, doch wird von seiner Unbegreiflichkeit und Genialität, auch seiner Fremdheit, nichts weggenommen. Das Rätsel Goethe wird nicht gelöst, der Schleier des Geheimnisses nicht gelüftet. Und so scheint dieser Goethe aus dem Thomas Mann'schen Spiegelkabinett weit eher das Medium zu bilden, das es dem Autor erlaubt, einige allgemeinere Fragen aufzuwerfen: über das Verhältnis (oder Missverhältnis) von Kunst und Leben, von Außenseitertum und Normalität, Genie und Mittelmaß. Lauter altbekannte, gleichsam notorische Thomas Mann-Themen, von denen sein ganzes Werk bestimmt ist. In dem Princetoner Vortrag *On Myself*, geschrieben wenige Monate nach *Lotte in Weimar*, heißt es denn auch, der Roman handle nicht nur von Goethe, sondern »vom Genius an sich, dem Problem des Großen Mannes«; Thema des Buches sei »der würdig gewordene Geist, der sich, sein Eigenstes unter steif-listigen Masken vor der neugierigen Welt versteckt«.

Das passt nun kaum auf den Autor des *Werther* und der *Marienbader Elegie* und weit eher auf Thomas Mann selbst, den Meister des Versteckspiels, der vom Eigenen und Eigensten stets nur hinter Masken und Tarnwänden, und zwar solchen von komplizierter und irreführender Art, zu sprechen vermochte. Auch Goethe war eine dieser Masken, die letzte, höchste und ersehnteste von allen, die Wunschbildmaske des repräsentativen deutschen Dichters. Doch so spielerisch-leicht und hochstaplerisch-virtuos Thomas Mann diese Maske im Goethe-Roman handhabt, sie verbirgt nicht die heimlichen Zweifel, die er hinsichtlich der Ähnlichkeit und geistigen Verwandtschaft mit dem übermächtigen Vorbild empfand.

Thomas Mann und Goethe: Das war auch schon vor *Lotte in Weimar* ein großes Kapitel, über das hier nur Andeutungen möglich sind. Es betrifft nicht nur die Essayistik Thomas Manns, sondern auch das frühe erzählerische Werk, etwa in den Beziehungen, die zwischen *Werther* und *Tonio Kröger* bestehen, zwischen *Hermann und Dorothea* und dem *Gesang vom Kindchen*, dem *Wilhelm Meister* und dem *Zauberberg*, zwischen *Dichtung und Wahrheit* und dem Fragment des *Felix Krull*. Es sind Beziehungen nicht bloß äußerlicher Art, sie führen in den innersten Bezirk von Thomas Manns Persönlichkeit und Werk, betreffen sein Selbstverständnis als Schriftsteller und die eigene historische Rolle. Diese Rolle war früh gegeben durch den Sensationserfolg der *Buddenbrooks*, das Werk eines Fünfundzwanzigjährigen. Mit dem Familienroman rückte Thomas Mann in eine literarische Führungsposition, gleich hinter dem älteren Gerhart Hauptmann. Er wurde zum Anwärter auf jene Rolle, die historisch von Goethe geprägt und ausgefüllt worden war; seit Gründung des Bismarck-Reiches konnte man sie die des deutschen Nationalschriftstellers nennen. Goethes Vater-Imago wirkte dabei als Last und Herausforderung zugleich. Auch bei Thomas Mann führte sie, wie Peter von Matt in einer scharfsinnigen Studie dargelegt hat, zu jenem »ödipalen Dilemma«, in dem sich alle deutschen Autoren seit der Epoche der Romantik gegenüber Goethe befanden. Am tiefsten wohl Heinrich Heine, der die Kritiker Goethes mit dem zweideutigen Scherz in die Schranken wies: »Goethe sei doch immer der König unserer Literatur; wenn man an einen solchen das kritische Messer lege, müsse man es nie an der gebührenden Courtoisie fehlen lassen, gleich dem Scharfrichter, welcher Karl I. zu köpfen hatte, und, ehe er sein Amt verrichtete, vor dem König niederkniete und seine allerhöchste Verzeihung erbat.« Aufsässigkeit und Verehrung, Mordlust und heimliche Identifikation sind bei Heine ambivalent verschmolzen. Das geht bis in die Metaphorik hinein. Sie erinnert an die bereits zitierten Worte Riemers über Goethe: »Man nähert sich offenbar dem Göttlichen nicht, ohne sich auch dem Teuflischen zu nähern, so daß einem sozusagen aus einem Auge der Himmel und die Liebe und aus dem anderen die Hölle der eisigsten Negation und der vernichtendsten Neutralität hervorschaut. Aber zwei Augen [...] ergeben *einen* Blick.« Bei Heine heißt es ganz ähnlich: »... seine Augen waren ruhig wie die eines Gottes. Es ist nämlich überhaupt das Kennzeichen der Götter, daß ihr Blick fest ist und ihre Augen nicht unsicher hin und her zucken [...]. Um seinen Mund will man einen kalten Zug von Egoismus bemerkt haben; aber auch dieser Zug ist den ewigen Göttern eigen, und gar dem Vater der Götter, dem großen Jupiter, mit welchem ich Goethe schon oben verglichen.«

Hier ist alles ambivalent, und es liegt nahe, dass diese Goethe-Charakterisierung Heines dem Doktor Riemer in den Mund gelegt wird, weil ebendiese Ambivalenz sich auch bei Thomas Mann regte, seit die Idee der Goethe-Nachfolge von seiner Phantasie Besitz ergriffen hatte. Belegt ist sie durch die literarischen Pläne des Dreißigjährigen, zu denen ein Faust ebenso gehörte wie der als Anti-*Wilhelm Meister* konzipierte *Felix Krull*, vor allem aber ein Roman über den großen König Friedrich von Preußen (gab es einen repräsentativeren Stoff als diesen?). All diese Pläne scheiterten vorerst, wurden aufgegeben oder blieben Fragment. Sie hätten einen direkten Vergleich mit Goethe bedeutet und blieben folglich psychisch und kreativ blockiert. Ein Reflex dieser Situation war die Schiller-Novelle *Schwere Stunde* von 1905, in der Thomas Mann durch die Identifikation mit dem *Wallenstein*-Dichter gleichsam *ex negativo* seine Auseinandersetzung mit Goethe führte. Über ihn heißt es in der Novelle: »War er denn größer? Worin? Warum? [...] Ein Gott, vielleicht, – ein Held war er nicht. Aber es war leichter, ein Gott zu sein als ein Held!« Hier tritt das »ödipale Dilemma« offen zutage, dessen Pole Peter von Matt in die Worte fasst: »Der Ehrgeiz zur höchsten Position und die Aggression gegen den, der diese bereits innehat.«

Aufgearbeitet und vorläufig bewältigt wurde das Problem

in der Novelle Der *Tod in Venedig*. Nicht zufällig zunächst als Goethe-Novelle konzipiert, sollte sie die Spätliebe des Dreiundsiebzigjährigen zu der jungen Ulrike von Levetzow zum Gegenstand haben. Thomas Mann ging es, nach eigenen Worten, um »die Entwürdigung eines hochgestiegenen Geistes durch die Leidenschaft für ein reizendes, unschuldiges Stück Leben«. Goethe bestand die schwere Krise – von Thomas Mann als »Tod vor dem Tode« bezeichnet – und gewann ihr seine *Marienbader Elegie* ab. Bereits Thomas Manns Wortwahl deutet an, dass hinter der Absicht, Goethe in seiner »Entwürdigung« zu zeigen, der ödipale Tötungswunsch verborgen lag. Auch die Goethe-Novelle blieb ungeschrieben, aber ihr Thema kehrte wieder in der Venedig-Novelle, in der Goethe nun die Maske Gustav von Aschenbachs trägt, des ruhmreichen, formbewussten, zuchtvollen Schriftstellers, der in der Lagunenstadt an der Leidenschaft für einen schönen Knaben würdelos zugrunde geht. Eine Goethe-Destruktion, die Thomas Mann dadurch zu tarnen versuchte, dass er Aschenbach, eigentlich die Maske Goethes, hinter anderen Masken – Gustav Mahler, Platen, Wagner, Sokrates – verbarg, zuletzt hinter der eigenen Maske. Dies war der subtilste Kunstgriff. Durch alle Masken verwies Thomas Mann scheinbar auf sich und meinte doch Goethe, die hassgeliebte Vater-Imago, über die er dreißig Jahre später sagen wird: »Er ist der Vater, gegen den man sich verehrungsvoll empört.«

Peter von Matt nennt den *Tod in Venedig* das »böse Vorspiel« zu Thomas Manns späterer *imitatio* Goethes, die dann zur »unio mystica mit dem *Vater*« gesteigert wurde. Durch die Destruktion lag der Weg endlich frei. Die ödipale Aggression wurde vom Vater auf den Bruder umgeleitet, auf Heinrich Mann, den verhassten »Zivilisationsliteraten« der *Betrachtungen eines Unpolitischen*. Und Gerhart Hauptmann, der einzige Rivale in der Goethe-Nachfolge, erfuhr seine Demontage durch die Peeperkorn-Karikatur des *Zauberbergs*. In den zwanziger und frühen dreißiger Jahren entstanden

Thomas Manns große essayistische Goethe-Studien. Goethe wird darin zunehmend begriffen als Pädagoge, Humanist und Lehrer der Deutschen, als Lebenslehrer und persönliches Lebensvorbild. Die großen Fixsterne an Thomas Manns Jugendhimmel, Schopenhauer, Nietzsche und Wagner, begannen allmählich neben dem Zentralgestirn Goethe zu verblassen. Dessen klare, lichtvolle Erscheinung ging in die Konzeption der Josephsgestalt im biblischen Roman ein, Goethes Soziallehre aus dem zweiten Teil von *Faust* prägte den Schlussband der Tetralogie *Joseph, der Ernährer*. Sogar ein Faust kam zuletzt noch zustande als Roman vom deutschen Tonsetzer Adrian Leverkühn. So fügte es sich alles glücklich im Zeichen des Vaters. In dem Vortrag *Freud und die Zukunft* schrieb Thomas Mann: »Die Vaterbindung, Vaternachahmung, das Vaterspiel und seine Übertragungen auf Vaterersatzbilder höherer und geistiger Art – wie bestimmend, wie prägend und bildend wirken diese Infantilismen auf das individuelle Leben ein! [...] So kann die imitatio Goethe's [...] noch heute aus dem Unbewußten ein Schriftstellerleben führen und mythisch bestimmen.« Geschrieben 1936 zu der Zeit, da Thomas Mann sich entschloss, die Arbeit an *Joseph und seine Brüder* zu unterbrechen, um *Lotte in Weimar* zu schreiben, die kollegiale Huldigung an den Vater. Dessen Züge fließen im Roman so ununterscheidbar mit den eigenen zusammen, dass man versucht ist, darin nicht den Goethe Thomas Manns zu erkennen, sondern Thomas Mann in der Maske Goethes.

Lotte in Weimar sollte eigentlich eine Novelle werden, die ihr Autor in wenigen Monaten zu schreiben gedachte. Aber die Arbeit dauerte über drei Jahre, unterbrochen durch Reisen in die USA und zuletzt durch die definitive Übersiedlung ins amerikanische Exil. Als der Roman beendet wurde, war der Zweite Weltkrieg bereits im Gange, Polen von Hitlers Truppen überrannt, die Zukunft lag in sorgenvoller Ungewissheit. Hitler-Deutschland stand auf der Höhe seiner

Macht, die deutsche Kultur war außer Landes getrieben. Unter diesen Vorzeichen verfolgte Thomas Mann mit dem Goethe-Roman auch eine politische Absicht, nämlich den größten Dichter der Deutschen nicht kampflos den braunen Schergen zu überlassen. Dem Buch sind als Motto die *Divan*-Verse vorangestellt: »Uns ist für gar nichts bang, / In dir lebendig, / Dein Leben daure lang, / Dein Reich beständig!« Damit war Goethes Reich gemeint, und Thomas Mann begriff sich als sein Verweser. »Wo ich bin, ist die deutsche Kultur«, soll er, nach dem Zeugnis Heinrich Manns, bei der Ankunft in Amerika gesagt haben. Im Roman ist Goethe sein politisches Sprachrohr, und er legt ihm einige prophetische Wahrheiten über die Deutschen in den Mund: »[...] daß sie die Klarheit hassen, ist nicht recht. Daß sie den Reiz der Wahrheit nicht kennen, ist zu beklagen – daß ihnen Dunst und Rausch und all berserkerisches Unmaß so teuer, ist widerwärtig, – daß sie sich jedem verzückten Schurken gläubig hingeben, der ihr Niedrigstes aufruft, sie in ihren Lastern bestärkt und sie lehrt, Nationalität als Isolierung und Roheit zu begreifen [...].« Solche Gesinnungen dürften von denen des historischen Goethe nicht weit entfernt liegen. Dessen Zurückhaltung während der sogenannten »Befreiungskriege«, die leise Verachtung für die deutschtümelnden Patrioten und sein gelassenes Weltbürgertum entfremdeten ihn den Zeitgenossen, aber auch – im Roman lässt es sich nachlesen – vielen Personen seiner Umgebung. Dieser Goethe kam Thomas Mann gerade recht. »[...] nicht deutscher kanns zugehen, als wo Deutsches mit Deutschem gezüchtigt wird«, lässt er Goethe sagen. Und so züchtigt Thomas Mann die von aller Zivilisation und Gesittung abtrünnigen Deutschen seiner Zeit mit Goethe: »Sie meinen, sie sind Deutschland, aber ich bins, und gings zugrunde mit Stumpf und Stiel, es dauerte in mir.«

Es sind Sätze des großen Monologs, aus dem siebenten Kapitel. Man hat als Leser das Spiegelkabinett verlassen, und Goethe selber führt nun fast hundert Seiten lang das Wort, in einer großen und virtuosen Montage aus einfühlsamer Gedanken-Mimikry und Zitaten, Gespräch und Selbstgespräch. Aber hören wir wirklich Goethe? Es war Riemer, der Sekretär, der im dritten Kapitel der Hofrätin Kestner von seiner sonderbaren Erfahrung berichtete, dass die Briefe, die er für Goethe, in seinem Auftrag, nein *als* Goethe, an seiner Stelle, schreibe, oft »goethischer« seien als die von Goethe selbst diktierten – mit ihren »so curialisch geisterhaften und hochverschnurrten Wendungen«. Man könnte dies leicht auf den großen Goethe-Monolog übertragen und die Behauptung wagen: mehr Thomas Mann als Goethe. Und das gilt nicht nur für den hier zu bewundernden sprachlichen Artefakt – der in all seiner Kunst und Künstlichkeit, ja Gespreiztheit den Leser auch auf Distanz hält –, es gilt nicht weniger für das, was Thomas Mann seinem Goethe als Spiegelung der eigenen Kunst- und Lebensproblematik in den Mund legt. Dass der Künstler seine Kunst erschafft aus dem erlittenen Leben der anderen, gehört zu den Grunderfahrungen Thomas Manns; er hat es an sich selbst als menschlichen Defekt empfunden. In Goethes Monolog heißt es: »Das Leben wäre nicht möglich ohne etwelche Beschönigung durch wärmenden Gemütstrug, – gleich drunter aber ist Eiseskälte. Man macht sich groß und verhaßt durch Eiseswahrheit und versöhnt sich zwischenein, versöhnt die Welt durch fröhlich-barmherzige Lügen des Gemüts.« Wieder denkt man an die Worte Riemers, der in Goethes Blick das Göttliche und das Teuflische zugleich wahrzunehmen glaubt, in dem einen Auge den Himmel und die Liebe, im andern die Hölle der eisigsten Negation. »Aber zwei Augen«, fährt Riemer fort, »ergeben *einen* Blick […]. Es ist der Blick der Kunst, der absoluten Kunst, welche zugleich die absolute Liebe und die absolute Vernichtung oder Gleichgültigkeit ist und jene erschreckende Annäherung ans Göttlich-Teuflische bedeutet, welche wir ›Größe‹ nennen.« Er fügt hinzu, daß es eine »umfassende Ironie« sei, die zwischen den erschreckenden Widersprüchen vermittle. Charlotte hört es mit angehaltenem Atem. Der Leser fragt sich, ob der Verfasser des Romans *Lotte in Weimar* hier nicht von sich selber spricht; gerade das Stichwort »Ironie« weist in diese Richtung.

Die Parallelen lassen sich fortspinnen, auch im erotischen Bereich. Über Goethe lesen wir im Roman, dass er sich in den meisten Fällen die Erfüllung versagt und die Beziehungen vorzeitig abbricht, um sie in Kunst zu verwandeln, ganz ähnlich wie Thomas Mann, der der gleichgeschlechtlichen Liebe ängstlich aus dem Weg ging, um aus dem Verzicht auf Erfüllung und der Angst vor gelebter Wirklichkeit die subtilsten Wirkungen seiner Kunst zu gewinnen. Solche sexuelle Introvertiertheit wird nun auch Goethe zugeschrieben, etwa in seiner Vorliebe für den Kuss: »Ist die Liebe das Beste im Leben, so in der Lieb das Beste der Kuß, [...] – da das Zeugen anonym-creatürlich, im Grund ohne Wahl, und Nacht bedeckts. Kuß ist Glück, Zeugung Wollust, Gott gab sie dem Wurme.« Auch die Sphäre der Homosexualität wird im Goethe-Monolog gestreift, in den Passagen über Winckelmann: »Was gilts«, heißt es da, »du hattest das gute Glück, daß ›der Mensch‹ ein masculinum ist, und daß du also die Schönheit masculinisieren mochtest nach Herzenslust. Mir erschien sie in Jugend-, in Frauengestalt ... Aber auch nicht durchaus, und ich versteh mich schon auf deine Schliche [...].« So läuft die mystische Union Thomas Manns mit dem Weimarer Vorbild am Ende darauf hinaus, nicht sich in Goethe einzufühlen, sondern Goethe sich, nämlich Thomas Mann, ähnlich zu machen. Als seine tiefste Lebensproblematik, seinen »Ur-Kram«, hat Thomas Mann die »Idee der *Heimsuchung*« bezeichnet, »des Einbruchs trunken zerstörender und vernichtender Mächte in ein gefaßtes und mit allen seinen Hoffnungen auf Würde und ein bedingtes Glück der Fassung verschworenes Leben«. Da ist sie wieder: die Idee der »Entwürdigung« aus der Venedig-Novelle, die eigentlich eine Goethe-Novelle sein sollte. Im großen Monolog lässt Thomas Mann seinen Goethe sagen: »[...] hätt ich das Aufrechterhalten in Ordnung nicht ererbt, die Kunst sorgfältiger Schonung, eines ganzen Systems von Schutzvorrichtungen – wo wäre ich!«

Die wichtigste Schutzvorrichtung gegen die Heimsuchung, gegen die Bedrohungen des Gottes Eros oder, wie es bei Thomas Mann einmal heißt, den »heulenden Triumph der unterdrückten Triebwelt« ist die Flucht und gleich danach, als Verarbeitungsmodus, die Verwandlung in Kunst. Werther gab sich die Kugel, aber Goethe dichtete den *Werther* und wurde steinalt. Es ist der schwierigste, komplizierteste, in gewisser Weise intimste Augenblick des Buches (und dessen eigentliche Keimzelle), wenn Lotte nach vierundvierzig Jahren Goethe gegenübertritt, wieder in das Antlitz blickt, »das [...] der Welt so bedeutend geworden ist«. Ein Augenblick nicht ohne Peinlichkeit, auch durch das Bewusstsein des Alterns – wie kann er gelingen? Denn der Augenblick von einst bleibt gegenwärtig, kein abgelebtes Leben hat ihn tilgen können, er steht, der Macht der Zeit enthoben, gedichtet im Werk. Das Unverwirklichte der Liebe kommt hinzu, die Fragwürdigkeit des gedichteten Selbstmords. Goethe, Thomas Manns Goethe, nimmt in diesem Wiedersehensaugenblick die Konvention zu Hilfe, der er durch liebevolle und wohlbedachte Worte das Starre und Formelle zu nehmen versucht. Die rettende Konvention wirkt zugleich ernüchternd, verlangt im Buch nach der zweiten, der letzten und halb irrealen Begegnung in der Kutsche, »im unsicheren Halbdunkel der Wagenlaternen«. »[...] allzusehr riecht es nach Opfer in deiner Nähe«, sagt Lotte, und Goethe antwortet: »Den Göttern opferte man, und zuletzt war das Opfer der Gott.«

Was Thomas Mann veranlasst hat, dieses fiktive Gespräch ans Ende zu stellen, hat er einem verwunderten Leser nach Erscheinen des Romans, im Juli 1940, so erläutert: »Mit der Szene im Wagen zwischen Lotte und Goethe steht es so. In historischer Wirklichkeit hat kein zweites Wiedersehen zwischen den beiden stattgefunden. Die Begegnung nach dem

Theater ist also – im Gegensatz zu dem Mittagessen am Frauenplan – erfunden. Aber auch als Erfindung ist sie nicht wirklich oder nicht unzweifelhaft wirklich –, denn eine kleine Hintertür zu der Möglichkeit, sie real zu nehmen, bleibt dem Leser immerhin offen. Aber mehr als eine Wendung des Textes deutet auf die nur ›höhere‹ Wirklichkeit des Gespräches hin und darauf, daß ›der Mantelträger‹ im Wagen nur eine Vision ist. Der Leser konnte mit der Enttäuschung, die das Wiedersehen in G.s Hause mit sich bringt, nicht wohl entlassen werden; vor allem aber konnte Lotte selbst sich nicht damit zufrieden geben. Ich ließ sie die versöhnende Aussprache selbst aus sich hervorbringen, – inspiriert wie sie ist durch das vorangegangene Jamben-Theater, das denn auch auf das imaginäre Gespräch mit dem Jugendfreund deutlich abfärbt. Ich glaubte, auf diese Weise einen relativ beruhigenden Ausklang gefunden zu haben, zumal dem Leser die Annahme unbenommen bleibt, daß Goethe von sich aus bei der Unterhaltung spirituell mitwirkt und daß eine Art von Gedankenbegegnung stattfindet, die denn doch wieder die Realität der Szene erhöht.«

So Thomas Mann in seinem Brief vom Juli 1940. Wir hätten den Schlussdialog also als imaginäres, als Traumgespräch zu verstehen? Eindeutigkeit in dieser Frage wird es so leicht nicht geben, und vom Autor ist sie zu allerletzt zu erwarten. In einem anderen Brief vom Februar 1947 merkte er an: »Ich habe immer versucht, begreiflich zu machen, daß ich die rechte Instanz gar nicht bin, [diese Frage] zu beantworten. Ich habe ja selber alles im Dunkeln gelassen, im unsicheren Halbdunkel der Wagenlaternen, und so kommt es mir nicht zu, nachträglich über Real oder Irreal zu entscheiden. Am liebsten würde ich jedesmal, wenn ich zur Entscheidung aufgerufen werde, beiden Parteien recht geben. Aber alles wohl betrachtet muß ich gestehen: ein wenig mehr neigt die Schale nach der Seite des Irrealen.«

Vielleicht, so darf man ergänzen, ist die Frage nach Realität und Irrealität gar nicht entscheidend. Wichtiger ist, dass im Kontext des Romans dieses Gespräch ganz unentbehrlich ist, weil es die Quintessenz enthält, ja versuchsweise Antwort gibt auf die offenen Fragen des Buches und Lösungsmöglichkeiten anbietet für die ungelösten Widersprüche: von Kunst und Leben, Genie und Gesellschaft. Ist Goethe wirklich der Künstler-Egoist, wie er uns in diesem Roman zuweilen erscheint, das Genie im Kreis seiner Opfer?

Wir sind am Ende, sehen den Vorhang zu und alle Fragen offen. »Es riecht nach Opfer in deiner Nähe«, sagt Lotte, und Goethe antwortet: »Den Göttern opferte man, und zuletzt war das Opfer der Gott.« Leicht gleitet der Dialog hinweg über die Abgründe, die er eröffnet, bis er zuletzt in die Schlusswendung aus den *Wahlverwandtschaften* mündet: »[...] welch ein freundlicher Augenblick wird es sein, wenn wir dereinst wieder zusammen erwachen.« So werden die Fragen, die Kunst und Leben nicht lösen können, am Ende in ein ungewisses Jenseits verwiesen.

Elend und Gnade
»Der Erwählte«

In seinem Versepos *Gregorius*, geschrieben am Ende des zwölften Jahrhunderts in mittelhochdeutscher Sprache, erzählt Hartmann von Aue, der schwäbische Dichter, die Geschichte des großen Papstes Gregor. Dieser Papst, der Legende nach aus Blutschande geboren, verbringt sein Leben in unerhörter Sünde und ebenso unerhörter Buße und wird zuletzt durch Gottes unbegreifliche Gnade auf den Heiligen Stuhl erhoben. Drei Tage bevor er in Rom einzieht, beginnen dort von selbst alle Glocken der Stadt zu läuten – ein göttliches Wunder, das die Auserwähltheit des neuen Papstes verkündet.

In Thomas Manns Roman *Der Erwählte*, in dem die Gregorius-Legende nacherzählt wird, steht dieses wunderbare Ereignis am Anfang. Die ersten Sätze lauten: »Glockenschall, Glockenschwall supra urbem, über der ganzen Stadt, in ihren von Klang überfüllten Lüften! Glocken, Glocken, sie schwingen und schaukeln, wogen und wiegen ausholend an ihren Balken, in ihren Stühlen, hundertstimmig, in babylonischem Durcheinander.« Auf die Frage »Wer läutet die Glocken?« heißt es: »Die Glöckner nicht. Die sind auf die Straße gelaufen wie alles Volk, da es so ungeheuerlich läutet. […] die Glockenstuben sind leer. Schlaff hängen die Seile.« Wer also läutet die Glocken? Darauf erhält man die überraschende Antwort: »*Der Geist der Erzählung.*« Dieser Geist, von dem es heißt, dass er an sich abstrakt und körperlos sei, wird dann auch namhaft gemacht, er bekommt Ansehen, Gestalt und sogar eine Adresse: Clemens der Ire, Benediktinermönch, Gast im Kloster zu St. Gallen. Er ist es, der den »Geist der Erzählung« verkörpert. Dort sitzt er in seiner Zelle und schreibt mit seiner kleinen und feinen, gelehrten und schmuckhaften Schrift die Geschichte auf, der wir zuhören sollen, die Geschichte von Papst Gregor, dem guten Sünder.

Thomas Manns Roman *Der Erwählte*, sein siebter und vorletzter, erschien 1951; der Autor war damals sechsundsiebzig Jahre alt. In seiner literarischen Biographie steht das Buch zwischen dem großen Zeitroman *Doktor Faustus* und seinem letzten, nur halb vollendeten Werk, dem Schelmenroman *Bekenntnisse des Hochstaplers Felix Krull*. Dieser wurde für Thomas Mann am Ende seines Lebens zu einer Art Sorgen- und Schmerzenskind. Aus seinen Tagebüchern wissen wir, mit wieviel Unlust und innerem Widerstreben er an der Hochstaplergeschichte gearbeitet hat, ja dass er sie überhaupt nur vornahm, um irgendwie beschäftigt zu sein. Für ihn eine völlig neue Erfahrung. Früher hatte Thomas Mann sich, kaum war der Schlussstrich unter ein Buch gezogen, mit Ungeduld und Eifer an das nächste gemacht. Sogar nach dem Josephsroman mit seinen über zweitausend Seiten, an denen er sechzehn Jahre gearbeitet hatte, wurde nicht gerastet; am Tag nach dessen Vollendung saß er bereits an der Moses-Novelle *Das Gesetz*. Diesmal aber, nach Abschluss des *Erwählten*, war es anders. Zum ersten Mal hatte Thomas Mann keinen Stoff, keine Arbeit mehr, keine jedenfalls, die ihn hätte entzünden können. Und das hieß für ihn: kein Leben. Der *Felix Krull*, ein Fragment aus früher Zeit, das fortzuschreiben und abzuschließen war, war in dieser Situation nur ein Notbehelf. Mochte es originell und komisch und auf seine Weise reizvoll sein, es war doch zugleich harmlos, überlebt, der fortgeschrittenen Kunst des Autors nicht mehr gemäß, ja nicht würdig. Thomas Mann sinnierte im Tagebuch immer wieder über dies Nachlassen, ja Versiegen seiner Schaffenskraft. Er dachte an Goethe, der im hohen Alter noch den zweiten *Faust* geschrieben hatte, oder an Wagner, den »Werk-Helden sondergleichen«, dem noch der *Parsifal* gelungen war. Schmerzlich empfand er, wieviel ihm von dieser Schaffenskraft und späten Vitalität fehlte, von dieser Begnadung und Auserwähltheit.

Solche zerknirschten Selbstzweifel hatte Thomas Mann während der Arbeit am *Erwählten* nicht gekannt. Dieser Roman war in seinen Augen ein *würdiges* Spätwerk, nicht nur den Jahren des Verfassers nach, sondern auch nach Kunstwissen und Meisterschaft, mit seiner Ambition auf letzte und endgültige Dinge, auf die abschließende Rekapitulation des abendländischen Mythos, auf Metaphysik, Erlösung, Gnade – und dies alles dargeboten im Gewand komischer Travestie. Zwei Jahre und acht Monate arbeitete Thomas Mann an dem Roman, mühevoll zwar, mit vielen Unterbrechungen und Zäsuren, aber, wie man im Tagebuch und in den Briefen der Entstehungszeit nachlesen kann, mit steter Freude und ungetrübtem Schreibvergnügen. Da wird das Buch als »Zerstreuung« bezeichnet, als »Spaß«, hingeworfen aus »Leichtsinn«. Es kam Thomas Mann gerade recht, um sich damit aus einem widrigen Alltag zu flüchten, aus der Sorge über den Korea-Krieg und die dadurch in den USA, seinem Exilland, entfachte antikommunistische Hysterie, die ihn erwägen ließ, seinen Wohnsitz noch einmal, ein letztes Mal, zu wechseln und nach Europa zurückzukehren. Die Arbeit am *Erwählten* wurde da zum Refugium. »Mich verlangt durchaus nach Komik«, heißt es in einem Brief kurz nach Beginn der Niederschrift. Zwar versuche er den »Hang zum Komischen« zu zügeln um des religiösen Ernstes willen, der im Hintergrund stehe, doch habe er die Legende sehr komisch gefunden, und Komik, heißt es dann weiter, »erscheint mir mehr und mehr als das Beste auf der Welt, erlabend, entlastend, ein wahrer Segen«. Tatsächlich ist der *Erwählte* ein Buch voller Witz und Komik, amüsant und vergnüglich, unterhaltsam im höchsten Sinn, zugleich im Werk der Kreuzungspunkt aller Themen und Gedankenbahnen, die grundlegend sind für Thomas Manns Werk.

Anfangs war diese Qualität nicht leicht zu erkennen.

Leserschaft und Kritik taten sich schwer mit Thomas Manns Roman. Der vorausgegangene *Doktor Faustus* hatte als Deutung deutscher Geschichte und Geschichtsverfehlung noch heftige Kontroversen ausgelöst. Die Mittelalterlegende erschien danach wie ein Rückzug aus der Wirklichkeit. Der Weltkrieg lag erst wenige Jahre zurück, der Kalte Krieg stand auf seinem Höhepunkt, da hatte man andere Sorgen. So fiel der Roman, bevor er die Leser erreichte, den Germanisten in die Hände und manchmal auch den Theologen, die hier ein weites Betätigungsfeld fanden. Dabei ist es im Wesentlichen geblieben. Der *Erwählte* ist bis heute der unbekannteste unter den Romanen Thomas Manns. Und doch lässt sich die Behauptung wagen, dass er nichts Großartigeres, nichts Vollkommeneres geschrieben hat als diese erheiternde Etüde über ein ernstes, nämlich allerchristlichstes Thema. Das gilt nicht allein in rein artistischer Hinsicht. Der *Erwählte* ist überdies, auch wenn es sich nicht auf den ersten Blick erschließt, die Summe seines Werks, ein *opus ultimum*, dann auch ein Bekenntnisbuch und ein Stück diskreter Autobiographie.

Dem Sujet, der Gregorius-Legende, begegnete Thomas Mann, wie er später berichtete, während der Arbeit am *Doktor Faustus:* »Damals war ich auf der Suche nach produktiven Motiven für Adrian Leverkühn und las in dem alten Buch ›Gesta Romanorum‹ [...] einige Geschichten nach, die ich meinem Komponisten zur Verarbeitung als groteske Puppenspiele aufgab.« Eine der Geschichten zog ihn besonders an, sie hieß *Von der wundersamen Gnade Gottes und der Geburt des seligen Papstes Gregor*. Thomas Mann wusste damals nicht, dass der Reiz, den er empfand, schon von vielen geteilt worden war und im Lauf der Jahrhunderte zu zahlreichen Nachbildungen geführt hatte. Eine davon war ein altfranzösisches Gedicht, *La vie de Saint-Grégoire*, das wiederum die Vorlage bildete für den *Gregorius* von Hartmann von Aue. Aber der Legendenstoff selber ist viel älter. Hinter der christlichen Überlieferung wird eine vorchristliche und zweifellos mythische erkennbar, die Geschichte von Ödipus, dem König von Theben, der nach der Fügung des Schicksals seinen Vater ermordet und ein Inzest-Verhältnis mit seiner Mutter eingeht. Dieser Mythos hat auf seinem weitverzweigten Entwicklungsweg, der sich über ganz Europa erstreckt, viele Abwandlungen erfahren. Thomas Mann erwähnt als Beispiel die Legende von Judas Ischariot, der aufgrund eines unheilverkündenden Traumes als kleines Kind ausgesetzt wurde, in die Heimat zurückkehrte, den Vater tötete und die Mutter zur Frau nahm. Um die Schuld zu sühnen, begab er sich unter die Jünger Jesu, wo er aber nur neues Unheil stiftete. In anderen Versionen des Mythos wird das Motiv des Vatermordes durch eine zweite – und zwar wissentliche – Inzest-Versündigung ersetzt, entweder begangen zwischen Vater und Tochter oder zwischen Bruder und Schwester. »In dieser Form«, schrieb Thomas Mann, »daß der Mann, der in der Verblendung die eigene Mutter heiratet, selbst schon ein Sohn der Sünde, die Frucht einer Geschwisterliebe ist, hat West-Europa die Fabel ausgeformt und damit die Herkunft großer Papstgestalten legendär umsponnen. Gregorius ist nun in Frankreich, England, Deutschland der Name des Helden. Sein Ursprung ist Schande, sein Leben Sünde und schonungslose Buße, sein Ende Verklärung durch die göttliche Gnade.«

Thomas Mann erkannte sogleich, dass der Stoff, der ihn so unmittelbar ansprach, große erzählerische Möglichkeiten enthielt, und er beschloss, noch während er am *Doktor Faustus* schrieb, später etwas Eigenes daraus zu machen. Heute wissen wir, dass Thomas Mann der Legende, die er gerade für sich zu entdecken glaubte, schon früher einmal begegnet war: Das Stichwort »Gregorius« taucht bereits siebenundfünfzig Jahre vorher in seinen Münchner Kolleghelten auf – ein weiteres Indiz dafür, dass fast das gesamte Werk des Schriftstellers die geduldige Ausarbeitung von Ideen und Plänen ist, die schon vor dem Ersten Weltkrieg entstanden und deren Wurzeln noch tiefer in seiner Biographie zurückreichen. Damals wurde das Reservoir angelegt, aus dem später geschöpft werden konnte: Der *Zauberberg* wurde entworfen, das Fragment des *Felix Krull* geschrieben und eine Goethe-Novelle erwogen, die zwar nicht zustande kam, später aber zu *Lotte in Weimar* führte und in anderer Form in den *Tod in Venedig* sowie – ein halbes Jahrhundert später – in die letzte Erzählung *Die Betrogene* einging. Auch der Faust-Stoff war schon früh präsent und ebenso, zumindest im Unterbewusstsein, der Stoff des *Erwählten*. Dessen Thema hatte es Thomas Mann ohnehin angetan, gleich in doppelter Gestalt, geht es doch um menschliche Begnadung und Auserwähltheit auf der einen Seite, um Außenseitertum und Stigmatisierung auf der anderen. Fast alle Helden Thomas Manns seit Tonio Kröger leben in dieser Ambivalenz: Auf ihnen ruht ein Fluch und ein Segen, beides zugleich, das eine ist ohne das andere nicht denkbar.

Auch das Inzest-Thema hat Thomas Mann zeitlebens beschäftigt. Da war das komplizierte Verhältnis zu den eigenen Schwestern Julia und Carla (deren Selbstmord ihn tief erschütterte); da waren die unordentlichen Verhältnisse in der eigenen Familie, die Gerüchte etwa, die über seine Kinder Klaus und Erika im Umlauf waren; da war vor allem, fünfundvierzig Jahre vor dem *Erwählten* geschrieben, die Novelle *Wälsungenblut* mit dem Inzest eines jüdischen Zwillingspaares, frei nach Richard Wagner. In einem Aufsatz über Theodor Storm erwähnt er den »Extremismus seiner Gemüthaftigkeit«, der die Abweichung von der Norm nachgerade erzwinge: »Korrekt« sei eigentlich nichts bei Storm, fuhr Thomas Mann fort, und er mochte dabei an die Ballade »Geschwisterblut« denken, die, als sie 1853 in Berlin in dem literarischen Klub »Tunnel über der Spree« vorgelesen wurde, ein stürmisches Für und Wider hervorgerufen hatte. Nachdem die liebenden Geschwister vergeblich die päpstliche Erlaubnis zur Heirat erbeten haben, heißt es: »Sie gab ihm ihren süßen Mund, / Doch war sie bleich zum Sterben; / Sie sprach: ›So ist die Stunde da, / Daß beide wir verderben.‹« Viele Kollegen Storms waren entrüstet, Storm verteidigte sich mit den Worten: »Die Darstellung der Leidenschaft darf nicht dadurch geschwächt werden, dass der Dichter sie zuletzt noch in irgendeiner Weise einem sittlichen Motiv unterordnet; die sittlichen Verhältnisse haben in diesem Gedichte nur die Bedeutung, dass sie besiegt werden.« Dies hätte auch Thomas Mann schreiben können. Sein Storm-Aufsatz gipfelt in dem Satz: »Dichtertum ist die *lebensmögliche* Form der Inkorrektheit.« Die Einsichten Freuds in die inzestuöse Vorprägung menschlicher Sexualität waren früh in seinem Werk vorhanden, untergründig verknüpft mit einem anderen Lebensthema, der verdrängten Homosexualität. »Sie waren einander sehr ähnlich«, heißt es über Siegmund und Sieglind, die Zwillinge aus *Wälsungenblut*. »Aber am meisten glichen sich ihre langen und schmalen Hände […]. Und sie hielten einander beständig daran, worin sie nicht störte, daß ihrer beider Hände zum Feuchtwerden neigten …« Ganz ähnlich werden im Roman *Der Erwählte* die flandrischen Zwillinge Wiligis und Sibylla beschrieben (»Sie hielten sich aber an ihren Händen auf Schritt und Tritt«), jetzt allerdings mit einer ironischen Distanz, die es Thomas Mann erlaubte, das prekäre Sujet mit erstaunlicher Ungeniertheit zu präsentieren. Wiligis und Sibylla tragen beide auf der Stirn eine sichelförmige Blatternarbe als sichtbares Symbol ihrer Gemeinsamkeit. Und sie lieben einander »aus der Maßen«, auch wenn jedes im anderen nur sich selbst und die eigene Besonderheit liebt. »Denn unser beider ist niemand wert«, versichern sie einander, »sondern wert ist eines nur des anderen, da wir völlig exceptionelle Kinder sind […].« Exceptionell ist auch der Spross, der aus ihrer Verbindung hervorgeht, der spätere Papst Gregor, der »Erwählte«. Auch hier wird ein uraltes mythisches Motiv abgewandelt, das die Idee der Auserwähltheit an die Tatsache des Inzests knüpft: Man denke an Ödipus und Antigone, an

Siegfried, den Drachentöter, in der Wagner'schen Version oder, ins Negative gewendet, an Judas Ischariot.

Das neugeborene Kind, so weiß es die von Hartmann von Aue überlieferte Legende, wird in einem Fässchen auf dem Meer ausgesetzt wie einst Moses, weil für die Frucht sündiger Liebe unter dem Himmel der Christenheit kein Platz ist. Kostbare Stoffe, zwanzig Goldstücke und eine Elfenbeintafel mit Angaben über seine Herkunft werden dem Knäblein mitgegeben. Zwei Fischer bergen das Fässchen und übergeben den Findling dem Abt des Klosters auf ihrer Insel im Ärmelkanal. Er wird auf den Namen Gregorius getauft, erhält im Kloster Unterricht und wächst als Ziehsohn eines Fischerpaares zu einem jungen Mann heran, der sich nicht nur durch Schönheit, sondern auch durch Klugheit und Wissen von seinen Geschwistern unterscheidet, bis es zwischen ihm und seinem Milchbruder Flann zum Zweikampf kommt. Das gibt Thomas Mann ein weiteres Mal Gelegenheit, den Konflikt mit seinem Bruder Heinrich zu rekapitulieren. Der empörten Mutter entschlüpft daraufhin das Geheimnis von Gregorius' Geburt. Er beschließt, in die Welt zu ziehen, seine Eltern zu suchen und seine sündige Herkunft abzubüßen. Ihm ergeht es aber wie dem Ödipus der Sage. Er erschlägt den Freier einer Herzogin und gewinnt diese selbst zur Frau. Nach glücklichen Jahren des Zusammenlebens kommt an den Tag, dass er die eigene Mutter geheiratet hat. Er verlässt sie, um unerhörte Buße zu tun. Auf einer abgelegenen Insel bringt er siebzehn Jahre ohne Nahrung und Schutz zu, angeschmiedet an einen kahlen Felsen, klein und zusammengeschrumpft, nur vom Wasser einer Steinmulde sich nährend. Schließlich wird Gregor von zwei Römern, denen er in einer Vision als zukünftiger Papst verkündet worden ist, entdeckt und befreit und hält triumphal Einzug in die heilige Stadt. Als Papst begegnet er seiner Mutter wieder, die büßend nach Rom gekommen ist, und beide verbringen den Rest ihres Lebens im Dienst an Gott.

Dies die Geschichte, die Thomas Mann verarbeitet und ausgesponnen hat. Er hat von Hartmanns Fabel nichts weggenommen und ihr nichts hinzugefügt, von einigen winzigen Details abgesehen: So macht er aus dem Wasser der Steinmulde eine nährende Erdmilch, um das unwahrscheinliche Geschehen mit einer Art von Schein-Möglichkeit zu umkleiden. Seine Ausgestaltung nannte er ein »Amplifizieren, Realisieren und Genaumachen des mythisch Entfernten, bei dem ich mir alle Mittel zunutze machte, die der Psychologie und Erzählkunst in sieben Jahrhunderten zugewachsen sind«. Hinsichtlich der Psychologie sind es die gleichen Mittel, die erstmals im Josephsroman verwendet wurden. Sie dienten dort dem Zweck, den Mythos zu humanisieren, das heißt, rational zu durchdringen und gleichsam aufzuklären. Im *Erwählten* verfährt er ganz ähnlich. Nichts liegt ihm oder seinem Erzähler, Clemens dem Iren, ferner, als den Inzest der Geschwister zu missbilligen oder gar zu verurteilen. Nicht dass Wiligis und Sibylla sich in Liebe vereinigen, ist das Schlimmste, das in dieser Nacht geschieht, sondern dass Wiligis dem heulenden Hund Hanegiff, dem Zeugen ihrer Missetat, die Kehle durchschneidet. Das – nicht der Inzest – ist die wahre Missetat, und um dieser Unterscheidung willen hat Thomas Mann den Hund, der ursprünglich in der Legende nicht vorkommt, überhaupt darin eingeführt. Und auch hier urteilt der Erzähler milde und nennt es »ein Gewöll von Liebe, Mord und Fleischesnot, daß Gott erbarm. Mich jedenfalls erbarmt es.«

Den Geschwistern wird ihre maßlose Liebe – auch wenn sie genaugenommen nur eine Form der Eigenliebe ist – als mildernder Umstand zugutegehalten. Andererseits können sich Gregor und seine Mutter später, beim zweiten Inzest, nicht einfach auf ihre Verblendung berufen. Die christliche Legende lässt die beiden unwissentlich schuldig werden, so wie bereits Ödipus im antiken Mythos die Identität der Frau, die er als Gattin freit, nicht kennt. Aber was wissen wir vom Mythos? Und was davon, was der Mythos weiß? Thomas

Mann jedenfalls, der Erzähler des zwanzigsten Jahrhunderts, hält sich nicht an den Buchstaben der Überlieferung, er dringt zum Kern des Mythos vor, zu seinem tieferen Wissen. Am deutlichsten in der Begegnung des Gregorius mit seiner Mutter, der Herzogin von Flandern und Artois, nachdem er deren militärischen Belagerer und halsstarrigen Bewerber im Zweikampf besiegt hat. Die Erzählung lässt keinen Zweifel daran, dass Mutter und Sohn mindestens ahnen, wer sie sind und welches Wissen sie vor sich selbst und dem anderen verbergen. Warum drängt es Sibylla, die Hand des Sohnes zu küssen? »Ich sage euch«, räsoniert Clemens der Ire: »die Frau prüfte sich nicht genug und unterschied zwischen Dankbarkeit und Zärtlichkeit nicht mit gebotener Sorgfalt.« Diese Undeutlichkeit ist allerdings in Hartmanns *Gregorius* bereits vorgebildet. Auch hier erkennt die Mutter den Sohn und erkennt ihn auch wieder nicht, sie schiebt den Gedanken von sich, »verdrängt« ihn, ohne dass der Autor in moderner Weise psychologisiert. Doch dass sich in der menschlichen Psyche zwischen völliger Blindheit und klarer Erkenntnis ein weites Feld auftut, scheint auch ihm bewusst gewesen zu sein. Am Schluss des Romans, um zum *Erwählten* zurückzukehren, wenn Gregor seine Mutter in päpstlicher Audienz empfängt, gesteht sie die »teuflische Täuschung« ein und setzt hinzu, es sei eigentlich gar keine Täuschung gewesen, nicht »tief unten aber, wo still die Wahrheit wohne«. »Unwissentlich-wissend« habe sie gehandelt und das eigene Kind zum Manne genommen, »weil es der einzig Ebenbürtige« gewesen sei. Und ihr Sohn und Gatte, jetzt Papst, bekennt, ebenfalls Bescheid gewusst zu haben, »dort, wo die Seele keine Faxen macht«. Für einen Papst ist das eine reichlich saloppe Ausdrucksweise. Sie wird ihm vom Erzähler, Clemens dem Iren, in den Mund gelegt. Thomas Mann treibt ein nur halbernstes und überwiegend komisches Spiel mit der Sprache und dem Erzählen, als Kontrast zu den Schrecknissen der erzählten Geschichte. Er lässt übrigens aus der Inzestepisode zwischen Gregor und seiner Mutter zwei Töchter hervorgehen, die bei Hartmann nicht vorkommen. Noch auf der letzten Seite des Romans legt er dem Papst Gregor den Gedanken in den Mund: »[...] Gott sei dafür gepriesen, daß Satanas nicht allmächtig ist und es nicht so ins Extreme zu treiben vermochte, daß ich irrtümlich auch noch mit diesen in ein Verhältnis geriet und etwa gar Kinder von ihnen hatte, wodurch die Verwandtschaft ein völliger Abgrund geworden wäre. Alles hat seine Grenzen. Die Welt ist endlich.« Natürlich ist das Gegenteil gemeint: in Wahrheit handelt es sich um eine unendliche Geschichte. Doch berührt Thomas Manns Gedankenspiel die Grenze zur Frivolität, während Hartmann, nachdem er in seiner Legende so viele Untiefen und Fährnisse durchschritten hat, an ihrem Ende zu seinem frommen Ausgangspunkt zurückkehrt.

Nur wer zu schätzen weiß, dass Kunst aus Kunst gemacht wird und dass das Spiel mit der Kunst den Kunstgenuss steigert, kommt in Thomas Manns spätem Roman auf seine Kosten. Man kann das Steigerungsmittel Ironie oder Parodie nennen, aber das sind eher zu einfache Kennzeichnungen der hier geübten Technik. Vor allem benutzt Thomas Mann ein eigenartiges selbstverfertigtes Idiom, worin sich das Archaische mit dem Modernen mischt, altdeutsche, altfranzösische und gelegentlich englische Elemente humoristisch ineinanderfließen – das Idiom eines »übernational-abendländischen Mittelalters«, um den Autor selbst zu zitieren. Zuweilen kehrt er, erstmals seit den *Buddenbrooks*, zum Dialekt seiner Kinder- und Jugendzeit, dem Plattdeutschen, zurück und lässt die Fischer der Kanalinsel St. Dunstan ungeniert die Lübecker Mundart sprechen. Und Herrn Grimald, dem Vater der »schlimmen Kinder«, wird in seiner Todesstunde ein Idiom in den Mund gelegt, das sich weder zeitlich noch räumlich genauer bestimmen lässt und dessen altertümliche Verfremdung die komisch-parodistische Absicht durchscheinen lässt: »Also soll ich aus diesem Wurmgarten scheiden, diesem üblen Wolftal, da wir hineingeworfen durch Adams Missetat, und das ich noch recht beschimpfen will, da ich es lassen muß und durch Willen von Gottes marterlichen Wunden einzugehen hoffe durch die porta Paradyses [...].« Der Erzähler legt sich keinerlei sprachliche Begrenzung auf, hält sich an die schon früher – etwa im *Doktor Faustus* – bewährte Technik, Gefundenes und Erfundenes zu verschmelzen – eine Technik, die er selbst »höheres Abschreiben« genannt hat und die im *Erwählten* zu großer Virtuosität gesteigert ist. Die Niederschrift der ersten Kapitel war begleitet von der Lektüre des *Ulenspiegel* von Charles de Coster: ein Buch derselben Landschaft, desselben Sprachraums und seinerseits eine historische Legende in einem ingeniös altertümelnden Stil. Natürlich wurden auch handgreiflichere Vorlagen benutzt – Peter de Mendelssohn, Thomas Manns penibler Biograph und Herausgeber, hat sie aufgelistet: von Meyers Konversationslexikon über Gustav Schwabs Volksbücher bis zu Wolframs *Parzival*. Aus alldem wurde das sonderbare Kauderwelsch des *Erwählten* destilliert, das keiner wirklichen Sprache entspricht, dessen Künstlichkeit aber so souverän gehandhabt wird – vorbei an den Klippen der Prätention und der Umständlichkeit –, dass sie sich einer zweiten Natürlichkeit nähert. Clemens der Ire erklärt es mit den Worten: »Denn so verhält es sich, daß der Geist der Erzählung ein bis zur Abstraktheit ungebundener Geist ist, dessen Mittel die Sprache an sich und als solche, die Sprache selbst ist, welche sich als absolut setzt und nicht viel nach Idiomen und sprachlichen Landesgöttern fragt. Das wäre ja auch polytheistisch und heidnisch. Gott ist Geist, und über der Sprache ist die Sprache.«

Das rührt an den religiösen oder geistigen Kern des Buches. Dessen eigentlicher Reiz liegt in der Travestie, in dem Spannungsverhältnis zwischen der ironisch-parodistischen Erzählweise und dem mythisch-religiösen, jedenfalls tiefernsten Charakter des Sujets, dieser Geschichte von Sünde und Gnade und Auserwähltheit. Es ist ein Themenkomplex, der Thomas Mann gerade im Alter beschäftigt hat. An Albrecht Goes, den schwäbischen Pfarrer und Dichter, schrieb er nach Erscheinen des Romans: »Ich mache viele Scherze, aber mit der Idee der Gnade ist es mir recht christlich ernst – sie beherrscht seit langem mein ganzes Denken und Leben. Ist es denn nicht die reine Gnade, daß ich nach dem verzehrenden ›Faustus‹ noch dies in Gott heitere Büchlein – heiter in seiner Gnadengabe, der Kunst – hinbringen konnte?« Man denkt bei diesen Worten an andere Romanfiguren Thomas Manns: den jungen Joseph des biblischen Romans, den alten Goethe in *Lotte in Weimar*, den Adrian Leverkühn des *Doktor Faustus*, den genialen Komponisten. Sie alle sind »Erwählte«, Begnadete, aber zugleich Gefährdete: gefährdet durch Eigenliebe und Selbstüberhebung, bedroht von Einsamkeit und menschlicher Isolation, gerade deshalb der Gnade bedürftig. Gregorius, der gute Sünder, der zum Papst erhoben wird, ist nur die letzte und extremste Gestalt in dieser Galerie Thomas Mann'scher Protagonisten. Im Roman heißt es: »Denn alle Erwählung ist schwer zu fassen und der Vernunft nicht zugänglich.« Wer aber erwählt Gregor? Ist es göttliche Gnade, die ihm zuteilwird, am Ende gar die Gnade des Christengottes? So will es die Legende. Doch Thomas Mann war die Geborgenheit im Religiösen fremd, so fremd wie jedes konfessionelle Glaubensbekenntnis. Er schrieb: »Ich glaube an das Gute und Geistige, das Wahre, Freie, Kühne, Schöne und Rechte, mit einem Wort an die souveräne Heiterkeit der Kunst, dieses großen Lösungsmittels für Hass und Dummheit.« Der Roman vom *Erwählten* ist die Konfession eines Künstlers, der von sich und seinem Künstlertum spricht. Der die Gregorius-Geschichte erzählt, weil sie mit all ihrer Sündhaftigkeit und Schuld und mit dem Gnadenwunder des Schlusses seine eigene Geschichte ist, die Geschichte eines vielfach Angefochtenen und Stigmatisierten. Hier wird sie mit Witz und Komik ins Heitere erhoben, kunstvoll geläutert, geläutert durch Kunst. Komik, schrieb Thomas Mann, sei etwas anderes als versöhnlicher Humor, sie sei eine »zwerchfellerschütternde Form des Nihilismus«, aber dennoch human. Fast könnte man vom Gnadenwunder der Kunst sprechen. Und es ist der Künstler, der dieses Wunder wirkt. Doch wird auch ihm selber solche Gnade zuteil?

An dieser Stelle ist eine Episode zu erwähnen, die Thomas Mann in seinem Tagebuch überliefert hat. Nach Abschluss seines Romans vom großen Papst Gregor konnte er der Versuchung nicht widerstehen, um eine Privat-Audienz bei dem damals amtierenden Papst Pius XII. nachzusuchen. Sie kam am 29. April 1953 zustande. Die Tagebucheintragung beginnt mit den Worten: »Rührendstes und stärkstes Erlebnis, das seltsam tief in mir fortwirkt.« Am Ende heißt es: »O seltsames Leben, wie es ebenso noch keiner geführt, leidend und ungläubig erhoben. Elend, Begnadung.« Fast scheint es, als schlüpfe Thomas Mann in die Rolle seines Gregorius. Wenn der in Rom einzieht, läuten die Glocken der ganzen Stadt. Doch kein Gott lässt sie läuten, sondern – wie wir schon auf der ersten Seite des Buches erfahren – »*der Geist der Erzählung*«. Er fungiert im Roman gleichsam als Stellvertreter Gottes; er ist es, der Gnade walten lässt und sie doch zugleich für sich erhofft – in einem Spiel, das der Erzähler mit und gegen sich selber spielt. Er schließt für diesmal mit einem Happy End – nämlich in der Hoffnung, es möchten alle, von denen er erzählt, sich einst mit uns »im Paradiese wiedersehen«. Wir aber wissen mit ihm, dass der Ausgang des Spiels ungewiss ist. Sünde und Gnade, Eigenliebe und Liebe zur Welt, Fleisches Schmach und hohe Geistigkeit sind auch im Kunstwerk untrennbar ineinander verflochten. Und wer vermöchte zu sagen, ob die Theodizee durch Kunst dereinst die Pforten des Paradieses öffnet.

Was meiner Humanität zum Grunde liegt
»Die Betrogene«

In seiner langen literarischen Laufbahn, die mehr als sechzig Jahre währte, hat Thomas Mann neben seinen acht Romanen nicht weniger als vierunddreißig Erzählungen geschrieben. Die meisten von ihnen entstanden in seiner frühen Zeit vor dem Ersten Weltkrieg. In den letzten fünfundzwanzig Jahren seines Lebens folgten nur noch vier Erzählungen, allesamt bedeutende Einzelstücke: *Mario und der Zauberer*, eine Geschichte vor dem Hintergrund des italienischen Faschismus, die indische Legende *Die vertauschten Köpfe*, die Moses-Novelle *Das Gesetz*, die als starker Ast auf dem Stamm des Josephsromans gewachsen ist, und schließlich als seine letzte Erzählung *Die Betrogene*, geschrieben 1952/53 im Alter von achtundsiebzig Jahren. Von den großen Erzählungen Thomas Manns ist die *Betrogene* mit Abstand die unbekannteste, an breiter Popularität mit Erzählungen wie *Tonio Kröger* oder *Der Tod in Venedig* nicht zu vergleichen. Als sie zuerst publiziert wurde, 1953 als Vorabdruck in der Zeitschrift *Merkur*, wurde sie von Publikum und Kritik sehr zurückhaltend aufgenommen, was man vielleicht durch die Zeitumstände erklären kann. Thomas Mann war damals, acht Jahre nach Ende der NS-Zeit, die er im Exil verbracht hatte, ein noch vielfach angefeindeter Autor. Zu seinem fünfundsiebzigsten Geburtstag hatte etwa Gerhard Nebel, ein Adlatus von Ernst Jünger und Carl Schmitt, in der *Frankfurter Allgemeinen Zeitung* geschrieben: »Er tritt uns als Exponent einer bis zur Dummheit gehenden Abneigung gegen Deutschland gegenüber [...]. Dieser Schriftsteller ist eine Linse, die die Strahlen der Partisanen-Bosheit sammelt.« Das war der Grundton der »Inneren Emigranten« im Umgang mit den Exilautoren, speziell

Thomas Mann. Fast noch aufschlussreicher als die Attacken auf seine politische Haltung war die Kritik an seinem Werk, von dem Gerhard Nebel sagte, dass »alles Elementare« darin fehle. Sogar der noble Erich Kästner, der während der Nazi-Zeit in Deutschland geblieben war, ließ sich zu einer Polemik gegen Thomas Mann hinreißen. In diesem Klima also erschien seine letzte Erzählung. Doch genügt all das nicht, um die Zurückhaltung des Publikums gegenüber der *Betrogenen* zu erklären, zumal sich daran bis heute nichts geändert hat. Die Gründe müssen woanders liegen, und zweifellos wird man sie in dem medizinisch-klinischen Charakter der Erzählung suchen müssen. Die naturalistische Direktheit der hier geschilderten Vorgänge verstörte die Leserschaft damals, man empfand sie als peinlich und unangenehm, und heute ist es kaum anders. Sogar erklärte Thomas Mann-Liebhaber bleiben auf Distanz, und besonders Frauen mögen die Geschichte nicht. Es ist zwar eine Frauengeschichte, aber, wie der Autor selbst feststellte, »eine Frauengeschichte, die offenbar nichts für Frauen ist«. Vielleicht ist dabei auf Seiten der Leserschaft ein Instinkt wirksam, der undeutlich wahrnimmt, dass Thomas Mann hier tabuisiertes Terrain oder zumindest vermintes Gelände betritt.

Fast das gesamte spätere Werk Thomas Manns, vom *Zauberberg* über den *Doktor Faustus* bis zum *Felix Krull*, geht auf Ideen und Entwürfe aus der Zeit vor dem Ersten Weltkrieg zurück, rund um sein dreißigstes Lebensjahr. Dagegen war die *Betrogene*, wie der Autor am Tag der Fertigstellung im Tagebuch notierte, »neu in meinem Werk«. Aber doch nicht ganz neu. In der Zeit seiner großen Entwürfe um 1905 hatte Thomas Mann auch eine Novelle konzipiert, die die späte Liebe des dreiundsiebzigjährigen Goethe zu der jungen, siebzehnjährigen Ulrike von Levetzow zum Gegenstand haben sollte. Sie war nicht als Beitrag zu dem damals verbreiteten Goethe-Kult gedacht, vielmehr ging es Thomas Mann um eine Goethe-*Destruktion*. Der frühe Plan taucht in verschobener Form in der Erzählung *Die Betrogene* auf – nur ist Goethe hier zur Frau geworden und trägt den Namen Rosalie von Tümmler, und die Leidenschaft der liebenden Person gilt nicht einem siebzehnjährigen Mädchen, sondern einem jungen Mann. Solche jungen Männer, meist hübsch und gewinnend, gibt es in Thomas Manns Spätwerk immer wieder: der nach Ägypten verschlagene biblische Joseph und der Hochstapler Felix Krull sind die prägnantesten Vertreter dieser Spezies, die in ihnen eine eigentümliche Steigerung erfährt. Der eine, Joseph, wird von Mut-em-enet, einer hochgestellten ägyptischen Ministergattin, geliebt und umworben, der andere, Felix Krull, von der steinreichen Madame Houpflé im vornehmen Pariser Hotel *St. James and Albany*. Ganz ähnlich umwirbt in der Erzählung *Die Betrogene* die alternde Rosalie von Tümmler einen jungen Amerikaner namens Ken Keaton. Warum die ständige Wiederholung dieser Konstellation? Die Interpreten haben lange gezögert, bis sie sich eingestanden haben, dass es Thomas Mann selber ist, der sich in diese Frauen verwandelt, um wenigstens in seinem Werk tun zu können, was er sich in seinem Leben versagt hat, nämlich junge Männer zu lieben. Hermann Kurzke hat es in seinem Thomas-Mann-Buch mit den Worten ausgedrückt: »Als Rosalie von Tümmler verliebt sich Thomas Mann in Ken Keaton«.

In den zwanziger Jahren unseres Jahrhunderts lebte in Düsseldorf am Rhein, verwitwet seit mehr als einem Jahrzehnt, Frau Rosalie von Tümmler mit ihrer Tochter Anna und ihrem Sohne Eduard in bequemen, wenn auch nicht üppigen Verhältnissen. Ihr Gatte, Oberstleutnant von Tümmler, war ganz zu Anfang des Krieges, nicht im Gefecht, sondern auf recht sinnlose Weise durch einen Automobilunfall, doch konnte man trotzdem sagen: auf dem Felde der Ehre, ums Leben gekommen, – ein harter Schlag, in patriotischer Ergebung hingenommen von der damals erst vierzigjährigen Frau, die nun für ihre Kinder des Vaters, für sich selbst aber eines heiteren Gemahls entbehren mußte, dessen öftere Abweichungen von der Richtschnur ehelicher Treue nur das Merkmal überschüssiger Rüstigkeit gewesen waren.

Rheinländerin von Geblüt und Mundart, hatte Rosalie die Jahre ihrer Ehe, zwanzig an der Zahl, in dem gewerbfleißigen Duisburg verbracht, wo von Tümmler garnisonierte, war aber nach dem Verlust des Gatten mit der achtzehnjährigen Tochter und dem um zwölf Jahre jüngeren Söhnchen nach Düsseldorf übergesiedelt, teils um der schönen Parkanlagen willen, die diese Stadt auszeichnen (denn Frau von Tümmler war eine große Naturfreundin), teils weil Anna, ein ernstes Mädchen, der Malerei zuneigte und die berühmte Kunstakademie zu besuchen wünschte. Seit einem Jahrzehnt bewohnte die kleine Familie in einer ruhigen mit Linden bepflanzten, nach Peter von Cornelius benannten Villenstraße ein gartenumschlossenes, mit dem etwas verjährten, aber behaglichen Mobiliar im Stil von Rosaliens Vermählungszeit ausgestattetes Häuschen, das einem kleinen Kreis von Verwandten und Freunden, darunter Professoren der Maler- und auch der medizinischen Akademie, dann ein und das andere Ehepaar aus industrieller Sphäre, öfters zu anständig aufgeräumten, nach Landesart auch gern ein wenig weinseligen Abendfeiern gastlich offenstand.

Zeremonieller und idyllischer kann eine Erzählung nicht beginnen. Auch nicht trügerischer, denn das Idyll, das hier entworfen wird, könnte nicht grausamer zerstört werden, als es im Fortgang der Erzählung geschieht. Wahrscheinlich verlangte der Stoff nach so stilisierter Darbietung. Man kann das mit der nachlassenden Vitalität des alternden Autors erklären oder auch mit seinem zunehmend raffinierten Kunstverstand – es sind vielleicht nur die beiden Seiten derselben Medaille.

Dieser Kunstverstand durchdringt die Erzählung von der ersten bis zur letzten Seite und gibt ihr ein altmeisterliches Gepräge. Theodor W. Adorno, Thomas Manns musikalischer Berater beim *Doktor Faustus*, der zu den ersten Lesern der *Betrogenen* gehörte, schrieb dem Autor einen überschwänglichen Brief, der mit dem Satz beginnt: »Heute möchte ich Ihnen Dank und Bewunderung sagen für die skandalöse Parabel.« Das Wort »skandalös« deutet an, wovor das Publikum damals zurückschreckte, ohne dass Adorno das Skandalon genauer benannte. Er fuhr fort: »Des Rühmens wäre kein Ende im Hinblick auf die Subtilitäten und kondensierten Erfahrungen, die in die Sache eingingen …« Damit ist das Stoffliche ebenso gemeint wie die raffinierte Kunst des Erzählers, der nur wenige Zeilen benötigt, um nach dem idyllischen Anfang das eigentliche Thema der Erzählung beinahe unmerklich zu intonieren.

Im Frühling geboren, ein Maienkind, hatte Rosalie ihr fünfzigstes Wiegenfest mit ihren Kindern und zehn oder zwölf Hausfreunden, Damen und Herren, an blumenbestreuter Tafel in einem mit bunten Lampions geschmückten Wirtsgarten vor der Stadt bei Gläserklang und teils gemütvollen, teils herzhaften Toastsprüchen begangen und war fröhlich gewesen mit den Fröhlichen – nicht ganz ohne Anstrengung; denn seit längerem schon, und so gerade an diesem Abend, litt ihr Wohlbefinden unter organisch-kritischen Vorgängen ihrer Jahre, dem stockenden, bei ihr unter seelischen Widerständen sich vollziehenden Erlöschen ihrer physischen Weiblichkeit. Es schuf ihr ängstliche Wallungen, Unruhe des Herzens, Kopfweh, Tage der Schwermut und einer Reizbarkeit, die ihr auch an jenem Festabend einige der zu ihren Ehren gehaltenen launigen Herrenreden als unleidlich dumm hatten erscheinen lassen. Sie hatte deswegen leicht verzweifelte Blicke mit ihrer Tochter getauscht, bei der es, wie sie wußte, keiner besonderen Disposition zur Unduldsamkeit bedurfte, um dergleichen Bowlenhumor albern zu finden.

Versuchen wir uns Thomas Manns Lebenssituation bei Beginn der Niederschrift der *Betrogenen* zu vergegenwärtigen. Es war die Zeit seiner Rückkehr aus dem amerikanischen Exil nach Europa. Die Erzählung wurde noch in Kalifornien begonnen, aber in Erlenbach bei Zürich, dem vorletzten Domizil des Schriftstellers, abgeschlossen. Im Sommer 1952 kam Thomas Mann in die Schweiz, nach Österreich, auch in die Bundesrepublik, wo ihn das westdeutsche Publikum bereits etwas freundlicher begrüßte als drei Jahre zuvor bei seiner ersten Deutschland-Reise nach dem Zweiten Weltkrieg. Für einige Monate verschlang den Siebenundsiebzigjährigen der Welttrubel: Interviews waren zu geben, Reden und Vorträge zu halten, aus neuen Werken zu lesen, kurz, die Pflichten literarischer Repräsentation zu erfüllen. Thomas Mann bewältigte dies alles mit erstaunlicher Zähigkeit und Geduld. Doch eine düstere Grundstimmung herrschte bei ihm zu dieser Zeit vor, die sich nicht aufhellen wollte. Ins Tagebuch schrieb er: »Mein Abnehmen, das Alter, zeigt sich darin, daß die Liebe von mir gewichen scheint und ich seit langem kein Menschenantlitz mehr sah, um das ich trauern könnte. Mein Gemüt wird nur noch freundlich bewegt beim Anblick der Creatur, schöner Hunde, Pudel und Setter.« Solche Altersschwermut wurde genährt durch die kritische Selbstintrospektion eines Künstlers, der mit seiner Liebesfähigkeit auch seine Schöpferkraft einzubüßen fürchtete. Äußerlich betrachtet, bestand dazu zwar wenig Anlass, denn das Arbeitspensum Thomas Manns war noch immer erstaunlich, ja, umfangreicher denn je. Nirgends Symptome der Erschöpfung. Und doch begegnet man in den Tagebüchern dieser Zeit immer häufiger der Furcht, zwar nicht ausgeschrieben zu sein, aber keinen würdigen Erzählstoff mehr zu haben. Das Hauptgeschäft dieser Zeit war die Fortführung des *Felix*

Krull, des schon erwähnten Fragments, das er vier Jahrzehnte zuvor, noch vor dem Ersten Weltkrieg, zugunsten anderer Arbeiten liegengelassen hatte. Nun quälten ihn Zweifel, ob dieses Werk, dieser Stoff nach Charakter und Form seinen hohen Jahren noch angemessen sei. Im Tagebuch notierte er (4. April 1952): »Die Memoiren sind kein ›Faust‹, an den man die letzten Kräfte seines Alters [wendet]. Die ganze Zeit verlangt mich nach einem würdigen Gegenstande, dessen Bewältigung abzusehen. Der Entschluß zum Abbrechen wahrscheinlich achtbarer, als die zwangvolle Vollendung [...]. Wenn ich aufgebe – und ich muß, glaube ich, – was hat an die Stelle zu treten?« Die Antwort auf diese Frage fand Thomas Mann bereits zwei Tage später, am 6. April: »Beim Früh-Kaffee Erinnerung K.s an eine ältere Münchener Aristokratin, die sich leidenschaftlich in den jungen Hauslehrer ihres Sohnes verliebt. Wunderbarer Weise tritt, nach ihrem entzückten Glauben kraft der Liebe, noch einmal Menstruation ein. Ihr Weibtum ist ihr zurückgegeben – es war im Grunde noch nicht tot, denn wie hätte sonst auch dies junge, mächtige Gefühl sie ergreifen können? Zu diesem faßt sie unter dem Eindruck der physiologischen Segnung, Verjüngung, Auferstehung frohen und kühnen Mut. Alle Melancholie, Scham, Zagheit fällt davon ab. Sie wagt zu lieben und zu locken. Liebesfrühling, nachdem schon der Herbst eingefallen. Dann stellt sich heraus, daß die Blutung das Erzeugnis von *Gebärmutter-Krebs* war – auch eine Vergünstigung, da die Erkrankung gewöhnlich nichts von sich merken läßt. Furchtbare Vexation! War etwa die Krankheit der Reiz zur Leidenschaft und täuschte sie Auferstehung vor? (In welchem Stadium des Krebses tritt solche Blutung ein? Ist der Fall noch operierbar? Tod oder Selbstmord aus tiefster Beleidigung durch die Natur oder Verzicht und Grabesfriede.)«

Mit der Erinnerung seiner Frau hatte Thomas Mann einen neuen Stoff gefunden, den Stoff seiner letzten Erzählung *Die Betrogene*, die ihn sogleich zu beschäftigen begann. Schon zehn Tage später heißt es im Tagebuch: »Um den Anfang der Geschichte bemüht.« Am 3. Mai die Notiz: »Excerpte über Gebärmutter und Menstruation [...]. Versuche, eine Form für die Geschichte der Betrogenen zu finden.« Als die Form gefunden und der Anfang geschrieben war, ging es mit jener Regelmäßigkeit und Beständigkeit voran, die Thomas Mann sein ganzes Leben hindurch praktiziert hatte, nur etwas langsamer als früher und äußerlich gestört durch die Veränderung der Lebensumstände, vor allem den Umzug nach Europa in das neue Domizil bei Zürich. Am 18. März 1953 schrieb er den Schluss: für die achtzig Seiten hatte er zehn Monate gebraucht. Im Tagebuch notierte er: »Zehn Monate! Nun denn, auch das ist noch durchgehalten.«

Warum ist ausgerechnet Düsseldorf der Schauplatz der Erzählung? Dorthin scheint bei Thomas Mann auf den ersten Blick keine Spur zu führen, sieht man von dem Umstand ab, dass seine jüngere Schwester Carla 1903 am Düsseldorfer Theater engagiert gewesen und er bei Besuchen im Düsseldorfer *Park-Hotel* abgestiegen war, dem Vorbild des Fürstenschlosses in dem Roman *Königliche Hoheit*. All das lag aber ein halbes Jahrhundert zurück. Ist der Schauplatz Düsseldorf vielleicht nach der Maxime gewählt, dass eine Erzählung ja irgendwo spielen muss? Aber mit dieser Vermutung geht man fehl bei einem Werk, in dem so gut wie nichts dem Zufall überlassen ist. In Düsseldorf lebte die Familie Heuser, die Thomas Mann 1927 in Kampen auf Sylt kennengelernt hatte: der Vater als Direktor der Kunstakademie, sein siebzehnjähriger Sohn Klaus als Gegenstand von Thomas Manns Zuneigung. Und Zuneigung ist ein viel zu schwaches Wort für eine emotionale Ergriffenheit, die lebenslang nachwirkte. Man kann sie an den Worten ablesen, die Thomas Mann in Kampen ins Gästebuch des Hotels *Kliffende* schrieb: »Nicht Glück oder Unglück – der Tiefgang des Lebens ist es, worauf es ankommt. An diesem erschütternden Meere habe ich tief gelebt, und was es aufregte, das wird, gebe es Gott, irgendwie einmal ehrenhaft fruchtbar werden.« In der Erzählung *Die Betrogene* ist das Sylter Erlebnis fünfundzwanzig Jahre später tatsächlich literarisch fruchtbar geworden, und man kann nicht ausschließen, dass auch der Name Rosalie von Tümmlers sich von den Schweinswalen herleitet, denen Thomas Mann vor der Küste Sylts in jenem Sommer gelegentlich begegnet sein mag.

Die Erzählung behandelt das Thema Liebe & Tod oder die unauflösliche Verbindung von Liebe & Tod, aber nicht in romantischer Überhöhung nach dem Tristan-und-Isolde-Modell, sondern in naturalistischer Nüchternheit. Das mag der Grund sein, warum Thomas Mann eine hochstilisierte, klassizistisch-kunstvolle Sprache wählte, die geradezu auf Stelzen geht, als wollte er Goethes *Wanderjahre* überbieten. Tatsächlich las Thomas Mann, bevor er sich an die Arbeit machte, zunächst Novellen von Kleist und, wie sein Tagebuch verrät, unmittelbar vor Beginn der Niederschrift Goethes Novellenzyklus *Unterhaltungen deutscher Ausgewanderten*. Das war seine Methode, sich für eine bestimmte Stilhaltung, wie sie ihm vorschwebte, in Stimmung zu bringen. Bevor er aber weiter von Rosalie von Tümmler erzählt, geht er auf die Geschicke von Rosalies Tochter Anna ein, einer Düsseldorfer Kunststudentin. Sie ist nicht nur Rosalies Tochter, sondern wird im Verlauf der Erzählung auch zu ihrer besten Freundin und Beraterin. So muss rechtzeitig deutlich werden, was sie zu dieser Rolle befähigt: Sie ist mit einem Klumpfuß geboren, und eine ungewöhnliche Intelligenz muss aufkommen für das körperlich Versagte. Danach wendet sich der Autor wieder der Mutter zu, Rosalie von Tümmler, der eine feine Empfindlichkeit und Empfänglichkeit für alles Weibliche zugeschrieben wird. Sie hat mit ihrer Vorliebe für die Natur zu tun, für ihre Schöpferkraft und unerschöpfliche Fähigkeit, im ewigen Kreislauf neues Leben hervorzubringen. Dieser Kreislauf beginnt im Frühling, in Rosalie von Tümmlers bevorzugter Jahreszeit.

Die Baumblüte, wenn die Chausseen poetisch wurden, die heimatliche Landschaft um ihre Spazierwege sich in weiße und rosige, fruchtverheißende Lieblichkeit kleidete – was für eine bezaubernde Jahreszeit! Von den Blütenkätzchen der hohen Silberpappeln, die den Wasserlauf säumten, wo sie oft gingen, stäubte es schneeig auf sie hinab, trieb im Winde, bedeckte den Boden; und Rosalie, die auch dies entzückend fand, wußte genug Botanik, um die Tochter belehren zu können, daß die Pappelbäume »zweihäusige« Gewächse seien, bei denen die einen nur eingeschlechtig männliche, die anderen nur weibliche Blüten tragen. Sie sprach auch gern von Windbestäubung, will sagen: vom Liebesdienste des Zephirs an den Kindern der Flur, seinem gefälligen Hintragen des Blütenstaubes auf die keusch wartende weibliche Narbe, – eine Art der Befruchtung, die ihr besonders anmutig schien.

Ein müheloser und fast unmerklicher Übergang vom Lob der idyllischen und romantischen Natur, gipfelnd in dem Ausdruck »wenn die Chausseen poetisch wurden«, zum Thema der zeugenden Natur mit ihren eigenartigen Formen der Geschlechtlichkeit, solchen, bei denen der Hauch des Windes die Befruchtung besorgt, und anderen, weniger anmutigen, bei denen es körperlicher, um nicht zu sagen blutiger zugeht. Diese Geschlechtlichkeit berührt die Sphäre von Fäulnis und Verwesung, in der, paradox gesagt, der Tod als lebensschaffende Kraft wirksam ist. Eine solche Episode hat Thomas Mann relativ früh in der Erzählung anklingen lassen, wenn Rosalie auf einem hochsommerlichen Spaziergang mit Anna auf einen Moschusgeruch aufmerksam wird.

Rosalie war es, die ihn zuerst erschnupperte und mit einem »Ah! Woher das?« ihre Wahrnehmung aussprach; aber gleich mußte die Tochter ihr zustimmen: Ja, da war so ein Geruch, und zwar von der Klasse des Moschusparfüms –

unverkennbar. Zwei Schritte genügten, um sie seiner Quelle ansichtig zu machen, die widerwärtig war. Es war, am Wegesrand, ein in der Sonne kochendes, mit Schmeißfliegen dicht besetztes und von ihnen umflogenes Unrathäufchen, das sie lieber gar nicht genauer betrachteten. Auf kleinem Raum waren da Tierexkremente, oder auch menschliche, mit faulig Pflanzlichem zusammengekommen, und der weit schon verweste Kadaver irgendeines Waldgeschöpfes war auch wohl dabei. Kurz, fieser konnte nichts sein als dies brütende Häufchen; seine üble, die Schmeißfliegen zu Hunderten anziehende Ausdünstung aber war in ihrer zweideutigen Übergänglichkeit und Ambivalenz schon nicht mehr Gestank zu nennen, sondern ohne Zweifel als Moschusgeruch anzusprechen.

Rosalie von Tümmler fühlt sich an eine Hofschranze aus Schillers *Kabale und Liebe* erinnert, über die gesagt wird, dass sie einen Bisamgeruch über das ganze Parterre verbreite. »Wie habe ich immer lachen müssen über die Stelle!« lautet Rosalies Kommentar. Aber es ist ein Lachen, das dem Leser in diesem Kontext, da es um Geschlechtssekrete und zweideutige Ausdünstungen geht, im Halse stecken bleibt. Der Zusammenhang mit Tod und Verwesung ist hier kein bloßes Spiel mit Leitmotiven, es wird beim späten Thomas Mann in einer Weise gehandhabt, die dem Text eine Art spiritueller Transparenz verleiht. Das gilt in besonderer Weise für die Erzählung von der *Betrogenen*, in der das Leitmotivische über den ganzen Text ausgebreitet ist und ihn von Anfang bis Ende durchsetzt. Auf die sonderbare Wirkungsweise der Natur kommt Rosalie von Tümmler später erneut zu sprechen, als ihre Tochter Anna wieder einmal heftig unter ihren Monatsschmerzen zu leiden hat. Der Trost der Mutter ist gutgemeint und wohlwollend, aber weit davon entfernt, die Schmerzen der Tochter zu verfluchen – eher meint man aus Rosalies Worten etwas wie Neid herauszuhören, denn sie erinnert sich an die Geburt ihrer Tochter als eine »heilige Ekstase der Schmerzen«. Diese Erinnerung gibt ihr Gelegenheit zu beklagen, dass sich das Blatt gewendet hat und »das Monatliche« bei ihr in jüngster Zeit mehrfach ausgeblieben ist, ganz so wie es einst, in biblischer Zeit, Sara geschah, Abrahams Frau. Sie war so alt und von den besagten Weibesschmerzen so weit entfernt, dass sie Jehovas Verheißung, sie werde ein Kind gebären, nicht glauben wollte und konnte. Im Buch Genesis, Kapitel 18, heißt es: »Und sie waren beide, Abraham und Sara, alt und wohl betagt, also daß es Sara nicht mehr ging nach der Weiber Weise. – Darum lachte sie bei sich selbst, und sprach: Nun ich alt bin, soll ich noch Wollust pflegen …?« An Saras Geschichte muss Rosalie von Tümmler denken, als sie ihrer Tochter das schmerzliche Geständnis macht:

> »Glaube mir: ich wollte beliebige Leibwehen gern in Kauf nehmen, wenn es mir noch so ginge wie dir. Aber leider will es mir nicht mehr so gehen, immer spärlicher und unregelmäßiger geschah es mir, und seit zwei Monaten schon ist es überhaupt nicht mehr eingetreten. Ach, es geht mir nicht mehr nach der Weiber Weise, wie es in der Bibel heißt, ich glaube, von Sara, ja, von Sara, bei der dann ein Fruchtbarkeitswunder geschah, aber das ist wohl nur so eine fromme Geschichte, wie sie heutzutage nicht mehr geschieht. Wenn es uns nicht mehr geht nach der Weiber Weise, dann sind wir eben kein Weib mehr, sondern nur noch die vertrocknete Hülle von einem solchen, verbraucht, untauglich, ausgeschieden aus der Natur.«

Über junge Frauen im Mädchenalter hat Schopenhauer gesagt, mit ihnen habe es die Natur auf das abgesehen, »was man, im dramaturgischen Sinn, einen Knalleffekt nennt«, während die älteren, nicht mehr gebärfähigen Frauen Abscheu erregten. So etwas liest man heute mit Befremden, und

Schopenhauer enthüllt sich mit solchen Feststellungen nicht nur als Misogyn, der er ja auch war, sondern überhaupt als Verächter des Geschlechtlichen, das ihn in Wirklichkeit beunruhigte und quälte. Rosalie von Tümmler – sie lebt in den zwanziger Jahren des zwanzigsten Jahrhunderts – unterwirft sich in gewisser Weise Schopenhauers Optik, wenn auch nicht freiwillig und kampflos. Sie hat die Fünfzig überschritten, besitzt aber noch immer ein Gemüt, das, wie es heißt, »von Würde und vom verehrten Matronenstande noch gar nicht viel wissen will und in Widerspruch steht zur Vertrocknung des Körpers«. Rosalie ergeht es anders als der biblischen Sara, an deren Fruchtbarkeitswunder sie deswegen auch nicht recht glauben kann. Der Leser ahnt, nachdem in der Geschichte der *Betrogenen* ein Drittel des Weges zurückgelegt ist, dass Saras biblische Gestalt nicht grundlos beschworen wird. Das erste Drittel ist Präludium oder Exposition der eigentlichen Geschichte, und diese setzt ein, als, wie es heißt, »ein neues Gesicht« auftaucht. Es gehört dem jungen Amerikaner Ken Keaton, der, vierundzwanzig Jahre alt und ausgestattet mit Schultern von stattlicher Breite, als Nachhilfelehrer im Englischen für Rosalies Sohn Eduard tätig ist. Das führt ihn regelmäßig ins Haus. »Sein einfaches, völlig ungezwungenes, aber nicht unmanierliches Wesen, sein drolliges Deutsch, das sein Mund ebenso unverleugbar englisch formte wie die französischen und italienischen Brocken, die er wußte (denn er war in mehreren europäischen Ländern gewesen) – dies alles gefiel Rosalie sehr«, heißt es über ihn, »namentlich seine große Natürlichkeit nahm sie für ihn ein; und dann und wann, schließlich beinahe regelmäßig, lud sie ihn nach dem Unterricht, ob sie diesem nun beigewohnt hatte oder nicht, zum Abendessen ein. Zum Teil beruhte ihr Interesse für ihn darauf, daß sie gehört hatte, er habe viel Glück bei den Frauen. Mit diesem Gedanken musterte sie ihn und fand das Gerücht nicht unbegreiflich ...« Eine solche Beobachtung ist meist schon der erste Schritt zur Wirklichkeit, das heißt zu dem

Wunsch, das Gerücht vom »Glück bei den Frauen« an der eigenen Person bestätigt zu finden, wenn auch ohne Bewusstheit und Absicht. Das Glück des Sich-Verliebens ist ja dann besonders stark und tief, wenn es im Stillen und Verborgenen reift. So ergeht es Rosalie von Tümmler. Sie weiß noch nicht, wie ihr geschehen ist, anders als ihre kluge und scharfblickende Tochter, die von der Entwicklung der Dinge keineswegs beglückt ist. Schließlich muss sich auch Rosalie, »überwältigt von Scham, Schrecken und Wonne«, ihre Leidenschaft eingestehen. Sie erfährt dieses Aufblühen und Jugendlichwerden als ein Wunder, das ihrem Willen nicht unterworfen ist. Es bleibt auch ihrer Tochter Anna nicht verborgen, bewirkt bei ihr aber etwas ganz anderes: ein Gefühl der Pein, worin sich die töchterliche Ablehnung der mütterlichen Metamorphose mit Anteilnahme und ängstlicher Sorge vermischt. Wenige Tage danach macht Rosalie ihrer Tochter in flüsternder Erregung ein überraschendes Geständnis:

»Triumph, Anna, Triumph, es ist mir wiedergekehrt, mir wiedergekehrt nach so langer Unterbrechung, in voller Natürlichkeit und ganz wie es sich schickt für eine reife, lebendige Frau! [...] Beglückwünsche mich, Liebste, denn ich bin sehr glücklich! Bin ich doch wieder Weib, ein Vollmensch wieder, eine fähige Frau, darf mich würdig fühlen der Mannesjugend, die es mir angetan, und brauche vor ihr nicht mehr im Gefühl der Ohnmacht die Augen niederzuschlagen. Die Lebensrute, mit der sie mich schlug, hat nicht nur die Seele, hat auch den Körper getroffen und ihn wieder zum fließenden Brunnen gemacht. Küsse mich, mein vertrautes Kind, nenne mich glücklich, so glücklich, wie ich es bin, und preise mit mir die Wundermacht der großen und guten Natur!«

Es wird sich allerdings noch erweisen müssen, ob der Lobpreis der »großen und guten Natur« Bestand hat – wir wissen ja, dass die Natur nicht nur Leben hervorbringt, sondern auch den Tod sät, und zwar gleichgültig, teilnahmslos, oft grausam und ohne jeden schönen Schein. – Für den medizinisch nicht versierten Leser mag sich die Frage stellen, ob die hier beschriebenen Vorgänge möglich sind, ob die Natur tatsächlich in der Lage ist, solche Verjüngungswunder zu bewirken. Auch Thomas Mann, um nicht vom Pfad wissenschaftlicher Erkenntnis abzuweichen, stellte sich diese Frage. Zwar hatte er scherzhaft erklärt, um den *Zauberberg* zu schreiben, habe er fast zum Mediziner werden müssen, aber damals ging es um Krankheiten der Lunge, und das hier erworbene Wissen konnte auf gynäkologischem Feld nicht helfen. So war Thomas Mann gezwungen, sich erneut kundig zu machen und Expertenmeinungen einzuholen. Von einem ihm bekannten Arzt in Beverley Hills, Dr. Frederick Rosenthal, der 1946 seine lebensgefährliche Lungenerkrankung als erster erkannt und zur rettenden Operation geraten hatte, wollte er wissen, »in welchem Stadium der Krebs-Entwicklung (die ja bekanntlich an der Gebärmutter unmerklich, ohne Schmerzsignal vor sich geht) […] eine solche, mit erneuter Menstruation verwechselbare Blutung eintreten« kann. Und weiter: »Woran überhaupt erkennt der Arzt – oft zu spät – das Vorhandensein von Gebärmutter-Krebs? Ist die Blutung nach dem schon erfolgten Stillstand der geschlechtlichen Funktionen ein untrügliches Zeichen dafür – und zugleich für die hoffnungslose Fortgeschrittenheit der Krankheit?« Dr. Rosenthal antwortete unverzüglich, das »sexuelle Wiedererwachen« sei nur dann möglich, wenn eine Krebserkrankung der Eierstöcke vorliege. Es könne, meinte der Arzt, am Anfang der Erkrankung »Symptome des Hyperestrogenismus mit dem ueberraschend erfreulichen Wiederaufblühen der Patientin« geben, aber »diese grausige Taeuschung« halte nicht lange an.

Es ging Thomas Mann nicht um die romantische, die Tristan-und-Isolde-Liebe, in der das Leben seine Sehnsucht nach dem Tode ausdrückt, es ging ihm um eine Liebe, in der der

Keim des Todes steckt, ja die von den körperlichen Vorzeichen des Todes bewirkt und hervorgerufen wird. Er schrieb einen zweiten Brief an Dr. Rosenthal mit der Frage, ob es denkbar sei, »daß ihre ekstatische Leidenschaft, ihre Liebe […] ein Effekt der Reizung durch das erkrankte Organ« sein könne, um dann die Schlussfolgerung zu ziehen, auf die es ihm ankam: »Es hätte also nicht das Seelische einen Triumph über das Physische gefeiert, sondern das Pathologisch-Physische einen trügerischen Seelenfrühling erregt. Das neue Leben war in Wahrheit der Tod.« Dr. Rosenthal hatte gegen Thomas Manns Schlussfolgerung nichts einzuwenden. – Läuft das auf eine Widerlegung der Liebe hinaus, auf eine schonungslose Enthüllung ihres zutiefst illusionären Charakters? Mitnichten. Es ist weit eher eine Apotheose der Illusion. Im Tagebuch notierte Thomas Mann: »Das Illusionäre, wolkenhaft Unfaßbare, Ungreifbare, das dennoch das Leidend-Begeisterungsvollste ist.« Er sah darin das Fundament aller Kunstübung und zitierte Michelangelos Vers »Nel vostro fiato son le mie parole« – »In eurem Atem bildet sich mein Wort«, mit dem sein großer Aufsatz über die Erotik Michelangelos schließt. Dort heißt es: »Er hat die Liebe stets als Übel, als Heimsuchung und süßes Gift verwünscht und dabei ihr angehangen wie keiner. Sie war der Untergrund seines Schöpfertums, sein inspirierender Genius, der Motor, die glühende Triebkraft seines übermännlichen, fast auch übermenschlichen Werkes […].« Geschrieben 1950. Es ist ein kaum verhohlenes Thomas Mann'sches Selbstbekenntnis. Was er hier über Michelangelo sagt, das hätte er auch über sich und sein eigenes Werk sagen können. Und er sagte es auch durch die Geschichte der Rosalie von Tümmler, denn man darf nie aus der Erinnerung verlieren, dass durch Rosalie der Autor spricht, dass er selbst es ist, der durch ihren Mund seine Liebeserklärung an Ken Keaton und das männliche Geschlecht in seiner Jugendschönheit richtet. In der Erzählung *Die Betrogene* ist der junge Amerikaner Ken Keaton der Repräsentant dieses Reizes männlicher Jugend. Es gab ein reales Vorbild für ihn, einen Studenten am Claremont College in Kalifornien, Ed Klotz mit Namen, den Golo Mann ins väterliche Haus eingeführt und an dem Thomas Mann offenbar Gefallen gefunden hatte. Auch in dieser Erzählung hielt er sich in das vertraute Prinzip, für seine Figuren Anhaltspunkte aus der Wirklichkeit zu verwenden – Peter de Mendelssohn, der Herausgeber der Frankfurter Ausgabe Thomas Manns, hat sie genauestens aufgelistet: Rosalie von Tümmler wurde nach einem Porträt der Dichterin Gertrud von Le Fort entworfen (die Thomas Mann persönlich gar nicht bekannt war), viel rheinisches Lokalkolorit vermittelte ihm der Düsseldorfer Rechtsanwalt Rudolf Oberloskamp (den er zum Dank mit vollem Namen als Rosalies Arzt in der Erzählung auftreten ließ), aus dem Schloss Benrath auf der anderen Rheinseite wurde das Schloss Holterhof der Erzählung usw. Es war Thomas Mann sehr daran gelegen, Rosalie mit Ken Keaton bei einem Ausflug nach Holterhof von der Wasserseite dorthin gelangen zu lassen. Dazu war in Erfahrung zu bringen, ob man damals tatsächlich von Düsseldorf zu Schiff dorthin fahren konnte. Solche Einzelheiten mussten nach Thomas Manns Auffassung stimmen, das heißt, eine Grundlage in der Wirklichkeit haben; es gehörte für ihn nicht zur Freiheit des Schriftstellers, so etwas nach eigenem Belieben zu erfinden. So konnte die Geschichte nun ihren Lauf nehmen und ihrem schrecklichen Ende zustreben: auf besagtem Ausflug, den Rosalie von Tümmler zusammen mit Ken Keaton und ihren Kindern nach Holterhof unternimmt. Noch gibt es kein Liebesgeständnis, noch ist, wie man so sagt, nichts »passiert«, nicht einmal ein Kuss ist getauscht worden. Der Weg der Ausfluggesellschaft ist gesäumt von Todessymbolen: zunächst ein rotbärtiger Schiffer, der die vier Ausflügler über den Rhein setzt, wie der mythologische Fährmann Charon seine Passagiere über den Acheron, später ein Pärchen schwarzer Schwäne, von denen einer Rosalie zornig anzischt; zum Schluss besichtigt man die Schlossräume, Filzpantoffeln an den Füßen und geführt von einem einarmigen Pedell mit schiefem Mund. Nachdem sie sich von ihrer Gruppe gelöst haben und in einen modrigen Geheimgang gelangt sind, kommt es zur entscheidenden Begegnung zwischen Rosalie und Ken Keaton.

Es fehlte nicht viel, so wäre sie an ihm hingesunken. Er hielt sie und zog sie fort im Gange, der sich ihren Augen ein wenig erhellte. Stufen gingen da vorn hinab vor den offenen Rundbogen einer Tür, hinter der getrübtes Oberlicht in einen Alkoven fiel, dessen Tapeten mit schnäbelnden Taubenpaaren durchwirkt waren. Eine Art von Causeuse stand da, an der ein geschnitzter Amor mit verbundenen Augen in einer Hand ein Ding hielt wie eine Fackelleuchte. Dort saßen sie nieder im Dumpfen.

»Hu, Totenluft«, schauderte Rosalie an seiner Schulter. »Wie traurig, Ken, mein Liebling, daß wir uns finden müssen hier bei den Abgestorbenen. Im Schoß der guten Natur, umfächelt von ihrem Duft, im süßen Gedünst von Jasmin und Faulbaum, hab' ich geträumt, da hätte es sein, da hätt' ich dich küssen sollen zum erstenmal und nicht in diesem Grabe! Geh, laß, Böser, ich will dir ja gehören, aber im Moder nicht. Morgen komm' ich zu dir, auf deine Stube, morgen vormittag, wer weiß, noch heute abend. Ich richte es ein, ich schlage der klügelnden Anna ein Schnippchen ...«

Danach ist nur noch von der Wendung zur Katastrophe zu berichten. Die Geschichte vom späten Liebesglück entpuppt sich als schlimme Irreführung durch die Natur.

Frau von Tümmler kam nicht zu Ken Keaton. Diese Nacht, gegen Morgen, befiel sie schwere Unpäßlichkeit und versetzte das Haus in Schrecken. Das, was sie bei erster Wiederkehr so stolz, so glücklich gemacht, was sie als Wundertat der Natur und hohes Werk des Gefühls gepriesen, erneuerte sich auf eine unheilvolle Weise. Sie hatte die Kraft gehabt, zu klingeln, aber ohnmächtig fanden die Herbeieilenden, Tochter und Magd, sie in ihrem Blut.

In einem kleinen Aufsatz mit dem Titel »Rückkehr« hat Thomas Mann diese tragische Pointe mit den Worten referiert: »Ich habe mir den Stoff nicht ausgedacht; er kam zu mir als Anekdote aus dem Leben, als Vorkommnis, von dem ich hörte und das mich packte durch die grausame Natur-Dämonie, die sich darin ausdrückt, und da es mich betroffen machte, mich sofort produktiv anzog. Es wird ästhetisch schwer annehmbar zu machen sein, sagte ich mir; aber das eigentlich nicht recht Mögliche dennoch möglich zu machen, hat mich immer gelockt, und so amplifizierte ich die knappe Lebenstatsache, erfand das Notwendige hinzu und machte daraus, was es ist: die Geschichte einer Täuschung, eines bittern Natur-Truges, erlitten von einem guten Kinde der Natur, danach geartet, ihr ihre Tücke zugute zu halten.«

Ganz kurz vor dem Ende jedoch, nur einige Stunden vorher, lichtete sich ihr Geist noch einmal. Sie schlug die Augen auf zu der Tochter, die, Hand in Hand mit ihr, an ihrem Bett saß.

»Anna«, sagte sie und vermochte, ihren Oberkörper etwas weiter zum Bettrand hin, der Vertrauten näher, zu rücken, »hörst du mich?«

»Gewiß höre ich dich, liebe, liebe Mama.«

»Anna, sprich nicht von Betrug und höhnischer Grausamkeit der Natur. Schmäle nicht mit ihr, wie ich es nicht tue. Ungern geh' ich dahin – von euch, vom Leben mit seinem Frühling. Aber wie wäre denn Frühling ohne den Tod? Ist ja doch der Tod ein großes Mittel des Lebens, und wenn er für mich die Gestalt lieh von Auferstehung und Liebeslust, so war das nicht Lug, sondern Güte und Gnade.«

Ein kleines Rücken noch, näher zur Tochter, und ein vergehendes Flüstern:

»Die Natur – ich habe sie immer geliebt, und Liebe – hat sie ihrem Kinde erwiesen.«

Rosalie starb einen milden Tod, betrauert von allen, die sie kannten.

Ein grausamer, ein deprimierender Schluss, zweifellos. Rosalies letzte Worte »Die Natur – ich habe sie immer geliebt, und Liebe – hat sie ihrem Kinde erwiesen« erweisen sich für den Leser als schmerzliche Selbsttäuschung, indem sie das Spiel, das die Natur mit ihr getrieben hat, nicht durchschaut. Ihr neues Leben war in Wahrheit ein Vorbote des Todes. Nicht Liebe und Leidenschaft wecken Rosalie zu neuer weiblicher Blüte, sondern die tödliche Krankheit erregt ihr dieses trügerische Hochgefühl. Muss der Geist sich nicht gegen solche Irreführung auflehnen? Unsere Humanität sich nicht dagegen empören? Man versteht von hier aus, warum die Erzählung beim Publikum wenig Zustimmung fand, sogar auf Widerstand und Ablehnung stieß. Thomas Mann selbst hat es eingeräumt, als er die Erzählung ein »problematisches Produkt« nannte und in einem Brief an Albrecht Goes selbstironisch schrieb: »Was man eben mit 78 noch zu bieten hat.« Gleichwohl sticht die Meisterschaft ins Auge. Die Leitmotivik wird sorgfältig, ohne jeden Schematismus, entwickelt, sie wird so behutsam in die Erzählung eingewoben, dass sie den Charakter des isolierten Motivs vollständig verliert. Und der gravitätische Stil ist lediglich das künstliche Gehäuse, unter dem sich ein Abgrund auftut. Thomas Mann legte Wert darauf, dass die Geschichte »unverkennbar« von ihm sei und dass sie von keinem anderen Autor hätte geschrieben werden können. Damit ist die grausame Ironie gemeint, die in ihr waltet. Aber ist sie nur grausam? Ist Rosalies Hochgefühl durch den Hinweis auf ihre trügerische Ursache im Geringsten widerlegt oder gar entwertet? Was wissen wir über die tieferen Ursachen unserer Hochgefühle, auch solcher, die nicht pathologischen Ursprungs sind?

Thomas Mann wird gern als der große Ironiker bezeichnet, und diese Bezeichnung trifft zu, wenn man unter Ironie nicht bloß relativierenden Wortwitz versteht, sondern die Einsicht in die Grundverfassung der menschlichen Natur, die *condition humaine*. Zu ihr gehört, dass unsere Hochgefühle – Liebe, Leidenschaft, vielleicht sogar Vernunft und Freiheit – etwas zutiefst Illusionäres haben, so wie Gesundheit und Krankheit, Leben und Tod nur unterschiedliche Aggregatzustände verwandter chemischer und biologischer Vorgänge sind. In Thomas Manns letzter Erzählung feiert diese Ironie noch einmal Triumphe, und wahrscheinlich lag es daran, dass so viele Leser sich verstört oder sogar abgestoßen fühlten. Auch der Philosoph Hans Blumenberg, der in seiner frühen Zeit regelmäßig über literarische Themen schrieb, ließ 1955 eine respektvolle Huldigung zum achtzigsten Geburtstag von Thomas Mann in fundamentale Fragen und Zweifel münden. Die Grundstruktur von dessen Werk, urteilte Blumenberg, sei bestimmt von der Unversöhnlichkeit von Geist und Leben, wobei der Geist nicht selten in Frage gestellt und relativiert werde als bloße »Scheinblüte des lädierten Lebens« – sei es als syphilitische Infektion, in der Adrian Leverkühns Intuitionen wurzeln (der Fall *Doktor Faustus*), als inzestuöse Herausforderung der Gnade (der Fall des *Erwählten*) oder als Krebsgeschwulst, die Rosalie von Tümmler euphorisiere. »Welche unverwindlich makabren Zweifel am Geist, am Geschenk des menschlich Großen werden uns da zugemutet!« schrieb Blumenberg, der hier seine Herkunft aus einem theologisch-scholastischen Diskurs nicht verbarg. Das Menschliche bei Thomas Mann sah er unauffindbar in den Parodien des Menschlichen versteckt. Was die späte Erzählung *Die Betrogene* betrifft, war das zweifellos ein Missverständnis. Die Worte der sterbenden Rosalie »Die Natur – ich habe sie immer geliebt, und Liebe – hat sie ihrem Kinde erwiesen«

sind eben keine Feier der Illusion und schon gar keine Parodie des Menschlichen. Das hat Theodor W. Adorno besser erkannt, als er die *Betrogene* in dem eingangs erwähnten Brief an Thomas Mann eine »inkommensurable Produktion« nannte und schrieb: »Die Spannung zwischen der Kultur und dem, was darunter west, treiben Sie bis zum Zerreißen ...« (»west« ist aus der Feder Adornos ein sonderbares und überraschendes Wort, das man eher aus Heidegger'schen Zusammenhängen kennt). Nun, was »west« denn unter der Kultur, auf die wir uns so viel zugutehalten? Nichts anderes als die gesamte Naturgeschichte, aus der der Mensch mit seiner Kultur als spätes Produkt hervorgegangen ist, die Naturgeschichte zurück bis zu ihren Anfängen.

Im Oktober 1951 besuchte Thomas Mann, anlässlich der Arbeit am *Felix Krull*, zweimal das naturhistorische Museum in Chicago. Was er im Tagebuch darüber zu Papier brachte, ist eine literarische Miniatur von wunderbarer Gegenständlichkeit und hoher Sprachkunst:

> Im naturhistorischen Museum. Höchst lebhafter und fruchtbarer Eindruck. Das Ur-Leben. Schwämme, die 50 Millionen Jahre überlebt haben. Querschnitte von ebenfalls sehr frühen Muscheln in feinster Ausarbeitung des Gehäuses. Frühestes organisches (Pflanzen-)Leben in der Meerestiefe. Dort fing alles an. Die Erde noch leer, mit baumähnlichen Farrenschaften, weich. Wunderschöne zoologische Modelle aller Art. Skelette der Reptil-Monstren und gigantischen Tiermassen, die allzu plump, die Erde beherrschen. Eier gebärende Säugetiere mit Tragtaschen. Menschenaffen. Höhle mit Neanderthal-Menschen. Der Mann plumpnackig, mit blutigem Knie, haarig nicht sehr. Das Baby im Arm des Weibes am heutigsten. Bewegt. Etwas wie ein biologischer Rausch.

Thomas Mann war so fasziniert, dass er den Besuch am übernächsten Tag wiederholte und ausführlich rekapitulierte:

> Bewegt von alldem. Gingen noch durch die Unterführung ins Aquarium hinüber und schritten es ganz ab, vertieft in den Anblick dieser nach einem Grundprinzip so vielfach abgewandelten Geschöpfe, rudernder Schildkröten, den Schild mit grünem Moos bewachsen, glotzende Teleskop-Augen, Kiemenarbeit, langsam schnappende Mäuler, kleine Haie mit spitzen Zähnen, flunderflache und plumpe, rundliche Wesen, winzige, zusammen mit großen, die offenbar unaggressiv, höchst putzsüchtige in kompliziertem federartigen roten Schmuck, das größere und reichere davon vielleicht das Weibchen. Unermüdet vom Schauen. Keine Kunstgalerie könnte mich so interessieren.

Hier blickt ein Schriftsteller auf die Uranfänge des Lebens, aus der Perspektive einer Endzeit, als deren geistiger Repräsentant er sich verstand. Er hat noch hinzugefügt: »Gefühl, daß dies alles meinem Schreiben und Lieben und Leiden, meiner Humanität zum Grunde liegt.«

II Querfahrten

Seelenzauber mit finsteren Konsequenzen
Thomas Mann und die Musik

Das letzte Buch, das der achtzigjährige Thomas Mann in den Tagen vor seinem Tod las, war Alfred Einsteins *Mozart*. Sonderbar genug. Von den vielen Möglichkeiten zu essayistischer Äußerung hatte Thomas Mann im Juli und August 1955 nur noch eine angenommen: nämlich einen »Versuch über Mozart« zu schreiben zum zweihundertsten Geburtstag des Komponisten am 27. Januar 1956. Dazu kam es nicht mehr. Doch es ist aufschlussreich, dass Thomas Manns letzter Essayplan ausgerechnet Mozart galt, einem Komponisten, der in seinem musikalisch-rezeptiven Leben bis dahin keine zentrale Rolle gespielt hatte. »Wie mechanisch und nach dem Cliché ist oft die Musik des 18. Jahrhunderts«, notierte er im Tagebuch, nachdem er einen Abend lang Musik von Haydn und Mozart gehört hatte. Der Autor des Musikerromans *Doktor Faustus* hatte andere musikalische Fixsterne. Musik allerdings spielte in seinem Leben wie in seinem Werk von Anfang an eine bestimmende Rolle. Der vierte und letzte seiner großen Romane, *Doktor Faustus*, ist ein Musikerroman: »Das Leben des deutschen Tonsetzers Adrian Leverkühn, erzählt von einem Freunde«, wie er im Untertitel genannt wird. Ein Buch von heimlich autobiographischem Charakter, ein »Lebensbuch«, ein »Schmerzensbuch«, ein »Schicksalsbuch« Thomas Mann hat alle diese Bezeichnungen verwendet. Es entstand in den Jahren zwischen 1943 und 1947, als Deutschland seiner einzigartigen Katastrophe entgegentaumelte, und ist nicht nur eine historische Bilanz seines Herkunftslandes, sondern auch eine persönliche Lebensbilanz, im Sinne des Ibsen-Wortes, Dichten sei Gerichtstag halten über das eigene Ich. Der Autor des *Doktor Faustus* verstand die deutsche Katastrophe, so sehr er sich ihr auch nach Kräften entgegenstemmte, zugleich als seine eigene. In der Rede *Deutschland und die Deutschen*, die er im Frühjahr 1945, während der Arbeit am *Doktor Faustus*, in Washington hielt, steht das Bekenntnis: »Man *hat* zu tun mit deutschem Schicksal und deutscher Schuld, wenn man als Deutscher geboren ist.« Der Satz bietet einen Schlüssel zum Verständnis des Romans. Unter der Hand geriet er seinem Verfasser zum Symbol für das Verderben Deutschlands und die Krise der Epoche.

Der Vielschichtigkeit des Buches kann man im Rahmen eines schlanken Essays nicht gerecht werden, es muss genügen, einige Aspekte anzuleuchten, voran das Verhältnis Thomas Manns zur Musik. Anhand der Faust-Gestalt führt er im *Doktor Faustus* eine Auseinandersetzung mit dem zentralen Mythos der Deutschen, dem Goethe anderthalb Jahrhunderte zuvor die definitive Gestalt gegeben hatte. Mit dem Unterschied, dass der Faustus Thomas Manns unter dem Namen Adrian Leverkühn zum Komponisten, zum *Musiker* geworden ist. Im Lichte historischer Erfahrung verändert Thomas Mann den Mythos, ergänzt ihn, ja »korrigiert« ihn: »Es war ein großer Fehler der Sage und des Gedichts«, heißt es in der Rede *Deutschland und die Deutschen*, »daß sie Faust nicht mit der *Musik* in Verbindung bringen. Er müßte musikalisch, müßte Musiker sein.« Die historische Erfahrung: das war die Barbarei der Hitler-Epoche; eine ihrer tiefsten Ursachen sah Thomas Mann in der Musik oder in der »Musikalität der deutschen Seele«. Im Roman zog er eine Parallele zwischen der syphilitischen Infektion des Titelhelden Adrian Leverkühn und dem politischen Teufelspakt, den Deutschland 1933 mit Hitler und dem Nationalsozialismus geschlossen hatte. Es ist eine kühne, symbolische Gleichsetzung, die nach Erscheinen des Buches heftig umstritten war. Thomas Manns Zeitgenossen wollte es nicht unmittelbar einleuchten, warum gerade die Musik büßen sollte, was die Führer und Folterknechte des Dritten Reiches verbrochen hatten. Der Schriftsteller Ludwig Marcuse fasste seine kritischen Einwände in die Formel: »Das Buch entgeht nicht ganz der Gefahr, das Dritte Reich nachträglich mit einem Leverkühn zu beschenken.« Adrian Leverkühn, so Marcuse, schillere »ein wenig faschistisch«, Hitlers Reich hingegen erscheine »ein wenig genialisch«. Das wird der historischen Wirklichkeit kaum gerecht – sie wirft ja eher die Frage nach der Banalität des Bösen auf als die nach seiner Genialität. So haben wir es im *Doktor Faustus* mit einer neuen Mythologie zu tun, und im Zentrum dieser Mythologie steht die Musik. Thomas Manns Verhältnis zur Musik war zeitlebens von Ambivalenz bestimmt, schwankte zwischen leidenschaftlicher Hingabe an die Musik und ihrer romantischen Dämonisierung, zwischen vorbehaltloser Huldigung und politisch-moralischer Verwerfung. Man braucht nur den Spuren dieser Ambivalenz im Werk Thomas Manns nachzugehen, um zu erkennen, wie tiefgreifend die Konzeption des *Doktor Faustus* davon bestimmt worden ist.

»Die Musik habe ich immer leidenschaftlich geliebt«, heißt es in einem Brief Thomas Manns vom April 1932. Bekenntnisse dieser Art findet man häufig bei ihm, in den essayistischen wie in den privaten Äußerungen. Seine erzählenden Werke nannte er gern »gute Partituren« und sein Talent »eigentlich« musikalisch; sich selbst bezeichnete er als einen »versetzten Musiker«. Er hörte es gern, wenn man an seiner Prosa ihre »rhythmisch-musikalischen« Qualitäten hervorhob. Als ein Kritiker seine Erzählweise mit der »Aktivität eines Dirigenten« verglich, gefiel dieser Vergleich ihm so gut, dass er ihn später gern zitierte. Einmal sprach er von seinem »metaphysischen Vorsatz«, »das nächste Mal«, das heißt im nächsten Leben, Kapellmeister zu werden. Die Musik galt ihm als die höchste aller Künste, ja als »Paradigma der Kunst« – darin war er ein Erbe der deutschen Romantik. Schopenhauer stellte die Musik von allen Künsten am höchsten, da sie die unmittelbare Darstellung des Weltwillens sei. Und so gab es auch für den Schopenhauer-Kenner Thomas Mann kaum eine Begriffszusammenstellung, für die ihm die Musik nicht tauglich erschien: »Musik und Kritik«, »Musik und Erotik«, »Musik und Ironie«, »Musik und Mythos«, »Musik und Psychologie«. So hieß es schon früh und auch noch im Alter. Doch welche Musik war gemeint? Und welche Musiker?

Sieht man genauer hin, wird deutlich, dass Thomas Manns musikalische Neigungen recht einseitig waren. Sie galten hauptsächlich Richard Wagner. Er war der einzige Komponist, der Platz hatte an seinem oft beschworenen Fixsternhimmel, zwischen Schopenhauer und Nietzsche, Dostojewskij und Tolstoi, Schiller und Goethe. Eine »entschiedene Neigung« bekannte er zwar zur sensuellen Schwermut und Melancholie Tschaikowskys, aber hier war es wohl die Atmosphäre von Neurose und Hysterie, die ihn anzog und die, wenn auch nur von ferne und mehr psychologisch als musikalisch, mit der Wagner-Welt zu tun hat. Aufschlussreicher ist das Bekenntnis zu César Franck, das Thomas Mann in einem Brief an Bruno Walter abgelegt hat: »Zum Musiker geboren«, schreibt er dort, »hätte ich komponiert ungefähr wie César Franck […].« Die Bemerkung beweist ein ausgeprägtes Sensorium für geistige Gemeinsamkeiten und seelische Verwandtschaft. César Frank gehört auf bestimmteste Weise in die Wagner-Welt, zumindest zu jener spezifisch französischen Wagner-Rezeption, wie sie in der Nachfolge Baudelaires lange bestimmend blieb. Wagnerisch ist seine Chromatik, wagnerisch seine harmonische Polyphonie, wagnerisch sein Sensualismus, der sich allerdings – darin Tschaikowsky vergleichbar – niemals wirklich frei entfaltet. Franck ist der Komponist der unterdrückten, doch heftigen Leidenschaft, einer fieberhaften, doch schuldbewussten Alterserotik. Seine Schüler nannten ihn den »seraphischen Vater«. Immer wieder sucht er Zuflucht in Konventionalismen, zwängt sich ein in metrische Schemata. Große Strenge im Äußeren, nach innen chromatische Zügellosigkeit. Enharmonik, schrieb der Musikhistoriker Wilfried Mellers, also die Fähigkeit eines Tones, sich für verschiedene Grundtöne zu entscheiden, – sei »der entscheidende Punkt für Francks Psychologie«. Und noch präziser: »Francks typischste Melodie – chromatisch um eine Note kreisend oder zwischen Tonika und Mediante hin und her hetzend – verkörpert aufs genaueste seinen Wunsch, jeder Festlegung zu entkommen.« Thomas Mann hat sich sein musikalisches Ebenbild zutreffend ausgesucht. Doch taugte Franck nicht für die Rolle eines Wagner-Antipoden, so wie Nietzsche in seinen letzten Schriften Bizet gegen Wagner ausgespielt hatte. Für Thomas Mann galt, was er selber über Baudelaire gesagt hat: »Für [ihn] war die Begegnung mit Wagner einfach die mit der Musik.« Von Wagner sprach er in unaufhörlicher Variation als von einer nicht enden wollenden Faszination. Es gibt Thomas Mann-Kenner, die diese These bestreiten, wie Hans Rudolf Vaget, der unter dem Titel *Seelenzauber* ein umfangreiches Buch über Thomas Mann und die Musik geschrieben hat. Immer noch weit verbreitet sei das Vorurteil, heißt es darin, »dass andere Musik jenseits von Wagner und der romantischen Musik im Werk kaum Niederschlag gefunden hat« und dass Thomas Mann dazu neigte, »die Musik Wagners mit der Musik überhaupt gleichzusetzen«. Tatsächlich wäre man ein schlechter Leser, wenn man übersähe, welche Platten Hans Castorp in dem *Zauberberg*-Kapitel hört, das »Fülle des Wohllauts« überschrieben ist: Verdi, Bizet, Debussy unter anderem. Doch muss man unterscheiden zwischen Hans Castorps nächtlichen Gefühlsekstasen, die im Schubert'schen Lied vom Lindenbaum kulminieren, und den roheren Genüssen der anderen Kranken: Rossini, Offenbach und andere »leichtgeschürzte Piecen«, die direkt überleiten zu Tango und Tanzmusik. In einer frühen Novelle wird einmal ein Motiv von Mascagni gepfiffen – auch die Art, *wie* Musik gemacht wird, ist ja nicht ohne Bedeutung.

Thomas Mann hat zeitlebens viel Musik gehört, nicht nur von Wagner, das belegen seine Tagebücher. In der Zeit, in der er am *Doktor Faustus* schrieb, wurde das Musikhören für ihn nachgerade zur Notwendigkeit. Im Tagebuch findet man die Namen Berlioz, Mahler, Richard Strauss, sogar Milhaud, Prokofieff, Bartók. Sonst neigte er dazu, immer wieder zu bestimmten musikalischen Vorlieben zurückzukehren. »Um Musik zu genießen, muß ich sie *oft* gehört haben, *genau* kennen«, notierte er im Tagebuch. »Er wollte immer dasselbe«, schrieb Joachim Kaiser, der Thomas Manns Äußerungen zur Musik »enthusiastisch und amateurhaft« nannte. Dem muss entschieden widersprochen werden. Thomas Mann war Amateur insofern, als er nicht über das Handwerkszeug eines professionellen Musikers verfügte, der Partituren lesen und analysieren konnte. Doch ließe sich aus seinen täglichen Notizen mühelos eine Sammlung von Äußerungen über Musik zusammenstellen, die an Erkenntnisschärfe und sprachlicher Schlagkraft nicht nur unter Schriftstellern wenig ihresgleichen hätte. All das hat im Werk allerdings kaum Niederschlag gefunden. Im Roman *Königliche Hoheit* gibt es die Figur des Doktor Überbein, der sich über das Aufklärungsideal der *Zauberflöte* mokiert. Wenn es um die Frage geht, ob Prinz Tamino »eingeweiht«, das heißt in die Priestergemeinde aufgenommen werden soll, warnt ihr Sprecher davor und sagt: »Er ist Prinz!«, worauf Sarastro erwidert: »Noch mehr – er ist Mensch!« Doktor Überbein erklärt, das sei »bloße Humanität«, und fügt hinzu: »[...] aber ich bin von Herzen nicht sehr für Humanität, ich rede mit dem größten Vergnügen wegwerfend davon. Man muß in irgendeinem Sinne zu denen gehören, von welchen das Volk spricht: ›Es sind *schließlich* auch Menschen‹ – oder man ist langweilig wie ein Hilfslehrer.« Thomas Mann dürfte um das Jahr 1909, als er den Roman *Königliche Hoheit* publizierte, nicht weit von der Auffassung des Doktor Überbein entfernt gewesen sein. Er stand ganz im Banne Wagners, und in seinem literarischen Werk, besonders im Frühwerk, zählt, sieht man von dem erwähnten *Zauberberg*-Kapitel ab, im Grunde nur Wagner. Um die

Stichhaltigkeit dieser Behauptung zu prüfen, braucht man sich nur an das Register von Hans Rudolf Vagets Buch zu halten: Mozart und Brahms werden dort auf fünfhundert Seiten achtmal erwähnt, Verdi und Hugo Wolf siebenmal, Liszt und Bizet sechsmal, Weber, Debussy und Tschaikowsky viermal, Mendelssohn dreimal, Haydn zweimal, Bruckner, Bartók, Chopin und Händel einmal. Rossini, Donizetti, Bellini, Smetana, Dvořák kommen gar nicht vor. Richard Wagner dagegen füllt zwei volle Spalten im Register, sein Name wird auf zweihundertachtzig der fünfhundert Seiten erwähnt, von den einzelnen Werken ganz zu schweigen: *Lohengrin* zweiundzwanzigmal, die *Meistersinger von Nürnberg* siebenundzwanzigmal, *Tristan und Isolde* einunddreißigmal, der *Ring des Nibelungen* einhundertdreiundsiebzigmal. Wagners Werke sind die einzigen, denen längere Abschnitte des Buches gewidmet sind. Das ist beweiskräftig genug. Wagners Musik überlagerte für Thomas Mann alle andere Musik. Nur wenig konnte sich daneben eigenständig behaupten: Lieder von Schubert, Schumann, Hugo Wolf, schließlich Pfitzners *Palestrina*. Es ist die Musik der deutschen Romantik, eine Musik der Seelendeutung und Stimmungsnuancen, der chromatischen und modulatorischen Halbschatten. Ihr Vollender und machtvollster Verkünder war Richard Wagner. Seinem verführerischen Einfluss erlag der junge Thomas Mann, als er im Lübecker Stadttheater *Lohengrin* hörte, zu Tränen gerührt wie drei Jahrzehnte vor ihm der bayerische König Ludwig II. Dieser Einfluss wurde bestimmend für sein gesamtes Werk, auch und gerade in künstlerischer Hinsicht. Wagners musikalische Epik prägt seinen literarischen Stil und seine Erzählweise mit ihrem mythologischen Maskenspiel und dem Beziehungsgeflecht der symbolisch verwendeten Leitmotive.

Wagner erscheint bei Thomas Mann aber auch in manifester Gestalt, vor allem im Frühwerk. Hanno Buddenbrooks Klavierphantasien werden vom Autor als »zügellose Orgie«

geschildert: »Es lag etwas Brutales und Stumpfsinniges und zugleich etwas asketisch Religiöses, etwas wie Glaube und Selbstaufgabe in dem fanatischen Kultus dieses Nichts, dieses Stücks Melodie, dieser kurzen, kindischen, harmonischen Erfindung von anderthalb Takten ...« So geht es über mehrere Seiten, und es häufen sich Begriffe wie »lasterhaft maßlos« und »unersättlich«, »zynisch verzweifelt«, »Wille zu Wonne und Untergang«, »Gier [...] bis zum Ekel und Überdruß«. Es ist Wagner-Musik, die so beschrieben wird, im ganzen Frühwerk Thomas Manns gibt es eigentlich nur Wagner-Musik. In der frühen Erzählung *Der kleine Herr Friedemann* wird durch eine *Lohengrin*-Aufführung das erotische Erlebnis ausgelöst, das die bürgerliche Existenz des Protagonisten untergräbt und seinen Untergang herbeiführt. In der Novelle *Tristan* wird eine spirituell sublimierte erotische Vereinigung zweier Kranker mit Musik aus dem zweiten Akt von Wagners Oper unterlegt. In *Wälsungenblut* stimuliert ein Besuch der *Walküre* das jüdische Zwillingspaar zum inzestuösen Verkehr. Noch in der Erzählung *Der Tod in Venedig* ist das Wagner-Modell erkennbar. Wagners Musik als musikalisch drapierte erotische Versuchung, als schwelgerischer Untergangszauber, als morbid-raffinierte Abseitigkeit. Wenige Tage nach seiner Klavier-Orgie stirbt Hanno Buddenbrook an Typhus, Friedemann begeht Selbstmord, Gabriele Klöterjahn in *Tristan* rafft die Tuberkulose hinweg. Für sie alle ist Wagner-Musik Symptom und Inbegriff ihrer Unfähigkeit, die Existenz zu ertragen, ihrer Krankheit zum Tode. Sie ist aber auch das Medium erotischer Versuchung, etwa wenn Gerda Buddenbrook mit dem jungen Leutnant von Throta musiziert und dabei von ihrem Ehemann Thomas Buddenbrook belauscht wird. Sobald die Musik schweigt, bedrängt den Senator seine eifersüchtige Phantasie: »Es war eine unlautere, hinterhältige, schweigende, *ver*schweigende Stille«, heißt es im Roman. Mehr und mehr empfindet der Senator die Musik als »feindliche Macht«, sie entfremdet ihn seiner

Frau, stellt sich zwischen ihn und seinen Sohn. Natürlich ist Musik von Wagner gemeint. Es gibt auch andere Musik, aber sie zählt nicht. »Was freut dich in der Musik?« fragt Gerda Buddenbrook ihren Mann. Und sie gibt selbst die Antwort: »Der Geist eines gewissen faden Optimismus [...]. Geht es in der Welt etwa zu wie in einer hübschen Melodie?« – Hier wird klar, welche Musik *nicht* gemeint ist: die der hübschen Melodien. Gerda nennt das »läppischen Idealismus«. Dagegen steht die wahre, wenngleich dämonische Musik, »Abbild des Weltwillens«, wie Thomas Mann es nach Schopenhauer formuliert. Das hindert ihn nicht, die Musik unter Ironie zu setzen. Der kleine Bibi Saccellaphylaccas in der Erzählung *Das Wunderkind* ist gleichsam ein am Leben gebliebener Hanno. Er spielt nicht mehr zügellose *Tristan*-Phantasien, sondern verblüfft die Leute mit Kunststücken. Aber da gibt es seine Stelle, die ihm allein gehört, die Stelle, »wo es nach Cis geht« – »die Leute« merken sie nicht. Hier geht es um die Einsamkeit des Künstlers. In *Wälsungenblut* wird die Bühnenhandlung der Wagner-Oper durchgehend ironisch erzählt, und mit geradezu bösartiger Ironie begegnet Thomas Mann in der Erzählung *Tristan* dem sich an Wagner-Musik berauschenden Paar Spinell-Klöterjahn. Auf dem Höhepunkt ihrer musikalisch-erotischen Ekstase betritt die Pastorin Höhlenrauch den Raum, die »neunzehn Kinder zur Welt gebracht hatte und keines Gedankens mehr fähig war«. Hier gerät Wagners Musik in das Zwielicht von Verführung und Verfall. Über das Vorspiel zu *Lohengrin* hat Thomas Mann gesagt: »Es ist ein herrliches Stück, der Gipfel der Romantik.« Doch dieselbe Musik diente Thomas Manns Bruder Heinrich im Roman *Der Untertan* zur satirischen Beschreibung des wilhelminischen Bürgers. »Im Orchester war großer Betrieb, dennoch gab Diederich zu verstehen, daß er auf Ouvertüren keinen Wert lege.« Trotzdem kann er sich für Wagners Musik begeistern, denn er entdeckt ihr demagogisches Potential: »›Das ist die Kunst, die wir brauchen!‹ rief

Diederich aus. ›Das ist deutsche Kunst!‹ Denn hier erschienen ihm, in Text und Musik, alle nationalen Forderungen erfüllt. Empörung war hier dasselbe wie Verbrechen, das Bestehende, Legitime ward glanzvoll gefeiert, auf Adel und Gottesgnadentum der höchste Wert gelegt, und das Volk, ein von den Ereignissen ewig überraschter Chor, schlug sich willig gegen die Feinde seiner Herren. Der kriegerische Unterbau und die mystischen Spitzen, beides war gewahrt.« Heinrich Mann stellt Wagners Musik in den gesellschaftlichen Kontext, und seine Satire richtet sich hauptsächlich gegen den kunstbanausischen wilhelminischen Bürger. Weit davon entfernt, *Lohengrin* zu denunzieren, macht er den Missbrauch Wagners deutlich. Die Ironie Thomas Manns vermag das nicht zu leisten, sie bleibt unverbindlich, ja zweideutig, und ist in Wirklichkeit ein Rückzug in jene »machtgeschützte Innerlichkeit«, in der er sich damals eingerichtet hatte. Wagners Musik war ihr sublimster Ausdruck und zugleich ein unwiderstehliches Narkotikum.

In den Jahren des Ersten Weltkriegs vollzog sich eine Kehrtwendung. Thomas Mann definierte die Musik jetzt als den »heiligen Grundtypus der Kunst« und schrieb: »[Die Musik ist] die eigentlich moralische Kunst, welche Kunst ist eben dadurch, daß die Moral in ihr zur Form wird […].« So steht es in den *Betrachtungen eines Unpolitischen*, dem nationalistischen Riesenessay, worin für das kriegführende Deutschland ein historischer und kultureller Sonderweg in Anspruch genommen wird. Nicht ohne Hochmut grenzt Thomas Mann darin die deutsche »Kultur« gegen die westliche »Zivilisation« ab. Mit einem Nietzsche-Zitat über Wagners *Meistersinger* sagt er gleich zu Anfang, worauf er hinauswill: »Meistersinger: *Gegensatz zur Zivilisation, das Deutsche gegen das Französische.*« Er kommentiert den Satz mit den Worten: »Die Aufzeichnung ist unschätzbar. Im blendenden Blitzschein genialischer Kritik steht hier auf eine Sekunde der Gegensatz, um den dieses ganze Buch sich müht, – der aus Feigheit viel verleugnete, bestrittene und dennoch unsterblich wahre Gegensatz von Musik und Politik, von Deutschtum und Zivilisation.«

Um den Gegensatz auszulegen, schreibt Thomas Mann dann fast sechshundert Seiten: ein Kreuzzug gegen den »Fortschritt von der Musik zur Demokratie«. Die Demokratie wird als »undeutsch« bezeichnet, als positive Gegenkräfte gelten: deutsche Kultur, deutsche Innerlichkeit, deutsche »Urbesonderheit«, vor allem »deutsche Musik«. Thomas Mann dreht das auch um: Musik ist deutsch. Er fragt: »Kann man Musiker sein, ohne deutsch zu sein?« Und wieder wird Richard Wagner zum Zeugen aufgerufen, jetzt ein ganz anderer Wagner. Im Frühwerk noch dekadente Krankheits- und Todesmetapher, gilt er jetzt als Inbegriff deutscher Bürgerlichkeit. Es ist nicht mehr der Wagner des *Tristan* und des Venusberg-Bacchanals, sondern der Wagner der *Meistersinger von Nürnberg*. In der Maske des »Unpolitischen« verklärt Thomas Mann im Namen der Musik Politikferne und Innerlichkeit zur deutschen Tugend und Staatsgesinnung. Musik wird ihm zur »tönenden Ethik«, die der Deutsche treibt »als eine Tugend und eine Religion, Abbild und spirituelle Spiegelung des deutschen Lebens selbst«. Die Musik muss sogar zur Rechtfertigung des Krieges herhalten. Thomas Mann schreibt: »Ich denke an den Dritten Satz [von Tschaikowskys *Symphonie pathétique*] mit seiner *bösartigen* Marschmusik, welche, wenn wir eine Zensur im Dienst demokratischer Aufklärung besäßen, schlechthin verboten werden müßte. Solange es erlaubt ist, dergleichen nicht nur zu setzen, sondern auch aufzuführen; solange dieses Drommetentosen und Beckengeschmetter unter gesitteten Menschen statthaft bleibt, solange, mit Verlaub gesagt, wird es auf Erden auch Krieg geben. Die Kunst ist eine *konservative* Macht, die stärkste unter allen; sie bewahrt seelische Möglichkeiten, die ohne sie – vielleicht – aussterben würden.« Thomas Mann schreibt das zustimmend, und er spricht die kriegerische Potenz ausgerechnet der Musik zu, der im orphischen Mythos die Macht beigemessen wurde, die wilden Tiere zu besänftigen.

Der wichtigste Komponist in den *Betrachtungen eines Unpolitischen* ist Hans Pfitzner, der glühende Nationalist, der dem Großadmiral Tirpitz, dem aggressiven Befürworter der deutschen Flottenpolitik, zwei »deutsche Gesänge« gewidmet hatte, gerade als die Wogen des U-Boot-Streites am höchsten gingen. Im Sommer 1917 wurde Pfitzners Oper *Palestrina* in München uraufgeführt. Ihr hat Thomas Mann einen langen Abschnitt des Buches gewidmet. Pfitzner, »dieser Zarte, Inbrünstige und Vergeistigte«, kam ihm sehr gelegen, er fand bei ihm »viel tief Vertrautes«, »bis zum Lechzen« hatte ihn danach verlangt. Diese Musik sei die deutsche Wirklichkeit, in Noten gesetzt; deutsche Innerlichkeit als musikalische Praxis. Thomas Mann spricht von Pfitzners »musikalisch-deutschem Instinkt«. Diese Musik, schreibt er, auf Nietzsche anspielend, »macht mich positiv«. Nietzsche hatte das Wort auf Bizet gemünzt, den er gegen Wagner ausspielte. Das wird von Thomas Mann zurückgenommen und Wagner mit Pfitzners Beistand gegen Bizet wieder ins Recht gesetzt. Noch ein Jahr später, 1919, die Republik ist schon ausgerufen (Thomas Mann schreibt: »Die Freiheit ist ausgebrochen«), nennt er Pfitzner den einzigen Trost »über das Elend der deutschen Wirklichkeit«. Und noch ein zentraler Passus aus den *Betrachtungen eines Unpolitischen* sei zitiert: »… man wird nicht zum Ästheten erzogen in Schopenhauerisch-Wagner'scher Schule, man atmet ethisch-pessimistische Luft dort, deutsch-bürgerliche Luft: denn das Deutsche und das Bürgerliche, das ist Eins; wenn ›der Geist‹ überhaupt bürgerlicher Herkunft ist, so ist der *deutsche Geist* bürgerlich auf eine besondere Weise, die deutsche *Bildung* ist bürgerlich, die deutsche Bürgerlichkeit *human*, – woraus folgt, daß sie nicht, wie die westliche, *politisch* ist, es wenigstens bis gestern nicht war und es nur auf dem Wege ihrer Enthumanisierung *wird.*«

Die *Betrachtungen eines Unpolitischen* waren eine trotzige Apologie des Kaiserreiches und seiner Atmosphäre »machtgeschützter Innerlichkeit«. Sie erschienen 1918, im letzten Jahr des Krieges, in dem eben dieses Kaiserreich zusammenbrach und auch in Deutschland der verpönten Demokratie Platz machte. Vier Jahre später bekannte sich Thomas Mann in der Rede *Von deutscher Republik* zum demokratischen Staat von Weimar und vollzog die Wendung von der »Todessympathie« zum »Lebensdienst«. War es wirklich eine Wendung? Bei vielen Gelegenheiten betonte Thomas Mann die Kontinuität seines Denkens. Im Vorwort der Rede schrieb er: »Ich habe vielleicht meine Gedanken geändert, – nicht meinen Sinn.« So zweideutig es klingt, man könnte es nicht besser ausdrücken. Das alte Denkmodell wurde beibehalten, nur die Begriffe wurden neu definiert und umgewertet. Den Anfang der Republik datierte Thomas Mann nicht auf 1918, das Jahr der Revolution, sondern auf 1914, die »Stunde todbereiten Aufbruchs«. So konnten selbst die *Betrachtungen eines Unpolitischen* ins Republikanische umgedeutet werden. Sie waren, heißt es jetzt, »konservativ – nicht im Dienste des Vergangenen und der Reaktion, sondern in dem der Zukunft«. Man darf vermuten, dass hier mit pädagogischer List jenes reaktionäre Bürgertum angesprochen werden sollte, das vorerst nicht bereit war, die Wende Thomas Manns mitzuvollziehen. In dieser Zeit nahm er die Arbeit am *Zauberberg* wieder auf, an dem Roman seiner »revolutionären Selbstüberwindung«. Das Verhältnis zur Musik blieb davon nicht unberührt. Die neue Formel lautete: *Musik und Kritik.* Sie findet sich zum ersten Mal in einer Nietzsche-Rede von 1924. Thomas Mann verlieh ihr allgemeine Gültigkeit und spielte sie bis ans Ende der dreißiger Jahre in immer neuen Variationen durch. Sie drang sogar in die vergleichsweise helle und heitere Welt des Josephsromans ein, wo etwa Jaakob »die blöde und wüste Idyllik« des flötenspielenden Esau verhasst ist – er nennt sie »unverantwortlich« und verachtet sie. Und spät noch in der Tetralogie heißt es: »Liederwesen ist leider nicht ferne der Liederlichkeit.« Das Hauptbuch des kritischen Musik-Diskurses war der *Zauberberg*. In ihm wurde die Selbstüberwindung zum eigentlichen Thema. Den Helden Hans Castorp stellte Thomas Mann zwischen die beiden Pädagogen, den liebenswürdigen Settembrini und den dämonischen Naphta. In dieser Konstellation muss der italienische Humanist die Einwände gegen die Musik formulieren: »Musik«, sagt Settembrini, »sie ist das halb Artikulierte, das Zweifelhafte, das Unverantwortliche, das Indifferente [...] auf die Wirkung der Opiate versteht sie sich aus dem Grunde. Eine teuflische Wirkung, meine Herren! [...] Es ist etwas Bedenkliches um die Musik, meine Herren. Ich bleibe dabei, daß sie zweideutigen Wesens ist. Ich gehe nicht zu weit, wenn ich sie für politisch verdächtig erkläre.« Hans Castorp lässt es sich gesagt sein. Seine Selbstüberwindung ist am Ende des Buches, im Kapitel »Fülle des Wohllauts« zu erleben, wo er das gerade erfundene Grammophon bedient. Bereits die Auswahl seiner Lieblingsplatten verweist auf den späten Nietzsche. Seine letzte und liebste Platte ist Schuberts Lied vom Lindenbaum. Geistige Sympathie mit dieser Musik wird »Sympathie mit dem Tode« genannt. Sie muss – und hier spricht nicht mehr der schlichte Hans Castorp, sondern der »Held der Selbstüberwindung« Nietzsche und durch ihn Thomas Mann –, sie muss »überwunden« werden: »Ja, Selbstüberwindung, das mochte wohl das Wesen der Überwindung dieser Liebe sein, – dieses Seelenzaubers mit finsteren Konsequenzen!« Am Schluss des Buches verschwindet Hans Castorp im Pulverdampf des Ersten Weltkriegs, das Lindenbaum-Lied auf den Lippen als musikalisches Symbol für Tod und Untergang. Thomas Mann schrieb im Erscheinungsjahr des *Zauberbergs* 1924: »Jeder, dem es darum zu tun war, dem deutschen Wesen Form, Bewusstheit, helle Weltgültigkeit, *Vornehmheit* in der Welt zu verleihen, hat, und ob er sich noch so schmerzhaft ins eigene Fleisch dabei schnitt, das zweideutige Dunkelheitselement der Musik in Deutschland bekämpfen müssen. Ja, man müßte denjenigen hassen, aber man müßte ihm heimlich beipflichten, der es wagte, die Musik ›ein Hindernis deutscher Menschlichkeit‹ zu nennen.«

Heimlich beipflichten und dennoch hassen – das ist eine Umschreibung für Selbsthass. Ist Selbsthass die Lösung und der Weg zur »Liebe«, von der am Ende des *Zauberbergs* die Rede ist? Wie wankend und schwankend es um Thomas Manns Philosophie der Musik bestellt war, lässt sich auch daran ablesen, dass er gleichzeitig völlig entgegengesetzte Ansichten vertrat. In der pädagogischen Provinz von Goethes *Wanderjahren* etwa hat die Musik auch für ihn ihr Zweideutigkeitswesen abgeworfen und erscheint als ideales Erziehungsmittel, ja als geistiges Symbol des vollkommenen Staates: »Dieser Geist ist der Geist der Musik, der Kultur«, heißt es in einem 1921 entstandenen Aufsatz über Goethe und Tolstoi, »wodurch allein zuletzt ›das Unmögliche‹, das heißt der Staat als Kunstwerk, möglich wird; es ist ein aller Wildheit ferner und entgegengesetzter, man möchte sagen dürfen: es ist deutscher Geist.« Wenige Jahre, bevor Kultur und Staat in Deutschland in Finsternis und Barbarei stürzten, war dies eine Utopie mit illusionären Zügen – ein Traum, was sonst? Doch fällt es schwer, ihn sich untermalt von den Klängen Wagnerscher Musik vorzustellen.

Obwohl im *Zauberberg* die Todessympathie überwunden worden war, blieb der Autor ein leidenschaftlicher Wagnerianer. Was er einmal über Nietzsche sagt – »In Nietzsche's Verhältnis zu Wagner ist *kein* Bruch, was man auch sagen möge« –, das gilt auch für ihn selber. Daran vermochte sogar die Machtübernahme der Nationalsozialisten wenig zu ändern und auch nicht, dass das Festspielhaus in Bayreuth in den folgenden Jahren zu Hitlers Hoftheater wurde. Gerade in dieser Zeit entstanden die beiden großen Wagner-Studien Thomas Manns: 1933 der Essay *Leiden und Größe Richard Wagners*, 1937 der Essay *Richard Wagner und der ›Ring des*

Nibelungen‹. Beide sind Meisterstücke kritisch-einfühlender Interpretation, die zeigen, dass die von Nietzsche erlernte Durchdringung von Musik und Kritik der Wagner-Sphäre eigentümlich angemessen ist. Sie gehören zum Besten, das über Wagner geschrieben worden ist, und widerlegen das banale Vorurteil, sein grandioses Werk sei vor allem ein Konglomerat aus Germanenkult, Antisemitismus und musikalischer Kraftprotzerei. Vor allem im zweiten, im *Nibelungen*-Essay, ist das Bild Wagners ins Sozialpsychologische vertieft, werden psychoanalytische Interpretationseinsichten erreicht, die selbst Nietzsche in dieser Form noch nicht möglich waren. Aus der durch die Zeitumstände geschärften kritischen Hellhörigkeit entstand nun eine kritische Wagner-Sicht, die das wenig später entstandene Wagner-Buch Theodor W. Adornos in mancher Hinsicht antizipierte. Die Wagner-Kritik »im Lichte historischer Erfahrung« kam auch später nicht mehr zur Ruhe. Wagner: »die deutsche Mischung aus Barbarismus und Raffinement«, hieß es 1949 in einem Brief an Emil Preetorius. »Können Sie die Pariser Venusbergmusik noch gut hören? Es ist ja wirklich zuweilen unappetitlich. Und, wieder anders: Können Sie Hans Sachsens Theatersinnigkeit noch recht vertragen, die Gans, Evchen traut, den ›Juden im Dorn‹, Beckmesser?« – Aber das war nur die halbe Wahrheit, das »Und dennoch!« folgte noch im selben Atemzug: »Ein Können, ein Talent, eine Vortragskunst – nicht zu sagen.« Neulich, fuhr Thomas Mann fort, habe er wieder den ersten Akt von *Tristan* gehört und sei »vollständig begeistert« gewesen, er schlage »an Ausdruckskraft schlechthin *alles*«. Und dann: »Ich werde eben wieder jung, wenn es mit Wagner anfängt.« – In einem Aufsatz von 1951 trat die Ambivalenz noch deutlicher hervor: »[…] wir haben diesen Wagner wieder vor Augen, und da ist zu viel Abstoßendes, zuviel ›Hitler‹, wirklich zuviel latentes und alsbald auch manifestes Nazitum, als daß rechtes Vertrauen, Verehrung mit gutem Gewissen, eine Liebe möglich erschiene, die sich ihrer nicht zu schämen braucht.« Doch Thomas Mann schämte sich seiner Wagner-Liebe in Wahrheit nicht, seine Einsicht blieb ohne Konsequenzen. Im selben Aufsatz nannte er die Bedenken »Schein-Ablehnungen«; ihm sei, fuhr er fort, im Hinblick auf Wagner »jeder Ausdruck recht: der kritisch-skeptischste und der lobpreisend-gehobenste«.

Insofern war es kein Zufall, sondern ein Paradox von abgründiger Ironie, dass der erste seiner großen Wagner-Essays Thomas Manns Konflikt mit den Nazis heraufbeschwor und seine Emigration in die Schweiz herbeiführte. Hans Pfitzner, Richard Strauss, Hans Knappertsbusch und andere unterschrieben das Pamphlet, in dem Thomas Mann beschuldigt wurde, in seinem Aufsatz nur die »verzerrte Fratze« Wagners gezeigt zu haben. Thomas Mann war vollständig konsterniert. Das Protest-Pamphlet nannte er ein »schweres Mißverständnis« und ein »bitteres Unrecht«. Er hoffte auf eine Verständigung, täuschte sich zutiefst über die Bedeutung dieser deutschen Revolution und die Rolle, die die genannten Künstler, denen er sich verbunden geglaubt hatte, darin spielten. Es ist in hohem Maße charakteristisch, dass er sich Hitler und den Nationalsozialismus fortan durch Wagner und die deutsche Romantik zu erklären versuchte. Das Wagnerische in Hitler, das Hitlerische in Wagner – das ist der psychische Komplex, der dem Aufsatz *Bruder Hitler* von 1938 zugrunde liegt. Er sollte zunächst einfach *Der Bruder* heißen und wurde in englischer Sprache unter dem Titel *That man is my brother* veröffentlicht. Hitler, heißt es darin, ist »wagnerisch, auf der Stufe der Verhunzung«. Indem Thomas Mann Hitler als gescheiterten Künstler präsentierte, warf er zugleich einen kritischen Blick auf das eigene Künstlerdasein, auf die Abgründe des eigenen Ichs, denen er sich neugierig näherte, um als größte Gemeinsamkeit die Liebe zur Musik zu entdecken, genauer: die Liebe zu Wagner. Begreift man das Denkmodell, dann erscheint er auch hier konsequent. Was ist der Nationalsozialismus anderes als seelische Bohème, schlechte Romantik, verhunztes Künstlertum? Hier liegt die Keimzelle des *Doktor Faustus*. »Beziehung ist alles«, sagt Adrian Leverkühn und erklärt es seinem Freund Zeitblom mit den Worten: »Nimm den Ton oder den. Du kannst ihn so verstehen oder beziehungsweise auch so, kannst ihn als erhöht auffassen von unten oder als vermindert von oben und kannst dir, wenn du schlau bist, den Doppelsinn beliebig zunutze machen.« Leverkühn beschreibt hier das Prinzip der enharmonischen Verwechslung. Mit diesem Prinzip arbeitet auch der Autor des Romans, es ist das Prinzip einer unermüdlich alles mit allem in Beziehung setzenden kombinatorischen Phantasie: Begriffsbildung als modulatorisch-chromatische Artistik ohne genau bestimmbaren Grundton. »Musik«, sagt Leverkühn, »ist Zweideutigkeit als System.«

Am 23. Mai 1943 begann Thomas Mann am *Doktor Faustus* zu schreiben. Woher kam der Anstoß? Am 21. März 1943, nach Abschluss des Josephsromans und der Moses-Novelle *Das Gesetz*, notierte Thomas Mann im Tagebuch: »… die Gedanken auf den Faust-Stoff gerichtet, der jedoch fern davon ist, Gestalt anzunehmen […]. Gestern Abend beim Lesen und Musikhören merkwürdig bewegte Annäherung an diese Vorstellung, hauptsächlich unter dem Gesichtspunkt der Einheit des Lebens und des Werks. Gefühl der Großartigkeit, nach 32 Jahren dort wieder anzuknüpfen, wo ich vor dem ›Tod in Venedig‹ aufgehört hatte. Das Lebenswerk seit damals, die ›Betrachtungen‹, der ›Zauberberg‹, ›Unordnung‹, ›Mario‹, der ganze Joseph mit der großen Einlage von ›Lotte in Weimar‹ nebst allem Beiwerk, erwiesen sich als ungeheure Einschaltung, ein Menschenalter beanspruchend, in das Unternehmen des 36jährigen. Und nun reizt mich der Trotz, die Unberührbarkeit, Unbeirrbarkeit, zurückzugreifen auf das, worüber soviel Sturm und Mühe, Zeit und Leben hinweggegangen, und ein Beispiel innerlich heiterer Treue zu sich selbst.« Vier Tage zuvor, am 17. März, hatte Thomas Mann ins Tagebuch geschrieben: »Vormittags in alten Notizbüchern. Machte den 3 Zeilen-Plan des Doktor Faust vom Jahre 1901 ausfindig.« In Wahrheit stammte der hier erwähnte Faust-Plan aus dem Jahr 1904, aus der Verlobungszeit, die die Zeit der »repräsentativen« literarischen Pläne war – eines Friedrich-Romans und eben eines »Faust«. Der Plan, in den frühen Notizbüchern festgehalten, lautete so: »Figur des syphilitischen Künstlers: als Dr. Faust und dem Teufel Verschriebener. Das Gift wirkt als Rausch, Stimulans, Inspiration; er darf in entzückter Begeisterung geniale, wunderbare Werke schaffen, der Teufel führt ihm die Hand. Schließlich aber holt ihn der Teufel: Paralyse.«

Man liest die Notiz nicht ohne Verblüffung. In den wichtigsten Zügen entspricht sie dem Musikerroman *Doktor Faustus*, obwohl er erst vierzig Jahre später begonnen wurde. Auch dort gibt es den syphilitischen Künstler, den Teufelspakt, die genialen, wunderbaren Werke, schließlich Höllenfahrt und Untergang durch fortschreitende Paralyse. All das konnte übernommen werden. Anders ausgedrückt: Thomas Mann hatte all das bereits 1904 vorweggenommen. Aber passte es noch in das Jahr 1943, mit dem Hintergrund von Weltkrieg und Naziherrschaft? Der frühe Plan trägt ja viele Merkmale eines *fin de siècle*-Sujets: Syphilis und Paralyse waren Geißeln des neunzehnten Jahrhunderts, sie gehören in die Biographien eines Nietzsche, eines Maupassant, eines Hugo Wolf, nicht aber in die eines Künstlers in der Mitte des zwanzigsten Jahrhunderts. Die Syphilis musste nun eine andere, eher symbolische Bedeutung bekommen: für die politische Infektion Deutschlands durch den Nationalsozialismus. Das Bindeglied zwischen der persönlichen Biographie des Romanhelden Adrian Leverkühn und dem geschichtlichen Verhängnis der Deutschen stellte die Musik dar: Thomas Manns Faustus musste Musiker werden, und Adrian Leverkühns arges Leben bildet den romanhaften Spiegel für die These vom faustisch-dämonischen und musikalisch-romantischen Verhängnis der deutschen Geschichte.

Thomas Mann hat diese These mit einer Radikalität verfochten, der etwas Zwanghaftes eignet und die jedenfalls ein Licht darauf wirft, dass er im *Doktor Faustus* immerzu von sich selbst spricht. Dabei ging es nur am Rande um unmittelbar biographische Tatbestände, weit eher um solche der eigenen geistigen und künstlerischen Entwicklung. Hermann Kurzke, in seinem souveränen Thomas Mann-Buch von 1999, gab dem Kapitel über *Doktor Faustus* die prägnante Überschrift »Thomas Faust?«, wenn auch mit Fragezeichen. Das zielt auf den autobiographischen Kern des Romans. »Lebensgeschichte ist's immer«, sagt Goethe in *Lotte in Weimar* auf die Frage seines Sohnes August, woran er gerade schreibe. So auch bei Thomas Mann. Im Vorwort zu dem Essayband *Altes und Neues* heißt es: »Autobiographie aber ist alles.« In den *Betrachtungen eines Unpolitischen* hatte er im Zusammenhang mit der Musik von »deutscher Seele«, »deutschem Gemüt« und vom »Rätsel im Charakter und Schicksal dieses Volkes« gesprochen. Eben diese Formulierungen tauchen drei Jahrzehnte später in der Rede *Deutschland und die Deutschen* wieder auf. Thomas Mann will »suggerieren« (er selbst gebrauchte dieses Wort) »eine geheime Verbindung des deutschen Gemüts mit dem Dämonischen«; das sei zwar, fügt er hinzu, »nicht leicht zu vertreten«, aber eine Sache seiner »inneren Erfahrung«. Was ist das Dämonische? Thomas Mann nennt es die »Musikalität der deutschen Seele«, von der er jetzt meint, dass sie sich »in anderer Sphäre teuer bezahlt, – in der politischen, der Sphäre des menschlichen Zusammenlebens«. So etwa verläuft der Gedanken- oder besser Assoziationsweg. Die Verbindung »Musik und Dämonie« kennen wir aus dem Frühwerk; die Verbindung »Musik und Deutschtum« aus den *Betrachtungen eines Unpolitischen*; nun werden Dämonie und Deutschtum ihrerseits im Zeichen der Musik verbunden. Der zentrale Mythos der Deutschen, die Faust-Sage, muss »korrigiert«, muss ins Musikalische umgedeutet werden: Faust wird Musiker, wird Komponist, wird

Adrian Leverkühn. »Musikalisch«, »dämonisch« und »deutsch« sind für Thomas Mann im *Doktor Faustus* fast identische, gleichsam enharmonisch auswechselbare Begriffe.

Allerdings sind es vorerst abstrakte und inhaltsleere Begriffe. Ihre inhaltliche Bestimmung geschieht durch Thomas Manns kühnste, verwegenste Begriffsassoziation, die in den Bereich des Theologischen führt. Die Musik wird mit Gott in Beziehung gesetzt, aber auch mit dem Teufel, mit dem Geschlechtlichen, mit der Sünde. Musik als Chiffre der Sünde, wie in Tolstois *Kreutzersonate*, als Kompensation verdrängter Erotik, ja als Erotik selbst – wir kennen das aus dem Frühwerk, aus *Buddenbrooks* und *Tod in Venedig*, es begleitet unterschwellig das gesamte Werk Thomas Manns. Es war die Welt Wagners, ihr hemmungsloses musikalisches Triebleben, dem Hanno Buddenbrook verfiel. Nun wird Wagner gewissermaßen mit den Augen Schopenhauers betrachtet, und die »zügellose Orgie«, die Hanno am Klavier zu Tod brachte, manifestiert sich, im fortgeschrittenen Stadium, als Adrian Leverkühns syphilitische Infektion. »Eine hochtheologische Angelegenheit, die Musik«, sagt der Teufel zu Leverkühn, »wie die Sünde es ist, wie ich es bin.« Adrian liest gerade Kierkegaards Abhandlung über Mozarts *Don Juan*, in der die Musik als Bereich des Erotisch-Dämonischen bestimmt wird, christlich gesprochen als Sünde. Die Versuchung erscheint für Adrian Leverkühn in der Gestalt der Hetaera Esmeralda – »Engel des Giftes« wird sie genannt, was aber nur ein anderer Name ist für Sammael, den Teufel (den Samiel aus dem *Freischütz*) –, und Adrian Leverkühn weicht ihr aus, rettet sich vor ihr bei seinem ersten Bordellbesuch, indem er auf dem Klavier die Modulation »von H- nach C-Dur« spielt. Es ist die Musik des Eremiten aus dem *Freischütz*, mit der der heilige Mann Samiel entgegentritt. Dem Heiligen ist die heile C-Dur-Welt, dem Teufel die chromatische (Wagner'sche) Auflösung der Tonalität zugewiesen.

Thomas Mann hat sich freilich mit dieser innermusikalischen Ideenverbindung nicht begnügt. Die syphilitische Infektion steht im *Faustus*-Roman stellvertretend für die Infektion der Musik, der Kultur, Deutschlands und der deutschen Geschichte, für den Teufelspakt des deutschen Volkes mit Hitler, für die Banalitäten und Infamien des Bösen. Deswegen muss das Erbe der deutschen Kultur »zurückgenommen« werden, sogar in der Gestalt Beethovens, seiner Neunten Sinfonie. Ein Ausweg wird nicht gewiesen. War das Thomas Manns bittere Bilanz? Die Auflösung seiner lebenslangen Ambivalenz? Während der Arbeit am *Doktor Faustus*, am Weihnachtstag 1946, hörte er die Neunte Symphonie und schrieb darüber: »Nie hatte ich das Scherzo und das Adagio mehr bewundert – und brachte wieder einmal keine Liebe auf für den verzettelten letzten, den Variationensatz.« Mit diesem Vorbehalt gegenüber dem Finalsatz steht Thomas Mann nicht allein; er teilt ihn etwa mit Louis Spohr und Richard Wagner. Aber dann bemerkt Thomas Mann über Faksimile-Reproduktionen von Beethoven-Briefen: »Ich sah sie lange an, diese hingewühlten und -gekratzten Züge, diese verzweifelte Orthographie, diese ganz halbwilde Unartikuliertheit – und konnte ›keine Liebe‹ dafür finden in meinem Herzen. Goethe's Ablehnung des ›ungebändigten Menschen‹ war wieder einmal mitzufühlen, und wieder einmal legten Grübeleien über das Verhältnis von Musik und Geist, Musik und Gesittung, Musik und Humanität sich nahe.« Dies über Beethoven, den Ethiker *par excellence*. Humanität ist hier offenbar eine bloß formale Kategorie. Alles nicht Angepasste, die äußere Form Sprengende wird als unzulässig und bedrohlich, als ungeistig, ungesittet, nicht human abgewehrt. Was schon im Falle Goethes eine pedantische Engherzigkeit war, könnte man bei Thomas Mann als Kuriosität verbuchen, würde nicht zugleich die grundsätzliche Frage nach dem *Wesen der Musik* aufgeworfen, die Frage nach ihrem Verhältnis zu Gesittung und Humanität. Thomas Mann scheint darin eher ein Missverhältnis zu sehen.

Unmöglich lässt sich in diesem Zusammenhang die Musik übergehen, die im *Doktor Faustus* die wichtigste Rolle spielt, nämlich die von Adrian Leverkühn komponierte. Es ist keine reale, sondern eine fiktive Musik. Ihr entspricht keine klangliche Wirklichkeit, auch wenn sie in allen Einzelheiten beschrieben wird und es nicht an Versuchen gefehlt hat, sie auf der Grundlage der Beschreibungen Thomas Manns kompositorisch zu realisieren. Michael Maar hat diese Beschreibungen die »wohl bedeutendsten seit Proust« genannt, was aber schon deswegen schief ist, weil Proust im Gegensatz zu Thomas Mann reale Musik beschrieben hat. Die Adrian Leverkühn zugeschriebenen Kompositionen dagegen sind *behauptete* Musik, auch wenn sie der Schönberg'schen Zwölftonmusik nachgebildet ist. Selbst der Umstand, dass Thomas Mann in der Person Theodor W. Adornos ein musikalischer Berater zur Seite stand, der mit Schönberg aufs Genaueste vertraut war, gibt Leverkühns Musik keine größere Wirklichkeit. Was merkwürdig berührt: In einem Aufsatz über Balzacs Roman *Verlorene Illusionen*, den er in seine *Noten zur Literatur* aufnahm, kommt Adorno einmal auf Lucien de Rubempré, den Protagonisten des Buches, zu sprechen, der ein Zeitungsfeuilleton verfasst, das durch seine Neuheit und Originalität in ganz Paris Aufsehen erregt. Das aber ist in Balzacs Roman keine bloße Behauptung, man kann das Feuilleton dort Wort für Wort nachlesen, wo es noch heute funkelt und blitzt wie am ersten Tag. Eben darin sieht Adorno das Zeugnis von Balzacs Meisterschaft. Im Fall des *Doktor Faustus* hat er solche Realisierung nicht verlangt. Hier lassen die Musikbeschreibungen sich nur unter der Voraussetzung akzeptieren, dass sie eine Art Spiegel sind, worin Thomas Mann den eigenen Roman mit seinen achtundvierzig Kapiteln reflektiert (siebenundvierzig Kapitel mit Nachschrift, um genau zu sein). Nach Schönbergs System entfalten sie sich in vier Zwölferreihen: Grundreihe, Umkehrung, Krebs und Umkehrung des Krebses. Schönberg hat die Verwendung seiner Kompositionstechnik wenn nicht als Plagiat, so doch als Form künstlerischer Enteignung verstanden, und Thomas Mann musste ihn durch einen entsprechenden Hinweis auf seine geistige Urheberschaft, der dem Roman beigefügt wurde, zu beschwichtigen suchen.

Im Frühjahr 1945 unterbrach er die Arbeit am *Doktor Faustus*, unmittelbar nach dem fünfundzwanzigsten Kapitel, das Adrian Leverkühns Teufelsgespräch in Palestrina enthält, um die Rede *Deutschland und die Deutschen* zu schreiben. Er hielt sie im Frühjahr 1945, wenige Wochen nach Ende des Zweiten Weltkriegs, in Washington und New York aus Anlass seines siebzigsten Geburtstags, und er kam darin auch auf Goethes *Faust* zu sprechen.

> Soll Faust der Repräsentant der deutschen Seele sein, so müßte er musikalisch sein; denn abstrakt und mystisch, das heißt musikalisch, ist das Verhältnis des Deutschen zur Welt, – das Verhältnis eines dämonisch angehauchten Professors, ungeschickt und dabei von dem hochmütigen Bewußtsein bestimmt, der Welt an ›Tiefe‹ überlegen zu sein. [...] Sie haben dem Abendland – ich will nicht sagen: seine schönste, gesellig verbindendste, aber seine tiefste, bedeutendste Musik gegeben, und es hat ihnen Dank und Ruhm dafür nicht vorenthalten. Zugleich hat es gespürt und spürt es heute stärker als je, daß solche Musikalität der Seele sich in anderer Sphäre teuer bezahlt, – in der politischen, der Sphäre des menschlichen Zusammenlebens.

So Thomas Mann im Mai 1945 in der Library of Congress in Washington. Unter seinen Zuhörern waren auch Musiker, und sie nahmen sich die Rolle, die die Musik in der Rede spielt, »schmerzlich zu Herzen« – Adolf Busch zum Beispiel, der Geiger und Kammermusiker und ein deutscher Emigrant wie Thomas Mann. Es gefiel ihnen nicht und leuchtete ihnen nicht ein, die Kunst Bachs, Mozarts, Beethovens und Schuberts in solche Zusammenhänge gerückt zu sehen. Und sie brachten gegenüber Thomas Mann ihre Einwände vor. »Noch weiß ich«, schreibt dieser, »wie ich den betrübten Adolf Busch spät in der Nacht vom Hotel aus anrief, um ihm zu versichern, daß die Bedenklichkeiten, die ich gegen die deutscheste der Künste vorgebracht, nur eine Form der Huldigung seien.« – Läuft das nicht darauf hinaus, dass der Autor die Verantwortung für das, was er gesagt hat, nicht übernehmen möchte? Dass er seinen Worten einen heimlichen Gegensinn unterschiebt? Und dass die »Bedenklichkeiten« in Wahrheit so ernst nicht gemeint sind? All das erinnert an den früher zitierten Satz aus der *Zauberberg*-Zeit: »... man müsste denjenigen hassen, aber man müsste ihm heimlich beipflichten, der es wagte, die Musik ›ein Hindernis deutscher Menschlichkeit‹ zu nennen.« Thomas Mann selbst blieb diese Widersprüchlichkeit nicht verborgen. Wie er die Musik letztlich sah – ob als »dämonisches Gebiet«, wie im Frühwerk, als »heiligen Grundtypus der Kunst«, wie in den *Betrachtungen eines Unpolitischen*, oder als Teufelswerk, wie im *Doktor Faustus*, das war zuletzt nur eine Frage der »ethischen Stimmung«. Sie war in seiner Lebenszeit vielen Schwankungen unterworfen, erst recht in den zwölf Jahren der NS-Herrschaft. »Hitler«, heißt es einmal, »hatte den großen Vorzug, eine Vereinfachung der Gefühle zu bewirken, das keinen Augenblick zweifelnde Nein, den klaren und tödlichen Haß. Die Jahre des Kampfes gegen ihn waren moralisch gute Zeit.« Als der Kampf vorbei, Hitler-Deutschland besiegt, die syphilitische Infektion geheilt war, war alles wieder so wie früher, und die Vereinfachung der Gefühle wich der alten Ambivalenz. Auch musikalisch hatte sich nichts verändert. Ein Wunschkonzert, das der neunundsiebzigjährige Thomas Mann 1954 für den Süddeutschen Rundfunk zusammenstellte, enthielt Lieder von Schubert und Schumann, Debussys *Nachmittag eines Fauns* und Wagners *Lohengrin*-Vorspiel. In den letzten Wochen vor seinem Tod beschäftigte Thomas Mann sich mit dem Plan eines

Aufsatzes über Mozart, aus Anlass von dessen zweihundertstem Geburtstag. Er konnte leider nicht mehr verwirklicht werden: dem Musikliebhaber und -denker Thomas Mann gelang nicht mehr der Blick in Mozarts »celeste Sphäre«. Seinen letzten Aufsatz über Richard Wagner schloss er mit den Worten: »[…] auch jetzt, selbst jetzt, gerade jetzt […].«

Mehr als befreundet, weniger als Freund
Die Brüder Heinrich Mann und Thomas Mann

In Shakespeares *Hamlet* trifft der Prinz von Dänemark in der zweiten Szene des Stückes mit seinem Onkel zusammen, dem neuen König Claudius, der Hamlets Mutter geheiratet hat und sich später als Mörder seines Vaters erweisen wird. Der König fürchtet den Neffen als legitimen Thronfolger und umschmeichelt ihn mit den Worten: »*But now, my cousin Hamlet, and my son*«. Hamlet, der die Verwandtschaft nicht leugnen kann, wohl aber die Freundschaft, gibt die ironische Antwort: »*A little more than kin and less than kind*«. Das hat August Wilhelm Schlegel nicht ganz wörtlich, aber ingeniös übersetzt mit: »Mehr als befreundet, weniger als Freund«.

Es ist diese Hamlet-Formel, die besser als jede andere das Verhältnis der beiden Schriftsteller Heinrich Mann und Thomas Mann beschreibt. Thomas Mann selber hat sie verwendet, als er zur Zeit des Ersten Weltkriegs an den *Betrachtungen eines Unpolitischen* schrieb, dem Riesenessay, der im Kern eine Auseinandersetzung mit dem Bruder war. Es ging nicht nur um persönliche Dinge, nicht bloß um einen Familienstreit oder um Rivalität zwischen zwei bedeutenden Schriftstellern. Der Zwist war zugleich ein exemplarischer, überpersönlicher, wenn man so will: »zeitloser« Konflikt – über Deutschlands Weg und Stellung in Europa, über »Zivilisation« und »Kultur«, Demokratie und Untertanenstaat, über die Rolle des Schriftstellers in Politik und Gesellschaft, über künstlerisches »Engagement« auf der einen Seite, »reines« Künstlertum auf der anderen, über den »politischen« Schriftsteller hier, den sogenannten »unpolitischen« dort. In den konträren Haltungen der Brüder – die zwei Jahrzehnte später, aus Deutschland vertrieben, das Dritte Reich gemeinsam bekämpften – erkennt man von heute aus zwei Möglichkeiten einer deutschen politischen Identität. Überdies waren beide große Schriftsteller. Zwar ist ihre Prosa grundverschieden, aber jede Zeile von ihnen ist große Prosa. Keine Zeile könnte vom jeweils anderen geschrieben sein. Stets erkennt der Leser: hier schreibt Heinrich Mann, hier sein Bruder Thomas. So ist jede Äußerung ein literarisches Dokument von Rang, mag es sich nun um öffentliche Rede oder Essayistik oder auch um die zwischen ihnen gewechselten Briefe handeln.

Es gibt in der deutschen Literaturgeschichte nur einen Streitfall von vergleichbarer Schärfe und Tragweite: das Zerwürfnis zwischen Heinrich Heine und Ludwig Börne. Zwischen zwei Autoren, die einander politisch nahestanden, Frühsozialisten beide, die nach der Juli-Revolution von 1830 nach Paris gingen. Dort kam es zum tiefen Bruch, denn von der Rolle des Schriftstellers, des *Künstlers*, hatten Heine und Börne ganz unterschiedliche Vorstellungen. Die bittere Schärfe und bösartige Polemik dieses Streites aber rührte daher, dass er von zwei gesellschaftlichen Außenseitern ausgetragen wurde, von zwei deutschen Schriftstellern im Exil und, damit nicht genug, von zwei deutschen Juden.

Das trug sich zu im Vormärz nach 1830. Achtzig Jahre später kam es zwischen den Brüdern Mann zu einer Neuauflage dieses – letztlich unlösbaren – Konflikts. Wobei wir den älteren Bruder Heinrich in der Börne-Rolle erblicken, den jüngeren Bruder Thomas – paradox in gewissem Sinn – in der Rolle Heines. Thomas Mann hatte schon 1908 über Heine geschrieben: »Von seinen Werken liebe ich längst das Buch über Börne am meisten. Er war als Schriftsteller und Weltpsycholog[e] nie mehr auf der Höhe, nie weiter voraus als in diesem Buch [...].« Der Satz nimmt die Psychologie des »Zivilisationsliteraten« in den *Betrachtungen eines Unpolitischen* vorweg. Diesmal, in den Jahren des Ersten Weltkriegs, sind es nicht zwei Juden, die den Streit austragen, sondern zwei Brüder. Dass er wieder mit unerhörter Schärfe und Erbitterung geführt wird und zuweilen, vor allem auf Thomas Manns Seite, die Farbe des Hasses annimmt, lässt sich nur durch die tiefere persönliche, brüderliche Gemeinsamkeit erklären. Bei der Suche nach einem Motto für seine *Betrachtungen* notierte Thomas Mann nicht nur das erwähnte Hamlet-Zitat, sondern auch ein biblisches aus dem Neuen Testament: »So jemand spricht: Ich liebe Gott und hasset seinen Bruder, der ist ein Lügner. Denn wer seinen Bruder nicht liebt, den er sieht, wie kann er Gott lieben, den er nicht sieht?« Schließlich wählte er zwei Mottos ganz anderer Art, ein französisches von Molière und ein deutsches von Goethe, aus *Torquato Tasso* – es lautete: »Vergleiche dich! Erkenne, was du bist!«

Die Korrespondenz der Brüder, über fünfzig Jahre hinweg geführt, ist das wichtigste Zeugnis ihres Verhältnisses. Sie ist erst spät und sukzessive ans Licht gekommen, von Ausgabe zu Ausgabe erweitert, und noch immer gibt es Gelegenheitsfunde, die unsere Kenntnis erweitern. Die 2021 erschienene Neuausgabe des Briefwechsels umfasst dreihundertsiebenundsiebzig Dokumente und ist gegenüber der vorigen Ausgabe um über hundert Stücke, hauptsächlich Postkarten von Thomas Mann, erweitert. Gleichwohl haben wir es mit einem Fragment zu tun. Denn aus den ersten beiden Jahrzehnten zwischen 1900 und 1920, der Zeit des eigentlichen Bruderzwistes, sind nur die Briefe Thomas Manns erhalten, während die Briefe Heinrichs, von einigen Entwürfen abgesehen, verloren sind. Und auch später gibt es immer wieder Lücken. Heinrich Mann hatte alle Briefe des Bruders aufbewahrt und mitgenommen ins Exil, bei der gefahrvollen Flucht über die Pyrenäen, als er zusammen mit seiner Frau Nelly, dem Ehepaar Werfel und dem Neffen Golo das Leben retten musste vor den Verfolgern mit dem Hakenkreuz, die ihren Tod beschlossen hatten. Heinrichs Briefe lagen in Thomas Manns Haus in München, als dieser, nach Hitlers Ernennung zum

Reichskanzler, eine Vortragsreise antrat, noch unwissend darüber, dass es der Weg in ein langes – zunächst unfreiwilliges – Exil war. Alle Manuskripte und Briefschaften blieben in München zurück. Die Tochter Erika rettete zum Glück die Manuskripte, die Briefe hingegen, darunter die frühen Briefe Heinrichs, sind seither verschollen.

Dadurch wirkt die Korrespondenz merkwürdig windschief: Thomas Mann redet unablässig, Heinrich Mann aber schweigt. Obenhin betrachtet sieht es so aus, als hätten die Brüder, seit den Jugendjahren eng miteinander vertraut, sich im Laufe der Zeit, der ersten Erfolge und Misserfolge, einander entfremdet. Höhepunkt der Entfremdung sei dann die öffentliche Polemik der Weltkriegsjahre gewesen. Danach sei eine Versöhnung erfolgt, und die Brüder hätten fortan gemeinsam gewirkt. Diese Betrachtungsweise ist zwar nicht völlig falsch, aber die Wirklichkeit war vielschichtiger und komplizierter. Es gab nicht das beredte Schweigen des älteren Bruders zu all den Briefen des Jüngeren. Heinrich Mann hat geantwortet und Thomas nicht selten mit Polemik herausgefordert oder durch Hochmut verletzt. Und es gab nach dem großen Zwist auch keine wirkliche Versöhnung. Vor allem darf man sich durch den späteren Weltruhm Thomas Manns und durch sein postumes Übergewicht nicht dazu verleiten lassen, in ihm den überlegenen Kontrahenten zu sehen. Hans Wißkirchen, der Mitherausgeber der Neuausgabe, hat in seiner tiefdringenden Einleitung überzeugend dargelegt, dass Heinrich Mann stets der »Vorausgehende« und »Vorwegnehmende« war, von prägender Kraft gegenüber dem jüngeren Bruder, auch ein Korrektiv, das den Jüngeren zeitlebens daran erinnerte, wie man *auch* leben und schreiben konnte. »Ihn sehe ich an meiner Seite«, schrieb Heinrich Mann rückblickend in seinem Erinnerungsbuch *Ein Zeitalter wird besichtigt*, »wir beide jung, meistens auf Reisen, zusammen oder allein; an nichts gebunden – hätte man gesagt. Man weiß nicht, wieviel unerbittliche Verpflichtung ein Gezeichneter, der sein Leben lang hervorbringen soll, als Jüngling überall hin und mit sich trägt. Es war schwerer, als ich mir heute zurückrufen kann.« Das gilt für beide Brüder, aber zweifellos hat Thomas Mann den Einfluss des älteren Bruders tiefer erlebt und erlitten als umgekehrt, mit größeren Schmerzen, doch nicht immer zu seinem Schaden. Heinrich Mann hat es mit den Worten ausgedrückt: »Mit den Schmerzen, die übrigens in reicher Auswahl wechseln, auszukommen lernen, ist eigentlich die Lehre, wie man lebt. Mein Bruder verstand dies früher als ich.«

Ganz am Anfang steht eine Blitzlichtaufnahme aus dem Sommer 1897, den die Brüder gemeinsam in Italien verbrachten – Heinrich Mann hat Thomas auf dem Höhepunkt des Bruderzwistes daran erinnert: »›In inimicos‹ sagtest Du, 22jährig am Klavier sitzend in via Argentina trenta quattro, nach rückwärts gewandt gegen mich. So ist es geblieben für Dich …« Das war eine frühe Kampfansage des Jüngeren, der sich gegen den älteren, schon halbwegs etablierten Schriftsteller-Bruder zu behaupten suchte. Heinrich, jäh überfallen von seinem Talent, entwarf damals in Rom den Roman *Im Schlaraffenland*, als brillanten Versuch, das französische Modell des *Bel-Ami* von Maupassant in das deutsch-jüdische Berliner Milieu der Jahrhundertwende zu übertragen. Thomas Mann begann fast gleichzeitig an seinem Familienroman *Buddenbrooks* zu schreiben. Aber das war ein weitläufiges Unternehmen, und Heinrich blieb für ihn vorerst der Maßstab seines Ehrgeizes. Drei Jahre später – im Oktober 1900 – lag das Manuskript der *Buddenbrooks*, mit vorerst ungewissem Schicksal, bei S. Fischer in Berlin, während Heinrichs gerade erschienener Roman *Im Schlaraffenland* sich als Erfolg erwies. Thomas schrieb an den Bruder – es ist der erste erhaltene Brief ihrer Korrespondenz: »Dies ist ein Gratulationsbrief. Es ist also wahr, man kann Erfolg haben! […] Ich bekam wahrhaft eine Art von Schreck, als ich die Kunde vernahm. In 1½ oder 2 Wochen 2000 Exemplare! Herzlichen

Glückwunsch und möge es so weiter gehen.« Dann aber schweiften die Gedanken zum eigenen, so viel umfangreicheren Manuskript, in einer für Thomas Mann charakteristischen Verbindung von Selbstbewusstsein und nagendem Selbstzweifel (dieser Selbstzweifel hat ihn, trotz Nobelpreis und Welterfolg, niemals völlig verlassen): »Fischer sollte das Buch nur nehmen wie es ist. Des literarischen Erfolges bin ich sicher; der buchhändlerische wird wohl gleich Null sein und der pekuniäre für mich ebenfalls, obgleich Mama mir neulich strenge Weisung gegeben hat, 1000 Mark zu verlangen.«

Das ist nicht ohne Komik, wenn man weiß, dass es sich um *Buddenbrooks* handelt, ein epochales Buch in der Geschichte der deutschen Literatur, bald auch ein Buch der Weltliteratur. S. Fischer druckte es im Herbst 1901 in zwei Bänden, zwei Jahre später erschien die einbändige Ausgabe, und der Siegeszug des Romans begann, zugleich der Siegeszug seines erst sechsundzwanzig Jahre alten Autors. Damit war auch, und zwar gleich zu Anfang, der Konkurrenzkampf zwischen den Brüdern entschieden, entschieden ein für alle Mal, trotz so vieler bedeutender Bücher, die Heinrich Mann noch schreiben sollte – vom *Professor Unrat* über den *Untertan* bis zum *Henri Quatre*. Er stieg nie in den Rang eines Weltautors auf. Im amerikanischen Exil der vierziger Jahre war er ein Unbekannter, während Thomas Mann als Gast ins Weiße Haus geladen wurde. Das war am Anfang ihrer Laufbahn naturgemäß noch anders. Rückblickend schrieb Heinrich über den Bruder: »Als sein Roman mitsamt dem Erfolg da waren, habe ich ihn nie wieder am Leben leiden gesehen ...« Man könnte hinzufügen: nicht *am Leben* leiden gesehen, wohl aber an der Rivalität mit Heinrich. Sie blieb für Thomas Mann ein lebenslanger Stachel. »Ich *leide* unter dem Gefühl des Hasses wie unter keinem anderen«, schrieb er 1903 in sein Notizbuch. »Ich bin im Vergleich mit H., dem Vornehmen, Kalten, ein weichmüthiger Plebejer, *aber* mit sehr viel mehr

Herrschsucht ausgestattet. Nicht umsonst ist Savonarola mein Held. Man haßt, wo das zur Macht gelangt, was man verachtet. Ich dürfte dich nicht hassen. Weil mein Theil die Liebe ist? Nun, desto heißer haß' ich dich, weil du mehr Haß erweckst, denn am meisten hasse ich die, welche durch die Gefühle, die sie mir erwecken, mich auf die Schwächen meines Charakters aufmerksam machen.« Sogar den Erfolg der *Buddenbrooks* genoss er dem Bruder gegenüber mit gequälter Miene: »Ich arbeite mit Ekel und ohne die geringste Genugthuung«, schrieb er im Dezember 1903 an Heinrich, »und dann kommen die Briefe, das Geld, die Lobsprüche, die Händedrücke, die ›Verehrung‹. Alle haben Genuß daran, nur ich nicht.«

Doch in demselben Brief, der so zerknirscht begann, setzte auch die Kritik an Heinrich ein, die Abgrenzung vom Bruder: »Daß ich mit Deiner litterarischen Entwicklung nicht einverstanden bin, – muß einmal ausgesprochen werden«, heißt es aus Anlass von Heinrichs neuestem Roman *Die Jagd nach Liebe*. Und dann folgt eine erstaunliche Attacke gegen das Buch und den Autor, wie sie an Härte und schnödem Hochmut kaum zu überbieten ist: »... diese verrenkten Scherze, diese wüsten, grellen, hektischen, krampfigen Lästerungen der Wahrheit und Menschlichkeit, diese unwürdigen Grimassen und Purzelbäume, diese verzweifelten Attacken auf des Lesers Interesse! [...] Alles ist verzerrt, schreiend, übertrieben, ›Blasebalg‹, ›buffo‹, romantisch also im üblen Sinne, [...] in einem Buch, dessen Titel lieber lauten sollte: ›Die Jagd nach *Wirkung*‹.« So geht es über drei, vier Seiten. Thomas Manns Brief war ein Totalverriss von Heinrich Manns Roman, eine erbarmungslose Vivisektion seiner Fehler und Schwächen, psychologisch aufschlussreich vor allem durch den Umstand, dass der Briefschreiber sich im Laufe der Niederschrift zunehmend entfesselt und enthemmt.

Heinrich Manns Antwort auf diese kritisch-zügellose Abrechnung galt lange als verschollen. 1998 aber wurde der Entwurf einer Antwort aufgefunden: ein Brief von vielen Bogen Länge, der bei allen selbstkritischen Zugeständnissen an den Bruder als Versuch der Selbstbehauptung imponiert. »Ich jage nicht nach Wirkung, niemand kann einsamer sein und einsamer sein wollen, als ich«, schrieb Heinrich da. »Ich weiß, was der Ruhm, wenn er käme, wäre: ein weithin verbreiteter Irrthum über meine Person.« Das Goethe-Motto aus den *Betrachtungen eines Unpolitischen* – »Vergleiche dich! Erkenne was du bist!« – stand also schon früh über dem Briefwechsel der Brüder und über ihren persönlichen Beziehungen. Diesmal war es Heinrich Mann, der sich das Motto zu eigen machte. Seine folgenden Bücher wurden von Thomas Mann meist mit höflicher Routine gelobt, gelegentlich auch mit einem Überschwang, dem anzumerken ist, dass ihm keine wirkliche Überzeugung entsprach. Nicht als Schriftsteller, nur als Rivalen hielt Thomas Mann den Bruder hoch. An die befreundete Kritikerin Ida Boy-Ed schrieb er 1904: »Haben Sie geglaubt, daß ich ein Verhältnis zu seinen Sachen habe? Wegen seines letzten Buches haben wir uns beinahe überworfen. Dennoch ist die Empfindung, die seine künstlerische Persönlichkeit mir erweckt, von Geringschätzung am weitesten entfernt. Sie ist eher Haß. Seine Bücher sind schlecht, aber sie sind es in so außerordentlicher Weise, daß sie zu leidenschaftlichem Widerstande herausfordern.« Ein Jahr später, nach der Lektüre von Heinrich Manns Roman *Professor Unrat*, notierte Thomas Mann im Tagebuch: »Das alles ist das amüsanteste und leichtfertigste Zeug, das seit Langem in Deutschland geschrieben wurde […]. Ich halte es für unmoralisch, aus Furcht vor den Leiden des Müßigganges ein schlechtes Buch nach dem andern zu schreiben.«

Thomas Manns Notizen tragen die Überschrift »Anti-Heinrich«. Kein Zweifel, dass sich sein Affekt weniger gegen das *Werk* des Bruders als gegen dessen *Person* richtete. Aus welchem Grund? Hans Wysling, der erste Herausgeber des Briefwechsels, hat die Auffassung vertreten, dass Heinrich

Mann im psychischen Haushalt von Thomas nach dem frühen Tod des Vaters an dessen Stelle getreten sei und eine Art »Haßneid« erzeugt habe. Dazu passt eine Tagebuchnotiz von Thomas Mann aus der späten Zeit seines Schweizer Exils (27. Oktober 1936): »Geschlafen und schwer geträumt, zornig, von Heinrich, der eine bleiche Mischung mit Papa einging.« Marcel Reich-Ranicki, der die Formel vom »Haßneid« übernahm, suchte die Ursache dafür weniger in der Gegensätzlichkeit der Brüder als in ihrer inneren Affinität. Er zitiert die Worte, die im großen Familienroman Thomas Buddenbrook an den Bruder Christian richtet: »Ich bin geworden, wie ich bin […], weil ich nicht werden wollte wie du. Wenn ich dich innerlich gemieden habe, so geschah es, weil ich mich vor dir hüten muß, weil dein Sein und Wesen eine Gefahr für mich ist …« Dem entsprechen die Worte in einem Brief Thomas Manns an Ida Boy-Ed: »Das Bruderproblem ist das eigentliche, jedenfalls das schwerste Problem meines Lebens. So große Nähe und so heftige innere Abstoßung ist qualvoll. Alles zugleich Verwandtschaft und Affront …« Das Wort »Bruderproblem« taucht wenig später auch in einem Brief Thomas Manns an Heinrich auf. Unter dem Eindruck zweier Besuche in Sanssouci und der Lektüre von Carlyles Buch über Friedrich den Großen entwickelt er darin gegenüber dem Bruder die Idee eines historischen Romans über den Preußenkönig, den er in all seiner psychischen Ambivalenz zu zeigen gedenke: »Einen Helden menschlich-*allzu*menschlich darstellen, mit Skepsis, mit *Gehässigkeit*, mit psychologischem Radicalismus und dennoch positiv, lyrisch, aus eigenem Erleben: mir scheint, das ist überhaupt noch nicht geschehen …« *Diesem* Friedrich, der sich gegen eine Welt von Feinden, die ihn von allen Seiten bedrängen, zu behaupten sucht, fühlte Thomas Mann sich offenbar verwandt. Als Gegenfigur zu Friedrich, fuhr er fort, würde dessen Bruder dienen, der Prinz von Preußen, Heinrich mit Namen. In Klammern fügte er hinzu: »*das Bruderproblem reizt mich* *immer«*. Den Antwortbrief Heinrich Manns kennen wir nicht, aber der Buchplan hinterließ bei ihm seine Spuren. Noch viele Jahre später war er ihm gegenwärtig, als er brieflich das brüderliche Verhältnis bilanzierte.

Der erwähnte »Haßneid« Thomas Manns beruhte nicht allein auf literarischer Rivalität. Seine tiefere Wurzel lag vermutlich in der unterschiedlichen sexuellen Veranlagung der Brüder: in Thomas Manns schwieriger, vor der Welt verborgen gehaltener Neigung zum eigenen Geschlecht auf der einen Seite, in Heinrich Manns unbekümmertem, bis zu offener Libertinage gesteigertem Verhältnis zu Frauen auf der anderen. Auch dafür ist die briefliche Kontroverse vom Dezember 1903 ein eindrucksvolles Zeugnis. Am Ende seiner Generalabrechnung mit dem Bruder kam Thomas Mann nämlich auf Heinrichs Darstellung erotischer Vorgänge, auf seinen »Sexualismus« zu sprechen: »Sexualismus ist das Nackte, das Unvergeistigte, das einfach bei Namen Genannte. Es wird ein wenig oft bei Namen genannt in der ›Jagd nach Liebe‹. Wedekind, wohl der frechste Sexualist der modernen deutschen Literatur, wirkt sympathisch im Vergleich mit diesem Buch [...]. Diese schlaffe Brunst in Permanenz, dieser fortwährende Fleischgeruch widern an. Es ist zu viel, zu viel ›Schenkel‹, ›Brüste‹, ›Lende‹, ›Wade‹, ›Fleisch‹, und man begreift nicht, wie Du jeden Vormittag wieder davon anfangen mochtest, nachdem doch gestern bereits ein normaler, ein tribadischer und ein Päderasten-Aktus stattgefunden hatte.« Heinrich antwortete: »Ich kann mich höchstens damit entschuldigen, daß ich allein, ohne Zusammenhang mit einer heimischen Litteratur bin, und daß ich auf einem Seitenpfad neben den romanischen Litteraturen herlaufen muß. Ich kann leicht zu Fall kommen und leicht zu weit vorspringen.« Dann folgen Sätze hellsichtiger Kritik, an die Adresse des Bruders gerichtet: »Du dagegen fühlst hinter Dir das beruhigende, stärkende Stimmengewirr eines Volkes [...]. Die Gefahr besteht für Dich höchstens darin, daß Du allzu wohlig in die nationale

Empfindungsweise untertauchst, daß das Leben [...] bei Dir gar zu heiter-formlos wird [...] und die Frauen bei Dir nur noch castrirt vorkommen.« Zum Schluss heißt es fast prophetisch: »Was Dich lenkt, Dich stärkt, Dich beherrscht [...], ist, wie wir wissen, das heutige Deutschland, das chauvinistische und darum reaktionäre Deutschland Wilhelms II.« Immer fragwürdiger erscheint im Lichte dieser Dokumente die von Thomas Mann in die Welt gesetzte und lange Zeit von der Literaturgeschichtsschreibung übernommene These, Heinrich Manns Zola-Essay von 1915 sei der Ausgangspunkt des Bruderzwistes gewesen. In Wahrheit hatte dieser Zwist viel früher begonnen, und er war tief begründet in persönlicher Rivalität, sexuellem Neid (auf Seiten von Thomas Mann) und, daraus resultierend, in literarisch-politischer Antipodenschaft. Schon 1904 beobachtet Thomas Mann verwundert Heinrichs Entwicklung »zum Liberalismus hin«: »Du mußt Dich wohl ganz ungeahnt jung und stark damit fühlen?« Er selber habe, wie er an Heinrich schrieb, »für politische Freiheit [...] gar kein Interesse«: »Was ist überhaupt ›Freiheit‹? Schon weil für den Begriff so viel Blut geflossen ist, hat er für mich etwas unheimlich *Un*freies, etwas direkt Mittelalterliches ...« Hier kündigen sich bereits die *Betrachtungen eines Unpolitischen* an.

Helmut Koopmann hat in seinem Buch über Thomas und Heinrich Mann detailreich nachgewiesen, dass fast das gesamte Schaffen der Brüder in dieser Zeit auf den jeweils anderen Bruder bezogen ist und eine Vielzahl an wechselseitigen, meist kryptischen Hinweisen enthält. Das gilt für Heinrich Manns Romane *Professor Unrat* und *Die kleine Stadt*, die als Gegenentwürfe zu *Buddenbrooks* gelesen werden können, es gilt aber auch für Thomas Manns Schiller-Novelle *Schwere Stunde*, auf die der Schatten Goethes fällt, hinter dem wiederum der Schatten des Bruders sich mindestens erahnen lässt, es gilt für das Theaterstück *Fiorenza*, worin der Renaissancefürst Lorenzo de' Medici und sein Gegenspieler Savonarola den brüderlichen Konflikt austragen (»Ich will Euer Bruder nicht sein. Ich bin nicht Euer Bruder. Da hört Ihr es«, lässt Thomas Mann Savonarola, seine Identifikationsfigur, sagen), es gilt erst recht für Thomas Manns zweiten Roman *Königliche Hoheit*, worin der ältere Bruder Albrecht abdankt und dem jüngeren Bruder Klaus Heinrich die königliche Rolle überlässt. Er tut es mit den Worten: »Hunderttausende, die dir gleichen, danken dir dafür, daß sie sich in dir wiedererkennen [...]. Die Gefahr besteht für dich höchstens darin, daß du allzu wohlig in deiner Volkstümlichkeit untertauchst [...].« Thomas Mann hat diese Sätze nicht erfunden, er hat sie fast wörtlich aus Heinrich Manns großem, weiter oben zitiertem Antwortbrief vom Dezember 1903 übernommen. Hatte er deswegen ein schlechtes Gewissen? Als der Roman in der *Neuen Rundschau* als Vorabdruck erschien, schrieb er beschwichtigend an Heinrich: »Ich fürchte, Du bist nicht in der Verfassung, das Spiel, das ich dort, im Sinne meines Buches, mit unserem geschwisterlichen Verhältnis treibe, zu nehmen, wie es genommen werden muß.«

Heinrich Manns Antwortbrief kennen wir nicht. Er setzte sich in anderer Weise zur Wehr, indem er gegen die »abtrünnigen Literaten« stritt, denen er vorwarf, sich vollständig der herrschenden Macht, der Macht des Ungeistigen, zu ergeben. Und er tat es mit Sätzen, die sich durchaus als kämpferische Replik auf den Roman des Bruders lesen ließen: »Sie haben das Leben des Volkes nur als Symbol genommen für die eigenen hohen Erlebnisse. Sie haben der Welt eine Statistenrolle zugeteilt, ihre schöne Leidenschaft nie in die Kämpfe dort unten eingemischt, haben die Demokratie nicht gekannt und haben sie verachtet. Sie verachten das parlamentarische Regime, bevor es erreicht ist, die öffentliche Meinung, bevor sie anerkannt ist [...]. Die Zeit verlangt und ihre Ehre will, daß sie endlich, endlich auch in diesem Lande dem Geist die Erfüllung seiner Forderungen sichern, daß sie Agitatoren werden, sich dem Volk verbünden gegen die Macht, daß sie die ganze

Kraft des Wortes seinem Kampf schenken, der auch der Kampf des Geistes ist.« Der Essay, aus dem diese Sätze stammen, entstand 1910, und man kann annehmen, dass Thomas Mann ihn gelesen und auf sich bezogen hat. Trotzdem war und blieb der Bruder in aller Antipodenschaft der einzige, dem er sich wirklich anvertrauen konnte. Gut drei Jahre später, am Vorabend des Weltkriegs, schrieb er an Heinrich: »Ich bin oft recht gemütskrank und zerquält [...] dazu die Unfähigkeit, mich geistig und politisch eigentlich zu orientieren, wie Du es gekonnt hast; eine wachsende Sympathie mit dem Tode, mir tief eingeboren: mein ganzes Interesse galt immer dem Verfall, und das ist es wohl eigentlich, was mich hindert, mich für Fortschritt zu interessieren.« Dann regt sich wieder der Zweifel am eigenen Werk, und erneut misst er sich am Werk des Bruders: »Ich freue mich mehr auf Deine Werke, als auf meine. Du bist seelisch besser dran, und das ist eben doch das Entscheidende. Ich bin ausgedient, glaube ich, und hätte wahrscheinlich nie Schriftsteller werden dürfen. ›Buddenbrooks‹ waren ein Bürgerbuch und sind nichts mehr fürs 20. Jahrhundert. ›Tonio Kröger‹ war bloß larmoyant, ›Königliche Hoheit‹ eitel, der ›Tod in Venedig‹ halb gebildet und falsch. Das sind so die letzten Erkenntnisse und der Trost fürs Sterbestündlein.« Das war natürlich ungerecht, aber nicht ohne selbstkritische Einsicht. Auch die Venedig-Novelle, oft als Meisterwerk gerühmt, leidet unter der platonisierenden Verschleierung der darin geschilderten pädophilen Leidenschaft, aber auch an einer fast durchgehend rhythmisierten Sprache, die schon im Augenblick der Niederschrift den Anspruch erhob, klassisch zu sein.

Es war kein Zufall, dass der Bruderzwist im Hause Mann, der bereits zehn Jahre zuvor begonnen hatte, mit Beginn des Weltkriegs aus der Latenz trat, eskalierte und zuletzt polemisch sich entlud. Die Brüder nahmen jetzt keine Rücksicht mehr auf die Empfindungen des anderen, sie bekannten sich auch öffentlich zu ihrem Zerwürfnis und zogen, jeder für sich, Parteigänger an: Thomas Mann als Apologet des Krieges, Heinrich Mann als dessen scharfer Kritiker. Viktor Mann, der jüngste der Mann-Brüder, der am Mobilmachungstag kriegsgetraut wurde, hat sich in seinem Buch *Wir waren fünf* daran erinnert: »Heinrich war in diesem seit Tagen um mich wirbelnden Sturm an Begeisterung, Zorn, Hingabe und Opfermut der erste, an dem ich nichts als Trauer spürte. Thomas war sehr ernst, aber von der Haltung des Volkes stark beeindruckt gewesen. Vom ältesten Bruder aber fühlte ich deutlich nur tiefen, ja verzweifelten Kummer ausgehen und schlimmste Ahnung für uns alle, wenn er sich jetzt auch bemühte, dem Hochzeitspaar ein Lächeln zu zeigen.« In einem erst spät aufgefundener, tags zuvor geschriebenen Briefentwurf machte Heinrich Mann Deutschland für die kommende Katastrophe verantwortlich: »Die letzte Verantwortung ist nach meiner tiefen Überzeugung hier, in diesem Lande, dessen Lage in der Mitte Europas ihm das Gewissen hätte schärfen müssen gegenüber unserem Erdtheil. Aber es hat seine grossen Grenzen nur als Vorwand zum Rüsten angesehen, nicht als Verpflichtung, die Mächte der Civilisation um sich zu sammeln. Wille zum Geist, anstatt Verehrung der Gewalt, die wir erlebt haben, und wir ständen heute neben Frankreich, und der Continent wäre unerschütterlich.« Unterschiedlicher konnten die Positionen nicht sein. Der Krieg war eine Woche alt, als Thomas Mann an Heinrich schrieb: »Muß man nicht dankbar sein für das vollkommen Unerwartete, so große Dinge erleben zu dürfen? Mein Hauptgefühl ist eine ungeheure Neugier – und, ich gestehe es, die tiefste Sympathie für dieses verhaßte, schicksals- und rätselvolle Deutschland, das, wenn es ›Civilisation‹ bisher nicht unbedingt für das höchste Gut hielt, sich jedenfalls anschickt, den verworfensten Polizeistaat der Welt zu zerschlagen.« Thomas Mann bekannte sich rückhaltlos zum kaiserlichen Deutschland und verteidigte nicht nur dessen kulturell-politischen Sonderweg einer – wie er es nannte – »machtgeschützten Innerlichkeit«, er gab auch dem völkerrechtswidrigen Einmarsch der deutschen Truppen in das neutrale Belgien seinen Segen. Der Essay *Friedrich und die Große Koalition*, im zweiten Kriegsjahr entstanden als späte Frucht der einstigen Bemühungen um einen Friedrich-Roman, war durchgehend von der Absicht bestimmt, die Kriege von 1756 und 1914, den Siebenjährigen Krieg und den Ersten Weltkrieg, der damals noch nicht diesen Namen trug, ineinander zu spiegeln, um den deutschen Angriffskrieg zu rechtfertigen. Der Untertitel »Ein Abriß für den Tag und die Stunde« wies unmissverständlich darauf hin, dass zwar Friedrichs Name im Titel stand, aber die Gegenwart des Jahres 1914 gemeint war. »Ein Angriff kann ja aus Not geschehen und ist dann also kein Angriff mehr, sondern eine Verteidigung«, heißt es in der Schrift. Und an anderer Stelle: »Daß Friedrich den Krieg begann, ist kein Beweis dagegen, daß es ein Verteidigungskrieg war; denn er war eingekesselt und wäre möglicherweise im nächsten Frühjahr angegriffen worden.« Dialektisch geschmeidiger ist selten argumentiert worden. Der Essay ist eine Verherrlichung des Preußenkönigs, verblüffend dadurch, dass die Negativseiten Friedrichs nicht unterschlagen, sondern breit und fast lustvoll ausgemalt werden: sein Despotismus, seine alles Wohlleben verschmähende Askese, seine Freude am Militär- und Lagerleben, seine Frauenfeindschaft. Eben darauf beruht die Wirksamkeit der Darstellung. Ihre kritische Offenheit verbirgt nicht die Bewunderung Thomas Manns für Friedrichs militärisches Genie, von dessen Glanz hundertsechzig Jahre später noch die deutsche Heeresleitung profitieren soll, die mit Schlieffens Plan auf Friedrichs Spuren in das neutrale Belgien einfiel. Erstaunlich, wie bedenkenlos Thomas Mann den *Geist* hier der *Macht* unterordnete. Zehn Jahre zuvor hatte er noch geschrieben: »Kritik ist Geist. Der Geist aber ist das Letzte und Höchste.« Jetzt dagegen heißt es: »Er [Friedrich] fürchtete den Geist nicht, denn seine Liebe zu ihm ward aufgewogen durch seine

Verachtung für ihn – sofern er machtlos war.« Thomas Mann verspottet mit Friedrich sogar die Ohnmacht des Geistes: »Als er von einem kritisch gestimmten Untertan hörte, fragte er: ›Hat er hunderttausend Mann? Wenn nicht, was wollen sie, daß ich mit ihm mache!‹« Thomas Mann fährt fort: »Das war zynisch. Und überhaupt hatte er ja einen zynischen Zug, – […]. Und hatte nicht selbst seine unerhörte Arbeitswut etwas Zynisches, Dürres, Unmenschliches und Lebensfeindliches […]?« Das war nur auf den ersten Blick kritisch gemeint, in Wirklichkeit war es die ihrerseits zynische Rechtfertigung des machtpolitischen Zynismus, der, indem er konstatiert und ausgesprochen wird, als etwas Großes und Überlegenes erscheint.

Thomas Manns Friedrich-Essay war eine historisch maskierte Verteidigung des kaiserlichen Deutschlands, aber im Kern richtete er sich gegen Heinrich Mann, der geschrieben hatte: »Der Intellektuelle erkennt Vergeistigung nur an, wo Versittlichung erreicht ward. Er wäre nicht, der er ist, wenn er Geist sagte, ohne Kampf für ihn zu meinen.« Thomas Manns Geist kämpfte in dieser Zeit noch einen anderen Kampf, nicht direkt *gegen* den Geist, aber mit dem Geist für die Macht. Selten sind geistige Mittel geschickter und täuschender im Dienst der Macht instrumentalisiert worden. Davon abgesehen (aber lässt sich davon absehen?) ist *Friedrich und die Große Koalition* ein essayistisches Bravourstück. Thomas Mann schrieb niemals besser, geschmeidiger, »geistreicher« als in dieser historischen Etüde. Die Lust, mit der er für seine Sache eintritt, teilt sich dem Leser mit, auch wenn er insgeheim weiß, dass es eine heikle oder sogar schlimme Sache ist, und dieses Wissen mit dem Autor teilt. Letztlich ist es der Hass, der Thomas Mann sprühend macht, und wieder einmal wirkt der Bruder als sein emotionaler Antrieb.

Heinrich Mann, der bereits am Vorabend des Krieges den Roman *Der Untertan* abgeschlossen hatte, ohne vorerst eine Publikationsmöglichkeit für ihn zu haben, entwickelte sich in dieser Zeit immer mehr zum Fürsprecher eines künftigen Europas, eines Europas aus dem Geist der westlichen Demokratie. Die Kriegsniederlage Deutschlands, die er als unvermeidlich ansah, war die notwendige Voraussetzung dafür. Das ist der zentrale Gedanke des großen Essays über Zola, den er 1915 publizierte. Dieser Essay stellte durch seine ganze Anlage eine politische Provokation dar, denn Zolas Werk wurde hier gedeutet als Frucht einer Kriegsniederlage. Provoziert fühlte sich vor allem Thomas Mann, und zwar durch einen Satz, den Heinrich an den Anfang gestellt hatte: »Sache derer, die früh vertrocknen sollen, ist es, schon zu Anfang ihrer zwanzig Jahre bewußt und weltgerecht hinzutreten.« Thomas Mann hat diesen Satz auf sich bezogen, wochenlang wurde er mit dieser Kränkung nicht fertig, und er wendete Jahre daran, um seine Antwort auszuarbeiten: die *Betrachtungen eines Unpolitischen*, ein Buch von sechshundert Seiten, von großem gedanklichen Reichtum und sprachlichem Glanz, aber politisch tief reaktionär. Dabei war dieses Buch, wie Thomas Manns Freund Ernst Bertram bezeugt hat, längst begonnen und wesentliche Teile lagen in erster Niederschrift vor, bevor Heinrich Manns Zola-Essay erschien. Auch die *Betrachtungen eines Unpolitischen* waren im Kern ein »Anti-Heinrich«, antithetisch entworfen und dialektisch durchgeführt als imaginäres Gespräch mit dem hassgeliebten Bruder, der in diesem Buch meist als »Zivilisationsliterat« attackiert wird. Ein einziges ausführliches Zitat muss hier genügen:

Indem ich vom deutschen Zivilisationsliteraten spreche, dem sein nationales Beiwort so sonderbar zu Gesichte steht, spreche ich nicht vom Gesinde und Gesindel, dem mit irgendwelchem Studium, das man ihm widmete, allzu viel Ehre geschähe; nicht also von jenem schreibenden, agitierenden, die internationale Zivilisation propagierenden Lumpenpack, dessen Radikalismus Lausbüberei, dessen Literatentum Wurzel- und Wesenlosigkeit ist, – jener Hefe der Literatur, die *als* Hefe und nationaler Gärstoff dem Fortschritt von einigem Nutzen sein mag, in der es aber an persönlichem Range oder einer Menschlichkeit, die anders als mit der Feuerzange anzufassen wäre, *fehlt*. Ich spreche von den *edlen* Vertretern des Typus, – denn solche gibt es [...]. Der radikale Literat Deutschlands also gehört mit Leib und Seele zur Entente, zum Imperium der Zivilisation [...]. Undeutsch? Aus allen meinen Kräften wehre ich mich dagegen, sie undeutsch zu nennen, und werde nicht aufhören, mich dagegen zu wehren, solange die Kräfte mir nicht versagen. Man kann höchst deutsch sein und dabei höchst antideutsch. Das Deutsche ist ein Abgrund, halten wir daran fest. Nein denn! er ist nicht undeutsch, er ist nur ein erstaunliches, sehenswürdiges Beispiel dafür, wie weit der Deutsche es in Selbstekel und Einfremdung [sic], in kosmopolitischer Hingebung und Selbstentäußerung heute noch, im nachbismärckischen Deutschland, bringen kann [...] »Deutschland wird sich schicken müssen«, sagte [der Zivilisationsliterat] damals, und seine Augen glommen. Deutschland wird endlich artig sein müssen, sagte er, und es wird dann glücklich sein wie ein Kind, das nach Schlägen schrie und, wenn es welche bekommen hat, dankbar ist, daß man seinen Trotz gebrochen, ihm über seine Hemmungen hinweggeholfen, es erlöst, es befreit hat. Wir erlösen und befreien Deutschland, indem wir es schlagen, es auf die Knie werfen, seine böse Renitenz, ihm selbst zur Wohltat, brechen und es zwingen, Vernunft anzunehmen und ein ehrenwertes Mitglied der demokratischen Staatengesellschaft zu werden [...]. Es handelt sich um die Politisierung, Literarisierung, Intellektualisierung, Radikalisierung Deutschlands, es gilt seine »Vermenschlichung« im lateinisch politischen Sinne und seine Enthumanisierung im deutschen ... es gilt, um das Lieblingswort, den Kriegs- und Jubelruf des Zivilisationsliteraten zu brauchen, die *Demokratisierung* Deutschlands, oder, um alles zusammenzufassen und auf den

Generalnenner zu bringen: es gilt seine Entdeutschung ...
Und an all diesem Unfug soll ich teilhaben?

Egon Friedell, der Wiener Literat, schrieb in einer Rezension der *Betrachtungen eines Unpolitischen*, als das Buch Ende Oktober 1918, nur wenige Tage vor Ende des Krieges, erschienen war: »Die ganze Argumentation ist gegen eine bestimmte Gestalt gerichtet, die unheimlich und schattenhaft konturiert durch alle Seiten des Buches geistert, gegen einen Anonymus, den Thomas Mann den ›Zivilisationsliteraten‹ nennt. Aber die Anonymität ist eine Fiktion, denn alle Welt weiß, daß es sich um niemand anderen handelt als um seinen Bruder Heinrich Mann, denselben, dem wir eine Reihe der schönsten Offenbarungen und Visionen der neueren Literatur verdanken. ›Europäische Kriege‹, sagt Thomas Mann einmal, ›sofern sie nur auch im Geistigen geführt werden, und das müssen sie immer, werden zugleich auch deutsche Bruderkriege sein, das bleibt das Schicksal dieses europäischen Herzvolkes.‹ Nun, dieses Werk ist von seiner ersten bis zu seiner letzten Zeile ein einziger großer ›deutscher Bruderkrieg‹. Zwei Tendenzen der Menschheit, ewig wie die Menschheit, einseitig und zwiespältig wie die Menschheit, beide berechtigt, beide zeitgemäß und beide deutsch, stehen sich hier gegenüber, jede mit dem Anspruch, das wahre, echte und innerliche Deutschtum zu verkörpern [...]. Es herrscht in diesem Werke, das ein vulkanischer Ausdruck und Auswurf aller Empfindungen unserer Zeit ist wie vielleicht kein zweites, eine Atmosphäre geheimer feindlicher Verwandtschaft und intimsten Mißverständnisses, wie sie nur zwischen zwei großen Bluts- und Geistesbrüdern möglich ist ...«

Die *Betrachtungen eines Unpolitischen* waren noch nicht erschienen, als Heinrich Mann im Dezember 1917 den Versuch einer Versöhnung unternahm. Thomas Mann wies ihn schroff zurück: »Mögest Du und mögen die Deinen mich einen Schmarotzer nennen. Die Wahrheit, *meine* Wahrheit ist, daß ich keiner bin [...]. Du kannst das Recht und das Ethos meines Lebens nicht sehen, denn Du bist mein Bruder [...]. Das brüderliche Welterlebnis zwang Dich dazu [...]. Laß die Tragödie unserer Brüderlichkeit sich vollenden.« Heinrich Manns Antwort auf diesen pathetisch-egozentrischen Brief hat sich erhalten, sie ist, wenn man so will, *seine* Generalabrechnung – nur ist sie niemals in die Hände des Bruders gelangt, da Heinrich den Brief nicht abgeschickt hat: »Du hast, nach allem was ich sehe, Deine Bedeutung in meinem Leben unterschätzt, was das natürliche Gefühl betrifft, und überschätzt hinsichtlich der geistigen Beeinflussung«, heißt es in dem Entwurf. »Die letztere, negativ von Gestalt, ist einseitig von Dir erlitten worden, Du mußt diese Wahrheit schon hinnehmen, es ist keine blosse Schmähung, wie alle die mehr pathetischen als ethischen Wendungen Deines Briefes. Was mich betrifft, ich empfinde mich als durchaus selbständige Erscheinung, u. mein Welterlebnis ist kein brüderliches, sondern eben das meine. Du störst mich nicht. Beispielsweise wäre ich, schriebest Du über französische Thaten u. Eigenschaften einmal etwas anderes als Ungereimtheiten, aufrichtig erfreut. Du aber – wenn es mir einfiele, mich zum alten Preussen zu bekennen, weisst Du, was Du thätest? Die Notizen zu Deinem ›Friedrich‹ würfest Du ins Feuer.« Thomas Manns Plan eines Romans über den Preußenkönig war auch dreizehn Jahre später nicht vergessen. Heinrich fuhr fort: »Selbstgerechtigkeit? O nein – sondern weit eher das Gemeinschaftsgefühl mit denen, die auch, gleich mir, es wissen, wie viel wir alle, die Kunst und Geistesart unserer Generation, es verschuldet haben, dass die Katastrophe kommen konnte. Selbstprüfung, Kampf erleben noch einige neben Dir, wenn schon bescheidener; aber dann auch Reue u. neue Thatkraft: nicht nur eine ›Behauptung‹, die so grosse Umstände nicht verlohnt, nicht nur das ›Leiden‹ um seiner selbst willen, diese wüthende Leidenschaft für das eigene Ich [...]. Die Stunde kommt, ich will es hoffen, in der Du Menschen erblickst, nicht Schatten, u. dann auch mich.«

Die Briefe der Brüder vom Januar 1918 markieren den Höhepunkt des Bruderzwistes und den Tiefpunkt des brüderlichen Verhältnisses überhaupt. Sie stehen in der Mitte zwischen der Vertraulichkeit des Privaten und einer polemischen Öffentlichkeit. Um noch einmal Egon Friedell zu zitieren: »Wir fühlen uns angerührt von jenem Fluidum des Hasses unter Menschen, die sich doch die Nächsten auf der Welt sind ...« Dann kam der große historische Umbruch: die deutsche Niederlage, Revolution und Gegenrevolution, die Ausrufung einer deutschen Republik. Für einen kurzen historischen Augenblick – er dauerte nur wenige Monate – war Heinrich Mann der verehrte und geliebte literarische Repräsentant der neuen Ära. Thomas Mann, der sich von einem Tag auf den anderen in die Rolle des Unzeitgemäßen, scheinbar Abgelebten versetzt sah, verstand die Niederlage Deutschlands als Sieg Heinrichs, des Zivilisationsliteraten. Sein Hass auf den Bruder blieb die Konstante der folgenden Jahre, vielleicht die einzige, die für ihn selber Identität verbürgte. Sie schloss jede Versöhnung vorerst aus. Das belegt eine fast tragikomische Tagebuchnotiz vom 30. September 1918: »Mir träumte, ich [sei] in bester Freundschaft mit Heinrich zusammen und ließe [ihn] aus Gutmütigkeit eine ganze Anzahl Kuchen, kleine à la crême und zwei Bäcker-Tortenstücke, allein aufessen, indem ich auf meinen Anteil verzichtete. Gefühl der Ratlosigkeit, wie sich denn diese Freundschaft mit dem Erscheinen der *Betrachtungen* vertrage. Das gehe doch nicht an und sei eine völlig unmögliche Lage. Gefühl der Erleichterung beim Erwachen, daß es ein Traum gewesen.« Als aber ein schwedischer Besucher die Möglichkeit des Nobelpreises für ihn andeutete, notierte er im Tagebuch: »Ich wollte, diesen Preis gäbe es nicht, denn wenn ich ihn erhalte, wird es heißen, daß er H. zugekommen wäre, und wenn dieser ihn erhält, werde ich darunter leiden. Das Wohltuendste wäre, wenn man ihn zwischen uns teilte.« Dann aber, im Januar 1922, erkrankte Heinrich schwer, und es kam wenigstens zu einer äußerlichen Versöhnung. Er mache sich aber »keine Illusionen über die Zartheit und Schwierigkeit des neu belebten Verhältnisses«, schrieb Thomas Mann an Ernst Bertram. »Ein modus vivendi menschlich-anständiger Art wird alles sein, worauf es hinauslaufen kann. Eigentliche Freundschaft ist kaum denkbar.«

Von nun an und fast dreißig Jahre lang liest sich der Briefwechsel zwischen Heinrich Mann und Thomas Mann wie ein Krebsgang zum ersten Teil dieser Korrespondenz. Diesmal sind die meisten Briefe *beider* Partner erhalten, doch gewinnt man den Eindruck, dass es jetzt Heinrich ist, der unablässig an den Bruder schreibt und sich anvertraut. Katia Mann hat diesen Eindruck in ihren *Ungeschriebenen Memoiren* bestätigt: »Heinrich hing wirklich in überraschendem, zunehmendem Maße an dem jüngeren Bruder. Seine Zuneigung ist in den Jahren immer gewachsen, auch seine Bescheidenheit. Es war nicht Koketterie, als er mir einmal so gesprächsweise sagte: Also, von uns beiden ist Tommy der größere, das ist sicher, und darüber bin ich mir ganz klar. Er hat es wirklich empfunden und verehrte den Bruder geradezu.« Dann kam der März 1941 mit dem siebzigsten Geburtstag Heinrich Manns, dessen Feier verschoben werden musste, weil Thomas Mann an diesem Tag die Ehrendoktorwürde der Universität Berkeley erhielt und Heinrich es ablehnte, den Geburtstag ohne den Bruder zu feiern. So hat es die Schauspielerin Salka Viertel bezeugt, in deren Haus die Feier mit fünf Wochen Verspätung ausgerichtet wurde. Alfred Döblin hat in einem Brief an Hermann Kesten darüber berichtet: »Als wir neulich den 70. Geburtstag von H. Mann feierten bei der Salka Viertel, war es wie einstmals: Th. Mann zückte ein Manuskript und gratulierte daraus. Dann zückte der Bruder sein Papier und dankte auch gedruckt daraus, wir saßen beim Dessert, etwa 20 Mann und Weib, und lauschten deutscher Literatur unter sich.«

War der Bruderzwist damit endgültig beigelegt? Für Heinrich Mann, der im kalifornischen Exil immer mehr vereinsamte, traten die persönlichen Differenzen jetzt zurück hinter die Erinnerungen an die gemeinsame Jugend. »Ohne Vorsatz und kaum dass ich weiß warum, habe ich plötzlich angefangen, ›Buddenbrooks‹ zu lesen«, schrieb er am 15. April 1942 an den Bruder, als er vorübergehend die Frage einer Übersiedlung nach New York erwog. In politischen Dingen gab es zwischen den Brüdern keine großen Meinungsverschiedenheiten mehr, wenn man absieht von den Worten, die Heinrich einmal gegenüber Thomas Manns Tochter Erika äußerte: »Politisch verstehen wir uns ja jetzt sehr gut, dein Vater und ich, bloß dein Vater ist etwas radikaler.« Thomas Mann hat die Äußerung mit den Worten kommentiert: »Das klang unendlich komisch, aber was er meinte, war unser Verhältnis zu Deutschland, dem teuern, auf das er weniger zornig ist als ich, aus dem einfachen Grunde, weil er früher Bescheid wußte und keinen Enttäuschungen ausgesetzt war [...]. Er hat von der deutschen Verrücktheit an Qual und Einbuße so viel auszustehen gehabt wie ich – mehr sogar, da er bei seiner Flucht aus Frankreich in persönlicher Lebensgefahr geschwebt hat. Aber er bringt es fertig, es den Leuten dort nicht so übelzunehmen [...].« Heinrich Mann hat den Gedanken in seiner Autobiographie in die knappen Sätze gefasst: »Der Schmerz über einen sittlichen Zusammenbruch ist stärker, als wenn Städte untergehen. Er hatte Deutschland sittlich gesichert geglaubt. Daher ein Zorn, der nichts nachgibt.« Trotzdem hat Thomas Mann, allem Weltruhm zum Trotz, den »Haßneid« auf den Bruder nie völlig überwunden. Als die kalifornische Emigranten-Kolonie im Sommer 1944 Heinrich Mann feierte, schrieb er ins Tagebuch: »Zu denken, aufs neue, über die Verherrlichung des Bruders durch das nur hier siedelnde aktivistische Literatentum auf meine Kosten. Auferstehung alter Qual.« Es war nicht sein letztes Wort. Als ihm im Oktober 1945 aus Moskau Auszüge aus Heinrich Manns Autobiographie *Ein Zeitalter wird besichtigt* übersandt wurden, notierte er: »Abends lange in Heinrichs Memoiren [...].

Ein großer Schriftsteller ...« Einige Zeit später erkrankte er schwer während der Arbeit am *Doktor Faustus* und musste sich in Chicago einer Lungenoperation unterziehen. Das Telegramm, das Heinrich Mann ihm in ungelenkem Englisch ans Krankenbett schickte, ist ein Dokument seiner Liebe und Anhänglichkeit: »*... my beloved brother you must have the strength to live and you will stop you are indispensable to your great purposes and to all persons who love you stop there is one who would feel vain to continue without you stop this is the moment for confessing you my absolut attachment ...*«

Der Briefwechsel der Brüder ist eine ebenso bewegende wie erregende Lektüre. Sie bringt uns die beiden großen Schriftsteller im Doppelbild vor Augen, noch in ihren Gegensätzen und Konvergenzen unauflöslich miteinander verflochten. Gemeinsam repräsentieren sie die unverzichtbare Erbschaft der bürgerlichen Zeit. Heinrich Mann hat es seinem Erinnerungsbuch *Ein Zeitalter wird besichtigt* im Rückblick auf die gemeinsamen Jugendjahre in Rom und Palestrina und ihre literarischen Anfänge mit den Worten ausgedrückt: »Wir hätten ein Buch gemeinsam schreiben wollen. Ich sprach als erster, aber er war vorbereitet. Wir sind niemals darauf zurückgekommen. Vielleicht wäre es das merkwürdigste geworden. Nicht umsonst hat man den frühesten, mitgeborenen Gefährten. Unser Vater hätte in unserer Zusammenarbeit sein Haus wiedererkannt. Nachgerade vergesse ich, daß er seit mehr als fünfzig Jahren abberufen ist.«

Im Schatten des »Zauberers«
Thomas Mann und Klaus Mann

Er stammte aus einer Familie, in der es außer ihm noch fünf andere Buchautoren gab, darunter zwei hochberühmte. Der eine war sein Onkel, Verfasser des Romans *Der Untertan*, der andere sein Vater, der Autor der *Buddenbrooks*. Aber auch Klaus Mann, geboren 1906, war ein durchaus repräsentatives Mitglied der weitverzweigten Familie, die aus der Kulturgeschichte des zwanzigsten Jahrhunderts nicht wegzudenken ist – die »*amazing family*«, wie er sie genannt hat. Er war neunzehn Jahre alt, als er schwungvoll und unbekümmert in die deutsche Literatur eintrat, umstrahlt vom Zauber der Jugend. Er war siebenundzwanzig, als Hitler an die Macht kam und er Deutschland verlassen musste. Zwölf Jahre verbrachte er im Exil. Der Zweite Weltkrieg lag erst vier Jahre zurück, als er sich in Cannes das Leben nahm, im Alter von nur zweiundvierzig Jahren. Als Schriftsteller lebte Klaus Mann zur Unzeit. Vielleicht war er in seiner Generation der begabteste von allen; doch kam manches zusammen, diese Begabung nicht ausreifen zu lassen: Geldnot, Mangel an Resonanz, psychische Labilität, die Abhängigkeit von Drogen, persönliche Verzweiflung und politische Ohnmacht, dann auch eine unwiderstehliche Todeslust, die durch die Umstände des Exils genährt und gefördert wurde, aber schon früh ausgeprägt war. Klaus Mann selbst hat ihre Wirksamkeit genau registriert und bereits auf den ersten Seiten seiner Autobiographie *Der Wendepunkt* beschrieben: »Wie könnte ich jemals das geliebte Bild vergessen, das mir sooft half, Schlaf und Vergessenheit zu finden?« heißt es da. »Ich muß wohl die beflügelte Wiege als Kind auf irgendeinem Bild gesehen oder in einem Märchen von ihr gehört haben. Sie verfolgte mich durch Jahre – ein

Symbol der Flucht, des seligen Entgleitens. Allmählich jedoch veränderte die Wiege ihre Form, sie wurde länger und enger. Das Schiff, das mich jetzt zum Hafen der Vergessenheit trägt, ist aus härterem Stoff gemacht und düsterer Farbe. Wiege und Sarg, Mutterschoß und Grab – in unserem Gefühl fließen sie ineinander, werden sich beinah gleich.« Die Todesverbundenheit als Grundbestand des Lebensgefühls läuft wie ein Leitmotiv durch Klaus Manns Tagebücher: »Morgens nichts als der Wunsch zu sterben [...]. Wenn ein Gift dastünde, würde ich *sicher* nicht zögern – wenn nicht Erika und Mielein wären. Durch sie gebunden. Aber immer gewisser, daß Erikas Tod sofort meinen nach sich zöge; daß mich dann auch die Arbeit nicht hielte. Übrigens keine Spur von Todesangst. Der Tod *kann* nur als Erlösung empfunden werden.« Eine Notiz vom Februar 1933, drei Wochen bevor Klaus Mann ins Exil nach Frankreich flüchtete. Sechzehn Jahre später schrieb Thomas Mann nach dem Suizid seines ältesten Sohnes: »Wann der Todestrieb sich zu entwickeln begann, der so rätselhaft mit seiner augenscheinlichen Sonnigkeit, Freundlichkeit, Leichtigkeit, Weltläufigkeit kontrastierte, liegt im Dunkeln. Unaufhaltsam, trotz aller Stütze und Liebe hat er sich selbst zerstört und sich zuletzt jedes Gedankens an Treue, Rücksicht, Dankbarkeit unfähig gemacht.« Das war ein hartes väterliches Urteil, nicht frei von Vorwurf, aber bestimmt wahrscheinlich von der Anteilnahme am Schmerz der Mutter und der Schwester, von Erika und Mielein, wie sie in Klaus Manns Notiz genannt werden.

Unter den sechs Kindern Thomas Manns war Klaus Mann das sensitivste, wahrscheinlich genialischste, sicher das gefährdetste. Als einziger unter den Geschwistern ging er das Risiko ein, haargenau den Beruf des Vaters zu wählen und bis zum Ende seines Lebens daran festzuhalten, allen Selbstzweifeln und Anfechtungen des Verglichenwerdens zum Trotz. Tatsächlich war Klaus Mann seinem ganzen Wesen nach Schriftsteller, ein geborener Literat. Doch war er es nicht auf streng geregelte Weise wie sein Vater, der am häuslichen Schreibtisch Werk und Ruhm beharrlich förderte und verwaltete. Klaus Mann war eher ein literarischer Globetrotter, gescheit und umtriebig, empfänglich für Eindrücke, Abenteuer und Lebensgenuss, reizbar für Pläne und Projekte, dabei in aller unsteten Lebensführung von überraschendem Fleiß und beträchtlicher Produktivität. In seinem kurzen Leben hat er zwei Dutzend Bücher geschrieben, ferner viele Artikel, sechs Bände Tagebücher und zahllose Briefe – ihre Adressaten ergeben ein »Who is Who« der europäischen und später auch der amerikanischen Literatur. Zweimal war er Herausgeber von wichtigen Zeitschriften: der Zeitschrift *Die Sammlung* in den frühen Jahren des Exils und zehn Jahre später der Zeitschrift *Decision (Entscheidung)* in Amerika. Er muss eine enorme Arbeitsdisziplin besessen haben. Gleichzeitig war er unstet, rastlos, auf der Flucht vor sich selbst. Hermann Kesten, sein Freund und Weggefährte, schrieb: »Er zerrte am dünnen, flatternden Vorhang, der den Tag vom Nichts trennt, und suchte überall den Traum und den Rausch und die Poesie, die drei brüderlichen Illusionen der allzufrüh Ernüchterten. Er war voller nervöser Daseinslust und heimlicher Todesbegier, frühreif und unvollendet ...« Seine besten Arbeiten hat Klaus Mann in Frankreich, Holland oder Amerika geschrieben, die letzten davon in englischer Sprache, zu einer Zeit, da man sie in Deutschland nicht lesen konnte. Als der deutsche Markt wieder offenstand, erschienen seine Bücher bei sieben verschiedenen Verlagen in vier Ländern. Sie brauchten drei weitere Jahrzehnte, um bei deutschen Lesern endlich anzukommen. Ihren Stoffen nach sind diese Bücher uneinheitlich, ihrer literarischen Qualität nach ungleich, doch ergeben sie in ihrer Summe ein Werk, das als menschliches Dokument und als Zeugnis der Epoche bis heute nicht an Interesse verloren hat.

Klaus Manns literarisches Debüt ist oft beschrieben worden. Es besaß glänzende und klägliche Momente und vollzog sich, wie gesagt worden ist, »mit dem unbescheidenen Gehabe eines Kronprinzen der Poesie«. Die genialische Attitüde verblüffte und blendete, war aber kaum gedeckt durch die dürftige Substanz der ersten literarischen Arbeiten, die 1925 erschienen – Klaus Mann war gerade neunzehn Jahre alt. Doch fand er Verleger für seine schnellebigen Produkte, sie wurden gedruckt, sogar die anspruchsvolle *Weltbühne* von Siegfried Jacobsohn öffnete dem Sohn Thomas Manns ihre Spalten. »Alles schien so leicht und glatt zu gehen, wie im Spiel, wie im Traum«, schrieb Klaus Mann im Rückblick: »Was immer ich zu bieten haben mochte, man nahm es mir ab, man fand es interessant.« Sein erstes Theaterstück *Anja und Esther* wurde gleich zweimal uraufgeführt, an den Kammerspielen in Hamburg und München. In der Hamburger Aufführung stand ein spektakuläres Quartett auf der Bühne, nämlich Klaus Mann selber, zusammen mit der Schwester Erika, der Braut Pamela Wedekind und dem künftigen Schwager Gustaf Gründgens. Der Skandalwert der Darbietung war beträchtlich und erzeugte ein Rauschen im Blätterwald. Klaus Mann, im Verein mit seiner unzertrennlichen Schwester, verstand sich auf die Kunst der Selbstinszenierung. Auch in den folgenden Jahren war seine literarische Produktion reichhaltig und schwungvoll, aber zugleich flüchtig und übereilt, nicht selten oberflächlich. Bereits mit sechsundzwanzig Jahren, bevor sein Leben so recht begonnen hatte, schrieb er seine erste Autobiographie. *Kind dieser Zeit* hieß das rasante und kecke, zuweilen melancholische Buch, Zeugnis eines frühreifen Talents, das sich im falschen Glanz der späten zwanziger Jahre erprobte und bespiegelte. Der berühmte Vater war davon durchaus angetan: »Kläuschens Buch las ich mit Anteil. Vieles ist ganz merkwürdig«, schrieb er an die Tochter Erika. Er setzte hinzu: »Aber einen tüchtigen Zauberer-Komplex hat der Wackere, unter anderem.« Doch bei aller offenkundigen Begabung, allem leichthändigen Talent, springt der Mangel an Welterfahrung und gelebter Substanz in die Augen. Es konnte nicht ausbleiben, dass die kritischen Stimmen überwogen. Kurt Tucholsky, der Kollege von der *Weltbühne*, schrieb: »Man braucht nicht gleich auf das Niveau Klaus Manns herunterzusteigen, der von Beruf jung ist und von dem gewiß in einer ernsthaften Buchkritik nicht die Rede sein soll.« Das war zwar übertrieben, aber nicht ganz falsch.

Klaus Mann war lange geneigt, die Gründe für solche Kritik nicht bei sich selber, sondern im versteckten Ressentiment der Kritiker zu suchen, das heißt im Verhältnis zu seinem Vater, mit dem er immer wieder verglichen, an dem er gemessen wurde. »Es ist nicht zu leugnen«, beklagte er sich am Ende des frühen autobiographischen Versuchs, »daß mein Name und der Ruhm meines Vaters [...] mir den ersten Start erleichtert haben. Aber schon nach einem halben Jahr verwandelten sich diese scheinbaren Vorteile in Nachteile, die nur mit dem äußersten Lebensoptimismus überwindbar werden [...]. Nicht nur der Gehässige, auch der freundliche Gesinnte konstruiert zwischen dem, was ich schreibe, und dem väterlichen Werk instinktiv den Zusammenhang. Man beurteilt mich als *den Sohn.*« Klaus Mann fragte sich nicht, ob er die Vergleiche mit dem Vater vielleicht selbst provoziert hatte, er fragte sich schon gar nicht, ob seine Bücher aus eigener Kraft überhaupt Leser und Rezensenten gefunden hätten. Erst zwanzig Jahre später, in seinem zweiten Lebensbericht *Der Wendepunkt*, hat er sich eingestanden, dass der flitterhafte Glanz, der seinen Namen umgab, undenkbar war ohne den soliden Hintergrund des väterlichen Ruhmes. »Was ich mir nicht genügend klarmachte, oder worauf ich nicht genügend Rücksicht nahm«, heißt es da, »war die Tatsache, daß meine unbedenkliche Exzentrizität allerlei Peinlichkeiten auch für den berühmten Vater mit sich brachte. Sein Name tauchte, wie sich von selbst versteht, in fast jedem der satirisch-polemischen Kommentare auf, mit denen die deutsche Presse mich damals so reichlich bedachte.« Klaus Mann erwähnt als

Beispiel die ironische Pointe, mit der der junge Brecht, der weder ihn noch seinen Vater leiden konnte, einen launigen Artikel in einer Berliner Zeitschrift begann: »Die ganze Welt kennt Klaus Mann, den Sohn von Thomas Mann. Wer ist übrigens Thomas Mann?«

Thomas Mann, die Zielscheibe dieses Spottes, hat die literarischen Anfänge seines ältesten Sohnes mit Skepsis beobachtet. Zwar schrieb er ihm in ein Exemplar des *Zauberbergs* als Widmung die scherzhaften Worte: »Dem geschätzten Kollegen – sein hoffnungsvoller Vater«, doch hat er in seinem Sohn anfänglich und wohl noch auf lange Zeit vor allem einen Windbeutel gesehen. So hat er ihn in der Erzählung *Unordnung und frühes Leid* porträtiert, der selbstironischen Darstellung der eigenen Familienverhältnisse. Klaus Mann, neunzehn Jahre alt, trägt in der Erzählung den Namen Bert: »[...] mein armer Bert, der nichts weiß und nichts kann und nur daran denkt, den Hanswursten zu spielen, obgleich er nicht einmal dazu Talent hat!« Man zuckt bei dieser vernichtenden Charakterisierung, die nicht irgendeiner Person aus Thomas Manns entfernterem Umkreis galt, sondern dem eigenen, so überaus begabten Sohn. Wenn der Autor des *Doktor Faustus* später in seinem Tagebuch über die vielen literarischen »Morde« nachsann, die er in diesem Buch – und nicht nur in diesem – begangen hatte, dann gehört die Klaus Mann betreffende Passage aus *Unordnung und frühes Leid* sicher zu den grausamsten.

Im Rückblick hat Thomas Mann seine Distanz gegenüber dem Sohn eingestanden, als er von dem »Schatten« sprach, der »von meinem Dasein fiel auf das seine, und ihm [...] das Leben erschwerte«. Und weiter: »Seine Sohnschaft mag ihm in der Frühe Spaß gemacht haben; später hat sie ihn belastet.« Das wurde geschrieben nach Klaus Manns Freitod in Cannes 1949, im Vorwort zu einem dem Sohn gewidmeten Gedächtnisbuch. Klaus Mann hat in der Tat am Vater gelitten, doch am Ende war es weniger dessen literarischer Ruhm, an dem er sich rieb und der ihm hindernd im Wege stand, als vielmehr die Distanz und Kühle des »Zauberers«, um nicht zu sagen seine Gleichgültigkeit und Kälte. Jedenfalls hat Klaus Mann es so empfunden und immer wieder, fast im Sinne eines Leitmotivs, im Tagebuch notiert. Anlässlich des ersten Heftes der von Thomas Mann herausgegebenen Exilzeitschrift *Maß und Wert*, für die seine Mitarbeit offenbar gar nicht erst in Betracht gezogen wurde, notierte er: »Empfinde wieder sehr stark, und nicht ohne Bitterkeit, Z[auberer]s völlige *Kälte*, mir gegenüber. Ob wohlwollend, ob gereizt (auf eine sehr merkwürdige Art ›geniert‹ durch die Existenz des Sohnes): *niemals* interessiert; *niemals* in einem etwas ernsteren Sinn mit mir beschäftigt. Seine allgemeine Interesselosigkeit an Menschen, hier besonders gesteigert. – Konsequente Linie von der ungeheuer *oberflächlichen* – weil un-interessierten – Schilderung in ›Unordnung‹, bis zu der Situation, mich in dieser Zeitschriftensache glatt zu *vergessen* [...]. Reizende Äusserungen [...] *kein* Gegenbeweis. Schreibt an gänzlich Fremde ebenso reizend. Mischung aus höchst intelligenter, fast gütiger Konzilianz – und Eiseskälte. – Dies alles mir gegenüber besonders akzentuiert. Ich irre mich nicht.« So Klaus Mann im Tagebuch über den Vater und die – wie er schrieb – »bitterste Problematik« seines Lebens.

Die Notiz stammt vom Februar 1937. Klaus Mann befand sich damals seit vier Jahren im Exil. Am 13. März 1933, zwei Wochen nach dem Reichstagsbrand, hatte er dieses Exil angetreten. Es war nicht nur in äußerer Hinsicht ein tiefer Einschnitt. Für ihn endete damit das spielerisch-übermütige und erfolgsverwöhnte Leben, das er bis dahin geführt hatte, man könnte auch sagen, es endeten Kindheit und Jugend, und es begann die Zeit der Reife und des Ernstes. Über den Charakter des Regimes in Deutschland gab Klaus Mann sich ohnehin keiner Illusion hin, seit er den Aufstieg Hitlers in München beobachtet hatte. In dieser Hinsicht war er nicht nur hellsichtiger, sondern auch kampfbereiter als sein Vater, der 1933 in der Schweiz einen fast vier Jahre währenden Wartestand antrat, bevor er sich öffentlich gegen die Nationalsozialisten erklärte. Klaus Mann dagegen, das verwöhnte Kind der Bohème, wandelte sich mit dem ersten Tag des Exils zum ernsthaften Schriftsteller und Publizisten, der Hitlers Staat zu bekämpfen suchte, soweit dies mit publizistischen Mitteln möglich war. »Was mich betrifft«, schrieb er im Rückblick, »so gab ich mir redlich Mühe, den Herren des Drittes Reiches auf die Nerven zu gehen.« Schon im Mai 1933 focht er die große Kontroverse mit Gottfried Benn aus, dem ursprünglich verehrten Dichter, der zu seinem Entsetzen ein Bekenntnis zum neuen Staat in Deutschland abgelegt hatte. »Was konnte Sie dahin bringen«, schrieb er aus dem französischen Badeort Le Lavandou an Benn, »Ihren Namen, der uns der Inbegriff des höchsten Niveaus und einer geradezu fanatischen Reinheit gewesen ist, denen zur Verfügung zu stellen, deren Niveaulosigkeit absolut beispiellos in der europäischen Geschichte ist und vor deren moralischer Unreinheit sich die Welt mit Abscheu abwendet?« Gottfried Benn antwortete öffentlich und nicht ohne Hohn auf Klaus Manns persönlichen Brief: »Sie stellen es so dar, als ob das, was sich heute in Deutschland abspielt, die Kultur bedrohe, die Zivilisation bedrohe, als ob eine Horde Wilder die Ideale schlechthin der Menschheit bedrohe, aber, und so lautet meine Gegenfrage, wie stellen Sie sich denn nun eigentlich vor, daß die Geschichte sich bewegt? Meinen Sie, sie sei in französischen Badeorten besonders tätig?« Thomas Mann kommentierte Benns Brief mit den Worten: »Es ist ja angenehm für ihn, daß er sich so in Harmonie mit den Ereignissen befindet, aber muß er uns in seiner Sattheit auch noch verhöhnen und so tun, als säßen wir zum Vergnügen in französischen Badeorten?« Die Kontroverse mit Gottfried Benn bleibt für immer ein Ruhmesblatt im Leben und Wirken Klaus Manns. Immer noch höflich, ja verehrungsvoll hatte er sich an den Autor der *Morgue*-Gedichte gewandt, ihm aber auch hellsichtig sein

Schicksal im Hitler-Staat vorausgesagt: »Aber freilich müssen Sie ja wissen, was Sie für unsere Liebe eintauschen und welchen grossen Ersatz man Ihnen drüben dafür bietet; wenn ich kein schlechter Prophet bin, wird es zuletzt Undank und Hohn sein. Denn, wenn einige Geister von Rang nicht wissen, wohin sie gehören –: die dort drüben wissen ja ganz genau, wer nicht zu ihnen gehört: nämlich der GEIST.« Schon wenige Jahre später ging die Voraussage in Erfüllung und Gottfried Benn befand sich in der geistigen Isolation.

Klaus Mann gab seit 1933 eine der wichtigsten literarischen Zeitschriften des Exils heraus und von allen wahrscheinlich die beste. Sie trug einen Titel, der Programm war: *Die Sammlung,* und erschien in Amsterdam. Die besten Köpfe der Opposition gegen Hitler wirkten daran mit: Ernst Bloch, Joseph Roth, Bertolt Brecht, aber auch Hemingway, Pasternak und sogar Leo Trotzki. Klaus Mann, liebenswürdig und weltläufig, mit einem ausgeprägten Talent für Freundschaft und Kommunikation, was nicht ausschloss, dass er einsam und verloren wirken konnte, – er verstand es, alle diese Autoren zu sammeln und in der Opposition zu vereinen über politische und ideologische Meinungsunterschiede hinweg. Für seine Zeitschrift hatte er sich einen hochkarätigen Beirat besorgt, bestehend aus Heinrich Mann, Aldous Huxley und André Gide. Das Programm der *Sammlung* umriss er mit den Worten: »Diese Zeitschrift wird der Literatur dienen [...]. Trotzdem wird sie heute eine politische Sendung haben [...]. Die wir sammeln wollen, sind unter unseren Kameraden jene, deren Herzen noch nicht vergiftet sind von den Zwangsvorstellungen einer Ideologie, die sich selber ›die neue‹ nennt [...]. Eben für dieses verstoßne, für dieses zum Schweigen gebrachte, für dieses wirkliche Deutschland wollen wir eine Stätte der Sammlung sein – nach unsren Kräften.« Klaus Mann warb in aller Behutsamkeit um die Mitwirkung auch seines Vaters an dieser Zeitschrift und erhielt schließlich dessen Zusage. Doch als sich erwies, welch eminent politische

Tendenz die *Sammlung* hatte, zog Thomas Mann seine Unterstützung zurück. Er wollte das weitere Erscheinen seiner Bücher in Hitlers Drittem Reich nicht gefährden und brüskierte um dessentwillen den eigenen Sohn. »Man ist nicht dazu geschaffen, sich in Haß zu verzehren«, notierte er im Tagebuch. An Klaus Mann schrieb er einen langen gewundenen Brief, in dem er sein Abrücken zu erklären versuchte: »Die Zeitschrift sollte sich von der Emigrantenpublizistik durch Betonung des Positiv-Produktiven, ja durch die Beschränkung darauf abheben. Und daß Du's Dir nicht versagen konntest, Heinrich Manns hochleidenschaftlichen Artikel in die erste, das Bild bestimmende Ausgabe aufzunehmen (es wäre ganz etwas anderes gewesen, wenn er in der dritten oder vierten erschienen wäre), war die Rücksichtslosigkeit Eines, der vom ersten Tage an gründlich Schluß machen durfte, eine Rücksichtslosigkeit gegen mehrere Schriftsteller, die nicht in dieser Lage sind, und die Dir ihren Namen für die Mitarbeiterliste zur Verfügung gestellt haben.« Damit waren Alfred Döblin, René Schickele und Stefan Zweig gemeint, die wie er durch ihren Rückzug das weitere Erscheinen ihrer Bücher in Deutschland ermöglichen wollten. Auch Thomas Manns Verleger Gottfried Bermann drängte darauf, im Herbst 1933 den ersten Band von *Joseph und seine Brüder* herauszubringen, worauf er selbst und worauf auch Thomas Mann große Hoffnungen setzte: »Ich bilde mir keine Schwachheiten ein«, schrieb er an seinen Sohn; »aber die Neugier, wie der Versuch verlaufen wird, ist berechtigt und nicht jede Rücksichtnahme auf ihn sinn- und ehrlos. Wenn er gelingt, wenn das Publikum in Deutschland diesem Buch, dem Werk eines Verfemten und einem schon stofflich opponierenden Werk, einen Erfolg bereitet, ohne daß die Machthaber es daran zu hindern wagen, – man muß zugeben, daß das viel richtiger und lustiger, für die Machthaber viel ärgerlicher, ein eklatanterer Sieg über sie wäre als ein ganzer Stoß Emigranten-Polemik.« Bei Erhalt dieses Briefs notierte Klaus

Mann im Tagebuch: »Großer Brief vom Zauberer, die peinlichste Sensation: sein zweites Telegramm an Fischer, sein Abrücken von der *Sammlung*, gleichzeitig das von Döblin – Schickele; sehr schmähliche Angelegenheit; Trauer und Verwirrung. Dazu noch Brief von Stefan Zweig – auch ein ganz feiger Rückzieher. Elend.« Als Herausgeber der Zeitschrift sah er sich düpiert und fühlte sich auch persönlich im Stich gelassen. Doch machte er öffentlich kein Aufhebens von der Sache, und noch in seinem viele Jahre später entstandenen Lebensbericht *Der Wendepunkt* erwähnt er sie nur sehr allgemein und fast entschuldigend mit der Bemerkung, Thomas Mann habe den unvermeidlichen Bruch mit den Nazis so lange als möglich hinausschieben wollen. Richtig daran war, dass der Bruch mit Deutschland Thomas Mann tiefer traf als den Sohn, nicht zuletzt in seiner tiefverwurzelten Bindung an alles Deutsche oder was ihm als solches liebgewesen war.

Auch bei Klaus Mann gab es eine Bindung an Deutschland, aber nach Erziehung und Biographie, ja seiner ganzen Natur nach war er Kosmopolit, ein in vielen Sprachen gewandter, mit Schriftstellern aus vielen Ländern befreundeter Weltbürger, der in Berlin ebenso zuhause war wie in Amsterdam, Paris oder New York. Den Übertritt ins Exil verkraftete er, äußerlich zumindest, leichter als sein Vater und sein Onkel. Niemals hatte er bis dahin für längere Zeit eine eigene Wohnung besessen, meist in Hotelzimmern und Pensionen logiert; auch das elterliche Haus war zuletzt nur als Fluchtpunkt und Übergangsdomizil genutzt worden. Schon 1931, noch vor den ruhelosen Jahren des Exils, schrieb er das bekenntnishafte Gedicht *Gruß an das zwölfhundertste Hotelzimmer*, darin die Zeilen: »Sei mir gegrüßt, Heimat seit einer halben Stunde, / Heimat für zwei, drei oder vierzehn Tage – –: Wirst du mir freundlich gesinnt sein?« In solchen Hotelzimmern entstanden die meisten seiner Bücher, nicht nur angesichts der knapp bemessenen Schaffenszeit ein beachtlich umfangreiches Werk. »Er mußte jeden Tag arbeiten, und er konnte überall arbeiten«, hat Golo Mann, der jüngere Bruder, dazu angemerkt. »Er kam in einem kargen Hotelzimmerchen an, packte sein Köfferchen aus, stellte seine Schreibmaschine auf den wackeligen Tisch – und fing an zu schreiben. So hat er es zeit seines Lebens gehalten.« Überhaupt liegt etwas Hektisches, Rastloses, Fieberhaftes über dem Leben Klaus Manns, es durchdringt seine gesamte Biographie: von den ausgeflippten Anfängen des Bohemiens und Opiumessers bis zu den exzessiven Drogenräuschen und zahllosen erotischen Abenteuern seiner späten Zeit, mit denen er seine Einsamkeit und Weltverlorenheit zu betäuben suchte. Im *Wendepunkt* ist von »langen Qualen und flüchtig kurzen Seligkeiten« die Rede. Hermann Kesten hat seinen Freund Klaus Mann so beschrieben: »Alles fiel ihm zu leicht im Leben, und eben darum schien er alles im Leben zu teuer bezahlen zu müssen [...]. In den vielen Hotelzimmern, wo wir uns trafen, beide von unterwegs, ging er unruhig auf und ab, mit einem Glas in der Hand oder einer Zigarette zwischen den Fingern, hörte zu und sprach mit der gleichen zerstreuten Intensität und blickte wohl zwischendurch mit aufmerksamer Neugier in den Spiegel.« Was auffällt, ist das narzißtische Moment, aber auch die – wie es in paradoxer Wortfügung heißt – »zerstreute Intensität«. Sie lässt sich am Duktus von Klaus Manns Tagebüchern ablesen, die vier Jahrzehnte nach seinem Tod publiziert wurden. Sie handeln von täglichen Begegnungen, Lektüren, Einfällen, Briefen, Gesprächen und Träumen, von Drogen und den meist flüchtigen sexuellen Kontakten. Ein beliebiges Beispiel vom 20. Juli 1933, aus dem ersten Jahr der Emigration: »Text für den Prospekt geschrieben und abgetippt. Schön am Strand. Aufsatz von Wassermann über die ›innere und äußere Landschaft‹ gelesen: ganz würdevoll und repräsentativ. – Nachtischkaffee bei Satow, mit Grammophon. – Gelesen: ›Schau heimwärts, – –‹, der grosse realistisch-mystische Roman. Mystik der Realität. Geheimnis, dem Leben immanent – hier zum Greifen. – Furchtbar geschuftet: Prospekt; Briefe an Max Brod, Hermann Hesse,

Wassermann, Roth, Wissings. Briefe von: Arnold Bauer (sehr deprimiert und verängstigt; auch Hiller wieder im ›Lager‹), Selden Rodman (mit Manuskript), Mops (mit Zeichnungen), Döblin (seine *scheussliche* Schrift.) Annemarie. Vorm Essen zu dritt im Dorf. – Abends auf der Terrasse vorm Casino gesessen; herrliches Licht, rauchig; das Meer – opalen glatt. Nachher noch Schnaps in der Halle.« Kennzeichnend ist die Atemlosigkeit. Dieses Leben kannte keinen Ruhepunkt und fand nur selten Gelegenheit zu ruhiger Kontemplation. Die Hast, mit der hier Realität gesucht und verschlungen wird, erweckt den Eindruck, es laufe jemand vor etwas davon. Klaus Mann flieht: vor der Leere, dem Bewusstsein dieser Leere, vor dem Tod, der ihn zugleich anzieht, vor sich selbst. Dieser Duktus ist nicht nur in den Tagebüchern spürbar, er bestimmt mehr oder weniger stark auch das literarische Werk. Klaus Manns Bücher sind schnell entstanden, nachlässig geschrieben, mit leichter, oft allzu leichter Hand, literarische Zeugnisse einer gleichsam transitorischen Existenz.

In den ersten Jahren des Exils, bis zu seiner Übersiedlung nach Amerika 1938, entstanden – neben vielen Artikeln und Novellen – vier Romane: *Flucht in den Norden, Symphonie Pathétique, Mephisto* und *Der Vulkan. Flucht in den Norden* ist eine Emigrantengeschichte, *Symphonie Pathétique* ein verkappter Homosexuellen-Roman. Erzählt wird der letzte Abschnitt aus der Biographie des Komponisten Peter Tschaikowsky, der hier wie ein zivilisationsmüder Spätbürger erscheint, den nur die Verpflichtung, seine letzte große Sinfonie zu komponieren, vor der Selbstaufgabe zurückhält. Nach ihrer Vollendung widersteht er nicht länger der Sehnsucht zum Tode. Tschaikowskys Musik wird gedeutet als Ausdruck existentieller Verzweiflung über die eigene – unter den gesellschaftlichen Bedingungen des Zarenreiches nicht auslebbare – homosexuelle Disposition. Klaus Mann, der diese Disposition mit seinem Helden teilte, interessierte sich für dessen Psyche ungleich stärker als für dessen Musik – das ist die Schwäche des Romans, der gewisse Motivverwandtschaften mit Thomas Manns Erzählung *Der Tod in Venedig* aufweist, voran die unwiderstehliche Anziehung durch das eigene Geschlecht, voran die Knabenliebe. Thomas Mann hat ihr, soweit wir wissen, nicht nachgegeben und sie in seinem Werk, so bestimmend sie auch gewesen sein mag, zu verhüllen gesucht. Solche Rücksichten hat Klaus Mann nicht genommen. Was ihn in dieser Hinsicht vom Vater unterschied, hat er im Tagebuch genau beschrieben: »... das Thema der ›Verführung‹ für Zauberer so charakteristisch – im Gegensatz zu mir. Verführungsmotiv: Romantik – Musik – Wagner – Venedig – Tod – ›Sympathie mit dem Abgrund‹ – Päderastie. Verdrängung der Päderastie als Ursache dieses Motivs. – Bei mir anders. Primärer Einfluß Wedekind – George. Begriff der ›Sünde‹ unerlebt. Ursache: ausgelebt. Päderastie. Rausch (sogar Todesrausch) immer als Steigerung des Lebens, dankbar akzeptiert; nie als ›Verführung‹.« Hier lag auch der tiefere Grund für die Verehrung, die Klaus Mann dem französischen Schriftsteller André Gide entgegenbrachte. Gide hatte bereits 1911, im selben Jahr, in dem Thomas Manns *Tod in Venedig* erschien, Auszüge aus seinem Dialogbuch *Corydon* veröffentlicht und sich zu seiner Homosexualität bekannt, wenn auch vorläufig anonym. Für Klaus Mann war er ein intellektueller Mentor, ja ein Ersatzvater: »*le père Gide*« wird er im Tagebuch immer wieder genannt. Schon mit neunzehn Jahren besuchte er den berühmten Schriftsteller, der gerade seinen Roman *Die Falschmünzer* publiziert hatte und sich auf den Weg machte, den damals noch französischen Kongo zu bereisen, und er gewann ihn auch, wie erwähnt, für den Beirat seiner Zeitschrift *Die Sammlung*. Später, im amerikanischen Exil, widmete Klaus Mann Gide ein bedeutendes Buch, worin es heißt: »Er machte mir Mut zu mir selber [...]. Sein Beispiel zeigte mir, daß es möglich ist, eine stupende Vielfalt widerspruchsvoller Impulse und Traditionen in sich zu vereinen, ohne deshalb in Anarchie abzugleiten.« Thomas Mann hat das in englischer Sprache verfasste Buch über Gide gelesen und schrieb darüber an seinen Sohn: »Es hat mich sehr gefesselt, sehr unterhalten und auch vielfach belehrt, denn Du bist ja wirklich ein genauer und intimer, weil liebender Kenner dieser Seele und dieser Kunst [...]. Er hätte sich wohl wirklich keinen gewiegteren Portraitisten und Interpreten wünschen können, und jedenfalls wäre kein Amerikaner zu finden gewesen, der ihn hier hätte propagieren können, wie Du. Dazu war ein Europäer nötig.« 1948, ein Jahr vor seinem Tod, traf Klaus Mann Gide zum letzten Mal in Paris und fand einen »außergewöhnlich jungen Mann von nahezu achtzig Jahren, so munter und unverwüstlich wie immer; jederzeit provozierend, ständig kampfbereit, niemals zufrieden mit dem, was er schon erreicht hatte; ein unermüdlicher Wahrheitssucher, ein großer Künstler ...« Ob Thomas Mann dem zugestimmt hätte? Er hat Gide nach dessen Tod einen »großen, zuletzt doch dem menschlichen Fortschritt dienenden Störenfried und Beunruhiger« genannt, ohne aber eine wirkliche Sympathie für seine Provokationslust und proteushafte Unzuverlässigkeit zu empfinden.

Klaus Manns bekanntestes Buch ist der Roman *Mephisto*, der 1936 im Exilverlag Querido in Amsterdam erschien. Die Anregung dazu ging von Hermann Kesten aus: »Sie sollten den Roman eines homosexuellen Karrieristen im dritten Reich schreiben, und zwar schwebte mir die Figur des [...]. Herrn Staatstheaterintendanten Gründgens vor [...]. Satire auf gewisse homosexuelle Figuren, Satire auf den Streber, auf – vielleicht – viele Arten Streber.« Klaus Mann selbst hat die Parallele zu Gründgens, der zeitweilig sein Schwager gewesen war, zu relativieren versucht: »Es geht in diesem zeitkritischen Versuch überhaupt nicht um den Einzelfall, sondern um den Typ. Als Exempel hätte mir genau so gut ein anderer dienen können.« Gleichwohl wurde die biographische Parallele dem Buch später zum Verhängnis und führte in der Bundesrepublik zu seinem höchstrichterlichen Verbot. Erst als das Tabu gefallen und das Verbot stillschweigend außer Kraft gesetzt war, als Theater und Film sich des Stoffes bemächtigten, begann der Siegeszug von *Mephisto*. Durchaus zu Recht. Der Roman mag Schwächen aufweisen und im Antagonismus von Geist und Macht etwas zu schematisch angelegt sein; trotzdem ist er als Gesellschaftssatire in der Nachfolge von Heinrich Manns *Untertan* bis heute ein anregendes und lebendiges Buch: eine Parabel über den Künstler, der sich wider besseres Wissen an eine totalitäre politische Macht verkauft. Das hat auch der kritische Vater anerkannt, der am 3. Dezember 1936, dem Tag seiner Ausbürgerung aus Deutschland, an Klaus Mann schrieb: »Die besten und bedeutendsten Momente in Deinem Roman sind vielleicht die, wo die Idee des Bösen vermittelt und gezeigt wird, wie der komödiantische Held seine Sympathie dafür entdeckt und sich ihm dann verschreibt. Es ist eine richtige Teufelsverschreibung. Daß es den Teufel wieder gibt, ist schon was wert für die Dichtung. Und wie wird sie auch fromm werden, wenn sich auch Gott ihr wieder offenbart nämlich dadurch, daß die Bösen am Schlusse wirklich der Teufel holt. Worauf wir hoffen.«

Auf *Mephisto* folgte *Der Vulkan*, angesiedelt im Milieu deutscher Emigranten, unter einer Vielzahl versprengter Flüchtlingsexistenzen mit ihren unterschiedlichen Biographien, Lebensformen und Mentalitäten. Klaus Manns Roman war vielleicht der ambitionierteste Versuch, mit literarischen Mitteln ein Gesamtbild des Exils zu geben. Das Bild eines Milieus, das, obwohl Intellektuelle und Künstler darin eine wichtige Rolle spielten, bei aller Bedeutung, allem politischen Gewicht, aller individuellen Tragik niemals so recht in unser Wahrnehmungszentrum gelangt ist. Dabei handelte es sich schon zahlenmäßig um keine kleine Gruppe: allein in Frankreich lebten 1935 über hunderttausend deutsche Flüchtlinge. Brecht, in seinen *Flüchtlingsgesprächen*, hat dieses Milieu zu politischer Unterweisung genutzt, Anna Seghers, in *Transit*, hat daraus einen kafkaesken Alptraum gemacht. Klaus Mann wollte ein Gesamtbild geben, indem er von einem Dutzend Menschen erzählte, deren Schicksal er biographisch miteinander verband, von heroischen und scheiternden, kämpferischen und kläglichen Existenzen. Zwar stört auch hier zuweilen die Hurtigkeit des Stils, aber im Großen und Ganzen ist der *Vulkan* ein mit erkennbarer Sorgfalt verfasstes Buch. Thomas Mann nannte es in einem Brief an den Sohn als Emigrationsroman »ganz konkurrenzlos« und fuhr fort: »… wer Sinn hat für diese Art, dem Leben Schmerzlichkeit und Phantastik und Tiefe zu geben (für mein Teil erkläre ich, daß ich Sinn dafür habe), der wird sich eben an Dein Gemälde und Panorama halten, ein Bild deutscher Entwurzelung und Wanderung, gesehen und gemalt à la Jean Cocteau …« Ein anderer Satz des Briefes dürfte Klaus Mann eher zwiespältig berührt haben: »Sie haben Dich ja lange nicht für voll genommen, ein Söhnchen in Dir gesehen und einen Windbeutel, ich konnt' es nicht ändern. Aber es ist nun wohl nicht mehr zu bestreiten, daß Du mehr kannst als die meisten, daher meine Genugtuung beim Lesen …« Das war eine Anspielung auf die Novelle *Unordnung und frühes Leid*, worin Thomas Mann selbst sich über den Windbeutel-Sohn belustigt hatte.

»Die Emigration war nicht gut«, schrieb Klaus Mann in seinem Lebensbericht *Der Wendepunkt*. Dennoch gab sie seinem Außenseiterdasein eine gewisse Festigkeit, ein System von Koordinaten, auch eine politische Moral. Politisch war Klaus Mann seit seinen frühen Jahren bindungslos gewesen, ein typischer Vertreter dessen, was man später, zur Zeit des Kalten Krieges, die heimatlose Linke genannt hat. Er kritisierte den ausbeuterischen Kapitalismus, dessen luxuriöse Reize er dennoch auszukosten wusste, und er war ein zögernder Sympathisant des Kommunismus, obwohl dessen kollektive Disziplin ihn abstieß, von den Brutalitäten eines Stalin ganz abgesehen. Im Exil war es der Gegner, der ihm Halt gab; die harten Antinomien von Faschismus und Antifaschismus hielten ihn aufrecht. Später, in seiner amerikanischen Zeit und nach dem Eintritt der USA in den Krieg, wollte Klaus Mann den Kampf gegen Hitler nicht nur publizistisch führen, sondern auch unter Einsatz seines Lebens und seiner Person. Im Januar 1943 wurde er in die US-Army einberufen und kämpfte später auf alliierter Seite in Nordafrika und Italien. Es bedeutete ihm viel, den Rock des Soldaten zu tragen und im Krieg seinen Mann zu stehen. Als Hitler besiegt und der Krieg vorüber war, verlor er den provisorischen Halt, seine Tapferkeit war nicht mehr vonnöten, er wurde wieder ein Heimatloser, auf der Flucht vor sich selbst, ergriffen von der alten Todessehnsucht. Die deutsche Fassung seines Lebensberichtes, die Klaus Mann zuerst in englischer Sprache schrieb und unter dem Titel *The Turning Point* 1942 in New York veröffentlichte, schloss er im April 1949 in Cannes ab, wo er seinem Leben wenig später ein Ende setzte. Thomas Mann las sie erst drei Jahre später und notierte im Tagebuch: »Eine kranke Literaten-Existenz, angezogen von allem Faulen, was schon recht wäre, wenn es dabei auch einen Sinn für das Gesunde, Lebensgesegnete, Heilvolle gäbe.« Als resümierendes Urteil über den Schriftsteller Klaus Mann ist das bestürzend kühl und unfreundlich. Über die Ursachen und Umstände von Klaus Manns Tod ist viel geschrieben worden. Man hat ihn politisch motiviert und auf zeitgeschichtliche Umstände zurückgeführt oder persönliche Motive als ausschlaggebend gesehen. Thomas Mann schrieb im Tagebuch von einem »von langer Hand unwiderstehlich wirkenden Todeszwang«. Belassen wir die Frage besser in jenem Zwielicht, das sich von außen niemals völlig aufhellen lässt, und halten uns an Klaus Manns Werk, dessen Haltbarkeit und Beständigkeit sich inzwischen erwiesen hat. An literarischem Rang seinem berühmten Vater, seinem großen Onkel nicht ebenbürtig, entdeckt man Klaus Mann als Schriftsteller, der das Existenzgefühl späterer Generationen vorweggenommen und unserer Gegenwart viel zu sagen hat.

Endspiel im Hotel
Thomas Mann auf Reisen

Am 1. Oktober 1903 reiste Thomas Mann von München nach Düsseldorf, wo seine Schwester, die Schauspielerin Carla Mann, in Schillers *Kabale und Liebe* auftrat. Er stieg im *Park-Hotel* ab. Seine Eindrücke trug er in eines der Notizbücher ein, die er mit Vorstudien zum jeweils nächsten Werk zu füllen pflegte. Das nächste Werk war jetzt, zwei Jahre nach Erscheinen von *Buddenbrooks,* der Roman *Königliche Hoheit.* Thomas Mann notierte:

> Gala-Umgebung: Park-Hotel. Lift-Boy mit der Mütze am Oberschenkel. Die noblen Bediensteten dürfen nicht reden, sonst verlieren sie stark. Treppen und Korridore mit weißen Marmorböden u. Läufern. (Schloß) Bett, Spiegel. Beleuchtung, – Luxus […]. Eine kleine Nachmittags-Erfrischung wird serviert: Auf einem weiß gedeckten Theebrett ein silberner Henkelkorb mit Birnen, Trauben, Nüssen, ein Teller mit Biscuits auf einer Papierspitze, eine Christallschale mit Spülwasser. Kleines goldenes Obstbesteck. Glassachen (Waschtisch) ganz dünn geschliffen.

Die Zeit, aus der diese akribischen Notizen stammen, markiert den Beginn von Thomas Manns literarischem Ruhm. Kurz zuvor war eine Neuausgabe von *Buddenbrooks* erschienen, entgegen der unhandlichen und teuren zweibändigen Erstausgabe diesmal eine Ausgabe in einem Band. In dieser Form trat der Roman seine erstaunliche, vom Autor selbst am wenigsten vorausgesehene Erfolgsgeschichte an. Thomas Mann hat darüber in seinem *Lebensabriß* berichtet: »Meine Post schwoll an, Geld strömte herzu, mein Bild lief durch die illustrierten Blätter, hundert Federn versuchten sich an dem

Erzeugnis meiner scheuen Einsamkeit, die Welt umarmte mich unter Lobeserhebungen und Glückwünschen ...«

Der Autor der *Buddenbrooks* war also kein völlig Unbekannter mehr, als er im Herbst 1903 im vornehmen Düsseldorfer *Park-Hotel* logierte – für ihn eine neue Erfahrung: »... das erste große Luxushotel, das der junge Thomas Mann aufsuchte«, schrieb sein penibler Biograph Peter de Mendelssohn, »und es machte einen großen Eindruck auf ihn. Es war in der Tat funkelnagelneu, vom Düsseldorfer Industrieverein errichtet, soeben erst eröffnet, ein dreistöckiger Palast mit einer Front von sechzehn Fenstern, Balkonen mit Blumen, Erkern und Eckgiebeln, einem breiten Portal und einer großen Rasenanlage mit Bäumen davor – mit einem Wort: ein Schloss! Er ist so beeindruckt, dass er sich die Einzelheiten der Zimmereinrichtung, des Personals, der Bedienung notiert, und während er sie noch notiert, werden sie bereits zum Fürstenschloss mit seinen Lakaien, wie es ihm für *Königliche Hoheit* vorschwebt, und er selbst, der durchreisende Hotelgast, zum Künstler-Fürsten, zum Bewohner des Fürstenschlosses, zur Verkörperung seiner Lebensform.«

Nun, ganz war es seine Lebensform noch nicht, im Luxushotel zu residieren. Das Notizbuch enthält neben den Zugverbindungen für die Rückreise auch noch eine Zusammenstellung der Trinkgelder, die der Gast bei der Abreise glaubte geben zu müssen, durch solche Vorsorge seine Nichtzugehörigkeit zur Stammkundschaft deutlich verratend. Peter de Mendelssohn hält die kleine Aufrechnung parat: »... je zwei Mark für Portier, Zimmerkellner, Zimmermädchen und Boy, eine Mark fünfzig für den Hausknecht; aber die ›Gala-Vornehmheit‹ durfte nicht zu weit gehen, das Zimmermädchen ist wieder durchgestrichen, Gesamtsumme: sieben Mark fünfzig.«

In welcher Situation befand er sich? Nochmals sei der *Lebensabriß* zitiert, 1930 verfasst, nun aus der Sicht des gefeierten Nobelpreisträgers, der die Anfänge seines Ruhmes in etwas zu rosigen Farben malt:

Der erstaunliche Siegeszug des Familienromans konnte nicht verfehlen, ändernd auf meine Lebensumstände einzuwirken. Ich war nicht mehr der völlig im Dunkel lebende junge Mensch von einst. Das, was ich in meinen italienischen und Schwabinger Verstecken ›abzuwarten‹ gehabt hatte, war nun – ich will nicht sagen: erreicht, aber eingetreten. Es bedeutete nicht länger Verlegenheit, über meine Existenz Auskunft geben zu müssen, es erübrigte sich, eine zu geben, sie stand im Buch: Ein Münchener Fremdenführer und Nachschlagewerk vom Typus ›Who is who?‹ verzeichnete meine Adresse als diejenige des Verfassers von ›Buddenbrooks‹. Ich war bewiesen, meine dumpfe Widersetzlichkeit gegen alle regulären Ansprüche der Welt war gerechtfertigt, die Gesellschaft nahm mich auf – soweit ich mich aufnehmen ließ; die Gesellschaft ist in diesen Bestrebungen nie sehr erfolgreich gewesen.

Da ist dem Erfolg des ersten Romans eine Wirkung zugeschrieben, die er in dieser scheinbar mühelosen Weise in Wirklichkeit nicht hatte. Thomas Mann lebte zwar nicht mehr nur mit dem Monatswechsel von etwa 180 Mark, den die verwitwete Senatorin-Mutter Julia Mann ihren Söhnen ermöglichen konnte, aber an einen glänzenden Lebensstil, gar auf dem *Park-Hotel*-Fuße, war nicht zu denken. Noch stand die reiche Heirat aus, noch hatte Samuel Fischer, der Berliner Verleger, nicht das goldene Wort gesprochen: »Von den Buddenbrooks müssen Sie, lieber Herr Mann, und wir uns ein Haus bauen.« Aber die Erstauflage brachte vierundzwanzigtausend Mark, zum recht guten Leben mochte das reichen. Es war ja gerade erst drei Jahre her, da sah es bei ihm noch anders, nämlich so aus (wiederum rückwirkende Schilderung aus dem *Lebensabriß*, im Sinne des Lebensmärchens leicht ins Graue und Ärmliche hin übertrieben):

Ich war in jenen Jahren ein so leidenschaftlicher Radfahrer, daß ich fast keinen Schritt zu Fuße ging und selbst bei strömendem Regen, in Gummischuhen und Lodenpelerine, alle meine Wege auf dem Vehikel zurücklegte. Auf der Schulter trug ich es die drei Treppen hinauf in meine Wohnung, wo es in der Küche seinen Platz hatte. Vormittags, nach der Arbeit, pflegte ich es zu putzen, indem ich es auf den Sattel stellte. Ein zweites Geschäft, bevor ich mich rasierte und zum Essen in die Stadt fuhr, bestand in der Reinigung meines Petroleumofens. Eine Bedienerin räumte die Wohnung auf, während ich meine 1-Mark-20-Mahlzeit nahm. An Sommernachmittagen fuhr ich, ein Buch an der Lenkstange, in den Schleißheimer Wald. Mein Abendbrot besorgte ich mir in einer Schwabinger Lebensmittelhandlung und trank Tee oder gelösten Liebigextrakt dazu.

Strebsames Kleinbürgerleben mit einem Einschlag von Bohème – es hört sich anders an, und soll es auch, als goldenes Obstbesteck im silbernen Henkelkorb nebst Eintragung im »Who is who«. Der Herbst 1903, die Zeit des ersten Eintritts in eine Kulisse wirklichen Reichtums, war für Thomas Mann eine entscheidende Phase. Er wurde in die Familie Pringsheim eingeführt, in ein Milieu, das ihm zunächst den Atem nahm und das er in einem Brief an den Bruder Heinrich mit den Worten beschrieb: »Tiergarten mit echter Kultur. Der Vater Universitätsprofessor mit goldener Cigarettendose, die Mutter eine Lenbach-Schönheit, der jüngste Sohn Musiker, seine Zwillingsschwester Katja (sie heißt Katja) ein Wunder, etwas unbeschreiblich Seltenes und Kostbares, ein Geschöpf, das durch sein bloßes Dasein die kulturelle Thätigkeit von 15 Schriftstellern oder 30 Malern aufwiegt.« Das sprach der Rausch, Thomas Mann vermerkte es selber, aber er fasste Mut, diesen Rausch zu seiner Wirklichkeit zu machen. Nicht dass er der weiteren Entwicklung vor allem seiner Arbeit wie einem Gang über Rosen entgegengesehen hätte. Die Arbeitspläne seines Notizbuches bleiben skeptisch, kühl beobachtend und verraten seltsame Vorahnungen: »Der Schriftsteller, durch den Ruhm verkommend: Bequemere Feder, die Schrift wird geschäftsmäßig durch die vielen Briefe. Kaufmännische Namensunterschrift bei Empfangsbestätigung eines Checks. Der verkommende Schriftsteller und sein inferiorer Vertrauter Griepenkerl. G. hat bis zum großen Erfolge wegen zu großer Nähe nie recht an ihn geglaubt. Von da an glaubt er fanatisch an ihn, während es bergab geht.« Der inferiore Vertraute fragt den Schriftsteller nach dessen Heirat: »Und wo ist der Kaviar, mit dem du dir die Zähne putzt?«

Die Heirat, für Thomas Mann offenbar anders als eine Geldheirat nicht vorstellbar, gibt Stoff zu einer weiteren autobiographisch-prospektiven »Novelette«, in der die Verbindung von »Kunst« und »Leben«, das ewige Tonio Kröger-Thema, eine ebenso garstige wie komische Wendung nimmt: »Ein pessimistischer Dichter, verliebt, verlobt sich, heiratet (das ›Leben‹). Ist so glücklich, daß er nicht mehr arbeiten kann, schon ganz verzweifelt. Da beobachtet er, daß seine Frau ihn betrügt. Arbeitet wieder.«

Der Kaviar zur Morgentoilette stand dicht vor der Tür. Im gleichen Herbst lernte Thomas Mann die Tochter des Hauses Pringsheim näher kennen, Katia, die Prinzessin seiner Märchenträume. In dem Brief an Heinrich heißt es: »Ich kann nichts Anderes denken. Klumpe-Dumpe fiel die Treppe hinunter und erhielt dennoch eine Prinzessin zur Frau. Und ich bin, Brust heraus, ich bin mehr, denn Klumpe-Dumpe!« Im Februar 1905 war die Hochzeit. Ein Monatswechsel des großbürgerlichen Schwiegervaters und ein neuer Vertrag mit S. Fischer auf weitere sechs Jahre bei 25 Prozent pro gedrucktem Exemplar im Voraus besiegelten den künftigen Wohlstand. Es erwies sich ziemlich schnell, dass die Heirat nicht nur, wie er geglaubt hatte, die Hausstandgründung mit einer Prinzessin war (wobei wieder, wie schon im Fall des »Schlosshotels« in Düsseldorf, die bürgerliche Verwechslung von Reichtum mit Adel unterlief), auch die Gesellschaft »nahm ihn auf«, und zwar auf eine recht robuste Weise. Aber wenn

Thomas Mann geglaubt hatte, seine neue Münchner Welt eigne sich nicht weniger als die vormalige Lübecker Umgebung zum Objekt seiner spitzen Feder, dann irrte er. Die demonstrative Großbürgerlichkeit des Professors Pringsheim, dessen Unternehmervater ihm ein Vermögen von dreizehn Millionen Goldmark vererbt hatte, ließ sich nicht so widerstandslos unter Ironie setzen wie die in Liquidation gegangene Kaufmannsfamilie an der Trave. Als Thomas Mann in der Novelle *Wälsungenblut* das neue Milieu zum Hintergrund einer familiären Inzestgeschichte machte, musste er die Veröffentlichung in Fischers *Neuer Rundschau* unmittelbar vor Auslieferung des schon gedruckten Heftes anhalten. Da lag die Heirat noch kein volles Jahr zurück.

Das wichtigste Zeugnis der Affäre ist ein Brief von Thomas Mann an den Bruder Heinrich, der damals noch der Nächstvertraute seiner rückhaltlosen Konfessionen war. »Ich habe im Grunde ein gewisses fürstliches Talent zum Repräsentieren«, hatte Thomas Mann ihm im Februar 1904 geschrieben. Zwei Jahre später, im Januar 1906, war deutlich, welcher Preis dafür zu zahlen war: »Also kurz und kühl: Von meiner Dezember-Reise zurückkehrend, fand ich hier bereits das Gerücht vor, ich hätte eine heftig ›antisemitische‹ (!) Novelle geschrieben, in der ich die Familie meiner Frau fürchterlich compromittirte. Was hätte ich thun sollen? Ich sah meine Novelle im Geiste an und fand, daß sie in ihrer Unschuld und Unabhängigkeit nicht gerade geeignet sei, das Gerücht niederzuschlagen.«

Hier sei Thomas Manns Darstellung für einen Augenblick unterbrochen, um das Gerücht vom »antisemitischen« Charakter der Novelle, dessen Berechtigung vom Autor selbst in gewisser Weise anerkannt wird, auf seine Triftigkeit zu prüfen. Der Antisemitismus-Vorwurf ist immer wieder gegen Thomas Mann erhoben worden. Ihn schützte nicht der Umstand, dass er in eine jüdische Familie hineingeheiratet hatte, so wenig wie die Tatsache, dass die Nationalsozialisten ihn einen »großen Freund der Juden« nannten und darauf ihren Antrag auf Aberkennung der deutschen Staatsangehörigkeit stützten, noch gar schützte ihn die antisemitische Propaganda der Rechten, die Thomas Mann zum Juden erklärte, was ihn zu den heikelsten Dementis veranlasste. Diese Propaganda setzte nicht erst mit dem Aufstieg des Nationalsozialismus ein. Schon 1910 schrieb der antisemitische Literarhistoriker Adolf Bartels: »Literarisch gehört er auf alle Fälle zu den Juden.« Noch stärker war Thomas Manns Bruder Heinrich Zielscheibe dieser dreisten Infamie, die nicht verfehlte, ihre Wirkung zu tun. Derselbe Adolf Bartels war Autor einer vielbenutzten *Geschichte der deutschen Literatur*, die 1942 ihre achtzehnte Auflage erreichte und in der es über Heinrich Mann hieß: »Selbstverständlich steht er heute auf der Schwarzen Liste.« Und über Thomas Mann: »Er wurde im Dezember 1936 aus der deutschen Volksgemeinschaft ausgestoßen, wie schon vorher sein Bruder Heinrich, seine Tochter Erika und sein Sohn Klaus.«

Gleichwohl ist »das Jüdische« im Werk Thomas Manns von Anfang an eine wesentliche Kategorie. In der frühen Erzählung *Der Wille zum Glück* von 1895, einem Werk des zwanzigjährigen Thomas Mann, steht der Satz: »[...] dagegen war seine Gattin einfach eine häßliche kleine Jüdin in einem geschmacklosen grauen Kleid.« Die Novelle *Gladius Dei*, oft zitiert ob ihres ersten Satzes »München leuchtete«, ist eine Huldigung an die Stadt, in der er zur Zeit der Niederschrift seit einigen Jahren lebte, doch nicht ohne Ambivalenz. Denn das kunstfrohe, fast heidnische Treiben rund um den Odeonsplatz hat eine besondere Attraktion in der Kunsthandlung von M. Blüthenzweig. Es ist ein jüdisches Geschäft, und sein Besitzer, der sich »händereibend« um seine Kunden bewegt und in seinem Sortiment auch das Bild einer entblößten Madonna von delikater Sinnlichkeit bereithält, wird überdeutlich mit jüdischen Klischees gezeichnet: »Seine Nase lag ein

245

wenig platt auf der Oberlippe, so daß er beständig mit einem leicht fauchenden Geräusch in seinen Schnurrbart schnüffelte.« Dem Kunsthändler ersteht ein Widersacher in Gestalt eines jungen Mannes im weiten, schwarzen Kapuzenmantel, einer Art Savonarola, der über der Kunsthandlung visionär das rächende Schwert Gottes erblickt. Woher der strenge Moralismus in der leichtlebigen Kunstmetropole? Und warum entlädt er sich bei Thomas Mann so gern gegenüber Frauen und Juden?

Die Beispiele ließen sich fast beliebig vermehren. Juden kommen in allen größeren Werken Thomas Manns vor, nicht nur in seiner Frühzeit. »Als wollte er ein Klischee bedienen«, schrieb Hermann Kurzke, »gibt es jüdische Ärzte, jüdische Bankiers, jüdische Kunsthändler und jüdische Musikagenten. Fast immer tragen sie auch charakteristische körperliche und geistige Merkmale.« Da ist der Doktor Sammet aus der *Königlichen Hoheit*, da ist der dämonische Naphta aus dem *Zauberberg*, da ist – als Höhepunkt in der Galerie jüdischer Außenseiter – der Konzertagent Saul Fitelberg im *Doktor Faustus*, dem Thomas Mann auch noch ein höchst charakteristisches Idiom in den Mund legt – es setzt einer antisemitischen Deutung nur wenig Widerstand entgegen. Dabei ist das, was wir heute im *Doktor Faustus* lesen, nur die stark abgeschwächte Version eines Ursprungstextes, der beim Vorlesen im Familienkreis stärkste Bedenken weckte. Was Thomas Mann reizte, war das *Charakteristische* – eine künstlerische Unbedenklichkeit, die immerzu von Missverständnissen bedroht war.

Aus dieser Unbedenklichkeit heraus entstand auch *Wälsungenblut*, die Erzählung, die das »jüdische« Thema, das »jüdische« Milieu so ungeniert behandelt. Szenerie des Geschehens ist das Haus eines jüdischen Emporkömmlings, der seinen Aufstieg der kalkulierten Heirat mit einer reichen Kaufmannstochter verdankt sowie einigen unternehmerischen Kühnheiten, die ihm einen nie versiegenden »Goldstrom« einbringen. Aarenhold heißt der neureiche Großbürger, dessen Lebensumstände nicht nur von fern denen der Familie Pringsheim entsprechen. Ein Zwillingspaar steht im Mittelpunkt der Erzählung, und ein solches – Klaus und Katia Pringsheim – gab es auch in der Wirklichkeit. Über Siegmund Aarenhold, eines der Zwillingsgeschwister in *Wälsungenblut*, heißt es einmal: »[…] einen Augenblick traten die Merkzeichen seiner Art sehr scharf aus seinem Gesichte hervor […].« Das Milieu wird mit ironischer Distanz beschrieben, beinahe in Form einer Satire, »voll ungemütlicher Komik und klirrender Schärfe, genau und grausam decouvrierend, höhnisch, verletzend«, wie der Thomas Mann-Biograph Klaus Harpprecht schrieb.

Thomas Mann selber scheint nicht vollständig sicher gewesen zu sein, ob er diese Wirklichkeit so freimütig den Augen der Öffentlichkeit preisgeben dürfe. Er hielt es für geraten, die Novelle der Schwiegermutter vorzulesen. Auch Klaus, der Schwager, hörte zu. Nach seinem Zeugnis beglückwünschte Frau Pringsheim den Verfasser: Sie habe sein Werk »ganz ausgezeichnet« gefunden, und das »heikle Thema« sei »künstlerisch auf so hohem Niveau, dabei so behutsam und dezent behandelt, dass gegen seine Veröffentlichung nun wirklich kein Bedenken bestünde«. In der Tat ist künstlerisch gegen die Erzählung kaum etwas oder gar nichts einzuwenden, sie ist ein Meisterstück novellistischer Kunst und gehört zu Thomas Manns besten Arbeiten. Wären da nur nicht die Gerüchte gewesen, durch die zunächst die Schwiegermutter, dann auch der Schwiegervater alarmiert wurden. Gegen Skandale war er allergisch, sein Verhältnis zum Schwiegersohn nicht das allerbeste (das beruhte auf Gegenseitigkeit). So kam es zu einer Unterredung, in deren Verlauf der Schwiegervater schäumte und Schwager Klaus vermitteln musste: »Die Szene, die er ihm dann machte, spielte sich ohne Zeugen, sozusagen unter vier Ohren ab. Thomas Mann antwortete mit einem Brief, der nicht berechnet war, eine Versöhnung anzubahnen. Es dauerte lang und bedurfte viel weiblicher Klugheit auf beiden Seiten, bis der sinnlose Zwischenfall liquidiert werden konnte.«

Das Zwillingspaar der Erzählung trägt die Namen Siegmund und Sieglinde – Wagner-Namen, wie in so vielen assimilierten jüdischen Familien der Jahrhundertwende –, und sein Inzest nach einem Besuch von Wagners *Walküre* bildet den pikanten Höhepunkt der Erzählung, auf den noch eine ironisch-pointierte Schlusswendung folgt. Sieglinde, indem sie ihre Gedanken zu ordnen sucht, entsinnt sich plötzlich ihres Bräutigams, des Herrn von Beckerath, und wendet sich fragend an den Bruder. Dessen Antwort lautet: »›Nun, ... dankbar soll er uns sein. Er wird ein minder triviales Dasein führen, von nun an.‹« – So steht es heute in der Druckfassung, doch ist es nicht der ursprüngliche Schluss. Siegmunds Antwort sollte zunächst lauten: »Beganeft haben wir ihn, – den Goy.« »Goy« ist das jüdische Wort für Nichtjuden, und »beganeft« heißt so viel wie betrügen. Der Lektor des Fischer Verlags beanstandete diese Schlusswendung, die aus dem Rahmen des Ganzen herausfalle, während Heinrich Mann die Auffassung vertrat, das Charakteristische dürfe nicht einer sogenannten Korrektheit aufgeopfert werden.

Der Autor bequemte sich schließlich zu der Einsicht, dass eine ästhetische Pointe gerade in diesem Kontext der Fehldeutung, ja – wie er schrieb – dem »skandalösen Mißbrauch« ausgesetzt sein könnte. Deswegen verschwand der Schlusssatz und für lange auch die ganze Novelle, die zu Thomas Manns Lebzeiten nur einmal, 1921 in einer limitierten Luxusausgabe, gedruckt wurde. War ihm ganz wohl bei diesem Rückzug? An Heinrich schrieb er – und damit kehren wir zu dem schon früher zitierten Brief zurück: »Und ich muß anerkennen, daß ich menschlich-gesellschaftlich nicht mehr frei bin. Ich sandte also ein paar herrische Telegramme nach Berlin und erreichte, daß die Januar-Nummer der ›Rundschau‹, die schon fix und fertig gewesen war, *ohne* ›Wälsungenblut‹

erschien [...]. Genug, die Leute waren um ihren Skandal, und ich, der ich anfangs einigermaßen ins Gebiß geschäumt hatte, bin nun ziemlich gleichmüthig. *So* gut war die Sache ja nicht, und das daran, was Werth hat, nämlich die Milieu-Schilderung, die ich wirklich für sehr neu halte, läßt sich wohl einmal anderweitig verwerthen. Ein Gefühl von Unfreiheit, das in hypochondrischen Stunden sehr drückend wird, werde ich freilich seither nicht los, und Du nennst mich gewiß einen feigen Bürger. Aber Du hast leicht reden. Du bist absolut. Ich dagegen habe geruht, mir eine Verfassung zu geben.«

Wünschenswerteste Offenheit. Niemand sah klarer als Thomas Mann, dass sein neues vergoldetes Gehäuse auch als Käfig aufgefasst werden konnte. Ironisch schrieb er 1907 in der Selbstbetrachtung mit dem Titel *Im Spiegel:*

Glanz umgibt mich. Nichts gleicht meinem Glücke. Ich bin vermählt, ich habe eine außerordentlich schöne junge Frau – eine Prinzessin von einer Frau, wenn man mir glauben will, deren Vater königlicher Universitätsprofessor ist und die ihrerseits das Abiturientenexamen gemacht hat, ohne deshalb auf mich herabzusehen, sowie zwei blühende, zu den höchsten Hoffnungen berechtigende Kinder. Ich bin Herr einer großen Wohnung in feinster Lage mit elektrischem Licht und allem Komfort der Neuzeit, – ausgestattet mit den herrlichsten Möbeln, Teppichen und Kunstgemälden. Mein Hausstand ist reich bestellt, ich befehle drei stattlichen Dienstmädchen und einem schottischen Schäferhund, ich speise schon zum Morgentee Zuckerbrötchen und trage fast ausschließlich Lackstiefel. Was noch? Ich mache Triumphreisen. Ich besuche die Städte, eingeladen von schöngeistigen Gesellschaften, ich erscheine im Frack, und die Leute klatschen in die Hände, wenn ich nur auftrete.

Der Bourgeois als Bajazzo, ausgestattet mit genügend Selbstironie, um sich die Lage erträglich zu machen, immer noch staunend darüber, dass ein Dichter, dieser »einzig auf Allotria bedachte Kumpan«, der eigentlich Verachtung zu gewärtigen habe und sie wohl auch verdiene, es zu Wohlstand und Ansehen habe bringen können. Wie auch immer, Thomas Mann war angekommen, eingerichtet, »etabliert«. Und wenn die große Wohnung vielleicht nur ein Wartesaal war, so sah dieser Wartesaal doch prächtig und geräumig aus. Doch fällt auf, in welch starkem Maß er in den kommenden Jahren die Ausbrüche aus seiner Münchner Existenz kultivierte und sich zur Regel machte. Sie hatten meist äußere Anlässe, nämlich Einladungen in schöngeistige Gesellschaften, entsprachen aber seinen künstlerischen Bedürfnissen: Er musste auf Gestaltenjagd gehen, neue Personen für seine Szenarien finden, Ereignisse, Lokalitäten, Physiognomien in der Botanisiertrommel seiner Notizbücher einfangen. Das bevorzugte Verkehrsmittel auf seinen frühen Reisen war die Bahn, und eine Fahrt nach Dresden bescherte ihm ein ungewöhnliches Erlebnis: ein Eisenbahnunglück. Als die Wiener *Neue Freie Presse* ihn einige Zeit später um ein Geschichte für ihre Weihnachtsnummer bat, machte er aus dem Vorfall eine Erzählung, einen »Schmarren«, wie er an Bruder Heinrich schrieb, aber dieser Schmarren wurde später eine bevorzugte Vortragsnummer. Die Geschichte *Das Eisenbahnunglück*, die mit den Sätzen beginnt: »Etwas erzählen? Aber ich weiß nichts. Gut, also ich werde etwas erzählen«, hat Thomas Mann noch 1954 im Rundfunk vorgelesen. Aber der Hauptgrund, warum er so oft und so gern loszog, waren die selbstgewählte Lebensweise, der willig akzeptierte Druck der Gesellschaft, das Ins-Gebiss-Schäumen des gezähmten Bohemiens. In manchen Jahren liest sich seine Vita wie die eines gefragten Musikers. Thomas Mann rationalisierte es und schrieb darüber an Heinrich: »... ich kann mir nicht helfen, das Repräsentiren macht mir Spaß und die Luftveränderung reißt mich jedesmal aus der geistigen Stagnation, zu der ich neige.« Er hätte auch schreiben können: an die ich mich verkauft habe.

Ein verräterisches Symptom seines Fernwehs ist die lebenslange Vorliebe für Hotels, für komfortable Hotels, versteht sich. Das Hotel bedeutet Behaglichkeit ohne Bindung. Es gehört dem Besucher nicht, er gehört ihm nicht. Er findet peinlichste Ordnung vor, muss aber nicht selbst für sie sorgen. Was er gibt und bekommt, ist klar gegeneinander abwägbar, ohne Imponderabilien wie in der Ehe, der Familie, der Gesellschaft. Im Hotel kann der Bürger Fürst sein und der Fürst Bürger. Nirgendwo begegnen sich die Schichten der Gesellschaft so zwanglos, oder so scheinbar zwanglos, wie hier. Was Thomas Mann an Hotels schätzte, war Zuverlässigkeit mehr als Flüchtigkeit, Solidität mehr als buntes Flair, man könnte auch sagen: mehr Lübeck als München, mehr Mannsches als Pringsheimsches. Die Hotelexistenz war die beste Form, es zu finden. Im Mai 1907 reiste er mit Katia zum ersten Mal nach Venedig, in die zaubervolle Stadt, die sie später noch oft aufsuchen sollten – er traf dort auch die Schwester Carla und den Bruder Heinrich. Nur das Hoteldomizil, obgleich »Grand Hotel« genannt, ließ zu wünschen übrig: »Schwindel, – eine anspruchsvolle Spelunke«, wie Thomas Mann wenig später an Heinrich schrieb. Er fügte hinzu: »Was ein wirkliches ›Grand Hôtel‹ ist, habe ich erst jetzt in Frankfurt wieder gesehen, im ›Frankfurter Hof‹: Da weiß man doch, wofür man zahlt und thut's mit einer Art Freudigkeit.«

Doch war die Kurzlebigkeit des Hotelaufenthaltes ein hoher Preis. Was das Leben im Hotel, das man betritt und schon wieder verlässt, stärker suggeriert als das Zuhause, ist das Transitorische der Existenz, das Verrinnen der Zeit, die Vergänglichkeit. Bei sich daheim wäre Gustav von Aschenbach nie so früh gestorben, aber in der Ferne ereilte es ihn. In die Faszination des Bürgers, der im Hotel seinen Status erhöht, mischt sich die Angst vor dem Alleinsein, der Krankheit, dem Tod. Man denkt an das erste, unvergessliche Bild aus Marcel Prousts *Auf der Suche nach der verlorenen Zeit:* »Zärtlich drückte ich meine Wange an die schönen Wangen des Kopfkissens, die in ihrer Fülle und Kühle wie die Wangen unserer Kindheit sind. Ich strich ein Zündholz an und schaute auf die Uhr. Bald Mitternacht. Dies ist der Augenblick, da der Kranke, der verreisen musste, der in einem unbekannten Hotel die Nacht verbringt, und dort von einem Anfall aufgeweckt wird, sich freut, wenn er unter der Tür einen Lichtstreifen entdeckt. Gottlob, der Morgen ist da! Gleich wird das Personal aufgestanden sein, er kann schellen, es wird jemand kommen und ihm Hilfe bringen. Die Hoffnung auf Erleichterung gibt ihm Mut zu leiden. Schon glaubt er Schritte zu hören, die Schritte kommen näher, dann entfernen sie sich. Und der Streifen Tageslicht unter der Tür ist verschwunden. Es ist Mitternacht. Das Gaslicht ist ausgelöscht worden. Der letzte Hausbediente ist fort, und er wird nun die ganze Nacht unerlöst leiden müssen.«

Vielleicht sogar sterben? Die Prachtplätze, die Thomas Mann, der Großbürger wider Willen, so gern aufsuchte, boten geradezu ideale Möglichkeiten, zu zeigen, dass das, was er dort genoss, der Untergang seiner eigenen Lebenssphäre war. Dem Goldkäfig hätte er auch in Richtung des einfachen Lebens entrinnen können. Bruder Heinrich zum Beispiel hatte eine Vorliebe für kleine Dorfgasthöfe abseits aller Repräsentation. Aber er war auch nicht zum Glückspilzentum verurteilt und mit der Last öffentlicher Repräsentation beladen. In den erwähnten Novellenplänen der Wartezeit, vor Ordnung seiner bürgerlichen Pflichten, sah Thomas Mann eine Gefahr nicht nur für den Schriftsteller, den der Ruhm korrumpiert oder der vor lauter Eheglück nicht mehr arbeiten kann. Es gab auch die verräterische dritte Möglichkeit, die ihn die allerschlimmste dünkte: »Jemand, der dem Lebensglück entsagt, um Kunst daraus zu machen und dann doch nichts fertig bringt. Furchtbare Verzweiflung.«

Sie blieb ihm erspart. Er starb viele kleine Tode, aber nicht diesen schlimmen und schmählichen. Er entsagte nicht und brachte dennoch viel zustande. Zunächst ging es nun mit der

Prinzessin auf die Hochzeitsreise, in eines der ersten Häuser Europas, das Züricher *Baur au Lac*, »wo ich zur Zeit mit Katja auf größtem Fuß lebe, mit ›Lunch‹ und ›Diner‹« (beides in Anführungszeichen, so neu ist ihm alles) »und abends Smoking und Livree-Kellnern, die vor einem herlaufen und die Thüren oeffnen [...]. Übrigens keine Glücksrenommistereien! Ich habe, trotz der Versicherungen von allen Seiten über die hygienische Förderlichkeit der Ehe, nicht immer einen guten Magen und darum auch nicht immer ein gutes Gewissen bei diesem Schlaraffenleben und sehne mich nicht selten nach ein bischen mehr Klosterfrieden und ... Geistigkeit.«

Gastronomie und Gastritis verbündeten sich nicht ernsthaft und lebenslang gegen den Hotelgast. Die Welt der luxuriösen Hotels, der Empfänge und Soireen wurde dem früheren Selbstreiniger des Petroleumofens mit abendlichem Liebigextrakt nie zuviel. Mit der Zeit bekam er ein Auge für ihre Vorzüge und Qualitäten, ihre Eignung für die persönliche Bequemlichkeit, aber auch für ihre Ergiebigkeit in literarischer Hinsicht. Thomas Manns Notizen über Güte und Mängel der Beherbergungsbranche wie auch der Verkehrsmittel könnten ein schmales Bändchen füllen. Er wurde nicht müde, anderen seine Erfahrungen mitzuteilen, Lobenswertes zu empfehlen, den Pegasus vor den Wagen des Reiseführers zu spannen. Im Zug nach Königsberg notierte er sich, durch Rudolstadt fahren, eine Gastwirtschaft »Zum Bürger-Garten« – ein sprechender Name. Das eigene Landhaus in Bad Tölz wiederum pries er dem Freund Carl Ehrenberg anlässlich einer Einladung mit den Vokabeln des Beherbergungsgewerbes an: »Definitive Anmeldung durch Postkarte wäre angenehm. Wohnliche Fremdenzimmer. Kalte und Warme Speisen. Civile Preise. Herzlichst T. M.«

Auch später vergeht kaum ein Reisebericht ohne gebührende Abschätzung der Unterkünfte. Die *Pariser Rechenschaft* von 1926 vermittelt die verfeinerten Ansprüche des künftigen Nobelpreisträgers ebenso wie die ungemindert naive

Ausbruchsfreude des Leistungsethikers mit dem unerbittlichen Schreibtischpensum. Längst ist es ihm jetzt geläufig, bei guten Hotels auch die Adresse zu verzeichnen. Das Hotel *Hof von Holland* in Mainz zum Beispiel ist keine ausreichende Charakterisierung; »Rheinstraße« wird hinzugefügt. Dann Ankunft in der französischen Hauptstadt:

Hotel ›Palais d'Orsay‹, Quai d'Orsay, weitläufiger Bau mit stattlicher Halle, in der noch frühmorgendlich verschlafene Stimmung herrschte. In der Réception Zuweisung eines Zimmers im zweiten Stock, das sich mit seinem kleinen Vorplatz, an dem das Bad lag, als sehr freundlich erwies, aber im Punkte der Bequemlichkeit der Einrichtung nicht allen Wünschen genügte. Schließlich, man braucht eine Kommode! Den obligaten Kamin mit der vergoldeten Stutzuhr hätten wir gern für ein Möbelstück in Kauf gegeben, das unsere Wäsche bergen könnte.

Indem wir hier abstiegen, fanden wir uns vorzüglich beraten in Hinsicht auf die Lage unseres Quartiers, die sehr praktisch ist, aber weniger in Ansehung seines Charakters. Das ›Palais d'Orsay‹, obgleich es üppige Appartements zu bieten hat, ist vorwiegend Touristenhotel, für längeren Aufenthalt nicht eingerichtet. Auch ist es Festlokal des Pariser Mittelstandes, beliebter Schauplatz von Hochzeitsdiners, Vereinsbällen und dergleichen erhitzenden Veranstaltungen mehr, deren sich täglich mindestens eine hier abspielt. Dann stehen befrackte Diener, goldene Ketten um den Hals, empfangend und wegweisend auf allen Podesten, auf den Treppen flirtet die Jugend und tanzt im Saal, es riecht nach Festivität, und die Musik ist miserabel. Übrigens erwies sich unser Zimmer als durchaus schallfest, und eine Kommode wurde auf unsere Klage alsbald hereingerückt. Man stellte Sonderberechnung dafür in Aussicht, hat aber, wenn mir recht ist, schließlich darauf verzichtet.

Zweieinhalb Sterne also bestenfalls im Mannschen Baedeker. Oder doch drei? Es stellt sich heraus, dass im Gegensatz zu jener frühen ersten Konfrontation mit der Hotelbranche im Düsseldorfer *Park-Hotel* die Bediensteten in Paris nicht stark verlieren, wenn sie reden: »Einer der Subdirektoren des Hotels, eine Art von höherem Portier oder Manager in Schwarz, Schlüsselbewahrer unter anderem, ist ein literarischer Mann, der sich höchlichst für meine Anwesenheit interessiert. […] Eben verhandelte ich, vormittags, mit ihm in der Réception, als ein Herr sich mir näherte, der sich als Sekretär des Herrn Dmitri Mereschkowski vorstellte. Herr Mereschkowski wünsche mich zu besuchen. Das war beschämend. Ich hatte gewußt und doch aus Kopflosigkeit nicht bedacht, daß Mereschkowski in Paris lebe und daß es mir obliege, ihn aufzusuchen. Ich ließ ihn zum Tee bitten […].«

Das Hotel als Ruhmeshalle und Lebensraum, aber auch als Ort, an dem der sonst auf seine hermetische Klause begrenzte Schriftsteller Welt sieht und aufnimmt und zugleich seinen Ruhm genießt. Noch besser konnte das in schwimmenden Hotels geschehen, auf Meer- und Kreuzfahrten wie der, die Thomas Mann 1925 durch das Mittelmeer führte. Für die *Vossische Zeitung* verfasste er ein kleines Feuilleton darüber:

> Man meint wohl, *Konstantinopel* sei schwer zu erreichen? Durchaus nicht. Man braucht nur ein paar Tage lang morgens in warmem Meer zu baden und abends den Smoking anzulegen, so dringt man unversehens durch die Dardanellen und das Marmarameer und ist dort. […] Und dafür wurde mir bei der Ankunft eine erhebende Überraschung zuteil, ein offizieller Empfang durch die türkische Hafenbehörde! Man lud mich ins Rauchzimmer, man machte mich mit den mandeläugigen Polizeioffizieren bekannt. Der eine redete allerlei, was der andre dorthin verdolmetschte, man sei außerordentlich erfreut, mich hier zu begrüßen, und hoffe dringend, daß der Aufenthalt sich mir

zur Annehmlichkeit gestalten werde. Ich erwiderte in fließendem Deutsch, ich sei zum ersten Male in der Türkei und sähe dem Besuch in ihrer berühmten Hauptstadt mit der größten Spannung entgegen.

Zwar war nicht Konstantinopel, sondern Ankara seit zwei Jahren Hauptstadt der Türkei, aber den kleinen Fehler werden auch die Redakteure der Zeitung übersehen haben. Es war diese Reise, die Thomas Mann auch nach Ägypten führte und ihm erste Eindrücke für das monumentale Romanwerk verschaffte, das er bald in Angriff nahm – es sollte ihn dann sechzehn Jahre beschäftigen. Ein Jahrzehnt später – die ersten beiden Bände der Tetralogie *Joseph und seine Brüder* waren bereits erschienen – überquerte Thomas Mann auf Einladung seines amerikanischen Verlegers Alfred Knopf, der ihm auf dem holländischen Oceanliner eine Kabine Erster Klasse spendiert hatte, zum ersten Mal den Atlantik. Die Frucht dieser Reise war der Essay *Meerfahrt mit Don Quijote* in Form eines literarischen Feuilletons, bemerkenswert dadurch, dass er in der ausufernden Essayistik Thomas Manns die einzige größere Arbeit über ein Buch der romanischen Literaturen ist. Über die großen Romanautoren Frankreichs von Rabelais bis Flaubert hat Thomas Mann nicht geschrieben wie übrigens auch nicht über die großen Engländer von Defoe über Dickens und Thackeray bis zu George Eliot. Das späte »Fragment über Zola« ist das, was es ist, nämlich ein Fragment von kaum 30 Zeilen, nicht die Ausnahme von der Regel, sondern deren Bestätigung. Auch die *Meerfahrt mit Don Quijote* kann sich mit den großen Essays Thomas Manns zur deutschen oder russischen Literatur nicht messen. Er las Cervantes' Roman vor allem, um aus diesem Grundbuch aller Epik Anregungen für den Josephsroman zu schöpfen. Natürlich war er sich der literarischen und historischen Bedeutung des *Don Quijote* bewusst, trotzdem bleibt nicht verborgen, dass dieses »Weltbuch« nicht zu seiner angestammten Sphäre gehört. Gleich zu Anfang das Eingeständnis: »Befremdlicherweise habe ich die Lesung noch nie systematisch zu Ende geführt.« Fast überflüssig hinzuzufügen, dass der Essay nicht während der Schiffsreise geschrieben wurde, sondern erst einige Wochen später auf der Grundlage von Tagebuchnotizen, um einen Essayband zu komplettieren, der sonst zu schmal ausgefallen wäre. – Das Schiff, der Dampfer *Volendam*, voran die Erste Klasse, war nicht stark belegt, als Spätfolge der langanhaltenden Depression, die mit dem Schwarzen Freitag an der Wall Street fünf Jahre zuvor über die Welt hereingebrochen war und mit dazu beigetragen hatte, in Deutschland Hitler an die Macht zu tragen. Nur eine Gruppe jüdischer Auswanderer in der Touring Class erinnerte an diese Zeitumstände und vermochte das innere Gleichgewicht des Reisenden zu stören.

Wir sitzen am runden Mitteltisch zusammen mit zwei Offizieren: dem Doktor, jung und sympathisch, amerikanischer Nationalität, und dem Zahlmeister, einem Holländer von klassischem Phlegma und solchem Appetit, daß er stets doppelte Portionen erhält. Hinzukommt ein gutmütiger kleiner Businessman aus Philadelphia, der gern Champagner trinkt und mich nach Habitus und Geistesform an Typen der heimatlichen Kaufmannszivilisation erinnert, und ein älteres, mit bürgerlicher Sorgfalt gekleidetes und viel aus purer Freundlichkeit lachendes Fräulein, die Verwandte in Holland besucht hat und sich auf der Heimreise befindet. Den ganzen Kontinent muß sie nach der Landung noch überqueren, denn im Staate Washington am Pazifik ist sie zu Hause. […]

Ein Tisch mit jungen Holländern ist noch da, die offenbar eine Vergnügungsreise machen und häufige Lachsalven hören lassen, und ein fünfter noch, an dem der Kapitän in Gesellschaft eines distinguierten amerikanischen Ehepaares von vorgerückten Jahren seine Mahlzeiten nimmt. Sehr gerade sitzen diese Gatten um die Teezeit und nach dem Diner nebeneinander im Musiksalon und lesen. Das wäre alles, wenn nicht noch das Enfant terrible der Reisegesellschaft wäre, ein knochiger Yankee mit vorgebautem Munde, dem angelsächsischen Fischmunde, unter welchem – und nicht unterm Kinn – die Policemen in London ihr Helmband befestigen –, ein Mann Mitte Dreißig schätzungsweise, der sich ein Einzeltischchen hat geben lassen, ein Buch mit zum Essen bringt und mit keiner Seele Gemeinschaft hält. Allerdings sieht man ihn in der Touring Class mit jüdischen Auswanderern Shuffle board spielen. Seine Einzelgängerei erregt Anstoß, man will ihm nicht wohl. Wiederholt sah ich ihn Notizen machen, im Deckstuhl sowohl wie bei Tisch. Es ist nicht ganz geheuer mit ihm, das fühlt ein jeder. Man sondert sich nicht in dieser Weise ab und unterhält sich dann in der Touring Class. Gewiß ist er ein Schriftsteller, der in kritischem Zerwürfnis mit der Gesellschaftsordnung lebt, obwohl sein Abendanzug korrekt ist. Ein wenig beneide ich ihn um die Festigkeit, mit der er auf dem Einzeltisch bestanden hat, und bin etwas eifersüchtig auf die jüdischen Auswanderer, die er seines Umganges würdigt. So gut wie sie vermöchte auch ich wohl den Gedankengängen seiner Notizen zu folgen, das sagt mir mein Stolz, wenn ich auch zugebe, daß mein Interesse im Augenblick weniger sozial als ästhetisch-psychologisch gerichtet ist.

Der Einzelgänger als beunruhigender Doppelgänger des Schriftstellers, der wie dieser Notizen macht, mit dem Unterschied, dass er sie nicht allein für sich am Kabinenschreibtisch, sondern unter den Augen der Mitreisenden zu Papier bringt. Ob die anderen Passagiere wussten, dass ein weltberühmter Schriftsteller, Verfasser der *Buddenbrooks* und des *Zauberbergs*, in ihrer Gesellschaft reiste? In seinem Feuilleton erwähnt Thomas Mann nur einen Stewart aus Hamburg,

»der sich als Leser zu erkennen gegeben hat«. In der Realität war es aber kaum anders. Die Reise begann am 19. Mai, erst drei Tage später liest man im Tagebuch: »Ein junger Holländer, der mich, als Einziger an Bord, zu kennen scheint, stellte sich vor …« Zwei Tage später die Notiz: »Gestern Unterhaltungen mit dem Holländer … Die Tischgenossen weisen auf ihn als auf denjenigen hin, der meine Bücher gelesen hat. Der freundliche Geschäftsmann erkundigte sich nach ihren Titeln. Mrs. King ließ sie sich nach dem Diner im Salon sogar von mir aufschreiben. Das alles ist etwas albern und beschämend.« Weitere zwei Tage später taucht auch der »fischmäulige« Amerikaner im Tagebuch auf: »Er las ein Buch über Joyce und liest eines von diesem Autor selbst. Heute beim Frühstück sah ich ihn Notizen machen. Der Mann interessiert uns. Wir zweifeln nicht, daß er der geistig Höchststehende unter den Fahrgästen ist.« Die allgemeine Nichtbeachtung, selbst von Seiten der Schiffsleitung, blieb nicht ohne Wirkung auf den berühmten Reisenden, der seinen Verdruss am 28. Mai seinem Tagebuch anvertraute: »Magen- und Nervenstimmung, Verstockung des Unterleibs, Müdigkeit und Mißlaune. Wir waren allein bei dem Farewell-Dinner, da die Tischgesellschaft, offenbar auf Verabredung erst kam, nachdem wir gegangen. Das Verhältnis zu ihr etwas ärgerlich […]. Schuld an dem Unbehagen ist vor allem das besonders niedrige geistige Niveau unserer Tischgenossenschaft. Ich kann mich gewisser Empfindungen der Beschämung angesichts der herrschenden völligen Unbekanntschaft mit meiner Existenz nicht entschlagen.« Die Ruhmeshalle konnte sich durchaus von einer deprimierenden Seite zeigen, wenn nämlich deutlich wurde, dass diesem Ruhm alle populären Züge fehlten. 1947, zu Beginn seiner ersten Atlantik-Überquerung nach dem Krieg, jetzt in umgekehrter Richtung, beobachtete Thomas Mann am Bahnhof in Washington, mit welchen Ehren der mit großem Gepäck reisende Herzog von Windsor, vormaliger König Edward VIII., bedacht wurde. Dass er nach zehn Monaten auf dem Thron abgedankt hatte, um Wallis Simpson heiraten zu können, hatte seinen populären Ruhm nur vermehrt. Als Thomas Mann in New York die *Queen Elizabeth* bestieg, notierte er verstimmt: »Journalisten versäumten mich, weil sie sich mit dem Duke of Windsor zu lange aufhielten.« Der Stoßseufzer »Man müßte reisen wie der Duke of Windsor« zog sich fortan als Leitmotiv durch das Tagebuch.

Die Liste der Werke, zu denen Thomas Mann auf Reisen, in Kurorten und Hotels die entscheidende Anregung bekam oder die er an solchen Orten spielen ließ, ist auffällig lang. In einem Badeort bei Helsingör kam ihm die Idee zu *Tonio Kröger*. Die Novelle *Tristan* spielt in einem Sanatorium namens »Einfried«. *Mario und der Zauberer,* die Novelle über den italienischen Faschismus, entsprang einem Erlebnis in Forte dei Marmi bei Viareggio. *Lotte in Weimar,* der Goethe-Roman, spielt auf der gleichsam neutralen Ebene des Hotels *Zum Elephanten* in Weimar. Und auch Felix Krulls Aufenthalt im Pariser *St. James and Albany*, diesem der Zahlkraft üppig sich anbietenden Hause, gehört zu den exquisiten Beutebeobachtungen eines Schriftstellers mit langer Hotelgastkarriere. Die reiche Madame Houpflé, die sich vom hochstapelnden Liftboy freiwillig bestehlen lässt und in ihm auch noch Hermes zu sehen glaubt –: kein besseres Bild von der Deplaziertheit des Bürgers im Hotel ist erfunden worden. Leicht zu denken, dass Felix Krull seine buntscheckige Laufbahn am Ende in einer Luxussuite des *St. James and Albany* beschlossen haben würde, besorgt umstanden von Direktoren und hilflos achselzuckenden Ärzten. Das hätte ein möglicher Schluss dieser im Grunde schlusslosen Geschichte sein können.

Sie wurde in den Jahren vor dem Ersten Weltkrieg konzipiert und fragmentarisch ausgeführt, ein erstes Bruchstück aus *Felix Krull* erschien 1911 im Almanach des S. Fischer

Verlags. Es war die Zeit der großen Konzeptionen, denn damals entstanden auch die Novelle *Der Tod in Venedig* und der Plan zum *Zauberberg*. Auch diese Werke haben, keineswegs zufällig, mit der provisorischen Lebensform von Hotel und Sanatorium zu tun. *Der Tod in Venedig*, dessen Held ein Schriftsteller ist, war die Projektion eines Künstlerschicksals in die vertraute Atmosphäre des *Grand Hotel des Bains* am Lido von Venedig. Sie wird so beschrieben: »Gedämpft vermischten sich die Laute der großen Sprachen. Der weltgültige Abendanzug, eine Uniform der Gesittung, fasste äußerlich die Spielarten des Menschlichen zu anständiger Einheit zusammen. Man sah die trockene und lange Miene des Amerikaners, die vielgliedrige russische Familie, englische Damen, deutsche Kinder mit französischen Bonnen. Der slawische Bestandteil schien vorzuherrschen. Gleich in der Nähe ward polnisch gesprochen.« Es ist eine Welt von gestern, die hier beschrieben wird, und dass ihr das Sterbeglöcklein läutet, deutet der Tod des Protagonisten an, des ruhmreichen, formbewussten, zuchtvollen Schriftstellers, der in Venedig an der Leidenschaft für einen schönen Knaben würdelos zugrunde geht. Gustav von Aschenbach sackt im Liegestuhl vor dem *Grand Hotel des Bains* zusammen, von keinem literaturverständigen Manager bemerkt, nicht so aufmerksam umhegt von der Leitung des Hauses, wie es sein Autor zweifellos gewesen wäre.

Während sich Thomas Manns Aschenbach-Erlebnis in nur sieben Tagen, vom 26. Mai bis zum 2. Juni 1911 in Venedig kristallisierte, hielt er sich in den Davoser Bergen, wo er den Anstoß zum *Zauberberg* erhielt, immerhin vier Wochen lang auf, vom 15. Mai bis zum 13. Juni 1912, mitten in der Niederschrift von *Der Tod in Venedig*. Beide Werke gehören eng zusammen, die Sanatoriumsgeschichte sollte ursprünglich eine komische Hinzufügung zur tragischen Künstlererzählung sein. Die Tragik wurde in einem Jahr abgetan, für die große Ironie war mehr als Jahrzehnt vonnöten. Tod und Untergang sind es, was beide Bücher verbindet, ein Weltkrieg kam hinzu, der Thomas Manns Zeitdiagnose bestätigte, auch wenn er danach versuchte, so weiterzuleben, als sei nichts geschehen. Man kann Anstoß nehmen an seiner Neigung zu großbürgerlichem Komfort, kann die Meinung vertreten, er sei als soziales Wesen ungewöhnlich immun gewesen gegen die »Forderung des Tages«, um es mit seiner eigenen Formel zu sagen. Aber, wie man im Englischen so unübersetzbar treffend sagt: *he delivered the goods,* er leistete sein Teil im Gegenzug. Welcher Teufel auch immer ihn in jenem Herbst 1903 reizte, als er beschloss, lieber reich und berühmt als arm und zweitrangig zu sein, er hat dies Teil im Laufe seines Lebens getreulich ausgeführt. Wenn er der beste Zeuge ist für die Symbolik des sterbenden Bürgertums, der sich denken lässt, dann ist er auch ein imponierender Repräsentant von dessen Widerstandskraft.

Ein Satyr-Nachspiel kann das noch einmal vor Augen führen. Wir wissen nicht genau, was Thomas Mann am Abend des 27. Januar 1932 tat, wissen nur, dass er damals in München an seinem Essay *Goethe als Repräsentant des bürgerlichen Zeitalters* schrieb. 1932 war ein Goethe-Jahr, und seit dem *Zauberberg* war Thomas Mann auf dem Weg zu Goethe. An jenem Abend freilich kann er nicht an dem Essay gearbeitet haben, denn sein Werk förderte er nur am Vormittag. Hitler dagegen arbeitete auch abends. Am Abend des 27. Januar 1932 hielt er seine berühmte Rede vor deutschen Industriellen, zweieinhalb Stunden lang und mit durchschlagendem Erfolg. Er hielt sie in Düsseldorf, im *Park-Hotel,* erbaut vom Industrieverein um die Jahrhundertwende. An derselben Stelle, an der drei Jahrzehnte zuvor der Großbürger Thomas Mann den Geist des Luxus zum ersten Mal gekostet hatte, versank nun das deutsche Besitzbürgertum im Ungeist der Macht. Nicht lange, und der Autor der Endspiele Aschenbachs und Castorps wurde beiseitegeschoben, expatriiert, expropriiert vom

Urheber eines größeren Endspiels, bei dem ganz Deutschland als Preis aufgeboten war. Thomas Mann lebte lange genug, es vor Augen zu sehen, und im *Doktor Faustus* hat er es in überlebende Prosa gefasst.

Jetzt aber, Anfang 1932, sah er es noch nicht vor Augen. Im Februar verbrachte er fast drei Wochen in St. Moritz, Hotel *Chantarella*. Von dort schrieb er an Robert Faesi: »Eine Woche lang haben wir volle Sonne gehabt und heute zum ersten Mal leichten Schneefall und zauberischen Schleierdunst um die Berge. Schwer zu sagen, was schöner ist.« Am 13. März begann er seine Vortragsreise, Goethe zu Ehren, aber auch den eigenen Ruhm mehrend, die ihn über Prag, Wien, Berlin nach Weimar führte, jederzeit in guten Hotels untergebracht, wie er den in München versammelten Rotariern am 5. April launig mitzuteilen wusste. Doch war er auch ein wenig schuldbewusst, wie sich gleich zu Beginn zeigte: »Wir reisten, nämlich meine Frau und ich, an einem etwas unpassenden Tage, dem Tag der Reichspräsidentenwahl von München ab und fuhren mit schlechtem Gewissen, da die Wahl erst um 9 Uhr begann, wir aber der älteren Verabredung gemäß schon den Zug um 8 Uhr über Regensburg benutzen mußten und nicht mehr wählen konnten, nach Prag. Wir waren durch diesen Umstand etwas beunruhigt und wurden erst im Laufe des Tages getröstet.«

Das war der erste Wahlgang, bei dem Hitler gegen Hindenburg unterlag, aber die Nazi-Stimmen gegenüber der letzten Reichstagswahl von sechs auf mehr als elf Millionen anstiegen. Hindenburgs Sieg gewährte den erwähnten Trost, in den sich aber Unmut mischte: »Nun muß ich über diese Verbindung Klage führen. Die Verbindung nach Prag ist vernachlässigt und eigentlich schlecht. Es müßten zwischen zwei Hauptstädten wie München und Prag doch direkte Wagen geben. Man muß in Schwandorf umsteigen. Wohl gibt es bis Regensburg Speisewagen, so daß man darin ein Frühstück nehmen kann, aber das Mittagessen liegt so früh, daß man

Vorrat mitnehmen muß. Diese Unbequemlichkeit ist zu bedauern, weil erfahrungsgemäß die Prager Deutschen sich außerordentlich freuen, wenn Reichsdeutsche zu ihnen kommen. Das wäre doch wohl ein Grund, diese Verbindung ein wenig zu erleichtern.«

Das klingt, vor dem Hintergrund der ethnischen und politischen Konflikte in der damaligen Tschechoslowakei, naiv und ahnungslos. Es dauerte auch nur noch ein paar Jahre, bis es direkte Wagen zwischen München, der Hauptstadt der Bewegung, und Prag, der Hauptstadt eines Protektorats, gab, und manche Wagen mit Münchner und Prager Nichtdeutschen fuhren weiter ins Generalgouvernement direkt bis nach Auschwitz, doch die führten Speisewagen nicht einmal bis Regensburg. Um halb sechs jedenfalls trafen die Manns an jenem 13. März 1932 in Prag ein: »Die Herren geleiteten uns in das schöne Hotel Esplanade in der Nähe des Bahnhofs, das wirklich sehr empfehlenswert ist. Es ist charakteristisch für die ehrgeizig-großstädtische Entwicklung, die Prag in den letzten Jahren genommen hat und die sich sehr merkwürdig von dem Prag der Kleinseite, dem romantischen, dem Golem-Prag, abhebt.« Fünf Jahre später reiste Thomas Mann erneut nach Prag, diesmal von Küsnacht aus über Wien, Hitler war seit vier Jahren Reichskanzler, Thomas Mann hatte nach langem Wartestand den Bruch mit Nazi-Deutschland vollzogen, er war mittlerweile sogar tschechoslowakischer Staatsbürger geworden. Diesmal führte der Zug Speisewagen, aber wieder war es ihm nicht recht, wenn auch aus anderen Gründen. Am 9. Januar 1937 notierte Thomas Mann im Tagebuch: »Gestern ¼ 4 Uhr Abfahrt Schiedhaldenstraße. Melancholie des Hundes. Schlafwagen-Unterkunft bei sehr höflichem Schaffner, der uns kannte. 5 Uhr Thee im Speisewagen, wo ich leider ein Stück mit Hefe gebackenen Gugelhupfes aß, der mir fast bis zum Abendessen Beschwerden und Erregung machte. Mahlzeit ½ 8 Uhr mit etwas Rotwein. Magen blieb unpäßlich. Saßen nachher bei gemachten Betten in freiem

Abteil, ich rauchte eine Cigarre. Gingen zeitig schlafen. Nahm nach Mitternacht die zweite Hälfte des Phanodorm. Schlief dann ziemlich ausgiebig, doch war der Magen noch morgens aufgerieben. ¼ 8 Uhr auf. Die bekannte Eng-Toilette. Danach in den Speisewagen zum Frühstück. Schickte den Thee als ungenießbar fort und nahm Milchkaffee, der nicht schlecht bekam.« In Prag bezog man die gewohnte Wohnung im Hotel *Esplanade*, besuchte im Deutschen Theater eine Aufführung des *Rosenkavalier*, fuhr tags darauf zum Präsidenten der Republik in den Hradschin und danach in die kleine Arbeiterstadt Proseč, die Thomas Mann das Heimatrecht gewährt und dadurch seine Einbürgerung möglich gemacht hatte. Wer hätte das fünf Jahre zuvor für möglich gehalten?

Um zur früheren Goethe-Reise 1932 zurückzukehren: Von Prag reiste man weiter nach Wien, »wo wir am Abend um ½ 9 Uhr am Westbahnhof ankamen. Wir suchten mein altes gutes Imperial auf, das ich ganz besonders wegen seiner pompösen Kulissenhaftigkeit schätze und das ganz großartig ist.« Von Wien ging es nach Berlin: »Dieser Teil der Reise war der bequemste. Man hat direkten Schlafwagen und Speisewagen und ist am nächsten Morgen schon um 7 Uhr in Berlin. Wir suchten unser schon vertrautes Hotel Savoy in der Fasanenstraße auf. Ein kleines Hotel, von dem ich nicht weiß, ob es jemand von Ihnen bekannt ist, aber so sympathisch und behaglich, daß ich es ›Kaiserhof‹ usw. vorziehe. Man soll solche Gelegenheiten wahrnehmen, seiner Menschenfreundlichkeit Genüge zu leisten, indem man auch andere darauf hinweist.« Soviel dichterische Menschenfreundlichkeit erfordert den prosaischen Zusatz, dass das *Hotel Savoy*, Berlin, Fasanenstraße, noch heute existiert, während der *Kaiserhof*, von dem aus der deutsche Bestsellerautor Joseph Goebbels und sein Hof zur Reichskanzlei weiterzogen, nicht mehr besteht.

Letzte Etappe der Fahrt, die Thomas Mann *Meine Goethereise* nannte, war dann Weimar, die Wahlheimat des Repräsentanten des bürgerlichen Zeitalters. Thomas Mann fand freilich mehr eine Hitler- als eine Goethe-Stadt vor: »Am 20. März fuhren wir nach Weimar, dem eigentlichem Zentrum dieses Goethe-Festes, dem Brennpunkt aller dieser Feiern, wo man uns in dem Hotel Fürstenhof, das vielleicht einige von Ihnen kennen werden, Quartier bereitet hatte. Es ist das ein sympathisches altes Hotel, wie man es in kleinen Städten findet, aber unter den gegenwärtigen Umständen war es außerordentlich geräuschvoll. Der ›Erbprinz‹ oder der ›Elefant‹ wäre angenehmer gewesen. Wir haben da 3½ Tage verbracht. Die Stadt unter den gegenwärtigen Umständen zu sehen, war sehr merkwürdig [...]. Ganz eigenartig berührte die Vermischung von Hitlerismus und Goethe. Weimar ist ja eine Zentrale des Hitlertums. Überall konnte man das Bild von Hitler usw. in nationalsozialistischen Zeitungen ausgestellt sehen. Der Typus des jungen Menschen, der unbestimmt entschlossen durch die Stadt schritt und sich mit dem römischen Gruß begrüßte, beherrscht die Stadt. Daneben fiel die festliche Ausstattung der Schaufenster ins Auge, manchmal ein wenig kindlich, teils rührend, wie Goethe in Marzipan, das Gartenhaus als Bonbonnière, versandfertig, und die sonstigen kleinen rührenden Scherze.«

Man sehe das ausführliche Zitieren dieser Rotarierrede nach. Sie war sicher leichthin gehalten, aus Tagebuchaufzeichnungen zusammengestellt, ohne literarischen oder politischen Anspruch. Aber als kleines, gar nicht rührendes und erst recht nicht scherzhaftes Finale stellt sie eine tragisch-ironische Pointe zum Thema dar. Thomas Mann, der das Ende des Bürgertums im Familienkreis, als Einzelschicksal Aschenbachs und in der Sanatoriumswelt von Davos so treffsicher darzustellen wusste, versagte es sich lange, die Schärfe seiner Beobachtung auf das Kolossalgemälde des Untergangs eines ganzen Volkes zu richten. Formulierungen wie »sehr merkwürdig«, »ganz eigenartig« oder »kleine rührende Scherze« sind etwas schwach zur Beschreibung der vor seinen Augen stattfindenden Abdankung der Goethekultur vor der Hitlerbarbarei. Später wurde er deutlicher und direkter. Ins Exil vertrieben, spürte er, wie ohnmächtig die von ihm so entschlossen mitverteidigte Welt gutbürgerlicher Leistungsethik und gediegener Hotel-Repräsentanz war; er begriff, dass all das Behagliche, Sympathische, Alte, Gute und Vertraute, um die Hotelcharakterisierungen aufzugreifen, die er für die Goethe-Reise benutzte, wie ein Kartenhaus zusammenbrach, als jemand auftrat, der sich auf pompöse Kulissenhaftigkeit noch besser verstand als deutsche Hotelarchitekten der wilhelminischen Zeit. Was ein Bollwerk gegen den Umsturz hätte sein sollen, wurde zu dessen Brutstätte. Lange Zeit hat Thomas Mann in seiner *splendid isolation* den Blick davor verschlossen. In seinem Theaterstück *Fiorenza* steht ein lapidarer Satz, der zeigt, dass er wohl Bescheid wusste, aber es nicht so genau wissen wollte, und das Wortspiel mit dem eigenen Namen kann er kaum übersehen oder überhört haben, wenn es nicht gar ein bewusstes Wortspiel war: »[...] doch der Besitz entmannt!«

III Lebensfahrten

Der Unpolitische und die Republik
Die Tagebücher 1918-1921

Gut zwanzig Jahre nach seinem Tod hielt Thomas Mann für die Nachwelt eine Überraschung bereit. Am 12. August 1975 nämlich wurden in Kilchberg bei Zürich, an seinem letzten Wohnsitz, jene Pakete geöffnet, die er selber noch verschnürt, versiegelt und mit der Aufschrift versehen hatte: »*Daily notes from 1933-1951. Without any literary value, but not to be opened by anybody before 20 years after my death*«. Die Pakete enthielten seine Tagebücher aus fünfundzwanzig Lebensjahren, von 1918 bis 1921 sowie von 1933 bis 1955. Ein Nachlass von über fünftausend Seiten, der bereits quantitativ viel umfangreicher war, als selbst Kenner es vermutet hatten. Viel spricht dafür, dass die Feststellung, es handle sich um Notizen »ohne jeden literarischen Wert«, nicht kokett, aber auch nicht ganz ernst gemeint war, wie das verräterische »*but*« in der Mitte des Satzes andeutet. Warum hätte Thomas Mann diese Papiere sonst aufbewahrt und der Nachwelt überliefert? Auch unabhängig vom literarischen Wert sah er in ihnen zumindest ein Dokument seines Lebens. Peter de Mendelssohn und Inge Jens, die beiden Herausgeber, haben dieses Dokument (das man seinem Umfang nach auch ein Monument nennen könnte) in siebzehnjähriger Arbeit ans Licht gebracht; seit 1995 liegt es komplett in zehn Bänden vor. Hat sich unser Bild von Thomas Mann, von seiner Person, aber auch von seinem Werk und seiner literarischen Produktionsweise, dadurch verändert? Hans Mayer schrieb nach der Veröffentlichung des ersten Bandes: »Es könnte sein, daß Thomas Manns Tagebücher, wenn sie einmal vollständig ediert sind, durchaus gleichberechtigt neben dem Gesamtwerk des Erzählers und Essayisten ihren Rang behaupten dürfen.« Das war eine kühne Prognose, aber sie ist, wie es scheint, in Erfüllung gegangen. Fünfundzwanzig Jahre später kam Marcel Reich-Ranicki in seinem Buch *Sieben Wegbereiter* (über »Schriftsteller des zwanzigsten Jahrhunderts von Schnitzler bis Brecht«) zu dem Ergebnis: »Die Zahl derer, die den seit 1977 erscheinenden Tagebüchern Thomas Manns die Treue hielten, wuchs von Band zu Band. Auch diejenigen, die sich beschwerten, die Lektüre dieser Eintragungen, die sich doch meist mit Belanglosem und Nebensächlichem befassen, lohne sich kaum, konnten nicht verbergen, daß sie, der Logik zum Trotz, den nächsten Band mit Ungeduld erwarteten: Die lesend gelitten haben, wollten abermals leiden. – Sollte es ein besonderer Genuß sein, von Thomas Mann enttäuscht und gelangweilt zu werden? Haben seine Notizen – wie man schon hören konnte – tatsächlich die Wirkung einer Droge? Lassen sie uns also süchtig werden? Sicher ist jedenfalls, daß hier Außergewöhnliches geschieht. Nach wie vor haben seine Romane und Novellen unzählige Bewunderer, die Tagebücher indes vermögen zu erreichen, was die Geschichte der Rezeption seines Werkes niemals kannte: Sie machen aus Bewunderern Angehörige einer Gemeinde.«

So Marcel Reich-Ranickis erstaunlicher Befund. Er wirft natürlich sogleich die Frage auf, woher diese Reaktion der Leser, wenn sie denn richtig beschrieben ist, rühren mag. Was macht die Tagebücher Thomas Manns, ungeachtet aller Mühsal, die sie dem Leser abverlangen, und ungeachtet der hundertfachen Wiederholungen, die darin zu finden sind, zu einer so fesselnden Lektüre? Reich-Ranicki ging von der Beobachtung aus, dass Thomas Manns sprachliche Virtuosität und seine Perfektion des Ausdrucks, so einzigartig in deutscher Literatur sie auch sein mögen, doch zugleich einen unüberwindbaren Abstand schüfen zwischen Autor und Leser. In den Tagebüchern, wo wir es nicht mit einer enormen Kunstleistung, sondern mit dem Rohstoff des Lebens zu tun hätten, sei dieser abweisende Abstand verringert oder sogar aufgehoben: »Thomas Manns Tagebücher bergen das in seinem Œuvre reichste und tiefste Identifikationsangebot«, schrieb der Kritiker. »Sie ermöglichen uns ein aufschreckendes Erlebnis: die Begegnung mit uns selber [...]. Von unserem Elend und unserem Hochmut, von unserer Verletzbarkeit und unserem Egoismus, unseren Minderwertigkeitsgefühlen und unserem Größenwahn, unserer Sehnsucht nach der Liebe und unserer Angst vor dem Tod – davon ist hier die Rede.«

In der Tat war es bis zur Veröffentlichung der Tagebücher fast unmöglich, anhand seiner Werke zur *Person* Thomas Manns vorzudringen und überhaupt bei ihm Legende und Wirklichkeit auseinanderzuhalten. Er selbst war an der Legendenbildung entscheidend beteiligt, da er es zeitlebens meisterhaft verstand, sein Bild in der Öffentlichkeit kunstvoll zu stilisieren, seinen Ruhm und Nachruhm selber zu inszenieren. Diese diskrete, aber wirkungsvolle Selbstinszenierung gehört zu seinen größten Lebensleistungen. Schon der neunundzwanzigjährige Schriftsteller, umgeben vom frischen Ruhm der *Buddenbrooks*, schrieb an seinen Bruder Heinrich: »Ich habe im Grunde ein gewisses fürstliches Talent zum Repräsentieren ...« Das Repräsentationstalent hat er im Laufe seines Lebens sorgfältig und systematisch ausgebildet. Unendlich viel Mühe und Energie hat er darauf verwendet, ein Bild von sich zu entwerfen, das seinen eigenen Wünschen ebenso entsprach wie den Bedürfnissen seiner Leser. Unaufhörlich sich selber kommentierend, interpretierend, stilisierend hat er auch seinen Interpreten die Stichworte geliefert, die von ihnen gern und dankbar aufgegriffen wurden. So lernte die Welt ihn zu sehen, wie er gern gesehen werden wollte: als Schriftsteller der ganzen Nation und Repräsentant deutscher Kultur, als Nachfolger Goethes. Im November 1935 notierte er, sich mit Goethe vergleichend, im Tagebuch: »Es kommt darauf an, sein Leben subjektiv, im Spiel, möglichst hoch zu steigern. Geschieht das mit Phantasie und Intensität, so werden andere veranlaßt, an dem Spiel teilzunehmen.«

Mitwelt und Nachwelt *haben* daran teilgenommen. Vor allem die Literaturwissenschaft hat Thomas Manns Selbstporträt bereitwillig akzeptiert, es unendlich liebevoll und sorgfältig ausgemalt und dem Dichter aus vielen tausend Büchern Sekundärliteratur ein hohes, wenn auch papierenes Denkmal errichtet. Darauf steht er noch heute als der »ironische Deutsche«, nach einem Wort von Erich Heller, als der »repräsentative Schriftsteller seiner Epoche«, als den ihn Georg Lukács feierte, als der »Zauberer«, wie er respektvoll von seinen Kindern und im Titel einer monumentalen Biographie genannt wurde.

Vermag dieses Bild von Thomas Mann der Realität von Werk und Leben standzuhalten? Er gilt ja auch als Erzieher und Lehrmeister der deutschen Nation auf ihrem schwierigen Weg zu humanem Fortschritt und politischer Vernunft. Kurt Sontheimer hat, mit Blick auf die politischen Schriften Thomas Manns, von einem »Glücksfall« gesprochen. Aber dieses Urteil ist geprägt von der Erinnerung an den Emigranten und Hitler-Gegner Thomas Mann, der in der Zeit des Dritten Reiches zum Oberhaupt der Emigration und zum weltweit geachteten Repräsentanten eines anderen und besseren Deutschland aufgestiegen war. Für diese Haltung gebührt ihm hoher Respekt, sie macht, jenseits des literarischen Werkes, sein historisches Verdienst aus. Aber sein Weg durch das Jahrhundert war in Wirklichkeit komplizierter, verworrener, fragwürdiger, auch reicher an Brüchen und sogar an Verirrungen, als sein demokratisches Wirken in Amerika und seine olympische Altersexistenz in Kilchberg am Zürichsee vermuten lassen. Auch davon zeugen seine Tagebücher, vor allem die aus früher Zeit, die nur deswegen erhalten blieben, weil sie für die Arbeit am *Doktor Faustus* noch gebraucht wurden.

Thomas Mann hat zeitlebens Tagebuch geführt, aber den größeren Teil seiner Aufzeichnungen selber vernichtet: die aus seiner Jugendzeit bereits im Februar 1896, wie wir aus einem Brief an den Jugendfreund Otto Grautoff wissen – Thomas Mann war damals zwanzig Jahre alt und hatte noch nichts veröffentlicht. Das zweite – umfassendere und für die Neugier der Nachwelt vermutlich verlustreichere – Autodafé fand 1944/45 in Kalifornien statt. Thomas Mann selbst hat im Tagebuch darüber berichtet. In der Eintragung vom 20. Juni 1944 findet sich fast beiläufig die Notiz: »Begann mit der Vernichtung alter Tagebücher.« Am 21. Mai 1945 heißt es dann: »... alte Tagebücher vernichtet in Ausführung eines längst gehegten Vorsatzes. Verbrennung im Ofen draußen.« Der Ofen, das war der *incinerator*, die Müllverbrennungsanlage im Garten seines Hauses in Pacific Palisades. Betroffen davon waren die Tagebücher bis 1933, die von einer Veröffentlichung ausgeschlossen wurden – vermutlich aus Furcht vor Indiskretionen und der Enthüllung intimer Geheimnisse. Man weiß auch von den Ängsten, die Thomas Mann im Frühjahr 1933 auszustehen hatte, als er sich nach der Machtübernahme der Nationalsozialisten unversehens im Exil in der Schweiz wiederfand und fürchten musste, die in München zurückgebliebenen Tagebücher könnten in die Hände der Nazis fallen. Über die Gründe soll hier nicht spekuliert werden; es könnte leicht in ein auswegloses Labyrinth oder ein geheimnisvolles Verlies führen – Michael Maar hat es in einem philologisch spekulativen Buch über »Thomas Mann und die Schuld« das »Blaubartzimmer« genannt. Es muss genügen, dass Thomas Mann diese Dokumente den Augen der Nachwelt entzogen hat. Die einzige Ausnahme betrifft, wie erwähnt, die Tagebücher der Jahre 1918-1921, die für die Arbeit am *Doktor Faustus* noch benötigt und später, vielleicht aus Vergesslichkeit, nicht vernichtet wurden. Sie sind ein aufschlussreiches Dokument, zumal sie eine historisch wichtige Epoche umfassen: das Ende des Ersten Weltkriegs und die frühen Jahre der Weimarer Republik.

Anlage, Duktus und Diktion entsprechen im Wesentlichen den späteren Tagebüchern aus der Zeit nach 1933. Über seinen

Antrieb, Tagebuch zu führen, hat Thomas Mann selber im Tagebuch bemerkt: »Ich liebe es, den fliegenden Tag nach seinem sinnlichen und andeutungsweise auch nach seinem geistigen Leben und Inhalt fest zu halten, weniger zur Erinnerung und zum Wiederlesen als im Sinn der Rechenschaft, Rekapitulation, Bewußthaltung und bindenden Überwachung.« Die Aufzeichnung stammt vom 11. Februar 1934, also schon aus späterer Zeit. Sie ist, wie bereits aus wenigen Zeilen deutlich wird, kunstvoll, sprachlich ausgefeilt, von hohem reflektorischen Niveau, also durchaus »literarisch«, obwohl der literarische Wert vom Autor verneint wurde. Der »hohe Stil« dominiert mit knappen, verblosen Fügungen und resümierenden Wendungen, oft lapidar wie in Goethes späten Tages- und Jahresheften, aber mit bewusstem Kunstanspruch. Dennoch unterscheidet sich der Stil von Thomas Manns Tagebüchern deutlich vom Stil seiner Epik und literarischen Essayistik. Weniger ausgreifend und verschlungen, weniger makellos, fehlt vor allem jener den Text umhüllende und den Leser distanzierende Schleier von Ironie, der Thomas Manns Sprache so unverwechselbar prägt. In den Tagebüchern schreibt er direkter, unverstellter, auch ungeschminkter, wenngleich nicht weniger literarisch. Sie sind kein Instrument der Selbsterkundung im Sinne Montaignes, kein Gesellschaftspanorama wie die Tagebücher der Brüder Goncourt, kein Werkstattbericht wie die Brecht'schen Arbeitsjournale noch gar ein *journal intime*. Näher liegt der Vergleich mit den Tagebüchern André Gides. Aber bei Gide, den Wirklichkeitserfahrung und persönliche Disposition zur unablässigen Selbstanalyse drängten, bildete das Tagebuch das Zentrum seines Werks, worin alles Nebensächliche und Alltägliche radikal ausgeschieden ist. Thomas Mann dagegen verzeichnete auch die Geschehnisse des flüchtigen Tages, und zwar mit der gleichen Geduld und Ausdauer wie er politische und künstlerische Vorgänge registrierte. Obwohl er am 20. Januar 1919 notierte: »Übrigens hat die bisherige Art, das

Tagebuch zu führen, keinen Sinn. Werde nur noch Bemerkenswertes eintragen«, wurde er schon mit dem nächsten Satz seinem Vorsatz untreu und verzeichnete penibel Briefe und eingegangene Bücher. Damit nicht genug: Wie er die Nacht verbracht, wann er sich rasierte und badete, wie lange er am Schreibtisch saß, ob er gutgestimmt oder missgelaunt zu Tische ging, was er trank und aß und welche Musik er hörte, das alles ist in den Tagebüchern festgehalten – der Leser braucht dafür fast ebenso viel Geduld und Ausdauer wie der Schreiber der Notizen. Kaum etwas wird ausgelassen: nicht die Verdauungsstörungen und Schlafmittel, die Haarwaschungen und Ankleide-Rituale, die Tischgäste und Konzertbesuche, die Zeitungslektüren und Korrespondenzen. Thomas Mann verstand das Tagebuch als Lebenschronik, die täglich fortgeschrieben wurde. Zweifel an dieser Praxis sind selten. Nur im Februar 1942 entschlüpft ihm einmal eine Bemerkung über »das Falsche, Schädliche und Kompromittierende des Tagebuch-Schreibens«. Trotzdem werden die Notizen über mehr als zwei Jahrzehnte tagtäglich zu Papier gebracht, und wenn sie einmal fehlen, dann aufgrund äußerer Umstände wie Krankheit oder Reisen. Nur im Sommer 1954 klafft plötzlich eine Lücke von zehn Tagen, und es heißt: »Das Tagebuch ekelte mich«, doch wird gleich hinzugefügt: »wie mich alles ekelte.« Es ist kein spezieller Ekel vor dem Tagebuch, sondern die Verzweiflung eines fast Neunundsiebzigjährigen, der sich körperlich hinfällig und zugleich von Geschäften überhäuft fühlt. Die Chronik hat er gleichwohl wieder aufgenommen und bis in seine letzten Tage weitergeführt. In diesem Sinn ist das Tagebuch auch ein Produkt der Disziplin; wie die umfangreiche Korrespondenz musste es jedem Tag aufs Neue abgerungen werden. Dabei wurde zwischen Werk- und Feiertagen nicht unterschieden, gemäß Thomas Manns zeitlebens geltender Maxime, dass er sich »auf beschäftigungslose ›Erholung‹ durchaus nicht verstehe«.

Hier also, in seinen Tagebüchern, sieht man ihn endlich

einmal ohne die Maske des Zauberers. Wie aber erscheint er da? Der reale Mensch, der dem Leser aus den Tagebüchern der Jahre 1918 bis 1921 entgegentritt, ist ein hochempfindlicher, krankheitsanfälliger, leicht reizbarer und oft missgelaunter Mann Mitte vierzig, dessen Interesse im Grunde auf einen einzigen Gegenstand gerichtet ist: das eigene Ich, das eigene Werk. Die Sorgen und Nöte anderer werden kaum wahrgenommen, die Umwelt dient als Folie der eigenen Existenz. Selbst seinen Freunden und Verehrern tritt Thomas Mann nicht ohne Herablassung gegenüber: »Ich habe nur zu viele Anhänger, deren Anhängerschaft mich degradiert und mich in jeder Selbstverkleinerung unbewußt bestätigt.« Der ausgeprägten Selbstbezogenheit entspricht die verzerrte Selbsteinschätzung. Obwohl er in den schlimmsten Kriegs- und Notjahren keinen Mangel leidet wie die große Mehrheit der Bevölkerung, sieht Thomas Mann sich auf der Seite der Leidenden und Zukurzgekommenen, missverstanden von seiner Umwelt, angekettet an die Galeere der Arbeit, ein Schmerzensmann, verurteilt zu den Lasten seiner »einsamen, abgesonderten, wunderlichen, grüblerischen und trüben Existenz«. Dennoch braucht er den Hofstaat, die Gäste, die Besucher, den Welttrubel. Er braucht das Echo, die Zustimmung, die öffentliche Resonanz. Das Tagebuch verzeichnet jede freundliche Rezension, jedes lobende Wort. Die Bewunderung der Welt ist Thomas Mann willkommen, ihre Kritik empfindet er als unstatthaft. Bereits der leiseste Widerspruch bringt ihn aus der Fassung, raubt ihm die innere Ruhe und den Schlaf. In dieser Hinsicht treibt seine chronische Reizbarkeit im Tagebuch wunderliche Blüten. Am 5. November 1918, wenige Tage vor Ende des Weltkriegs und vor Beginn der deutschen Revolution, heißt es: »Gestern Abend in den ›Nachrichten‹ ein Feuilleton-Beitrag P. Altenbergs, ›Männlicher Brief‹ überschrieben, der mich beschäftigte, da er, wenn ich nicht sehr irre, u. wenn er überhaupt Sinn und Zusammenhang haben soll, wohl auf mich [...] gemünzt sein muß. Dieser Herr

Peter ist natürlich auf dieselbe Art, wie die Juden Kerr und Lessing mein geborener Feind, ein notwendiger Verächter oder doch Verächtlich-macher meiner Existenz. Er sagt mir einiges Geringschätzig-Wohlwollendes über die relative Rechtschaffenheit u. Nützlichkeit derselben, schreibt mir aber Eitelkeit, Ehrgeiz und Lüsternheit zu […]. Es ist das alte Lied: Ich würde mich nicht ›getroffen‹ fühlen, wenn nicht alle Voraussetzungen zu solcher Kritik meiner Natur in mir selber wären. Natürlich hat der Typus Altenberg von Hause aus keinen Sinn für den Wert konservativer, die Continuität bewahrender Existenz und ist zur Beurteilung meines Wertes nicht berufen.«

Der Hochmut dieser Sätze kann nicht verbergen, wie sehr die Kritik ihn getroffen hatte. Nicht zufällig fällt in der zitierten Notiz der Name des Theaterkritikers Alfred Kerr. Dieser hatte Thomas Mann in dessen früher Schwabinger Zeit nicht nur mit spöttischen Versen geärgert, sondern war auch als Rivale im Kampf um die Gunst der Katia Pringsheim aufgetreten. Das gab der literarischen Infragestellung zusätzlich eine persönliche Note. Thomas Mann hat es Kerr nach dem Zeugnis seiner Frau »Zeit seines Lebens furchtbar übel genommen«. Ein womöglich noch tiefergehendes Ressentiment blieb gegenüber Theodor Lessing zurück, dem hannoverschen Schriftsteller und Kulturphilosophen, in dem Thomas Mann bis zuletzt einen Intimfeind sah. Auch in diesem Fall reicht die Kontroverse zurück in die Schwabinger Zeit. Der Streit entzündete sich an einem Pamphlet Lessings gegen den Kulturkritiker Samuel Lublinski und dessen Buch *Bilanz der Moderne*. Thomas Mann, der sich Lublinski, dem frühesten Lobredner der *Buddenbrooks*, verpflichtet fühlte, führte seinen Gegenangriff mit einer für ihn so ungewöhnlichen Aggressivität, dass man tiefere Gründe vermuten muss. Gänzlich aufklären lassen sie sich nicht, aber auch diesmal hatten sie mit Katia Pringsheim zu tun, Thomas Manns »mir damals nahestehender späteren Frau«, wie Lessing schrieb. Er rühmte sich, nicht weniger als vierzig Briefe von Thomas Mann und seinen Angehörigen aus dieser Zeit zu besitzen. Nun aber sah er sich unversehens mit den Worten attackiert: »Wer im Glashause sitzt, lehrt das Sprichwort, sollte nicht mit Steinen werfen; und wer sich als Schreckbeispiel schlechter jüdischer Rasse durchs Leben duckt, verrät mehr als Unweisheit, verrät schmutzige Selbstverachtung, wenn er sich für Pasquille bezahlen läßt, deren drittes Wort ›mauscheln‹ lautet.« Lessing führte seinen Gegenschlag mit einem »Dichter-Psychologem«, das er *Tomi melkt die Moralkuh* nannte, ein Stück überanstrengten Witzes, aber doch voll genauer Beobachtung. Er nannte Thomas Mann den »mächtigsten Zuckerkönig deutscher Leihbibliotheken«, der von dem Ehrgeiz beseelt sei, die »beste deutsche Prosa« zu schreiben und an einer Buchseite zu feilen »wie an schön gemachtem Spangengeschmeid ein Goldschmied«. Auch dass der *Mann* Thomas Mann in Wirklichkeit ein Weibchen sei, blieb in dieser Polemik nicht verschwiegen. Sie gipfelte in den Worten: »Thomas Mann ist heimlich ein ›Moralist‹, heimlicher noch eine unethische Seele; zugleich selbstgerecht und weinerlich-altruistisch, zugleich egozentrisch und sentimental!« Die krasse Karikatur, eines Thersites würdig, ging nicht völlig am Gegenstand vorbei und traf Thomas Mann an seiner empfindlichsten Stelle, wie eine unerwünschte Selbsterkenntnis. Er hat es seinem Widersacher nicht verziehen und über dessen Tod hinaus nachgetragen. Lessing, der bereits vier Wochen nach Hitlers Machtübernahme in die Tschechoslowakei geflohen war, wurde sechs Monate später, in der Nacht vom 30. auf den 31. August 1933, in Marienbad von sudetendeutschen Nazis durch das Fenster seines Arbeitszimmers erschossen. Auf die Nachricht von seinem Tod notierte Thomas Mann im Tagebuch die unglaublich egozentrischen Worte: »Mir graust vor einem solchen Ende, nicht weil es das Ende, sondern weil es so elend ist und einem Lessing anstehen mag, aber nicht mir.«

Auch im Tagebuch offenbart Thomas Mann sich als ein Künstler, dessen Selbstwertgefühl trotz des mittlerweile erreichten Weltruhms leicht zu erschüttern war und dessen menschliche Distanz, ja Kälte nicht selten befremdliche Züge annahm. Dahinter, nur das Werk spricht es aus, stand die Erfahrung der Dunkelheit und Einsamkeit, die knappe Balance am Rande des Abgrunds, die skandalgefährdete Kenntnis intimer Geheimnisse, die Thomas Mann durch kategorische Imperative in Form, Schönheit und Haltung zu bringen suchte. Darin gleicht er Gustav von Aschenbach, dem gefährdeten Protagonisten seiner Erzählung *Der Tod in Venedig*, dem Distanz, Façon, »Haltung« zur zweiten Natur geworden sind. Es gelingt nicht leicht, sich den Autor dieser Erzählung auf dem Fahrrad vorzustellen, das er im Mai 1920 instandsetzen ließ, da es warmer Frühling oder, wie er notiert, »voller Sommer« war. Auf dem Starnberger See unternahm er eine Ruderpartie: »Es war sehr warm, ich fuhr ohne Rock und Weste und legte auch die Hosenträger ab. Da ich kein Unterjäckchen trug, war der Oberkörper, nur mit dem Hemd bekleidet, dem Luftzuge frei, was ein sehr angenehmes Gefühl ist.« So weit, so gut. Dann aber heißt es weiter: »Für den Kulturmenschen grenzt Natürlichkeit nahe an Wollust.« Mit diesem Satz bricht der Tagebuchschreiber kommentierend aus der Schilderung aus, ganz abgesehen davon, dass Wollust ein gewaltiges Wort ist für die Unschuld der Situation. Umso mehr schärft es den Blick für die zugeknöpfte Schreibtischexistenz des Autors. Sogar ein Bad im Meer war für ihn verbunden mit »demütigenden Umständlichkeiten«. Man hätte nicht in seiner Haut stecken mögen.

Thomas Mann führt auch in den Kriegs- und Nachkriegsjahren ein großes Haus, das sechzig- bis siebzigtausend Mark im Jahr verschlingt bei beträchtlich höheren Einnahmen. Er schimpft über die hohen Forderungen des Finanzamtes, während er dem Tagebuch gleichzeitig anvertraut, Steuern hinterzogen zu haben. Die materielle Sicherung des »Lebensniveaus«

betreibt er mit Geschick und Energie, nicht frei von der Neigung, sich mit noch Wohlhabenderen zu vergleichen. Anlässlich einer Einladung nach Wien für das enorme Honorar von 20 000 Kronen notiert er, dass er damit die Bezahlung Bruno Walters, des Münchner Generalmusikdirektors, »erreicht« habe. Doch einen Freund, den er zur gemeinsamen Mahlzeit ins Restaurant lud, ließ er seine Rechnung selber bezahlen, weil jener – ungebeten – die Lebensgefährtin mitgebracht hatte. Soziales Elend, im Deutschland der Kriegs- und Revolutionszeit an der Tagesordnung, spielt im Tagebuch keine Rolle. Die Dienstboten, ohne die das Leben in dieser Weise, mit täglichen Tischgästen und Abendunterhaltungen, nicht hätte geführt werden können, werden selten erwähnt. Thomas Mann kennt nicht einmal ihre Namen und nimmt nur dann von ihnen Notiz, wenn sie Ärger machen und nicht »funktionieren«. Dazu genügt, dass der Tee nicht pünktlich serviert wird. Im Juni 1921 – gerade sind neue Dienstboten, zwei Zimmermädchen und eine »kochende ›Stütze‹«, eingestellt worden – liest man: »Neue Kündigung aller Dienstboten. Ekel und Haß auf das nichtswürdige Gesindel.« Auch die ständig wachsende Familie ist nicht immer ein Quell der Freude. Der jüngste Sohn Michael ist ihm »fremd«, in Golo sieht er eine »mehr und mehr problematische Natur, verlogen, unreinlich und hysterisch«. Thomas Mann braucht zwar die Familie, um sich »im Bürgerlichen [zu] bergen«, aber er hält sie zugleich auf Distanz. Das Verhältnis zu Katia ist verbindlich und freundschaftlich, bestimmt von der »Güte in ihrem Verhalten zu meiner sexuellen Problematik«. Damit ist die unausgelebte Homosexualität gemeint. »Dankbarkeit gegen K.«, heißt es im Oktober 1920, »weil es sie in ihrer Liebe nicht im Geringsten beirrt oder verstimmt, wenn sie mir schließlich keine Lust einflößt und wenn das Liegen bei ihr mich nicht in den Stand setzt, ihr Lust, d.h. die letzte Geschlechtslust zu bereiten.« Als er bei einem »Rencontre mit K.« versagt, notiert er: »Von eigentlicher Impotenz wird kaum die Rede sein können, sondern mehr von der gewohnten Verwirrung und Unzuverlässigkeit meines ›Geschlechtslebens‹. Zweifellos ist reizbare Schwäche infolge von Wünschen vorhanden, die nach der anderen Seite gehen. Wie wäre es, falls ein Junge ›vorläge‹?« Die Wünsche »nach der anderen Seite« blieben offenbar unerfüllt, wenngleich zahlreiche Begegnungen mit Knaben und jungen Männern im Tagebuch verzeichnet werden. Begegnungen, bei denen Thomas Mann in die Rolle des sehnsüchtigen Voyeurs eintritt. Mal ist es »ein auffallend schöner junger Mann slavischen Typs«, der seine Aufmerksamkeit erregt, mal ein »anmutig-thörichtes Knabengesicht« vom »feinen deutschen Typus«, mal der »vormännliche, glänzende Körper« seines Sohnes. »Eissi lag mit nacktem Oberkörper lesend im Bett, was mich verwirrte.« Abwehrend reagiert er dagegen auf das Weibliche. Nach einem Auftritt von Gertrude Barrison, einer einst von Hofmannsthal bewunderten Jugendstil-Tänzerin, in den Münchner Kammerspielen, notiert er: »Öde, ja widerlich. Für den ersten jungen Mann, den ich nachher auf der Straße sah, empfand ich etwas wie Begeisterung nach so viel ranzig-graziöser Weiblichkeit.« Im April 1920 liest er Maria Lazars gerade erschienenen Roman *Die Vergiftung*, sicher kein literarisches Meisterwerk, aber der heftig-expressionistische Emanzipationsversuch einer jungen Frau, die aus ihrem bürgerlich-eingezwängten Leben auszubrechen versucht. Er registriert widerwillig »penetranten Weibsgeruch« und bricht die Lektüre vorzeitig ab. Im Juli 1920 notiert er nach einer Zugfahrt: »Kurze Unterhaltung, mit dem sympathischen jungen Mann, der in der III. Klasse neben mir saß. Freude hierüber. Es scheint, ich bin mit dem Weiblichen endgültig fertig?« Jedenfalls macht seine »sexuelle Problematik« ihm zu schaffen. Scharfsinnig die Feststellung vom September 1919: »Es unterliegt für mich selbst keinem Zweifel, daß ›auch‹ die ›Betrachtungen‹ ein Ausdruck meiner sexuellen Invertiertheit sind.« »›... auch‹ die ›Betrachtungen‹«, das heißt: das übrige Werk sowieso.

Die *Betrachtungen eines Unpolitischen* waren das Hauptwerk der zurückliegenden Jahre. Zu dem Zeitpunkt, an dem das Tagebuch einsetzt, am 11. September 1918, lagen sie bereits abgeschlossen vor als Versuch einer umfassenden politischen und geistigen Standortbestimmung, in den Thomas Mann drei volle Arbeitsjahre und sechshundert Seiten seiner besten Prosa investiert hatte. Sie waren Ausdruck einer tiefgehenden Lebenskrise, in der all die Probleme, die er sich zuvor mit allseitiger Ironie vom Leibe gehalten hatte, vehement durchbrachen. Mit Beginn des Ersten Weltkriegs traten sie aus der Latenz und bestimmten seine ganze Existenz. Klaus Mann hat in seinem Lebensbericht *Der Wendepunkt* den »Kriegsvater« beschrieben, der sich so wesentlich vom Zauberer der Friedensjahre unterschied: »Ich sehe ihn sein Arbeitszimmer verlassen, sehr aufrecht in einer straffen uniformierten Jacke aus grauem Stoff. Seine Lippen sind gleichsam versiegelt über einem düsteren Geheimnis, und der sinnende Blick geht nach innen. Er sieht müde aus; der Morgen am Schreibtisch muß ungewöhnlich anstrengend gewesen sein [...]. Es ist nicht eine seiner schönen Geschichten, die ihn jetzt in den Morgenstunden beschäftigt, sondern etwas Abstraktes, Schwieriges, Geheimnisvolles. Er scheint leicht geniert, wenn Besucher ihn nach der Beschaffenheit des neuen Werkes fragen. ›Es ist eben ein Buch‹, sagt er, mit einem seltsamen schweifenden Blick. ›Nein, kein Roman. Es hat mit dem Krieg zu tun.‹« In der Vorrede zu den *Betrachtungen* hieß es: »[Dieses Buch] entstammt einem in seinen Grundfesten erschütterten, in seiner Lebenswürde gefährdeten und in Frage gestellten Künstlertum, einem krisenhaft verstörten Zustande dieses Künstlertums, der sich zu jeder anderen Art von Hervorbringung als völlig ungeeignet erweisen mußte.« In der Maske des »Unpolitischen« führte Thomas Mann einen Kreuzzug gegen die Demokratie und das, was er abschätzig »Zivilisation« nannte: die »Zersetzung«, das »wurzellose Literatentum«, die »pazifistische Menschlichkeit«, das »Moralbonzentum sentimental-terroristisch-republikanischer Prägung«. »Näher an die Sprache der Literaturgeschichtsschreibung im Dritten Reich kann man kaum herankommen«, schrieb der schwedische Germanist Gustav Korlén. Nicht im Widerspruch dazu steht, dass die *Betrachtungen eines Unpolitischen* für Thomas Mann das Medium seiner geistigen Erneuerung waren, ein stilistisches Meisterwerk bei allem Widerspruch, zu dem es herausfordert. Es war, um eine gefährliche Formel zu verwenden, sein Stahlgewitter.

Als das Buch gedruckt vorlag, war der Krieg für Deutschland verloren. Thomas Mann empfand es als persönliche Niederlage und, wie so viele Deutsche, als gestohlenen Sieg, was er dadurch zum Ausdruck brachte, dass er in den nächsten zwei Jahren vom Sieg der Entente-Mächte nur in Anführungszeichen sprach. Merkwürdigerweise wird das eigentliche Kriegsgeschehen, der Zusammenbruch der Front, die Millionen Menschenopfer, die Rückführung der Truppen usw. im Tagebuch überhaupt nicht verzeichnet. Der Krieg erscheint als bloße Kulisse jenes viel entscheidenderen Waffenganges, den er im Geistigen für Deutschland geführt hatte oder für das, was er unter Deutschland verstand, nämlich die Summe seiner Bildungserlebnisse. »Was will man?« fragt er bei der Lektüre französischer Zeitungen. »Uns das Erlebnis Goethes, Luthers, Friedrichs und Bismarcks austreiben.« Daraus spricht eine erstaunliche Verkennung der realen Situation. Am 12. Oktober 1918, vier Wochen vor der deutschen Kapitulation, notiert er: »Pläne, betreffend eine levée en masse im Falle vernichtender feindlicher Forderungen [...]. Aufregung und Depression. Mein Standpunkt ist nicht der heroische. Mir gefällt an Hindenburg, daß er sich weigert va banque zu spielen und die ›Volksregierung‹ einsetzte, damit sie Frieden mache. Vorweg anerkannt (und ich setze voraus, daß auch die Welt es anerkennen wird), daß der eigentliche Sieger in diesem Kriege, soweit von einem ›Kriege‹ die Rede sein kann, Deutschland ist, bleibt nichts übrig und ist das einzig

Verständige und Würdige, die Dinge von der Komödienseite zu nehmen und den Sieg der Tugend-Entente für einen Riesen-Humbug zu erklären (Three cheers for the President of the world!), auch die ganze Komik der Thatsache einzusehen, daß ausgemacht ein amerikanischer Professor kommen mußte, um vermittelst 14 Punkte die Welt einzurenken« – Präsident Woodrow Wilson, dem ein Selbstbestimmungsrecht der Völker und ein Völkerbund zur Verhinderung weiterer Kriege vorschwebte –, »im Übrigen aber die Richtung des politischen Weltganges zu erkennen und anzuerkennen, die demokratische Neue Welt mit guter Miene zu salutieren, als einen Weltkomfort, mit dem sich ja wird leben lassen, […] und alles Geistige, Nationale, Philosophische von der Politik sauber getrennt und *frei* zu halten, als etwas hoch darüber sich Abspielendes, was durch den Sieg demokratischer Utilitäten nicht im Geringsten berührt wird. Dies ist der Standpunkt, der mir allein gemäß ist …« Am 8. November, am Vorabend der Revolution, notiert er am Morgen: »In Berlin ist ein Ultimatum der Sozialdemokraten an den Reichskanzler erfolgt, das unter anderem die Abdankung von Kaiser und Kronprinz bis heute Nachmittag verlangt […]. Als Gegenstück zu alldem Triumph Clemenceau's in der Pariser Kammer […]. Eine Herde ist der anderen wert, ob sie nun jubelt oder demoliert […]. Gestern Abend, als wir mit dem Musiker nach Hause gingen, unterbrach ich das politische Gespräch demonstrativ und machte auf die Schönheit des feuchten Sternenhimmels aufmerksam. Das Ewige stimmt quietistisch. Das Menschliche ist dem Politischen im Grunde fremd.« Und noch am selben Abend: »Bei uns ist Mitregent ein schmieriger Literaturschieber wie Herzog, der sich durch Jahre von einer Kino-Diva aushalten ließ, ein Geldmacher und Geschäftsmann im Geist, von der großstädtischen Scheißeleganz des Judenbengels, der nur in der Odeonbar zu Mittag aß, aber Ceconi's Rechnungen für die teilweise Ausbesserung seines Kloakengebisses nicht bezahlte. Das ist die Revolution! Es handelt sich so gut wie ausschließlich um Juden. [...] München, wie Bayern, regiert von jüdischen Literaten. Wie lange wird es sich das gefallen lassen?«

Ein Rückzugsgebiet fand Thomas Mann in dieser Zeit nur in einer literarischen Arbeit, die einer Fluchtbewegung glich, dem *Gesang vom Kindchen*, einem Versgedicht, das nicht nur fremd und untypisch in seiner Zeit steht, sondern auch in seinem, Thomas Manns, Werk. Er war ein Mann der Prosa, der erzählenden Dichtung und der Essayistik, während er Lyrik und Dramatik aus sicherem Gefühl und klarer Einsicht mied. Das 1905 entstandene Theaterstück *Fiorenza* war die Ausnahme, welche die Regel bestätigte. Die andere Ausnahme war der *Gesang vom Kindchen*, in Hexametern geschrieben nach dem Vorbild von Goethes *Hermann und Dorothea*. In diese Richtung weist auch der Untertitel: »Idylle«. Thomas Mann wagte sich damit auf Neuland, und die eigene Unsicherheit lässt sich an dem Vers ablesen, mit dem das Gedicht beginnt: »Bin ich ein Dichter?« Der Anstoß ging von der Geburt der jüngsten Tochter Elisabeth im April 1918 aus. Lisa, wie sie zunächst, oder Medi, wie sie später gerufen wurde, war das fünfte Kind von Katia und Thomas Mann. Sie beschäftigte und bezauberte den dreiundvierzigjährigen Vater unablässig, sodass er im Tagebuch notierte: »Lisa ist in gewissem Sinn mein erstes Kind.« Sie wurde, wie das ihr gewidmete Gedicht, zum emotionalen Refugium vor den Herausforderungen des Krieges oder, wie es im Tagebuch heißt, der »Ausdruck einer durch Leiden und Erschütterungen erzeugten weichen Stimmung, des Bedürfnisses nach Liebe, Zärtlichkcit, Güte, auch nach Ruhe und Sinnigkeit«. Tastend hatte sich Thomas Mann bereits in den ersten Monaten nach Elisabeths Geburt an dem Gedicht versucht, den entscheidenden Anstoß dazu aber gab die Taufe am 23. Oktober 1918. In der letzten Woche des Ersten Weltkriegs entstand ein Prosaentwurf des Gedichts, das dann in fünf Wintermonaten weitergeführt und abgeschlossen wurde. Verse, mit denen

Goethe seine Kriegsschrift *Campagne in Frankreich* geschlossen hatte, sind als Motto vorangestellt: »Hier sind wir denn vorerst ganz still zu Haus. / Von Tür zu Türe sieht es friedlich aus; / Der Künstler froh die stillen Blicke hegt, / Wo Leben sich zum Leben freundlich regt. / Und wie wir auch durch fremde Lande ziehn, / Da kommt es her, da kehrt es wieder hin; / Wir wenden uns, wie auch die Welt entzücke, / Der Enge zu, die uns allein beglücke.« Katia Mann widerstrebte die literarische Darstellung privater Dinge. Thomas Mann dagegen hatte wenig Scheu, sie vor den Augen der Leserschaft auszubreiten: die Pflege des Kindchens, seine Krankheiten, das Zahnen, sogar die »gemischte« Herkunft »halb aus dem Morgenlande« – eine Anspielung auf die jüdische Mutter, die im Gedicht als »Prinzessin des Ostens« figuriert. Doch ganz vermochte er sich nicht aus den Zeitverhältnissen zu lösen; dazu war er zu lang und zu heftig in sie verwickelt gewesen. Das Weltkriegsgeschehen blieb auch im Idyll gegenwärtig. Es beginnt zwar mit der Beschwörung der »Lebensdinge«, von Sein und Werden, dann aber dräut das Unheil der Gegenwart heran: »Orkanische Zeiten / Brachen herein, der Boden wankte, es stürzte ein Weltbau.«

Es war keine idyllische Zeit, in der das Idyll entstand. In sie fallen das Ende des Ersten Weltkriegs, die November-Revolution, die Konstituierung des Weimarer Staates, die Friedensverhandlungen von Versailles. Am 25. März 1919 schloss Thomas Mann das Gedicht ab und notierte im Tagebuch: »So ist auch dies wunderliche kleine Unternehmen durchgeführt ...« Zwei Wochen später wurde in München die Räterepublik ausgerufen. Was Thomas Mann über all dies im Tagebuch zu Papier brachte, liest sich wie eine Fortsetzung der *Betrachtungen eines Unpolitischen*. Mit dem Unterschied, dass er sich in den privaten Notizen nicht jener intellektuellen Kontrolle unterwerfen musste, wie sie bei einer Publikation immerhin geboten war. Den antifranzösischen Affekt ließ er ebenso ungezügelt durchbrechen wie den antisemitischen, deutete die Revolution als vorbereiteten Staatsstreich und übernahm bereitwillig die Legende vom sogenannten Dolchstoß. »Was freilich die *Führung* des Krieges betrifft«, notierte er am 28. November 1918, »so sehe ich heute zu meiner Beschämung, daß er von Deutschland ohne Ernst und Sittlichkeit geführt worden ist [...]. Man hat die Moral des Volkes u. seine Selbstachtung mit allen Mitteln untergraben.« Kurz, Thomas Mann beobachtete die junge Republik mit dem Scharfblick des Hasses und war nahe daran, sich den Spartakisten anzuschließen, bei denen er noch am ehesten die »nationalen Empfindungen« gewahrt sah. Am 24. März 1919, während er an den letzten Versen des *Gesangs vom Kindchen* schrieb, notierte er im Tagebuch: »Nationale Erhebung, nachdem man sich von den Schwindel-Phrasen dieses Gelichters das Mark hat zermürben lassen, in Form des Kommunismus meinetwegen, ein neuer 1. August 1914! Ich bin imstande, auf die Straße zu laufen und zu schreien ›Nieder mit der westlichen Lügendemokratie! Hoch Deutschland und Rußland! Hoch der Kommunismus!‹« Aber das ist am Ende so ernst nicht gemeint. Wenige Wochen genügen, und Thomas Mann nimmt unter dem Eindruck der Münchner Räterepublik einen völlig entgegengesetzten Standpunkt ein. Im Tagebuch liest man unter dem 2. Mai 1919:

> Saß vorm Abendessen bei Katia, und wir sprachen über die eigentümliche Rolle und das Schicksal Deutschlands, das darin besteht, dem Entente-Kapitalismus Landknechtsdienste zu leisten, indem es aus innerer Notwendigkeit und seinem erhaltenden Charakter getreu, sich dem Bolschewismus entgegenwirft, die entsetzlichste Kulturkatastrophe, die der Welt je gedroht hat, die Völkerwanderung von unten, zu verhindern, den ›Untergang des Abendlandes‹ hintanzuhalten sucht. Ob das noch möglich, ob die alte Welt zu erhalten und in eine neue, sittlichere überzuleiten ist, oder ob die Kirgisen-Idee des Rasierens und Vernich-

tens sich durchsetzen wird, ist eine andere Frage. Vielleicht hängt ihre Beantwortung von Deutschland, von seinem Willen und seiner Klarheit über diesen Willen ab. Die Umstände sind von grauenhaftester Gefährlichkeit, – ohne daß die im Kriege ›siegreichen‹ Mächte dies erkennten. Wir sprachen auch von dem Typus des russischen Juden, des Führers der Weltbewegung, dieser sprengstoffhaften Mischung aus jüdischem Intellektual-Radikalismus und slawischer Christus-Schwärmerei. Eine Welt, die noch Selbsterhaltungsinstinkt besitzt, muß mit aller aufbietbaren Energie und standrechtlichen Kürze gegen diesen Menschenschlag vorgehen.

Verständnisloser und trotziger hat wohl selten ein bedeutender Autor die politischen Geschehnisse seiner Zeit abgewehrt. Die zitierten Sätze enthalten in nuce die Thesen, mit denen Ernst Nolte sechzig Jahre später den »Historikerstreit« heraufbeschwor. Doch haben große Teile des deutschen Bürgertums diese Haltung nach Ende des Ersten Weltkriegs geteilt. Die Empfehlung, Revolutionären den kurzen Prozess zu machen, das heißt sie standrechtlich zu erschießen, vertraute Thomas Mann seinem Tagebuch zu einem Zeitpunkt an, als das deutsche Bürgertum den Mördern von Liebknecht, Luxemburg und Eisner nicht nur klammheimlich, sondern meist offen und lautstark akklamierte. Auch Thomas Mann schrieb aus Anlass des Prozesses gegen den Grafen Arco, den Mörder Kurt Eisners, in sein Tagebuch, dass der junge Mann in einem »sehr günstigen Licht« erscheine. Mit dem konservativen deutschen Bürgertum teilte er die chronische Angst vor einer Revolution, weil er um seine kulturellen Werte besorgt war und irrtümlich glaubte, diese Werte seien nicht etwa durch Nationalisten und Freicorps-Hasardeure bedroht, sondern durch radikale Literaten wie Erich Mühsam, Ernst Toller und Gustav Landauer. Einem Säbelregiment unter dem Feldmarschall Hindenburg werde er sich nicht widersetzen, schrieb er, und diese Haltung nehme er ein aus »Devotion vor dem ›Geiste‹«. Und er fuhr fort: »Im Gegenteil: nur unter einem Führer, der Züge des Großen Mannes von deutschem Schlage trägt, wird der ›Volksstaat‹ einen erträglichen Anblick bieten und etwas anderes sein als die Humbug-Demokratie, die wir nicht ›meinen‹.«

Man erschrickt im Lichte historischer Erfahrung bei der Lektüre solcher Sätze. Der »Volksstaat« von deutschem Schlage ließ noch vierzehn Jahre auf sich warten, die »Humbug-Demokratie« wurde schon im Frühjahr 1919 politische Realität, ausgerechnet in der Stadt, in der Thomas Mann seit fünfundzwanzig Jahren lebte. Er hat lebhaft an diesem politischen Experiment einer »Räterepublik« teilgenommen, wenngleich als feindlicher und ängstlicher Beobachter. Seine Ängste waren sehr direkter Art: »Bildete mir aus dem Halbschlaf auffahrend ein, daß ich ›geholt‹ würde, erregt durch Flintengeknatter in unmittelbarer Nähe.« Zwei Tage später: »Im Liegen Vorstellungen von Revolutionstribunal und Hinrichtung. Kommt es extrem, so ist es nicht unmöglich, daß ich infolge meines Verhaltens im Kriege erschossen werde.« Für den Fall, dass Plünderer in seine Villa eindringen sollten, wurde eine kleine Ansprache vorbereitet: »Hört, ich bin weder ein Jude, noch ein Kriegsgewinnler, noch sonst etwas Schlechtes, ich bin ein Schriftsteller, der sich dies Haus von dem Gelde gebaut hat, das er mit seiner geistigen Arbeit verdient. In meiner Schublade habe ich 200 Mark, ich schenke sie euch, teilt sie und macht mir dafür meine Sachen und Bücher nicht entzwei.« Das ist nicht ohne Komik, und in einem Erzählwerk hätte Thomas Mann sicher nicht versäumt, sie ironisch auszukosten. Hier, wo er selbst das Opfer ist oder sich als solches sieht, fehlt ihm jedes Bewusstsein für das Lächerliche der Situation. Aber das war seine ganz banale und allzumenschliche Vorstellung von der Revolution, obwohl er gerade noch, aus Hass auf den »ekelhaften französischen Charakter«, mit dem Gedanken geliebäugelt hat, zum Bolschewismus überzulaufen. Natürlich war auch das so ernst nicht gemeint. Seine Sorge richtete sich gegen die Aufrichtung einer Klassendiktatur in Deutschland, die, wie er schrieb, »im höchsten Grade undeutsch und kulturfeindlich« wäre. Tiefer als der Franzosenhass war die Angst vor dem »bolschewistischen Asiatenwesen«, dem »kulturellen Hottentottentum«, der »Völkerwanderung von unten«. Alle diese Formulierungen finden sich im Tagebuch dieser Zeit, sind authentischer Thomas Mann. Der Meister der geschliffenen Prosa unterschied sich, wenn es um politische Dinge ging, sprachlich kaum von seinen rechtsradikalen Zeitgenossen. Es erklärt schließlich auch, warum er der Niederschlagung der Räterepublik im Frühjahr 1919 mit Genugtuung zusah und am Ende fast ein weiß-blaues Fähnchen schwenkte.

Sonntag, den 13. IV. (Palmsonntag)
Den vorläufigen Sturz der Räte-Regierung begrüße ich. Den Glauben, daß die wiederkommt, daß ›es‹ unaufhaltsam ist, trifft man überall, und ich teile ihn in hohem Grade. Aber zwischen Theorie und Praxis ist hier ein großer Unterschied, und ich hasse die verantwortungslosen Verwirklicher, die den Geist kompromittieren, wie die Burschen, die für diesmal abgewirtschaftet haben. Ich hätte nichts dagegen, wenn man sie als Schädlinge erschösse, was man aber zu tun sich hüten wird.

Die Gegenrevolution war nicht so zimperlich, wie Thomas Mann vermutete. In der zweiten Aprilhälfte rückten etwa fünfunddreißigtausend Reichswehrsoldaten gegen München vor, um die »Reichsexekution« zu vollstrecken, darunter Franz von Epp, ein früherer bayerischer Offizier, der bereits an der Niederschlagung des Boxeraufstands in China und dem Massaker an den Hereros im damaligen Deutsch-Südwestafrika teilgenommen hatte. Dem Eppschen Freikorps schloss sich auch der spätere SA-Führer Röhm an; viele Soldaten trugen am Helm das Hakenkreuz, das Symbol der völkischen Thule-Gesellschaft. In den folgenden Wochen wurden über zweitausend Unterstützer der Räterepublik von Standgerichten zum Tod oder zu langen Haftstrafen verurteilt.

Donnerstag, den 1. V. (12 Uhr mittags)
Die Stadt ist fast ganz in den Händen der Regierungstruppen, die im Lauf des Nachmittags eingezogen, von der Bevölkerung lebhaft akklamiert. Es sind preußische und süddeutsche Corps, in Stahlhelmen, gut aussehend, wohl discipliniert. Sie haben kaum Widerstand gefunden, das Schießen hatte nicht viel zu sagen, der angekündigte Heroismus der Roten ist offenbar gleich null gewesen. Nur um Justizpalast und Stachus ist gekämpft worden. Geschossen wird noch immer, mit schwerem und leichtem Geschütz. Ein studentisches reaktionäres Freicorps soll sich ›unangenehm bemerkbar machen‹, in die Stadt schießen, das Publikum terrorisieren. Eine Militärdiktatur über die Stadt wird zunächst errichtet und zwar preußisch, bis die bayrischen Freicorps, die zahlreich im Entstehen begriffen, bei einander sind […]. Die Münchner kommunistische Episode ist vorüber; es wird wenig Lust vorhanden sein, sie zu erneuern. Eines Gefühls der Befreiung und Erheiterung entschlage ich mich nicht. Der Druck war abscheulich.

Montag, den 5. V. (Abends)
In der Stadt sind zu meiner Genugthuung die roten Fahnen verschwunden, von der Residenz, dem Kriegsministerium etc. Militärmusik hat am Siegesthor ›Deutschland, Deutschland über alles‹ gespielt. Das Epp'sche Corps ist unter großem Jubel in bester Haltung eingezogen. K.'s Mutter geht es schon wieder zu ›militaristisch‹ zu, aber ich bin voller Einverständnis und finde, daß es sich unter der Militärdiktatur bedeutend freier atmet, als unter der Herrschaft der Crapule.

Hans Mayer schrieb aus Anlass der Veröffentlichung der Tagebücher der Jahre 1918-1921: »... wie es zuging an jenem Wendepunkt der deutschen Geschichte und der Lebensgeschichte Thomas Manns, das wissen wir heute, und dürfen dankbar sein für den Gnadenakt, der diese Tagebücher aus vier entscheidenden Jahren verschonte.« Wer wollte da widersprechen? Aber vielleicht sind es gerade die beunruhigenden Seiten dieser Tagebücher, die aus dem Abstand eines Jahrhunderts besonderes Interesse verdienen. Deutlich wird, dass Thomas Mann in den frühen Jahren der Weimarer Republik ziemlich weit außen auf dem rechten Flügel des politischen Spektrums stand. Er sehnte sich zurück in die »machtgeschützte Innerlichkeit« des Kaiserreichs, hatte aus dessen politischem Zusammenbruch noch keine Konsequenzen gezogen. Gewiss gibt es Unterschiede zwischen ihm und den rechtsradikalen und rassistischen Ideologen der Weimarer Zeit wie Houston Stewart Chamberlain und Alfred Rosenberg, aber es gibt auch Gemeinsamkeiten: nicht nur im Geistigen und Politischen, sondern auch – wie Thomas Mann damals gesagt hätte – im »Seelischen«. Man taucht ein in eine Atmosphäre von Hass und Neurose. Liegt das allein an Thomas Manns stramm reaktionärer Haltung, seinem romantischen Konservativismus, seiner Verherrlichung der Macht, seiner nationalistischen Selbstüberhebung, die uns auf diesen Tagebuchseiten entgegentreten? Es liegt auch und vielleicht noch stärker an seiner egozentrischen, ressentimentgeladenen Verbitterung und Irrationalität, an diesem ganzen merkwürdigen Komplex aus Weltekel, Verschwörungsangst, intellektuellem Dünkel und hartnäckigem Trotz. Die Tagebücher brechen am 1. Dezember 1921 ab. Die letzte Eintragung schließt mit dem Satz: »Meine Einnahmen dieses Jahr betragen 300000 Mark.« An literarischem und materiellem Erfolg mangelte es Thomas Mann auch in dieser Zeit nicht, als er, wie er an Ernst Bertram schrieb, seinen »langen Kampf um *Gut und Blut*« führte. Ein Jahr später, im Oktober 1922, hielt er die Rede

Von deutscher Republik, in der er zur Überraschung der Zeitgenossen ein Bekenntnis zum demokratischen Staat ablegte. Der Leser der Tagebücher teilt diese Überraschung, denn nirgendwo in diesen Aufzeichnungen ist die Wende zum Republikanischen vorbereitet. Vielleicht war es auch keine wirkliche Wende, vielleicht bekannte sich hier ein Gefühlskonservativer als Vernunftrepublikaner – aus Angst vor den Geistern, die er gerufen hatte.

»Bin der Letzte, der überhaupt weiß, was ein Werk ist«
Die Tagebücher 1933-1955

»Diese Nacht habe ich mit Hülfe des harmlosen Calcium-Mittels, das wir durch Nikischs kennen lernten, überraschend gut und ausgiebig geschlafen. Ich habe, wie all diese Tage, im Bett gefrühstückt und dann einige Zeilen, eilig, an Suhrkamp geschrieben, die Streichung betreffend einer censurwidrigen Phrase im Wagner-Essay über den Nationalismus. Wozu in diesem Augenblick diese Tiere reizen?«

Mit dieser Notiz vom 15. März 1933, geschrieben in Arosa in der Schweiz, wo er mit seiner Frau Katia zwei Ferienwochen verbringen wollte, beginnt das Tagebuch Thomas Manns aus seiner späten Zeit. Der damals achtundfünfzigjährige Schriftsteller wird es sich nicht haben träumen lassen, dass dies der Anfang eines langen Abschieds von Deutschland sein könnte, auch wenn das Tagebuch von dem »krankhafte[n] Grauen« spricht, »das mich seit zehn Tagen stundenweise, bei überreizten und ermüdeten Nerven beherrscht«. Was war geschehen? Am 10. Februar hatte Thomas Mann in München, aus Anlass von Richard Wagners fünfzigstem Todestag, seinen Vortrag *Leiden und Größe Richard Wagners* gehalten. Tags darauf trat er eine Reise an, um den Vortrag in Amsterdam, Brüssel und Paris zu wiederholen; im Anschluss daran war der erwähnte Erholungsurlaub in Arosa geplant. Mit dieser auf wenige Wochen berechneten Reise begann ein zwölf Jahre dauerndes Exil, das ihn zunächst nach Südfrankreich und in die Schweiz, später nach Amerika führte. Im Grunde war es ein Abschied für immer, denn auch in den zehn Nachkriegsjahren bis zu seinem Tod 1955 hat Thomas Mann sein Heimatland – ein besiegtes, kriegszerstörtes, zerstückeltes Land – nur besuchsweise wiedergesehen. Der berühmteste deutsche Schriftsteller wurde vertrieben aus dem Land, dessen Geist und Kultur er wie kein anderer zu repräsentieren glaubte und dessen kulturelle Tradition er gerade noch in seinem Wagner-Vortrag gefeiert hatte. Dieser Vortrag hatte Folgen. Schon in Arosa, seinem Urlaubsort, erreichte ihn die Nachricht, dass seine sofortige Rückkehr nach München untunlich sei. Am 16. April 1933 erschien in einer Münchner Zeitung ein gegen ihn gerichtetes Pamphlet, in dem er beschuldigt wurde, Wagner in seinem Vortrag verunglimpft zu haben. Es war unterzeichnet von zahlreichen NS-Intellektuellen, darunter standen aber auch die Namen von Kulturgrößen wie Hans Pfitzner, Hans Knappertsbusch und Richard Strauss. Thomas Mann war vollständig konsterniert, sein Tagebuch verzeichnet einen »heftigen Choc von Ekel und Grauen«. Das »hundsföttische Dokument«, wie er es im Tagebuch nannte, war ein alarmierendes Zeichen für die dramatische Veränderung der politischen Lage in Deutschland. Hitler war am 30. Januar als Reichskanzler berufen worden, Reichstagsbrand, März-Wahlen und Ermächtigungsgesetz hatten die Naziherrschaft rasch befestigt. Die Rückkehr nach Deutschland erschien für den Augenblick nicht ratsam, sogar lebensgefährlich. Nun hatte er sich, ohne im Mindesten darauf vorbereitet zu sein, in der neuen Lage einzurichten. Monate im Wartestand begannen, die er in Hotels in Arosa und Lugano, in Sanary-sur-Mer an der französischen Mittelmeerküste, schließlich in einem in Küsnacht bei Zürich gemieteten Haus verbrachte. Monate der Unruhe, innerer und äußerer Anfechtungen, ohnmächtiger Verzweiflung. Ein Jahr nach seiner Abreise aus München, am 11. Februar 1934, notierte er im Tagebuch: »Der 11. Februar erscheint als Sonntag, mit rotem Kalenderblatt. Es ist nicht nur unser *Hochzeitstag*, sondern auch der *Jahrestag* unserer ahnungslosen *Abreise* von München zu den Wagner-Vorträgen: es kam Haag-Amsterdam, Brüssel und Paris, die Schlafwagenfahrt nach Chur und

Arosa, die Nachricht des Reichstagsbrandes, die ›deutsche Revolution‹, die Verbarrikadierung des Heimwegs [...]. Alles dieselbe Reise ohne Wiederkehr, ein Jahresrundlauf, der K. und mich um mehr als zwölf Monate älter gemacht und uns tiefer zugesetzt hat, als man den dummen und rohen Mächten zugestehen möchte, durch die er es tat.«

Thomas Mann tat sich schwer in dieser Zeit, obwohl er unter den Emigranten ein vergleichsweise privilegiertes Leben führte, noch immer wohlsituiert und komfortabel. Er kannte keine drückenden materiellen Sorgen, er wurde nicht, wie sein Bruder Heinrich, schon in den ersten Monaten der Naziherrschaft ausgebürgert, sein Name stand auch nicht auf der Liste der Autoren, deren Bücher im Frühjahr 1933 den ersten Bücherverbrennungen zum Opfer fielen. Seine Bücher durften nach wie vor in Deutschland gedruckt und gelesen werden. Als Preis dafür wurden ihm Kompromisse abverlangt, deren moralische und politische Fragwürdigkeit er sich nur ungern eingestand. Der Sachverhalt, der hier beschrieben wird, war, was die äußeren Fakten betrifft, seit langem im Wesentlichen bekannt. Die Tagebücher der Jahre 1933 bis 1936 liefern das persönliche Protokoll jener Zeit des Schwankens und Zögerns. Es gibt darin Passagen aus den ersten Exilmonaten, die man nur mit Beklommenheit liest: »Aber geht dennoch Bedeutendes und Groß-Revolutionäres vor in Deutschland?« fragt sich Thomas Mann am 10. April 1933, zehn Tage nach dem ersten, von den Nazis angezettelten Boykott gegen jüdische Menschen und Geschäfte, und fährt fort: »Die Juden ... Daß die übermütige und vergiftende Nietzsche-Vermauschelung Kerr's ausgeschlossen ist, ist am Ende kein Unglück; auch die Entjudung der Justiz am Ende nicht. – Geheime, bewegte, angestrengte Gedanken. Widrig-Feindseliges, Niedriges, Undeutsches im höheren Sinn bleibt auf jeden Fall bestehen. Aber ich fange an zu argwöhnen, daß der Prozeß immerhin von dem Range derer sein könnte, die ihre zwei Seiten haben ...« Thomas Mann war nicht dagegen gefeit, die Vorgänge in Deutschland und selbst die damals einsetzende Verfolgung der Juden auf die eigene Person zuzuschneiden: »Die Revolte gegen das Jüdische hätte gewissermaßen mein Verständnis, wenn nicht der Wegfall der Kontrolle des Deutschen durch den jüdischen Geist für jenes so bedenklich und das Deutschtum nicht so dumm wäre, meinen Typus mit in den selben Topf zu werfen und mich mit auszutreiben.« Was man da liest, macht es nicht leicht, Thomas Manns Verhalten zu verstehen, umso weniger, als er von seinen älteren Kindern, Klaus und Erika, dann auch von seiner Frau Katia, zu einer entschiedeneren Stellungnahme gedrängt wurde. Am 20. Juli 1933 notierte er im südfranzösischen Sanary-sur-Mer: »Mehrfache Gespräche mit Erika über meine Lage und Haltung, deren Schiefheit und Unklarheit ich zugebe; doch sind diese die natürliche Folge der Einmaligkeit meiner Situation [...] wenn auch mein Außensein Demonstration genug ist, so ist ein solches Lavieren zwischen Entschiedenheit und Rücksicht [...] nicht länger möglich.«

Man würde Thomas Mann missdeuten, wenn man die »Schiefheit seiner Lage« durch bloßen Opportunismus zu erklären suchte. Dazu war er unter allen Emigranten am wenigsten genötigt. Zwar war er besorgt um Haus und Habe, die in Deutschland zurückgeblieben waren; zwar wurde er von seinem jüdischen Verleger Bermann Fischer, der weiter seine Bücher in Deutschland vertreiben wollte, zu Kompromissen gedrängt. Aber das erklärt nicht sein fast vier Jahre dauerndes öffentliches Schweigen zu den Vorgängen in Deutschland und sein Zögern, sich für den im KZ geschundenen Ossietzky einzusetzen. Es erklärt auch nicht die Gereiztheit, mit der er auf eine Bemerkung der Zeitschrift Die Weltbühne über die Schriftsteller, die »noch kein Wort gegen die Hitlerei« gefunden haben, reagierte: »Die journalistische Provokation ärgert mich.« Wenige Tage später wurde er durch ein Telegramm seines Verlags gedrängt, sich von der von seinem Sohn Klaus herausgegebenen Zeitschrift Die

Sammlung, für die dieser die besten Köpfe der Emigration gewonnen hatte, zu distanzieren. Am 12. September 1933 notierte er: »Telegramm Saengers: ›Aus guten Gründen‹ sei weiteres Abrücken von der ›Sammlung‹ notwendig. Empörende Erpressung, für die man in Berlin, wo die Furcht vor dem Verbot des Buches und dem Ende des Verlags alles beherrscht, kein Gefühl hat. Fuhr ½ 5 Uhr mit K. zu Schickele, um mich mit ihm zu beraten [...]. Quälendes Schwanken zwischen Ablehnung und Nachgiebigkeit. Schrieb endlich: ›Muß bestätigen, daß Charakter ersten Heftes Sammlung nicht ihrem ursprünglichen Programm entspricht‹, und K. besorgte das Telegramm, mit dem ich mir schon viel vergebe, und das nicht genügen wird. – Bedrücktes Gespräch über die Unmöglichkeit richtigen Verhaltens, dem notwendigen Versagen vor der Bestialität. Über das Bedürfnis nach geistiger Freiheit und Seelenruhe, Fernhalten von der Ressentiments- und Verzweiflungsliteratur. Man ist nicht dazu geschaffen, sich in Haß zu verzehren.« Thomas Mann gab sich auch jetzt noch der Illusion hin, der Nationalsozialismus ließe sich durch einen Appell an das bessere und höhere Deutschland bekämpfen, und es sei ungeachtet der bereits überall im Lande für die Regimegegner errichteten Lager auf der »höheren« Ebene der Kultur vielleicht möglich, die politischen Gegensätze auszugleichen, wenn nicht gar zu versöhnen. In Zürich traf er Anfang Oktober 1933 mit dem Geiger Adolf Busch zusammen, der in strenger Opposition zum Hitler-Regime stand, und notierte im Tagebuch: »Ich sprach ihm von dem bedrückenden Charakter meiner Stellung im Lande und zugleich außer ihm. Es ist wohl so, daß das vergewaltigte Innerdeutschtum zwar von denen, an denen es hängt, Charakterbekundung verlangt, daß es sich aber auch wieder verraten fühlen würde, wenn man sich ganz von ihm trennt. Mein Außensein in Verbindung mit der Ermöglichung des Erscheinens meiner Bücher in Deutschland stellt vielleicht die Versöhnung dieses Widerspruchs dar.« Zeitweise wurde eine

Rückkehr nach Deutschland erwogen: »Nervöse Unruhe, die wahrscheinlich mit Gedanken an eine Rückkehr nach Deutschland zusammenhängt«, notierte er am 20. November 1933. »Schließlich braucht man sich nicht zu benehmen wie Hauptmann und Strauss, sondern könnte eine ernste und jedes Hervortreten ablehnende Isolierung bewahren.« Hier verband sich der Glaube an die Macht der Kultur unter der Herrschaft der Unkultur mit der Vorstellung, gerade ihm, Thomas Mann, sei die Rolle des Emigranten und politischen Oppositionellen nicht angemessen: »Die innere Ablehnung des Märtyrertums, die Empfindung seiner persönlichen Unzukömmlichkeit kehrt immer wieder, erneuert sich gerade jetzt und wurde bestätigt und verstärkt durch [die] Wiedergabe einer Äußerung Gottfried Benns von früher: ›Kennen Sie Thomas Manns Haus in München? Es hat wirklich etwas Goethisches.‹ – Daß ich aus dieser Existenz hinausgedrängt wurde, ist ein schwerer Stil- und Schicksalsfehler meines Lebens, mit dem ich, wie es scheint, umsonst fertig zu werden suche, und die Unmöglichkeit seiner Berichtigung und Wiederherstellung, die sich immer wieder aufdrängt, das Ergebnis jeder Prüfung ist, frißt mir am Herzen.«

So sieht man Thomas Mann in dieser Zeit bestimmt von unterschiedlichen Impulsen, hin- und hergerissen zwischen Versöhnungswünschen und entschlossener Kampfansage. Unter dem 16. März 1934 liest man: »Ein Brief an das ›Reichs-Innenministerium‹ beschäftigt mich zuweilen, worin ich Lust hätte, die Geschichte meines Exils darzulegen und meine Entfernung von Deutschland auf noch etwa 2 Jahre zu bemessen. Eine Art von Urlaubsgesuch, dessen Bewilligung meinem Außensein den Fluchtcharakter nehmen und zwischen der Heimat und mir ein würdig-friedliches Verhältnis herstellen würde, wie ich es im Grunde brauche. Dieser Plan ist wichtig.« Bald darauf schlägt das Pendel zur anderen Seite aus. Am 31. Juli 1934 heißt es: »Ich versuchte, weiterzuschreiben am Joseph, kam aber nicht über wenige Zeilen hinaus, – Müdigkeit, Zerstreutheit, Erregung bildeten das Hindernis. Zu sehr liegt mir anderes im Sinn. Der Gedanke, über Deutschland zu schreiben, meine Seele zu retten in einem gründlichen offenen Brief an die ›Times‹, worin ich die Welt und namentlich das zurückhaltende England beschwören will, ein Ende zu machen mit dem Schand-Regime in Berlin, – dieser Gedanke, wach geworden oder wieder erwacht in den letzten Tagen, läßt mich nicht los, beschäftigt mich tief. Vielleicht ist es wirklich die rechte Stunde dafür, vielleicht kann gerade ich zur notwendigen Wende und zur Wiedereinführung Deutschlands in die Gemeinschaft gesitteter Völker mit verhelfen?«

Thomas Mann brauchte noch weitere zwei Jahre, um »seine Seele zu retten« und sich von Hitler-Deutschland loszusagen. Sein langes Zögern und Zaudern hatte andere Gründe als die Politik des Appeasement, wie sie gleichzeitig von den westlichen Mächten betrieben wurde. Wenn er ins Tagebuch schrieb, die Welt und namentlich England möge »ein Ende machen mit dem Schand-Regime in Berlin«, dann war damit nichts anderes gemeint und in Kauf genommen als der Krieg. Das Tagebuch belegt an vielen Stellen, dass er die Situation in Nazi-Deutschland realistischer einschätzte als viele andere Emigranten. Die Hoffnung, das Hitler-Regime werde rasch zusammenbrechen, hat er aus Instinkt und Einsicht nicht geteilt. Freilich hatte er sich noch nicht zu der Einschätzung des Nationalsozialismus durchgearbeitet, die wir aus der Zeit seines amerikanischen Exils kennen: »Der Nationalsozialismus eine Weltanschauung! Geschwätz! Er ist das Instrument zur Aufrechterhaltung der durch den Sozialismus bedrohten Wirtschafts- und Gesellschaftsordnung.« So steht es in der Schrift *Leiden an Deutschland*, die kurz nach Ende des Zweiten Weltkriegs erschien und auf Tagebuchblättern aus den Jahren 1933 und 1934 beruht. Es handelt sich in diesem Fall aber um eine spätere Interpolation. Auch die im Juli 1933 festgehaltene Notiz »Hitler, der eigentliche Beauftragte des

Kapitals« sucht man im Tagebuch vergeblich. Thomas Manns Kriterien zur Beurteilung des Nationalsozialismus und Hitlers waren zu dieser Zeit noch vorwiegend ästhetischer und psychologischer Natur. Am 5. August 1934 notiert er: »Die ganze national-sozialistische ›Bewegung‹ einschließlich ihres Erweckers, ist ein wahres Sich sielen des deutschen Gemüts in der mythischen Jauche. Der ganze falsche und zeitverhunzte ›Wiederkehr‹-Charakter dieses Rummels ist ein wahres Fressen für ihren Wahrheitshaß, ihre Gier nach Qualm und Dunst – – –...« Zwanzig Jahre zuvor, bei Beginn des Ersten Weltkriegs, hatte Thomas Mann noch von dem »großen, grundanständigen, ja feierlichen Volkskrieg« geschrieben, mit dem das »schicksals- und rätselvolle Deutschland« seine Kultur oder Gesittung verteidige. Nun schreibt er ganz ähnlich wie damals Heinrich Mann: »... [das deutsche Volk] ist das einzige Volk Europas, das den Krieg nicht fürchtet und perhorresziert, sondern ihn vergöttert und das mit seinem totalitären Staat nichts anderes bezweckt, mit allem, was es in diesem halben Jahr getan hat, nichts anderes vorbereitet hat als den Krieg, den es vielleicht nicht wollen will, den es aber seiner Herkunft und Natur nach wollen muß [...] und rüstet sich offen aus allen Kräften.«

Es handle sich um »Notizen ohne jeden literarischen Wert«, schrieb Thomas Mann, als er seine Tagebücher nach seinem Tod für zwanzig Jahre vor der Nachwelt verschloss. Die Nachwelt ist geneigt, anders zu urteilen. Zumal in den Tagebüchern der Zeit nach 1933 ist fast jedes Wort geschrieben mit Blick auf den künftigen Leser. Das rein Private, Intime ist weitgehend ausgeschieden, noch das Beiläufige und Alltägliche soll Zeugnis ablegen für eine beispielhafte und auch überindividuell bedeutungsvolle Lebensführung unter den besonderen Bedingungen des Exils. Aufschlussreich ist eine Tagebuchnotiz vom 8. November 1935 in Küsnacht: »Lektüre eines hübschen Artikels des Dr. Peter über den Joseph-

Roman im Winterthurer ›Landboten‹. Vergleich mit ›Faust‹. Soit. Nicht zufällig habe ich diesen kürzlich mir in Augenhöhe zu bringen gesucht. Und jemand ist nun doch dahin gebracht worden, ihn im Zusammenhang mit dem Joseph zu nennen. Es kommt darauf an, sein Leben subjektiv, im Spiel, möglichst hoch zu steigern. Geschieht das mit Phantasie und Intensität, so werden andere veranlaßt, an dem Spiel teilzunehmen.« Nur der allerhöchste Vergleich konnte Thomas Manns Repräsentationsanspruch genügen. Im Kopf arbeitete er schon an der »Goethe-Novelle«, wie *Lotte in Weimar* zu diesem Zeitpunkt noch genannt wurde.

Die Familie: das Verhältnis zu Klaus, dem hochbegabten Sohn, kühl-distanziert. Golo erscheint nützlich und lieb. Die musikalischen Bemühungen der jüngeren Kinder werden kritisch, zuweilen mit Härte beurteilt. Katia besorgt den Haushalt, und dessen weitgehende Nichterwähnung im Tagebuch belegt, dass er funktioniert. Die Schwiegereltern sind lästig durch ihr Alter, wenn sie zu Besuch in Küsnacht sind. Freunden und Bekannten gegenüber tritt Thomas Mann, zumindest im Tagebuch, mit erkältender Herablassung auf: »amüsanter Wirrkopf« heißt es da oder »unbeträchtlicher Tropf«. Sogar den Tod des Jugendgefährten Otto Grautoff kommentiert er am 15. Juli 1935 hochmütig und kühl: »Ich habe mich um den öde gewordenen Wichtigtuer lange nicht mehr bekümmert, nun berührt mich der Tod des Genossen leid- und gelächtervoller Knabenjahre doch kalt und traurig. Dabei kann ich es nicht anders empfinden, als daß er nur zu meinem Leben gehörte und dann selbst etwas sein wollte, tölpelhaft.«

Die Verehrung der Welt, die ihm anlässlich seines sechzigsten Geburtstags entgegengebracht wird, tut ihm gut: »Die Artikel und Briefe, die mein 60. Geburtstag zeitigt, ergeben ein wesentlich anderes Bild von mir, wie es der Welt vorschwebt, als die Kundgebungen beim 50. Werk und Person sind gewachsen, die Akzente sind feierlicher, rein-ehrerbietiger, eine Art von Sicherung, Verewigung, hat eingesetzt, die Arbeiten bis zurück zu den Anfängen stehen in einem veränderten, gereinigten Licht. Die Welt hat sich mit dem bleibenden Charakter dieses Lebens abgefunden und trägt einer geistigen Tatsache Rechnung in Ton und Haltung, die sich in schwankendem Prozeß mit der Zeit, halb gegen ihren Willen, durchgesetzt.« Das klingt ein bisschen so, als stünde er bereits vor dem eigenen Denkmal. Thomas Mann brauchte das öffentliche Echo, die Resonanz. Das Tagebuch verzeichnet jede freundliche Rezension, jedes rühmende Wort, gleichgültig von wem es kommt. Jeder Zollbeamte, der ihn erkennt, jeder Kellner, der ein Autogramm erbittet, ist der Erwähnung im Tagebuch sicher. Mit Genugtuung notiert er, dass viele ihn für den größten lebenden Schriftsteller halten. Immer wieder und fast automatisch unterläuft ihm der Vergleich mit den Meistern der Vergangenheit, vorab mit Goethe, aber auch mit den großen Zeitgenossen, seien es Proust und Joyce oder überraschenderweise Kafka. Letzteres war um diese Zeit noch ungewöhnlich. Schon 1930 hatte Thomas Mann bei einer Umfrage nach »vernachlässigten« Autoren als einzigen Namen den von Franz Kafka genannt. Im Tagebuch liest man nun: »Ich möchte sagen, dass K.s Hinterlassenschaft die genialste deutsche Prosa seit Jahrzehnten ist. Was gibt es denn auf deutsch, was daneben nicht Spießerei wäre?« Kafka war damals noch ein Fall für Kenner, kein großer und etablierter Name der Literatur.

Thomas Mann hatte in Küsnacht nach schweren und verzweifelten Monaten der Anfechtung zur gewohnten Lebensform zurückgefunden. Was er anfangs die »sonderbare Schicksalsirrtümlichkeit« seiner Lage nannte, die Erfahrung des Exils, zeigt nun auch positive Seiten. Er sieht sich in übernationale Zusammenhänge gestellt, was ihn zugleich in seiner politischen Haltung gegenüber dem Nazi-Regime befestigt. Fast vier Jahre lang hatte er zu den Vorgängen in Deutschland geschwiegen. Wahrscheinlich brauchte er den Anstoß von außen, um seinerseits die Brücken definitiv abzubrechen. Erika

Mann hat das Problem sehr genau formuliert, als sie am 23. Januar 1936 an Katia Mann schrieb: »Es ist sehr viel Hochmut in seiner Bescheidenheit ... er will über den Wassern schweben und das kann nicht erlaubt sein, auf die Dauer, weder ›höheren Ortes‹ noch unten bei uns.« Thomas Mann nannte die Haltung seiner Tochter »leidenschaftlich und unbesonnen«, aber sie gab letztlich den Ausschlag. Jetzt entschloss er sich zu jenem Brief an Eduard Korrodi, den Literaturkritiker der *Neuen Zürcher Zeitung*, worin er sich zum ersten Mal zur Exilliteratur bekannte und damit die Tür nach Deutschland vernehmlich hinter sich zuschlug. Im Tagebuch notierte er am 31. Januar 1936: »Ich bin mir der Tragweite des heute getanen Schrittes bewußt. Ich habe nach 3 Jahren des Zögerns mein Gewissen und meine feste Überzeugung sprechen lassen. Mein Wort wird nicht ohne Eindruck bleiben.« Doch schon am nächsten Tag stellten sich wieder Zweifel ein: »Heftige Nervenreaktion auf den gestrigen Schritt. Ängste, im Gespräch mit K. geäußert. Telephon-Gespräch mit Korrodi, der den Brief eben gelesen und ihn vorzüglich findet. Ausweichendes Schweigen sei doch nicht durchzuhalten und führe zu schiefen Situationen. – Bedenkzeit bis Montag. – Meine Nervosität galt dem Zweifel, ob ich natürlich-persönlich gehandelt oder mich zu Fremdem hätte treiben lassen. Sie war vorübergehend, und ich werde meinen Text wohl aufs Geratewohl bestehen lassen.«

Für Thomas Mann war es ein langer und schwerer Abschied von Deutschland. Doch nachdem er sich dazu durchgerungen hatte, ließ er es an Deutlichkeit nicht mangeln. »Erregung, leidenschaftliche Spannung und Hoffnung der politischen Vorgänge wegen«, notierte er am 9. März 1936. »Wenn dies eine Mal die Regierungen des Westens und des Südens sich gemeinsam aufrafften und fest zusammenstünden gegen die hysterische Brutalität, die frech mit der Friedensliebe der Welt spielt und nach cynisch vollzogenem Vertragsbruch in die Gesellschaft der Völker zurückkehren will! Ließen sie's einmal auf Biegen oder Brechen ankommen und trieben es bis an den Rand des Krieges! Er würde nicht ausbrechen, das Regime würde fallen!« Und am 15. Dezember 1936: »Den Krieg in Spanien oder gegen das spanische Volk scheint schon nicht mehr Franco, sondern es scheinen ihn die deutschen und italienischen Offiziere zu führen. Was denkt England sich, was Frankreich bei der italienischen Besetzung der Balearen. Man möchte in den Herzen der großen Demokratien lesen können [...]. Weiß man, oder weiß man nicht, mit wem man es zu tun hat?« Das war bereits die Sprache des leidenschaftlichen Nazigegners Thomas Mann, wie man sie aus der Zeit seiner amerikanischen Emigration kennt. Sein Zorn und zuweilen auch seine Unbarmherzigkeit entsprachen dem Ausmaß der Enttäuschung, die er über jenes verblendete Deutschland empfand, dem er einst innerlich nahe gewesen war. Noch in den letzten Dezembertagen schrieb er, als Reaktion auf die Aberkennung der Ehrendoktorwürde durch die Universität Bonn, den berühmten Brief an den Dekan der Hochschule, mit dem er in die offene Gegnerschaft zum Naziregime übertrat. Darin die Sätze: »Ich bin weit eher zum Repräsentanten geboren als zum Märtyrer, weit eher dazu, ein wenig höhere Heiterkeit in die Welt zu tragen, als den Kampf, den Haß zu nähren. Höchst Falsches mußte geschehen, damit mein Leben sich so falsch, so unnatürlich gestaltete.« Auch diesmal war Thomas Mann nicht frei von der Egozentrik des Künstlers, die eigene Existenz als Maßstab des Richtigen und Falschen zu sehen. Dass der Hitler-Staat den »geborenen Repräsentanten« zum Märtyrer machte, gehörte sicher nicht zu seinen schlimmsten Missetaten. War es Ironie der Geschichte oder List der Vernunft, dass der Märtyrer im amerikanischen Exil erst recht in die Rolle des Repräsentanten hineinwuchs?

Mit dem Brief vom Neujahrstag 1937 brach Thomas Mann die Brücken zu Nazi-Deutschland hinter sich ab. Vorbei war, nach vier Jahren im Schweizer Wartestand, die Zeit des Zauderns und Zögerns, der verlegenen Kompromisse und falschen Zugeständnisse an deutsche Leser und seinen Verleger. Das neue Jahr beginnt mit der Eintragung: »Stand trotz der späten Schlafensstunde gestern 8 Uhr auf. Dunkler, nebeligkalter Morgen. Frühstückte allein und begrüßte noch K., mit der feststellte, dass dieses Weihnachten und Silvester das froheste seit Jahren gewesen sei. Wirklich ist meine Stimmung gehoben; die Neujahrsbotschaft, ermöglicht durch die einst gescheute ›Ausbürgerung‹, ist ein wichtiger und mich beglückender Schritt, ein Dokument, von dem ich mir weitreichende innere Wirkungen verspreche.« Wenige Tage später erneut Zweifel: »Mein inneres Verhalten zu dieser Publikation wechselt zwischen Freude und Bedrücktheit. Man ist zum Freien und Heiteren geboren, nicht dazu.« Anfechtungen dieser Art hat Thomas Mann auch nach seiner definitiven Absage an Nazi-Deutschland nie ganz überwunden. Einige Zeit später liest man: »Beim Abendessen mit K. und Golo über die mögliche historische Funktion des Fascismus, die unaufhaltsame Tendenz der Welt, sich ihm zu verschreiben, das unsinnige Opfer, das man – ohne zu wissen, wem? – bringt, indem man sich mit seiner Bekämpfung das Blut verdirbt. Keine Vorspanndienste mehr! Keine Äußerungen und Antworten! Wozu Hass erregen? Freiheit und Heiterkeit! Man sollte sich endlich das Recht dazu nehmen.« Aber das waren Irritationen des Augenblicks. Angesichts des Konflikts um das Sudetenland widersetzte er sich jeder Form von Nachgiebigkeit. »Nachrichten über die Tschechoslowakei trostlos«, notierte er am 8. September 1938. »Desaströser Times-Artikel, offiziell verleugnet, für Abtretung der sudetendeutschen Gebiete. Der Verrat Englands wird immer deutlicher. Das Land soll auf kaltem Wege geopfert werden. Es wird keinen Krieg geben, – was nicht ausschließt, dass man ihn unter erschwertesten Bedingungen doch eines Tages führen muss.« Zwei Wochen später heißt es: »… das nicht kampflose

Untergehen wäre ein großer moralischer Faktor und gewissermaßen eine Ehrenrettung Europas. Muss man nicht England als entehrt betrachten. Frankreich ist hiernach kein bündnisfähiger Staat mehr. Es ist die vollständige Niederlage der Demokratie und allen Rechtes. Die Auflösung eines lebenswilligen, civilisationsdienlichen Staates auf das erpresserische Verlangen einer die Civilisation verhöhnenden Macht ist nicht erhört. Ich könnte mir Menschen denken, die sich das Leben nehmen nach dieser Erfahrung.« Thomas Manns Haltung in den Jahren des Kampfes gegen Hitler war unzweifelhaft und unbedingt. Kaum ein Schriftsteller, das Tagebuch belegt es, führte diesen Kampf entschiedener und konzessionsloser als er, kaum einer stritt so wirkungsvoll für die Sache der Emigranten. Fraglich bleibt, ob die Grundsubstanz seines politischen Denkens davon berührt wurde, jenes Amalgam aus philosophischem Pessimismus, machtgeschützter Innerlichkeit und nietzscheanischem Ästhetizismus, das er in den *Betrachtungen eines Unpolitischen* in den Rang einer politischen Philosophie zu erheben versucht hatte. »Die Politik: Schauderhaft«, hatte er 1919 ins Tagebuch geschrieben. Auch beim Emigranten der späten Zeit findet man noch Spurenelemente solcher Politikverachtung, ungeachtet aller Bekenntnisse zur Republik und zur sozialen Demokratie, ungeachtet der moralischen Selbstkasteiung, mit der er sich der »Forderung des Tages« unterwarf. »Demokratischer Idealismus. Glaube ich daran? Denke ich mich nur hinein wie in eine Rolle?« notierte er während der Arbeit an einem politischen Vortrag. Nachdem dieser abgeschlossen war, begann er die Arbeit an einem Essay über Schopenhauer und las, um sich in die Welt des großen Pessimisten einzustimmen, in den *Betrachtungen eines Unpolitischen*. Vieles hatte sich verändert, nicht aber der Vorrang des Ästhetischen vor dem Politischen und Moralischen. Sogar den *Bruder Hitler* deutete Thomas Mann sich 1938 mit Hilfe ästhetischer Kategorien und eines Einfühlungsvermögens, das er einst für den wirklichen Bruder

Heinrich, den »Zivilisationsliteraten« der *Betrachtungen*, nicht aufzubringen vermocht hatte. Für die Zeitschrift *Maß und Wert*, die er in dieser Zeit herausgab und deren Vorbereitung und Editionsgeschichte sich aus den Tagebüchern nun genau rekonstruieren lässt, schrieb er ein hochkonservatives Vorwort, worin er mit dem fatalen Begriff der »konservativen Revolution« operierte. Als er aber in einem Aufsatz über Brecht den Satz las: »Hätten die Nazis oder die Faschisten ein eigenes Theater geschaffen, so müßte es genau so wie das von Brecht aussehen«, schrieb er ins Tagebuch: »Zufriedenheit mit der Zeitschrift.«

Merkwürdig, dass wir über das literarische Werk aus diesen Aufzeichnungen kaum etwas erfahren. Enthielten die Tagebücher der Jahre 1918-1921 noch interessante Details über die Entstehung des *Zauberbergs*, so werden die Tagebücher der Jahre 1937-1939 immer knapper, spröder und unergiebiger. Über *Lotte in Weimar* heißt es am 30. Januar 1937: »Nach dem Frühstück Arbeit am 3. Kapitel, dessen Gesprächskomposition aber noch sehr im Dunkel liegt.« Und sechs Monate später, am 16. Juli 1937: »Schrieb vormittags das über hundert Seiten lange *Riemer-Kapitel zu Ende*.« So viel oder so wenig zum Werk, wenngleich Eintragungen dieser Art die Tagebücher zu einer Fundgrube der Thomas-Mann-Philologie machen und Stoff liefern für mehrere Generationen von Doktoranden. Denn nicht nur die Daten des Arbeitsprozesses, auch Buchlektüren, Gesprächspartner, eingegangene und geschriebene Briefe sind hier mit großer Akribie verzeichnet. Was früher nur durch Philologenfleiß erschlossen werden konnte, lässt sich nun schwarz auf weiß und zuverlässig nachlesen: dass der Vortrag *Richard Wagner und der ›Ring des Nibelungen‹* in knapp vierzehn Tagen entstand und dass Thomas Mann sich neun Monate mit dem berühmten »Siebenten Kapitel« von *Lotte in Weimar* quälte. So bestätigt das Tagebuch, was sich schon früher vermuten ließ: Thomas Mann führte eine Art Doppelleben, worin die Sphäre des Bürgers von der des Künstlers streng getrennt war. Würde der Titel des Romans nicht immer wieder im Text erwähnt, so würde niemand hinter dem Autor des Tagebuchs den Verfasser von *Lotte in Weimar* vermuten. Man erfährt zwar, *dass* er am Roman schrieb, an welchen Tagen, an welchen Orten, – doch was er dachte, erwog und verwarf, wie er komponierte und konzipierte, das alles kommt im Tagebuch nicht vor. Nicht ohne Grund nannten seine Kinder den Mann, der sich vormittags für einige Stunden an den Schreibtisch zurückzog, den »Zauberer«. Der eigentliche Kreationsprozess bleibt im Dunkel. Akribisch genau werden die Ereignisse des Tages verzeichnet: die quälenden Zahnschmerzen, die fast tägliche Schlaftablette (Marke Phanodorm), die Abendzigarre, ein unbekömmliches Essen, ein hässlicher Traum. In der Summe und Wiederholung ein merkwürdiges Ensemble von Alltagsbanalitäten. Gleichsam nebenbei lassen sich zwei beliebte Legenden durch das Tagebuch korrigieren: einmal die Legende, dass Thomas Mann, sei es daheim oder auf Reisen, im Strandkorb oder am Schreibtisch, vor seinem Manuskript gesessen und dem Werk eine weitere Seite hinzugefügt habe, dann auch die Legende, dass er das einmal Fertiggeschriebene niemals habe korrigieren müssen. Daran ist kaum etwas richtig. In Wirklichkeit ging er oft müde und widerwillig an die Arbeit, veränderte, schrieb um, setzte aus, ließ das Werk in sich wachsen. Doch dieses Werk selber spielt im Tagebuch kaum eine Rolle. Nur ganz selten wird der Vorhang einen Spalt breit geöffnet, etwa wenn, wie erwähnt, Thomas Mann sich auf seinen Schopenhauer Aufsatz durch eine neuerliche Lektüre der *Betrachtungen eines Unpolitischen* atmosphärisch einstimmt. Hier bekommt man einen fast indiskreten und jedenfalls ungewollten Einblick in die Werkstatt des »Zauberers«, dessen Kreativität von bestimmten seelischen Zuständen, sinnlichen Anreizen und musikalisch-erotischen Stimmungslagen abhängig war. Der Kreationsprozess entzog sich der objektivierenden Darstellung im Tagebuch, ganz anders als bei Brecht, der kein »Zauberer« war, sondern ein Konstrukteur und Handwerker. Wäre der Verfasser dieser Tagebücher eine Kunstfigur, einer Novelle E.T.A. Hoffmanns oder Flauberts Altersroman *Bouvard und Pécuchet* entsprungen, man müsste den Scharfsinn ihres Erfinders bewundern. Aber ihr Verfasser ist der reale Thomas Mann, berühmt als Humorist und Ironiker, und so staunt man über die vollständige Abwesenheit jeden Humors und jeder Ironie, erschrickt über die Atmosphäre von Einsamkeit und Eiseskälte, die nicht nur von ferne an den Adrian Leverkühn des *Faustus*-Romans erinnert. Begabt mit dem bösen Blick für sich selbst, blieb Thomas Mann die Parallele nicht verborgen. Im Roman machte er Serenus Zeitblom zum Chronisten und heimlichen Doppelgänger Leverkühns, im Tagebuch war er sein eigener Doppelgänger, unfreiwillig und doch wie unter einem Zwang.

Unter dem Datum des 20. Februar 1942 findet man eine ebenso merkwürdige wie bewegende Notiz: »Las lange in alten Tagebüchern aus der Klaus-Heuser-Zeit, da ich ein glücklicher Liebhaber. Das Schönste und Rührendste der Abschied in München, als ich zum erstenmal ›den Sprung ins Traumhafte‹ tat und seine Schläfe an meine lehnte. Nun ja – gelebt und geliebet. Schwarze Augen, die Tränen vergossen für mich, geliebte Lippen, die ich küßte – es war da, auch ich hatte es, ich werd es mir sagen können, wenn ich sterbe.« »Gelebt und geliebet« – Thomas Mann zitiert hier ein Gedicht von Chamisso aus dem von Robert Schumann vertonten Zyklus *Frauenliebe und Leben*. Das ist ergreifend, sogar erschütternd, denn realiter ging es über einen Wangenkuss nicht hinaus, wie Klaus Heuser sich später erinnerte. Thomas Mann hat über die Begegnung rückblickend gesagt: »Nach menschlichem Ermessen war das meine letzte Leidenschaft, – und es war die glücklichste.« Thomas Manns Homoerotik wurde von seinen Biographen und Interpreten lange mit großer Zurückhaltung behandelt. Hinweise darauf gab es in seinem Werk in indirekter Form, etwa im *Tod in Venedig*. In den Tagebüchern tauchen gelegentlich die Initialen W.T. und P.E. auf – Erinnerung an den Mitschüler Willi Timpe, aus dem der Pribislav Hippe des *Zauberbergs* wurde, oder an den Jugendfreund Paul Ehrenberg, das Vorbild der Rudi Schwerdtfeger-Figur aus dem *Doktor Faustus*. Klaus Heuser war der Sohn des Direktors der Düsseldorfer Kunstakademie, siebzehn Jahre alt, als Thomas Mann ihn 1927 auf Sylt kennenlernte. Er lud ihn zu sich nach München ein und widmete ihm, wie der Herausgeber Peter de Mendelssohn schreibt, »viel Zeit und Aufmerksamkeit«. Seinem Name begegnet man in den Tagebüchern immer wieder, nicht nur im September 1935 anlässlich einer Wiederbegegnung in Zürich, sondern immer dann, wenn Thomas Mann für eine erotische Episode im Werk ein Stimulans braucht und sich zu diesem Zweck noch einmal in die Tagebücher aus der Zeit ihrer ersten Begegnung hineinliest. Diese Tagebücher hat er, wie fast alle seine persönlichen Aufzeichnungen aus der Zeit vor 1933, vernichtet.

Er scheute den Blick der Mitwelt und Nachwelt in seine intimen Geheimnisse. Sogar das Wenige, das zu unterdrücken ihm nicht gelang, ist für seine »sexuelle Problematik« aufschlussreich genug. Noch der fast Siebzigjährige erfreut sich am Strand von Pacific Palisades in Kalifornien an der Schönheit und Anmut junger männlicher Körper: »Gestern am Strand erinnerungswerte Erscheinung eines Negers, ballspielend, in Badehose mit zwei Weißen. Überraschender Anblick des matt-schwarzen Körpers, herkulisch-wohlgebaut. Ungewollte Obszönität der Bewegung beim Eingraben der gespreizten Füße in den Sand. Blecken der weißen Zähne.« Aus solchen flüchtigen Eindrücken, die in den Zwängen seiner bürgerlichen Existenz und eines streng geregelten Tagesablaufs selten genug waren, und aus den noch selteneren emotionalen Erlebnissen setzte sich der kärgliche Lebensstoff zusammen, den Thomas Mann immer wieder zu Literatur verarbeitete. Den Aschenbach der Erzählung *Der Tod in Venedig* ließ er an der Befreiung und Enthemmung seiner Sexualität zugrunde gehen. Sich selbst gestattete er solche Befreiung nicht. Denn da war, wie zum Schutz gegen die Dämonen und Gefahren in seinem Inneren, gegen die »Hunde im Souterrain«, die er mit den Worten abwehrte: »Wie ich sie hasse, diese Geschlechtlichkeit ...«, eine tiefwirkende Selbstkontrolle und Repression seines Trieblebens, dessen Energien immer wieder auf das Werk umgelenkt wurden. Aschenbach wie auch einige andere Figuren vor allem des Frühwerks verweisen immer wieder auf die andere, auch im Autor selbst angelegte Möglichkeit. Man darf die Vermutung wagen, dass die angestrengte Stilisierung dieses literarischen Werks, die oft bemerkte ironisch-parodistische Kühle, stilistische Glätte und zugleich Umständlichkeit, die zuweilen gespreizte sprachliche Virtuosität zu großen Teilen die literarischen Manöver eines Autors sind, der den Spuk dunkler Gewalten in seinem Inneren unter Kontrolle halten wollte. Nur in ganz wenigen Augenblicken, in den Tagebüchern aber nirgends so deutlich wie in der zitierten Klaus-Heuser-Notiz, wird der Vorhang plötzlich aufgerissen, erscheint der Autor ohne Maske, ist man mit nacktem, literarisch noch nicht durchgearbeitetem Lebensstoff konfrontiert. Bestürzt blickt man in die Abgründe eines bürgerlichen Künstlerdaseins, dem es gelang, einem Minimum an real erfahrenem Lebensglück ein Maximum an künstlerischer Leistung und Vollendung abzugewinnen.

Seinen Beitrag zum Kampf gegen Hitler leistete Thomas Mann unterdessen mit Entschlossenheit und großem persönlichen Einsatz, er gestattete sich kaum eine Atempause und schon gar nicht eine Anfälligkeit für Resignation. Die Haltung des Tagebuchschreibers ist spürbar verändert: Das politische Selbstgespräch verstummt fast völlig, er wird zum sorgfältigen Chronisten der Kriegsereignisse. Ein heller, aggressiver Ton charakterisiert die Tagebücher der Kriegsjahre. Thomas Mann ist stimuliert durch die Lebensluft des jungen Amerika und die Atmosphäre des Kampfes. Weit hat er sich inzwischen von der Gedankenwelt der *Betrachtungen eines Unpolitischen* entfernt, von dem reaktionären Trotz, mit dem er 1918 auf die Ausrufung der Republik reagierte. Auch die schwankende Haltung der ersten Emigrationszeit in der Schweiz ist längst überwunden. Nun zieht er auf sechs ausgedehnten Vortragsreisen durch das Amerika Roosevelts, ein »Wanderredner der Demokratie«, wie er sich selbstironisch nennt, durch die Zeitumstände in eine Rolle versetzt, »für deren Komik ich, selbst zur Zeit meines leidenschaftlichsten Verlangens nach Hitlers Untergang, nie ohne Blick war«. Auch nach diesem Untergang blieben Zweifel – nicht an der Notwendigkeit des Kampfes gegen Hitler, sondern an der eigenen Berufung zur Politik. »Es ist eine Rolle«, schreibt er an René Schickele, »aber doch wohl nicht so, dass ich sie ganz im eigenen Namen halten dürfte. Unter uns gesagt: Es ist eine Rolle – mit der ich mich so weit identifiziere, wie ein guter Schauspieler sich mit der seinen identifiziert.« Schmerzliche Depression, wie sie aus der Notiz vom 20. Juni 1940, aus den Tagen des französischen Zusammenbruchs, spricht, bleibt die Ausnahme: »Entsetzliches Bombardement des von Flüchtlingen überfüllten Bordeaux. Mitleid gebe es nicht mehr in Europa, sagen die Deutschen. Auch sie werden es noch zu spüren bekommen. Ihr Maß ist voll. In Deutschland selbst wurde das Mitleid zuerst abgeschafft. Wer weiß, wie das Elend, das sie jetzt schaffen, auf sie noch zurückschlagen wird [...]. Musik abends. Hörte mit Rührung das Lohengrin-Vorspiel, mußte weinen, weil mir schien, ich hörte das in der Jugend Geliebteste wieder im Untergang.«

Thomas Mann hat sich solchen Stimmungen nicht oft hingegeben. Rastlos tätig, steht er in diesen Jahren auf der Höhe seiner geistigen und politischen Wirkungsmöglichkeit. Da ist zunächst das kontinuierliche Wachsen des literarischen

Werks. Nachdem der Goethe-Roman *Lotte in Weimar*, die große Einschaltung zwischen dem dritten und vierten Band der Joseph-Tetralogie, nach dreijähriger Arbeit im Oktober 1939 in Princeton abgeschlossen worden und noch vor Weihnachten desselben Jahres im Stockholmer Exil-Verlag Bermann Fischer erschienen ist, beschäftigt den Schriftsteller zunächst, als neuerliche, kleinere Einschaltung, die Arbeit an der Erzählung *Die vertauschten Köpfe*. Sie wird am 1. Januar 1940 begonnen und in sieben Monaten zu Ende geführt; schon tags darauf wird das Material zum *Joseph* wieder vorgenommen. Die Tetralogie wird im Januar 1943 abgeschlossen, sechzehn Jahre, nachdem Thomas Mann daran zu schreiben begonnen hatte. Es folgt, wieder als Einschaltung, die umfangreiche Erzählung *Das Gesetz*, die er in nur zwei Monaten, das heißt bei seiner Arbeitsweise ungewöhnlich zügig, niederschreibt, bevor er im März 1943 mit den Vorstudien zum *Doktor Faustus* beginnt, von dem am Jahresende bereits neun Kapitel vorliegen. Es ist eine durch Umfang und Stetigkeit bewunderungswürdige Arbeitsleistung, vor allem weil sie den widrigen Zeitumständen buchstäblich abgerungen werden muss. Ab Oktober 1940 entstehen Monat für Monat die Rundfunkansprachen an die deutschen Hörer. Auf Vortragsreisen, die jeweils mehrere Wochen dauern, spricht er fast Abend für Abend vor überfüllten Auditorien, gibt Interviews und nimmt zu politischen Fragen Stellung. Man weiß nicht, was man mehr bewundern soll: die geistige Präsenz oder die körperliche Widerstandskraft, mit welcher der fast Siebzigjährige sein gewaltiges Pensum absolviert. Zuweilen gewinnt man den Eindruck, als habe der früher oft kränkelnde Schriftsteller sich niemals gesünder und positiver gefühlt als in dieser Zeit der Erschütterung der Weltzustände. Manchmal wirkt er jetzt sogar ein wenig *zu* gesund, *zu* kampfentschlossen. Etwa wenn er das schwere Bombardement Münchens, der Stadt, in der er länger als dreißig Jahre gelebt hatte, mit der Bemerkung abtut, der »alberne Platz« habe es »geschichtlich verdient«. Es ist die gleiche Unerbittlichkeit, die Brecht in seinem Arbeitsjournal bei Thomas Mann konstatierte und die man in dieser Zeit auch in einigen der Rundfunkreden an die deutschen Hörer wiederfindet. Aus ihr spricht die Enttäuschung über die geschichtlichen Irrwege eines Landes, auf die auch er selber sich dreißig Jahre zuvor verirrt hatte.

Am 13. Oktober 1943 sprach Thomas Mann in der Library of Congress in Washington über das Thema »Der Krieg und die Zukunft«. Er deutete den Krieg und seine Voraussetzung, Hitlers Herrschaft in Deutschland, als jähen und wilden Ausbruch des Irrationalismus, als Sieg der Lüge und der schlechten Instinkte über Vernunft und Zivilisation: »Es ist ein entsetzlicher Anblick, wenn der Irrationalismus populär wird. Man fühlt, es muß ein Unglück geben, ein Unglück, wie die einseitige Überschätzung der Vernunft es niemals herbeiführen kann.« Der Vortrag in Washington gehörte zu seinem Pflichtpensum. Seit drei Jahren war er *»literary consultant«* der Library of Congress in Washington, der größten Bibliothek der Welt. Für seine Tätigkeit bezog er das üppige Jahresgehalt von fünftausend Dollar, nach heutigem Wert fast hunderttausend Dollar. Agnes E. Meyer, Ehefrau des Besitzers der *Washington Post* und Thomas Manns amerikanische Mäzenatin, hatte diese Pfründe vermittelt. Die einzige Verpflichtung bestand darin, einmal im Jahr einen Vortrag über ein literarisches Thema zu halten. Für den 13. Oktober 1943 wählte Thomas Mann ein politisches Thema: *The War and the Future*. Zum Zeitpunkt der Rede ging der Zweite Weltkrieg in sein fünftes Jahr. Nach Hitlers Anfangserfolgen war längst eine militärische Wende eingetreten, und die Niederlage des »Großdeutschen Reiches« begann sich abzuzeichnen. Briten und Amerikaner waren auf Sizilien gelandet, im Osten drängte eine sowjetische Generaloffensive die deutschen Armeen an allen Fronten zurück. Die alliierten Außenminister einigten sich auf einer Konferenz in Moskau im Oktober 1943 auf die Forderung nach Deutschlands bedingungsloser Kapitulation. So wurde es Zeit, sich über die politische Neuordnung Europas Gedanken zu machen. Thomas Mann ließ die Gelegenheit der Washingtoner Rede nicht ungenutzt, bei seinen siebenhundert Zuhörern ein gutes Wort für das alte Europa einzulegen – mit Formulierungen, die aus späterer Sicht fast prophetisch klingen, vor allem in Hinblick auf die zukünftige Rolle Amerikas, das hier als das neue Rom beschrieben wird. Die europäischen Völker erscheinen, wie einst die Griechen, in der Rolle der »Graeculi«, die aber – dafür warb Thomas Mann – als Verbündete behandelt werden sollten: »Nur eine dumme, korrupte Oberschicht, Verräterpack, dem nichts heilig ist als Geld und Vorteil, arbeitet mit den Nazis zusammen. Die Völker weigern sich dessen. Sie führen unseren Kampf, sie sind unsere Verbündeten, und als Verbündete verdienen sie behandelt zu werden.« Galt das hier Gesagte auch für Deutschland? Ein Plädoyer für das eigene Land fiel Thomas Mann ungleich schwerer. Nicht nur weil das deutsche Regime damals seinen Unterwerfungs- und Vernichtungskrieg gegen Europa und die Welt führte, auch er selbst war nicht frei von der Neigung, Deutschland mit Hitler und den Nazis gleichzusetzen. So war es konsequent, dass er in seiner Rede die Frage der deutschen Kollektivschuld aufwarf. Damit verstrickte er sich in den Meinungskampf über Deutschlands Zukunft, der gerade unter den Emigranten mit großer Heftigkeit ausgetragen wurde. Im Juli 1943 war in Moskau die Gründung eines Nationalkomitees »Freies Deutschland« angeregt worden; eine Gruppe von Exilkommunisten in der Sowjetunion forderte die Deutschen zum Freiheitskampf gegen Hitler auf. Bereits am 1. August traf sich in Pacific Palisades eine Reihe namhafter Schriftsteller, unter ihnen Bertolt Brecht, Lion Feuchtwanger und Heinrich Mann, um eine Stellungnahme zu formulieren. Auch Thomas Mann nahm an dem Treffen teil. Abends notierte er leicht genervt: »... endlose Konferenz ... Stundenlange Formulierungsversuche mit leidlichem Endresultat.« Dieses Endresultat war eine kurze

Erklärung, worin die Schriftsteller das Moskauer Manifest ausdrücklich begrüßten: »Auch wir halten es für notwendig, scharf zu unterscheiden zwischen dem Hitlerregime und den ihm verbundenen Schichten einerseits und dem deutschen Volk andererseits. Wir sind überzeugt, daß es ohne eine starke deutsche Demokratie einen dauernden Weltfrieden nicht geben kann.«

»Das Ganze muß wohl sein«, schrieb Thomas Mann spät in der Nacht in sein Tagebuch. Doch schon am nächsten Morgen stellt sich Katzenjammer ein, und er zog seine Unterschrift zurück, spürbar erleichtert, doch mit schlechtem Gewissen. Er habe eine Dummheit vermieden, schrieb er an Agnes E. Meyer; ihm widerstrebe es, den Amerikanern unerbetene Ratschläge zu erteilen; auch sei er anders als viele Linke durchaus nicht der Meinung, dass Deutschland nach dem Krieg »nichts geschehen« dürfe (er schrieb die Worte in Anführungszeichen). Bertolt Brecht vermerkte den Rückzieher mit Hohn und notierte: »Als *Thomas Mann* vorigen Sonntag, die Hände im Schoß, zurückgelehnt sagte: ›Ja, eine halbe Million muß getötet werden in Deutschland‹, klang das ganz und gar bestialisch. Der Stehkragen sprach. Kein Kampf war erwähnt, noch in Anspruch genommen für diese Tötung, es handelte sich um kalte Züchtigung, und wo schon Hygiene als Grund viehisch wäre, was ist da Rache (denn das war Ressentiment von dem Tier).« Die Sätze sind oft kritisch gegen Thomas Mann ins Feld geführt, nicht weniger oft in ihrer Authentizität bestritten worden. Von Anfang an gab es eine Antipathie Brechts gegen den »Großschriftsteller«, die keine Gelegenheit versäumte, sich zu entladen. Auf der anderen Seite war Thomas Mann nicht frei von Bestrafungswünschen gegenüber den Deutschen, die ihn, den Repräsentanten deutscher Kultur, vertrieben hatten, um sich einem politischen Abenteurer auszuliefern. Schon in seinem Aufsatz *Bruder Hitler* hatte er den Führer des Dritten Reiches als einen heimlich Verwandten, als Scharlatan und verkrachten Künstler beschrieben.

Diesen Gedanken griff er in der Washingtoner Rede *The War and the Future* wieder auf: »Der Fall Deutschland ist darum so verwirrend und kompliziert, weil Gutes und Böses, das Schöne und das Verhängnisvolle sich darin in der eigentümlichsten Weise vermischen [...]. Der deutsche Geist ist sozial und politisch wesentlich uninteressiert. Im tiefsten ist diese Sphäre ihm fremd. Die verwickelte Frage ›Was ist deutsch?‹ findet vielleicht mit der Feststellung dieses Unterschiedes ihre bündigste Antwort.« Der Vortrag *The War and the Future* enthält aber auch ungewöhnlich kritische Äußerungen über die bürgerlichen Gesellschaften des Westens, über Konservativismus und Militarismus, Kapitalismus und Schwerindustrie. Und es fiel darin das später vielzitierte Wort vom Antikommunismus als »Grundtorheit unserer Epoche«. Thomas Mann verschwieg nicht den Umstand, dass der kapitalistische Westen den Faschismus lange Zeit gehätschelt hatte, weil ihm der östliche Bolschewismus als das eigentliche Schreckgespenst galt: »In den Augen des konservativen Kapitalismus des Westens war der Faschismus schlechthin das Bollwerk gegen den Bolschewismus und gegen alles, was man darunter verstand. Man ließ sich alle Scheußlichkeiten, die er im Innern beging, gefallen, ohne zu realisieren, daß ihr außenpolitisches Zubehör der Krieg war.« So weit hatte Thomas Mann sich in politischen Fragen noch niemals vorgewagt. Nicht ohne Selbstironie schrieb er: »Vielfach äußere ich erschreckend ›linkse‹ Dinge, hoffe es aber durch das Darüberstreuen von ziemlich viel konservativem und traditionalistischem Puderzucker vor skandalöser Wirkung zu schützen.«

Agnes E. Meyer, die Verehrerin und Mäzenatin, die den Deutsch geschriebenen Vortrag ins Englische zu übersetzen hatte, war aufgebracht über manche Formulierung und las Thomas Mann in einem langen Brief die Leviten. Zumal seinen Versuch, eine Verwandtschaft aufzuzeigen zwischen der amerikanischen Demokratie und einem idealen Kommunismus, ließ sie nicht gelten. So war der Redetext am Ende ein

Kompromiss zwischen Autor und Übersetzerin. Der Vortrag selbst, von Thomas Mann mit Emphase in einem ihm fremden Idiom vorgetragen, hinterließ einen starken Eindruck, ohne aber den Beifall seiner deutschen Schriftstellerkollegen zu finden. Brecht gab in einem Brief sein »schmerzlichstes Erstaunen« zu erkennen. Thomas Mann antwortete: »Es ist zu früh, deutsche Forderungen aufzustellen und an das Gefühl der Welt zu appellieren für eine Macht, die heute noch Europa in ihrer Gewalt hat und deren Fähigkeit zum Verbrechen keineswegs schon gebrochen ist. Schreckliches kann und wird wahrscheinlich noch geschehen, das wiederum das ganze Entsetzen der Welt vor diesem Volk hervorrufen wird, und wie stehen wir da, wenn wir vorzeitig Bürgschaft übernehmen für einen Sieg des Besseren und Höheren.« Das war ein prophetisches Wort. Die Schrecken der Vernichtungslager wurden in ihrem vollen Ausmaß erst später bekannt.

Reinhard Baumgart hat Thomas Manns Tagebücher als einen »riesigen Lebens- und Schlüsselroman« bezeichnet, dann einschränkend hinzugefügt, es handle sich um einen »Roman ohne Autor«. Die paradoxe Formel begründete er mit der Feststellung, dass den Tagebüchern all jene Eigenschaften fehlten, die für das Werk so kennzeichnend seien: absichtsvolle Komposition, epische Heiterkeit, Humor und Ironie, eine fast musikalische Ordnung aus Leitmotiven und thematisch-harmonischem Beziehungszauber. In den Tagebüchern walte, fern allem Zauber, der Geist der Buchhaltung, banal und zähe, humorlos und spröde; sie seien ein »Anti-Werk« mit einer »Un-Struktur« gemäß der Maxime Heinrich Manns: »Es gibt kein Genie außerhalb der Geschäftsstunden.« Thomas Mann habe sein Genie dem Werk vorbehalten, während er sich als Tagebuchschreiber von seiner menschlich-allzumenschlichen Seite zeige, schutzlos, kunstlos und manchmal fassungslos. Es enthülle sich ein extremer Dualismus von Schreiben und Leben: dort, im Werk, die enorme Kunstanstrengung mit dem Faltenwurf großer Rhetorik und allen Reizen ästhetisch sublimierter Erotik; hier, im Tagebuch, eine zusammengeschrumpfte, von kärglichem Erlebnisstoff sich nährende Schriftstellerexistenz, die selbst auf der Höhe des Ruhmes tödlich einsam erscheine. Thomas Mann, »der Repräsentant und der Märtyrer«, wie Hans Mayer gesagt hat, beide Rollen doppelgängerhaft verschmolzen in einer Person. Unnötig zu betonen, dass es gegen den Willen des Verfassers geschieht. Er hatte ja auch gute Gründe, sich die zudringliche Neugier für seine Person zu verbitten, das indiskrete Eindringen in die »Zitadelle«, wie Montaigne den innersten Kern der Persönlichkeit nannte. Die Nachwelt dagegen erhebt Anspruch darauf zu wissen, auf wieviel Verzicht, Entsagung und Lebensverlust die großen Werke der Kunst errichtet sind. Was das eigene Leben betrifft, wollte Thomas Mann der Neugier der Nachwelt vorbeugen, gerade in einer Zeit, als aus der Ferne des kalifornischen Exils ein anderes Ziel in den Vordergrund trat: der Sturz des Nazi-Regimes in Deutschland. Am 28. Februar 1944 notierte er: »Pessimistische Kriegsbetrachtungen – was wenigstens die Dauer betrifft. Oft bedenke ich, daß ich dies Tagebuch seit 11 Jahren führe, und daß es ein Ziel hat, von Tag zu Tag verfolgt.« Mit diesem Ziel verband sich der Wunsch, den Sturz des Regimes noch auf deutschem Papier verzeichnen zu können. Als es soweit war, am 7. Mai 1945, dem Tag der deutschen Kapitulation, schrieb Thomas Mann, nachdem er die aktuellen Vorgänge sorgfältig verzeichnet hatte, mit verhaltener Genugtuung: »Ist dies nun der Tag, korrespondierend mit dem 15. März 1933, als ich diese Serie von täglichen Aufzeichnungen begann, – also ein Tag feierlichster Art? Es ist nicht gerade Hochstimmung, was ich empfinde [...]. Eine gewisse Genugtuung ist das physische Überleben. Nach dem Fall Frankreichs ließ Göbbels meinen Tod melden; er konnte es sich nicht anders denken. Und hätte ich mir Hitlers Falschsieg als ernst zu Herzen genommen, wäre mir wohl auch nichts anderes übrig geblieben, als einzugehen. Überleben hieß: siegen. Es ist ein Sieg. Klarheit darüber, wem der Sieg zu danken: Roosevelt.« Auch in diesem Fall, im Augenblick der deutschen Kapitulation, war Thomas Mann nicht frei von der Neigung, das Zeitgeschehen im Rapport der eigenen Biographie zu sehen, man könnte auch sagen, auf die eigene Person zuzuschneiden.

»*What to do with Germany?*« Eine Londoner Zeitung bat Thomas Mann um eine Antwort auf diese Frage. Er notierte im Tagebuch: »Prekär, verantwortlich – und interessiert es mich auch nur genug? Auch möglich, daß man der Sorge durch unvorhersehbare Entwicklungen überhoben sein wird. Mit was für einer revolutionierten, proletarisierten, umgestülpten, nackt und bloßen, zerrütteten, glaubenslosen, ruinierten Volksbande wird man es zu tun haben. Die Ausrufung eines National-Bolschewismus und der Anschluß an Rußland ist immer noch nicht unmöglich. Für eine dezente liberal-demokratische Republik ist das Land verloren.« Der Zweifel an Deutschland, an seiner Befähigung zur liberalen Demokratie, saß tief, er geht wie ein Leitmotiv durch das Tagebuch. Am 18. Februar 1944 heißt es: »Viel über Deutschland, für und gegen seine Entmachtung, Zerteilung. Jene durch Rohstoff-Prioritäten sichergestellt. Die Diskussion mir langweilig, weil man damit dem ›Germanocentrismus‹ nachgibt, dem Wahn der Deutschen, dass sich um sie die Welt dreht. Es ist nicht so wichtig, was mit Deutschland geschieht.« Den Morgenthau-Plan, der die Umwandlung Deutschlands in einen Agrarstaat vorsah, fand Thomas Mann nicht ganz unvernünftig, und die Bedenken vieler Emigranten über die Pläne der Teheraner Konferenz zur Zerstückelung Deutschlands teilte er nicht. »Und doch muss Deutschland verkleinert werden«, heißt es im Tagebuch am 7. Juli 1944.

Die schroffen, scheinbar unpatriotischen Äußerungen, die Thomas Mann auch öffentlich von sich gab, stießen nicht wenige Emigranten vor den Kopf. Nur auf den ersten Blick kontrastierten sie mit der »deutschen Fundierung, Tönung u. Thematik« des *Doktor Faustus*, die Max Horkheimer und Theodor W. Adorno anlässlich einer Lesung aus dem Roman festzustellen meinten. Der Nationalsozialismus war für Thomas Mann kein geschichtlicher Betriebsunfall oder das blutige Werk einer verbrecherischen Clique, er sah ihn tief verwurzelt in deutscher Geschichte und Kulturtradition. »Man soll nicht vergessen und sich nicht ausreden lassen«, schrieb er am 17. Juli 1944, »daß der Nationalsozialismus eine enthusiastische, funkensprühende Revolution, eine deutsche Volksbewegung mit einer ungeheuren seelischen Investierung von Glauben und Begeisterung war.« Diese Analyse würde man von heute aus für zutreffend halten, wenn auch die Geschichtswissenschaft, voran die deutsche, mehrere Jahrzehnte gebraucht hat, um sie in ihrer ganzen Tragweite einzuholen. Hitlers ideologische Obsessionen, so hat Ian Kershaw in seiner Hitler-Biographie deutlich gemacht, konnten nur deshalb zur Triebkraft der nationalsozialistischen Bewegung werden, weil es auch in den Eliten zu viele Menschen gab, die bereit waren, Hitler »entgegen zu arbeiten«. Dies »Entgegen-Arbeiten« – nicht gegen ihn, sondern ihm entgegen – war geradezu das Schlüsselwort von Kershaws Buch. Dazu passen die Reflexionen Thomas Manns am Tag der Kapitulation: »Übrigens aber wird dies und das *mit* Deutschland, aber nichts in Deutschland geschehen, und bis jetzt fehlt es an jeder Verleugnung des Nazitums, jedem Wort, daß die ›Machtergreifung‹ ein fürchterliches Unglück, ihre Zulassung, Begünstigung ein Verbrechen ersten Ranges war. Die Verleugnung u. Verdammung der *Taten* des Nationalsozialismus innen und außen, die Erklärung, zur Wahrheit, zum Recht, zur Menschlichkeit zurückkehren zu wollen, – wo sind sie? Die alberne Zerrissenheit der Emigration, der neidische Haß auf mich und meine Haltung kommen hinzu, die Freude niederzuhalten.«

War das überschärft? Vier Jahre später, in der *Entstehung*

des Doktor Faustus, hat Thomas Mann, seine Eintragung vom 7. Mai 1945 zitierend, diese Sätze ausgelassen. Voreilig wäre es, daraus auf Versöhnlichkeit zu schließen. Zu frisch war die Erinnerung an die Zumutungen, die unmittelbar nach Kriegsende aus dem Kreis der »Inneren Emigration« an ihn herangetragen wurden, etwa die offenen Briefe von Frank Thieß und Walter von Molo, die ihn zur Rückkehr nach Deutschland aufforderten, aber mit Argumenten, die von Selbstgerechtigkeit diktiert und versteckt feindselig waren – »*une race maudite*«, notierte Thomas Mann im Tagebuch, »eine hoffnungslose Bande«. Er setzte hinzu: »Hier wie dort«. Die Mehrzahl der deutschen Emigranten in Amerika, in gewissem Sinne Weggefährten und Leidensgenossen, war da mit einbezogen. Auch mit ihnen war manche Kontroverse auszutragen, von ihrer Seite manche Kränkung zu erdulden. Der Repräsentant reagierte empfindlich, wenn man ihn an die eigene Vergangenheit erinnerte, an seine reaktionär-chauvinistische Vertrotztheit in kaiserlicher Zeit. Eine aufschlussreiche Notiz findet sich im Tagebuch unter dem Datum des 16. Januar 1945 – Thomas Mann zitiert da einen Artikel von Goebbels: »Wir Deutschen fühlen uns keineswegs über andere Völker erhaben. Wir stellen nur fest, daß die ganze Welt über uns herfällt, und schließen daraus, daß es eine besondere Bewandtnis mit uns haben muß.« Thomas Mann kommentiert den Sermon mit den Worten: »Ungefähr, wie ich vor 30 Jahren geschrieben habe.« Selbstkritischer kann man nicht urteilen. Anderen erlaubte er es nicht, an diese Wunde zu rühren. Denn eine Wunde oder ein Stachel war und blieb es. Sogar der häufige Tischgenosse Ludwig Marcuse, der ihm in einer Emigrantenzeitschrift nahelegte, einmal »schonungslos, wie es alle großen Bekehrten taten«, seine Vergangenheit zu beschreiben – und Marcuse fügte hinzu »nicht seinetwegen, sondern unseretwegen!« –, wurde im Tagebuch mit der Bemerkung abgefertigt: »Dummheit.« Die Verstimmung über solche »Dummheiten« ging so tief, dass Thomas Mann nicht gefeit war gegen reaktionäre Rückfälle. Als in einem Artikel ohne Namensnennung von Schriftstellern die Rede war, »who lived on in the skies, in far removed kingdoms, in legends and analogies – and they could afford it economically«, lautete sein Kommentar zu diesem Affront, der zweifellos auf ihn zielte: »Es ist ein politisches Kulturgeschwätz, nicht besser und nicht klüger, als das der Nazis und mit derselben Totschlageneigung.« Die Gründe für so unangemessen heftigen Groll wird man nicht lange suchen müssen; sie hatten noch immer mit Heinrich Mann zu tun, dem älteren Bruder. Auch er war auf seine Weise ein Repräsentant der Emigration und für deren linkes Spektrum eine brauchbare Gegenfigur zum berühmten Thomas Mann. Fast mittellos, unterstützungsbedürftig, vereinsamt nach dem Selbstmord seiner Frau Nelly im Dezember 1944, lebte er, nur eine halbe Wegstunde von Pacific Palisades entfernt, in nachbarschaftlicher Nähe zu Thomas Mann. Der Bruderzwist aus der Zeit des Ersten Weltkriegs war zwar längst ausgestanden, und in politischen Dingen war man sich nahe. Trotzdem war ein Stachel geblieben, schmerzlich fühlbar bei jeder öffentlichen Lobpreisung des Bruders.

Die Arbeit am *Doktor Faustus* musste Thomas Mann im April 1946 für einige Wochen unterbrechen, als eine schwere Lungenoperation auch im Tagebuch eine Pause erzwang. Die Entstehung des Romans, von dem damals vierunddreißig der achtundvierzig Kapitel vorlagen, hat er später auf Grundlage des Tagebuchs selbst beschrieben. Was nicht bedeutet, dass sich die Lektüre des Tagebuchs deswegen erübrigt, denn das Buch über die *Entstehung des Doktor Faustus* ist in großen Teilen Stilisierung und fast ein Musterbeispiel jener teils erhellenden, teils camouflierenden Selbstinterpretation, die Thomas Mann im Laufe seines Lebens zu immer größerer Meisterschaft entwickelte. Erst das Tagebuch schafft den authentischen Kontext, erlaubt den Blick, wenn schon nicht in das Seelenleben des Autors und seine Phantasieproduktion, so doch in seine Werkstatt oder wenigstens in deren Vorhof. Unmittelbarer, als dies früher möglich war, nimmt der Leser Teil an Thomas Manns weitgespannter Lektüre, die, blickte man nur auf die Titel – Dostojewskij, Nietzsche, Kierkegaard, der *Cherubinische Wandersmann*, die *Gesta Romanorum* – sprunghaft, fast wahllos erscheint. Fachliteratur kommt hinzu: über *Die Syphilis des Zentralnervensystems* und viel Musikalisches aus primären und sekundären Quellen. Wer den Roman kennt, begreift die Zusammenhänge. Sie erschöpfen sich nicht in stofflichen Aspekten, in der Aneignung von Wissen und Kenntnissen, der fachlichen und sachlichen Fundierung des Romans. Der Zusammenhang ist viel enger, komplexer, imaginativer und, allem positivistischen Forscherfleiß zum Trotz, letztendlich undurchschaubar. Mit traumwandlerischer Sicherheit und Bestimmtheit wird das für den Roman Unbrauchbare beiseitegelassen, das Brauchbare herausgefiltert, umgeformt und in die Komposition des Buches eingeschmolzen. Das Übernommene, Angeeignete tritt in ein neues Licht, gewinnt nicht selten eine neue Qualität. Solche Zusammenhänge im Einzelnen zu verfolgen bis in die inneren Komplexionen des *Doktor Faustus*, macht die Lektüre des Tagebuchs zu einer ebenso entdeckungsreichen wie fesselnden Lektüre.

Thomas Mann spricht einmal von seinem »kalten Blick«, vor dem die realen Figuren des Lebens sich in zappelnde Kunstfiguren verwandeln. Irritierend ist das Methodische, das sein ganzes Erzählen durchdringt: die Möglichkeit, andere Menschen aufzuspießen wie Schmetterlinge oder Insekten und in die Botanisiertrommel des Erzählwerks zu stecken, ohne persönliche Teilnahme und nicht selten auf der Suche nach einem komischen Effekt. Gerade im *Doktor Faustus* gibt es eine ganze Galerie solcher lebensechten Porträts oder porträtähnlichen Karikaturen: Bruno Frank, der als sybaritischer Revolutionsredner auftritt, Annette Kolb, die als

Jeanette Scheurl figuriert (»von mondäner Häßlichkeit, mit elegantem Schafsgesicht«), der Bühnenbildner Emil Preetorius als Vorbild des Sixtus Kridwiß oder der Übersetzer Hans Reisiger, dem der Dichter Rüdiger Schildknapp, Adrian Leverkühns anhänglicher Freund, nachgebildet ist. Sie alle sind Opfer des kalten Blicks, Opfer von »Morden«, um ein Wort Thomas Manns zu verwenden. Da sie zur Zeit der Niederschrift größtenteils noch lebten, wurden sie nach Fertigstellung des Romans für den Verfasser zur Quelle vieler Besorgnisse, die mit dem Näherrücken des Erscheinungstermins immer größer wurden. Im Tagebuch heißt es am 18. Juli 1947: »Mit K. über die ›Morde‹ des Buches: Resi, Annette, Preetorius, Geffcken. Schlimm, schlimm. Das rücksichtslos Autobiographische (unverleugnet) zusammen mit dem Montagehaften. Der tief erregende Radikalismus des Ganzen. Jene ›Morde‹ habe ich mit der Lungenoperation bezahlt, die mit dem Werk in unzweifelhaftem Zusammenhang stand.« Die Briefe, die Thomas Mann kurz vor und nach Erscheinen des *Doktor Faustus* an seine »Opfer« schrieb, um die literarischen Missetaten zu bagatellisieren, sind Glanzstücke diplomatischer Beredsamkeit, fein instrumentiert und genau auf den jeweiligen Adressaten abgestimmt. Ein Schlüsselsatz steht in einem Brief an Walter E. Süskind, worin Thomas Mann den *Faustus* als »Geheimwerk« bezeichnet und dann fortfährt: »... ein solches ist im Grunde jedes neue, gewagte, persönliche und rücksichtslose Stück Arbeit, und auch was Unheimliches ist immer damit verbunden, – wie ich so gern das Wort des Degas citiere, der Künstler müsse an sein Werk in der Verfassung gehen, wie der Verbrecher an seine Tat.«

Am 2. Oktober 1944 griff Thomas Mann, von welchem künstlerischen Dämon auch immer geleitet, zu den Briefen Stendhals und notierte im Tagebuch: »Stendhal, zugleich sehr männlich, mutig und sensibel. Sehr merkwürdig sein Erlebnis mit dem jungen russischen Offizier, den er ›nicht anzusehen wagt‹. Leidenschaft hätte ihn ergriffen, ›wenn‹, was wiederholt wird, ›er eine Frau wäre‹; d.h. St. selbst. Beobachtet selbst die Geburtswehen einer solchen. Seltener Einbruch des Homoerotischen in eine völlig männlich verbleibende, aber sehr offene und psychologisch neugierige Natur.« Das ist glänzend gesehen, schon für sich genommen ein Fundstück ersten Ranges. Nur wenige Tage später wurde es für den Roman verwendet zur Kennzeichnung von Leverkühns Verhältnis zu dem Geiger Rudi Schwerdtfeger. In Stendhals Briefen fand Thomas Mann auch einen Satz von Molière, der ihn unmittelbar anging und darum Eingang ins Tagebuch fand: »›Ich nehme mir mein Gut, wo ich es finde‹: Molière, als er den Cyr. de Bergerac plünderte.« So plünderte Thomas Mann Stendhal, der seinerseits ein genialer Plünderer war. Molières Satz hatte es Thomas Mann angetan: 293 Tage später und 123 Tagebuchseiten weiter, am 23. Juli 1945, taucht er wieder auf. Da heißt es: »Zum Abendessen Bruno Walter und Tochter. Im Arbeitszimmer Vorlesung der Abschnitte opus 111 [...] mit überraschender, aufregender Wirkung auf W. Es sei über Beethoven nie so Wahres gesagt worden. Dabei ist manches von Adorno als das Meine übernommen. Je prends mon bien où je le trouve.«

Dass Theodor W. Adorno, gerade in den musiktheoretischen Passagen des Romans, die Rolle des Ratgebers und Experten spielte, ist bekannt. Auch hier bewundert man die Sicherheit und Hellsicht, mit der Thomas Mann den zentralen Musikdenker seiner Zeit, der noch keineswegs auf der Höhe seines späteren Ruhmes stand, für sich entdeckte und an sich band, ganz ähnlich wie Richard Wagner siebzig Jahre zuvor in seinem Tribschener Idyll den jungen Nietzsche. Adornos Studie über den späten Beethoven und dessen Opus 111 fand Eingang in den *Doktor Faustus* und ist für den Kenner auch in der romanhaften Transformation noch als sein Eigentum erkennbar. Thomas Mann empfand es selbst als nicht unproblematisch. Am 29. September 1944 notierte er: »Die Montage von Adorno's musikalischen Gedanken, obgleich Montage ein Kompositionsprinzip des Buches, ist in der Praxis peinlich, und nur geistreiche Absorption durch die Komposition kann die Anleihe rechtfertigen.« Solche Skrupel hatten aber nicht lange Bestand, schon am nächsten Tag liest man: »Die Integrierung des Studierten und Übernommenen in Atmosphäre und Zusammenhang des Werks als reizvoll empfunden.« Dass Adorno auch auf die Konzeption des Romans, seine seelische Grundstimmung, seinen musikalisch-theologischen Radikalismus, seine dialektisch zugespitzten Antithesen von Mittelalter und Moderne, Barbarei und Fortschritt einigen Einfluss gehabt hat, ließ sich früher nur vermuten. Der Anhang des Tagebuchs bietet nun eine Reihe von Bruchstücken aus der *Entstehung des Doktor Faustus*, die Adornos Mitarbeit betreffen, später aber unterdrückt wurden. Überhaupt dieser Anhang! Er hat mit seinen fast siebenhundertfünfzig Seiten mehr als den doppelten Umfang des eigentlichen Textteils, ohne im Geringsten philologisch aufgebläht zu sein. Inge Jens, die Herausgeberin, hat Thomas Manns Text mit seinen zahllosen Namen, Titeln, Zitaten und Anspielungen, oft aus entlegener amerikanischer Sphäre, durch ihre Anmerkungen und Kommentare überhaupt erst lesbar gemacht, und indem sie unpublizierte Briefe aus diesen Jahren ergiebig zitiert, gibt sie der etwas monotonen Grundmelodie des Tagebuchs einen klangvollen Resonanzboden. Man findet hier nicht weniger als sechsundsechzig bislang unbekannte Texte, darunter Passagen aus dem *Doktor Faustus*, die aus dem ursprünglichen Manuskript wieder ausgeschieden wurden – sei es aus Diskretion, sei es aus Gründen des künstlerischen Gleichgewichts, etwa um überbordend Essayistisches auf das erzählerisch vertretbare Maß zurückzustutzen. Hier liest man nun Wendell Kretzschmars, des Musiklehrers, scharfsinnige Expektorationen über Wagner und Brahms, die umständlichen Kommentare des Erzählers Serenus Zeitblom zu Adrian Leverkühns – in der Schlussfassung fast getilgter, Thomas Mann schreibt: »diskretisierter« – Homosexualität, oder auch eine bitter-satirische Passage über Leverkühns Mutter, in der man das feindselig-kühle Porträt von Thomas Manns eigener Mutter erkennt. Und hier findet man auch die unterdrückten Textpassagen, die die Mitarbeit Adornos betreffen – sie sind die eigentlichen *pièces de résistance* dieser Tagebuchedition. In der *Entstehung des Doktor Faustus* liest man etwa: »Die Darstellung der Reihen-Musik und ihre in Dialog aufgelöste Kritik, wie das XXII. Faustus-Kapitel sie bietet, gründet sich ganz und gar auf Adorno'sche Analysen [...].« Danach setzte der Rotstift an: »Mehr noch, vieles von dem, was Leverkühn später vom eiskalten Teufel über die bis zur Unmöglichkeit problematische Rolle der Kunst – der Musik im Besonderen – in unserer Gesellschaft sich anhören muß, ist nichts als diskursive Einschmelzung von Gedanken jener Schrift [Adornos]. Adrian hört es, weil er es weiß, und ebenso ließ ich mir von außen sagen, was ich wußte, ließ mir helfen durch einen anderen – von mir selbst. Der ›andere‹ hatte nicht wenig Spaß daran. ›Ich bin bekanntlich der Teufel‹, sagte er, als er mit dem Kapitel bekannt geworden war.«

Der »Spaß« des »anderen« war nicht von Dauer. Am 7. Februar 1948 (der *Doktor Faustus* war bereits erschienen) notierte Thomas Mann: »... hysterischer Ausbruch [...] Adorno[s], in dessen Brust das Bewusstsein der musikalischen Teilhaberschaft am Faustus gährt. Etwas unheimlich.« Tags darauf liest man: »Mit K. u. Erika über die gestrigen Vorkommnisse. Erfuhr, daß Adorno sich schon zu Bibi über seine Teilhaberschaft triebhaft entladen u. entlastet hat. Überlege Maßnahmen zu seiner Beruhigung.« Das gab den Anstoß zu dem Werkstattbericht mit dem Titel *Die Entstehung des Doktor Faustus*. Thomas Mann schrieb den »Roman eines Romans« hauptsächlich, um seinen musikalischen Ratgeber Adorno ruhigzustellen. Das wiederum brachte ihn, wie man ebenfalls im Tagebuch nachlesen kann, in Opposition zu seinen familiären Ratgebern: »Morgens mit K. und beim Frühstück auch mit Erika über das Problem ›Adorno‹ [...]. Frage, wie weit beim Einbekenntnis seiner Hilfe ins Détail zu gehen. Frage des autobiographischen Taktes und Gefahr unnötiger Desillusionierung.« Die Desillusionierung wurde vermieden. Thomas Mann folgte der Maxime Molières und überhöhte sie noch mit den Worten: »Nach einem langen geistigen Wirken geschieht es sehr häufig, daß Dinge, die man voreinst in den Wind gesät, von neuerer Hand umgeprägt und in andere Zusammenhänge gestellt, zu einem zurückkehren und einen an sich selbst und das Eigene erinnern.«

»Klares Wetter. Schrieb um ½ 12 Uhr die letzten Worte des ›Dr. Faustus‹. Bewegt immerhin [...]. K. beglückwünschte mich [...]. Mit Grund? Ich anerkenne die moralische Leistung.« – So knapp, fast lakonisch, verzeichnete Thomas Mann am 29. Januar 1947 den Abschluss des *Doktor Faustus*. Fast vier Jahre lang hatte er an dem Buch gearbeitet, dem »Schmerzensbuch«, wie er es fortan nannte, einem Buch der »seelischen Hochspannung« und »wilden Rücksichtslosigkeit« gegen sich selbst, das aber auch ein Buch über Deutschland ist, über den geschichtlichen Irrweg des Landes, seinen Pakt mit dem Teufel und seine Höllenfahrt. Doch nun, da das große Werk endlich fertig war, im feierlichen Augenblick der Vollendung, wollten sich Freude und Hochstimmung nicht so recht einstellen, allenfalls moralische Genugtuung. Nur für einen Augenblick erlaubte sich Thomas Mann den Blick zurück, auf den Mai 1943, als er am *Doktor Faustus* zu schreiben begann; dann wendet er sich, noch in derselben Tagebuchnotiz, den Aufgaben zu, die auf ihn warten: ein Interview für den *Figaro*, ein Aufsatz über Proust, ein Beitrag über »die deutsche Frage«. Seine literarische Produktivität ist ungebrochen. Als eine Zeitschrift bei ihm anfragt, ob der Musikerroman sein letztes Buch sein werde, sitzt er bereits über dem nächsten, der mittelalterlichen Legende vom *Erwählten*. Zwischen beiden Romanen entsteht, als essayistisches Intermezzo, der Vortrag *Nietzsches Philosophie im Lichte unserer Erfahrung*. Den *Erwählten* unterbricht Thomas Mann im Sommer 1948, um in nur vier mal vier Wochen den Bericht *Die Entstehung des Doktor Faustus* zu schreiben. Und das sind nur die Hauptarbeiten aus dieser Zeit von 1946 bis 1948. Daneben sind die »Forderungen des Tages« zu bewältigen: Aufsätze, Reden, Einleitungen und Besprechungen, Gruß- und Gedenkworte, politische Stellungnahmen, viele kleine Arbeiten von Miszellen-Charakter und manche größere wie die »Phantasie über Goethe«, die Einleitung für eine amerikanische Goethe-Anthologie. Und da ist schließlich die riesig ausgedehnte Korrespondenz, in die er nicht nur viel Zeit, nämlich täglich mehrere Stunden, investiert, sondern auch viel Phantasie, Einfallsreichtum und seine ganze Formulierungskunst. Aus jedem Brief, jeder Zeile spricht da seine literarische Meisterschaft.

Und er ist wirklich der »Meister«, auch in den Augen der Welt. In London, wo er im Mai 1947 einen Nietzsche-Vortrag hält, müssen die Pforten der Universität vor dem Andrang des Publikums geschlossen werden, zum ersten Mal in der Geschichte des ehrwürdigen Instituts. 1948 erscheint in New York die Anthologie *Short Novels of the Masters*, die, als eines von zehn Stücken, die Novelle *Der Tod in Venedig* enthält. Thomas Mann steht hier neben Tolstoi, Dostojewskij, Tschechow, Melville, Flaubert, Henry James, Kafka und Joyce als der einzige lebende Autor. Die Kritik huldigt ihm bereits wie einem Klassiker, und er selbst beobachtet mit einer Mischung aus Genugtuung und Ironie an manchen Würdigungen den – wie es im Tagebuch heißt – »impetuosen Stil, in dem [man] neuerdings zuweilen über mich schreibt«. Dazu passt allerdings nicht die leicht kränkbare Empfindsamkeit, die er immer noch an den Tag legt, wenn seine Arbeiten mit kritischem Vorbehalt besprochen werden. Als Motiv vermutete er Neid, Parteilichkeit oder Dummheit. Oder er warf sich vor, den missgünstigen Kritiker »vernachlässigt« zu haben. Unermüdlich sieht man ihn im Tagebuch damit beschäftigt, sich für lobende Kritiken, einfühlsame Rezensionen und verständnisvolle Zuschriften zu bedanken. Er machte dabei keinen Unterschied zwischen dem arrivierten Großkritiker und dem gescheiten Debütanten einer Studentenzeitschrift. Das war die Fronarbeit des Repräsentanten, der seinen Ruhm strategisch ausbaute, niemand ohne Antwort ließ und jedes Lobeswort meist postwendend beantwortete.

Im Fall des *Doktor Faustus* ging die ängstliche Erregung, mit der er der kritischen Aufnahme des Buches entgegensah, allerdings weit über das übliche Maß hinaus, sie hat etwas psychologisch Auffallendes, fast Befremdliches, als sei er selbst nicht frei von Zweifeln am ästhetischen Gelingen des Buches, in dem er so schonungslos mit Deutschland, aber auch mit sich selbst umgegangen war. Am 23. Oktober 1947 – die deutsche Ausgabe des *Doktor Faustus* war wenige Tage zuvor in der Schweiz erschienen – heißt es im Tagebuch: »Kabel von Bermann, daß erste, enthusiastische Faustus-Besprechung von Rychner in der Zürcher ›Tat‹ unterwegs. O, würden die Schmerzen und Merkwürdigkeiten dieses Buches empfunden!« Wenige Tage später ist die Erleichterung groß: »Die Post brachte Brief Bermanns mit Rychners Besprechung des ›Faustus‹ in der ›Tat‹. Ich las sie mit Bewegung. ›Ein Buch wie seinesgleichen derzeit die Welt nicht hat.‹ Mir ist, wie ich abends dem Verfasser schrieb, als ob einem Werk, über das einmal so gesprochen werden konnte, danach nicht mehr viel passieren könnte.«

Ton und Duktus der Tagebücher sind auch jetzt nur wenig verändert. Da ist dieselbe vertraute Mischung aus Lebens- und Zeitchronik, festgehalten im Stil eines wirklichen Tage-Buchs. Dessen Optik ist ganz auf die äußeren Vorgänge, kaum auf Selbstreflexion und seelische Prozesse eingestellt. Da ist die manchmal komische, manchmal pedantische Registratur der großen und kleinen Vorfälle des Tages, von Weltgeschehen und Zeitungslektüre, von literarischen und musikalischen Eindrücken, von Arbeitsmühe, Geselligkeit und gesundheitlichem Befinden. Noch immer wird jedes Medikament genau verzeichnet, eine in nervöser Schlaflosigkeit verbrachte Nacht, ein weher Finger, eine unverträgliche Zigarette, zu reichlich genossener Champagner, Nervenreiz und Seelenschmerz, die Pein und das Glück einer späten sexuellen Regung. Jede Störung durch Alltag und Außenwelt wird mit einer gewissen Gereiztheit registriert. Obwohl Thomas Mann nach der bedrohlichen Lungenoperation die »Gutwilligkeit und Geduldigkeit« seiner Natur rühmt, so achtet er doch sorgfältig auf sein Wohlbefinden und überwacht jeden unerwarteten Reiz mit misstrauischer Hypochondrie. Trotzdem scheint seine Belastbarkeit mit dem Alter zu wachsen – und seine Gelassenheit. Sein Leben scheint jetzt unter dem Gesetz zu stehen: Je älter, desto gesünder.

Im Tagebuch zeigt er sich indes so egozentrisch wie nur je ein Künstler. Der Aufmerksamkeit für sich selbst entspricht keine irgendwie vergleichbare für andere Personen: am stärksten noch für den Enkel Frido, dessen Kinderreiz ihn fesselt (er wird das Vorbild für den Knaben Echo im *Faustus*), und für die Lieblingstochter Erika, die ihm vieles zugleich ist: Lektorin, Adjutantin, vertraute Ratgeberin – in einer Art von Wotan-Brünnhilde-Verhältnis. Sie teilt viele Musikabende mit dem Vater, oft bei Wagner-Musik. Schließlich erregt der Pudel Niko Thomas Manns unermüdetes Interesse, seine gelegentlichen Eskapaden werden im Tagebuch genau vermerkt. Katia Mann, die Ehefrau, steht im Dienst am Werk, am Künstler, an der Korrespondenz, am reibungslos funktionierenden Haushalt. Vielsagend ist der vergebliche Versuch des großen Schriftstellers, sich im leeren Haus einmal selbst den Kaffee zu bereiten. Es steht außer Frage, dass diese Frau, Katia Pringsheim, über mehr als fünfzig Jahre die große, unverbrüchliche Konstante seines Lebens war. Zwar gab es zuweilen Differenzen, Meinungsverschiedenheiten, eheliche Konflikte, die sich explosiv entluden und für die Thomas Mann meist die Schuld auf sich nahm, aber in seinem Verhältnis zu Katia gingen Liebe und Dankbarkeit eine unauflösliche Verbindung ein. Als Thomas Manns Sohn Klaus sich im Juli 1948 die Pulsadern aufschneidet, macht der Vater im Tagebuch nicht viel Aufhebens davon. Katia, die ins Hospital eilt, muss bei ihrer Rückkehr – wie es heißt – an seinem Stuhl »vorsprechen«, um die neuesten Nachrichten zu überbringen. Da ist wenig Wärme spürbar. Die Kälte, die den Helden des Faustus-Romans umgibt, umgibt auch dessen Verfasser. Die gesamte Umwelt, selbst die engsten und vertrautesten Freunde, sind seinem distanziert-durchschauenden Blick ausgesetzt – etwa Bruno Walter, dem er so oft als seinem musikalischen Ebenbild gehuldigt hat und über den es im Tagebuch doch nüchtern-zurechtweisend heißt: »W. über Musik, oft ärgerlich übertrieben, verschwärmt und verschmiert. (Terzett I. Akt Fidelio, ›heilig‹. Ach was!)«

Aus dieser Zeit stammt eine Niederschrift von Agnes E. Meyer, die ein Licht auf Thomas Manns Persönlichkeit wirft: »In Gesellschaft mag Mann dann und wann vor Charme und Humor strahlen«, heißt es da, »aber er ist auch dazu fähig, eine fröhliche Versammlung in Agonien des Schweigens, der Langeweile und des Grimms zu stürzen, wenn er sich in einer düsteren Stimmung befindet, die ihn gegenüber aller Realität völlig gleichgültig macht. Sein Verhältnis zu anderen Menschen kann sich so jäh verändern, daß ich gesehen habe, wie er mitten in einem vergnügten Abend plötzlich weiß und ausgezehrt vor Erschöpfung und Überdruß zu werden vermag.« Man wird die Gründe dieses Überdrusses nicht allein in dem schwierigen, anstrengenden, manchmal nervenaufreibenden Verhältnis Thomas Manns zu seiner amerikanischen Gönnerin suchen dürfen. Er hatte ihr viel zu verdanken, musste dafür aber einen nicht geringen Preis zahlen, voran die umfangreichste Korrespondenz seines Lebens als Zeugnis einer nicht immer aufrichtigen Ergebenheit. Manches daran erinnert an Richard Wagners Briefe an den bayerischen König Ludwig II. Der Briefwechsel ist eine Komödie der Irrungen, worin falsche Erwartungen, trügerische Vorspiegelungen und unterdrückte Gereiztheit das Grundmuster bilden. Den giftigen Kommentar findet man im Tagebuch, wo Agnes E. Meyer, brieflich als »Liebste Freundin« und »Teuerste Fürstin« angeredet, »dégoûtant« und »tyrannisch« genannt wird. Die weltläufige Amerikanerin, die ihn überaus verehrte und nicht selten bedrängte, hatte einen scharfen Blick für die Defizite in Thomas Manns Verhältnis zur Welt. Er selbst notierte anlässlich des *Felix Krull*, der wie Faust »in die Welt« geführt werden muss: »Aber ich besitze wenig Welt«. Das ist nur auf den ersten Blick überraschend. Obwohl er fast täglich berühmte Gäste in seinem Haus empfing, unablässig Interviews gab, mit Roosevelt im Weißen Haus dinierte, besaß er wenig »Welt« – jedenfalls in dem Sinn, wie Melville, Stevenson und Joseph Conrad, wie Balzac und Tolstoi, wie vielleicht sogar sein Bruder Heinrich sie besaßen. Thomas Manns Welt war, wie er selbst wusste, die Welt des Geistes und der Kunst. Auch das hat er in einer Tagebuchnotiz festgehalten: »Habe nichts dagegen, ein Spätester und Letzter, ein Erfüllter zu sein. Damit repräsentiert man das Abendland. Denn wo seine Frührot-Werke? Bin einer der Letzten, vielleicht der Letzte, der überhaupt weiß, was ein Werk ist.«

Was wird aus Deutschland? Was aus Europa? Das sind Fragen, die Thomas Mann im fernen Kalifornien unablässig beschäftigen, seine Gedanken und Gefühle mit quälender Hartnäckigkeit in Anspruch nehmen. Die europäische Vorkriegsordnung existiert nicht mehr, die Anti-Hitler-Koalition beginnt zu zerfallen, schon stehen sich die Verbündeten des Krieges als Gegner in einem neuen, diesmal »kalten« Krieg gegenüber. Auch die Umrisse der Nachkriegsordnung beginnen sich abzuzeichnen: die deutsche Teilung, die Spaltung des

Kontinents, der Ost-West-Gegensatz. Thomas Mann wird auf diese Entwicklung früh aufmerksam. Er ist, in aller Künstler-Egozentrik, ein genauer und erstaunlich illusionsloser Chronist des Zeitgeschehens. Im Tagebuch vermerkt er die wichtigsten Stationen und Wegmarken des historischen Prozesses im vollen Bewusstsein ihrer Tragweite: den Marshall-Plan, die kommunistische Machtübernahme in der Tschechoslowakei, den wirtschaftlichen Zusammenschluss der Westzonen in Deutschland, die Währungsreform. Er registriert sie mit tiefer Missbilligung, erfüllt von Misstrauen und Skepsis. Doch seine größte Skepsis, sein tiefstes Misstrauen gelten Deutschland, dem – wie er glaubt – immer noch machtgierigen und allzu menschenreichen Koloss in Mitteleuropa, der für ihn das Hauptindernis einer europäischen Friedensordnung darstellt. Als der französische Außenminister Bidault im März 1947 eine »gelenkte Auswanderung« aus Deutschland vorschlägt, zeigt sich Thomas Mann von der Idee »stark beeindruckt« und knüpft daran sogleich politische Spekulationen: »Sehr mutig und ingeniös. Die Calamität der ›20 millions de trop‹ wäre damit gelöst. Ein so sonderbares Volk sollte nicht so zahlreich sein. Außerdem wäre es ein Schritt weiter zur Schaffung eines entnationalisierten europäischen Typs, eine Synthese europäischer Tradition.« Solche Äußerungen durchziehen das Tagebuch fast leitmotivisch. Waren sie selbstgerecht und »deutschfeindlich«, wie man Thomas Mann damals vorwarf? Im Oktober 1947 notiert er: »Der geistig moralische Schwerpunkt der Welt liegt in Europa. Wäre seine Einigung ohne deutsche Hegemonie möglich! Und ohne russische. Aber daß Deutschland nicht wieder ›mächtig‹ wird, ist wichtiger.« Daraus sprach aber nur eine der beiden Seelen in der Brust Thomas Manns. Die andere zeigt sich befremdet über die in Nachkriegsdeutschland virulente Verwerfung der eigenen Geschichte: »Unmögliche Lage der Deutschen, die in Mißerfolgs-Anbetung nun gegen Friedrich, Bismarck, Nietzsche, Wagner wüten und Jahrhunderte ihrer Geschichte abschütteln wollen [...]. Es ist aber Konjunktur-Schreiberei.«

Das ist hart. Und man könnte fragen, ob Thomas Mann im *Doktor Faustus* nicht selbst ebendiese Haltung einnahm. War nicht auch sein Roman eine skeptische Infragestellung, Verwerfung, »Zurücknahme« deutscher Geschichte: der nationalen Idee, der deutschen Romantik, des friderizianischen Preußens, ja selbst des Luthertums? Thomas Manns »Verwerfung«, und darin liegt der Unterschied zur Konjunktur-Schreiberei – wenn sie denn überhaupt Verwerfung ist und nicht in Wahrheit heimliches Bekenntnis, heimliche Huldigung an das Land seiner Herkunft –, sie kam aus der inneren, persönlich erlittenen Erfahrung deutscher Geschichte und Kultur. Der *Doktor Faustus*, das »deutscheste« seiner Bücher, hat ja kein anderes Thema als Deutschlands historischen Sonderweg, den deutschen Zwiespalt und inneren Widerspruch, die Verschlungenheit, ja fast: Identität des »guten« und »bösen«, des »großen« und des verhängnisvollen Deutschland. Mit Thomas Manns Worten, nachzulesen im Anhang der Tagebücher: »Ich habe mich nie als Deserteur vom Deutschtum und vom deutschen Schicksal gefühlt, am wenigsten in der Zeit, da ich an dem Faustus-Roman schrieb [...]. Daß ich ernstlich krank wurde mittendrin, war kein Zufall, es war das Buch, das mich verzehrte. Warum? Weil es, geschrieben während des Krieges, in tiefer Trennung von Europa und allen persönlichen Beziehungen dort, sich immerfort mit dem deutschen Charakter und Schicksal beschäftigt? Weil die von einem anderen aufgezeichnete Biographie, als die es sich gibt, soviel Unheimlich-Autobiographisches, das kalte Bild meiner Mutter, das Zugrundegehen meiner Schwestern enthält und schließlich das arge Leben Adrian Leverkühns nicht nur ein Symbol ist für das Verderben Deutschlands, die Krisis der Epoche, die Krisis der Kunst etc., sondern auch eine versetzte, verschobene, verzerrte, dämonische Wiedergabe und Bloßstellung meines eigenen Lebens?«

Das Tagebuch dieser Zeit bildet den alltäglich-weltlichen, politisch-pragmatischen Kommentar zum introvertierten Künstlerroman. Darin liegt für heutige Leser seine erstaunliche und oft verstörende Aktualität. Zwar ist es wieder möglich und fast modisch geworden, Thomas Manns Äußerungen zum Zeitgeschehen geringschätzig abzutun als die ehrenwerten, aber wirklichkeitsfremden Illusionen eines politisch dilettierenden Schriftstellers. Doch mit solchen Abwertungen und Anwürfen musste sich Thomas Mann schon vor vierzig Jahren im kalifornischen Exil auseinandersetzen. Vielleicht schrieb er gerade deswegen im September 1947 die Sätze nieder: »... wenn man sich erinnert, daß schon Hitler, wäre er nur ein bißchen manierlicher gewesen, alles hätte haben können, was er wollte (siehe ›München‹), so schweben einem Zukunftsbilder vor, die es voreilig erscheinen lassen, sich der *Furcht* vor Deutschland zu entschlagen. Man wird den Kontinent Deutschland ›anvertrauen‹. Aber ob ein deutsches Europa auch ein europäisches Europa bedeuten wird? Ich zweifle. Auf Macht wird es wieder hinauslaufen, und mir graut vor deutscher Macht.«

Thomas Mann lebt in den späten 1940er Jahren immer noch in *Pacific Palisades* an der kalifornischen Küste. Exil nach wie vor, wenngleich nun ein selbstgewähltes. In diese Zeit fallen die Gründung der beiden deutschen Staaten, die Zündung der ersten sowjetischen Atombombe, der Beginn des Korea-Kriegs, die antikommunistische Hysterie im Amerika des Senators McCarthy. In diese Zeit fällt auch der Freitod seines Sohnes Klaus, der sich im Mai 1949 in Cannes mit Schlaftabletten vergiftet. Thomas Mann empfängt die Nachricht in einem Hotelzimmer in Stockholm, er notiert: »Bei Ankunft im Hotel schwerster Chock. Telegramm, daß Klaus in der Klinik in Cannes in verzweifeltem Zustand liege. Bald darauf Telephonat von seiner u. Erikas Freundin dort: Mitteilung seines Todes. Langes Beisammensein in bitterem Leid. Mein Mitleid innerlich mit dem Mutterherzen und mit E. Er hätte es ihnen nicht antun dürfen [...]. Das Kränkende, Unschöne, Grausame, Rücksichts- und Verantwortungslose. Beratung auch über unsere Reisezukunft, ob alles abzubrechen und direkte Heimkehr geboten.« Die Reise wurde nicht abgebrochen. Thomas Mann hielt zwei Tage später in Stockholm seine Rede über »Goethe und die Demokratie« und nahm eine Woche danach die Ehrendoktorwürde der Universität Lund entgegen. War es Gleichgültigkeit, Gefühlskälte gar? Oder nicht eher die Kasteiung des eigenen Gefühls durch ein selbstgesetztes Regelsystem und die Normen des Alltags?

Die Ordnung des Lebens, und zu ihr gehörte das Tagebuch, musste aufrechterhalten werden – zugunsten des Werkes. Thomas Mann arbeitete in dieser Zeit an dem Roman *Der Erwählte*, der mittelalterlichen Legende vom »guten Sünder«, die im Frühjahr 1948 begonnen und noch vor Ende 1950 abgeschlossen wurde. Seine Schaffenskraft und geistige Produktivität war auch im fünfundsiebzigsten Lebensjahr ungebrochen. Neben dem literarischen Werk waren die Forderungen des Tages zu bewältigen. Hier muss ein einziges Beispiel genügen. Am 2. November 1950, eine Woche, nachdem Thomas Mann den Roman *Der Erwählte* vorerst abgeschlossen hatte, starb George Bernard Shaw, der große irische Dramatiker, im Alter von vierundneunzig Jahren. Noch am selben Tag bat das Third Program der BBC um einen halbstündigen Nachruf – hinter das Wort »halbstündig« setzte Thomas Mann im Tagebuch ein Ausrufezeichen. Die Bitte war schwerlich abzuschlagen, auch wenn er an Hans Reisiger schrieb: »Ob ich das machen kann? Ich schwanke noch.« Schließlich sagte er zu und machte lediglich eine Abgabefrist von vier Wochen zur Bedingung, bevor er sich, um die Erinnerung aufzufrischen, in eine neuerliche Shaw-Lektüre stürzte. Am 10. November begann er am Vortrag zu schreiben. Von nun an heißt es fast täglich im Tagebuch: »Geschrieben am Shaw«. Viel tiefer beschäftigte ihn gleichzeitig der Roman *Der Erwählte*, dessen letztes Kapitel parallel dazu umgearbeitet wurde, vor allem aber die Frage, welcher Arbeit er sich danach zuwenden sollte. Vielleicht dem *Felix Krull*, von dem ein frühes, bereits vor dem Ersten Weltkrieg entstandenes Fragment existierte? »Ich habe sonst nichts; keine Novellen-Ideen, keinen Romangegenstand«, notierte er im Tagebuch. »Alles, was ich weiß, ist, daß ich unbedingt etwas zu tun, eine Arbeitsbindung und Lebensaufgabe haben muß. Ich kann nicht nichts tun. Doch zögere ich, das alte Material wieder vorzunehmen, aus Besorgnis, es möchte mir nach all dem inzwischen Getanen nichts oder nicht genug mehr sagen, und ich möchte gewahr werden, daß mein Werk tatsächlich getan ist.« Unter so bedrängenden Fragen und Zweifeln wurde der Shaw-Vortrag am 18. November abgeschlossen. Er war, wie es im Tagebuch heißt, eine »sehr anstrengende Arbeit über einen eigentlich unbekannten und nicht am Herzen liegenden Gegenstand«. Dabei ist der Vortrag ein Meisterstück an Scharfsinn und sprachlicher Eleganz und gehört zum Besten, was in deutscher Sprache über Shaw geschrieben worden ist. Als er ausgestrahlt wurde, notierte ein englischer Kritiker, Thomas Mann habe seinen Gegenstand »meisterlich« (»magisterially«) behandelt: »... so, oder so ähnlich, fühlte man beim Zuhören, wird das Urteil der Nachwelt sein.«

Im April 1949 trat Thomas Mann eine lange, vier Monate dauernde Europareise an, die ihn zum ersten Mal seit Ende des Krieges wieder nach Deutschland führte. Dass er es 1947 anlässlich des PEN-Kongresses in Zürich abgelehnt hatte, die deutsche Grenze zu überschreiten, war ihm in seiner alten Heimat verübelt worden. Nun erreichte ihn die Einladung, zum zweihundertsten Geburtstag Goethes im August 1949 in dessen Geburtsstadt Frankfurt zu sprechen und den Goethe-Preis entgegenzunehmen. Gleichzeitig wurde ihm die Ehrenbürgerwürde der Stadt Weimar angetragen. Thomas Mann empfand das Zusammentreffen zunächst als missliche Koinzidenz, nahm aber beide Einladungen an, wahrscheinlich in der Überzeugung, dass er sich im Namen Goethes an die ganze Nation in Deutschland-West und Deutschland-Ost wenden könne, zu diesem Zeitpunkt noch Besatzungszonen der Alliierten und keine souveränen Staaten. Die zwölf Tage in Deutschland brachten ihm kein ungetrübtes Glück, die Reise war halb Triumphzug, halb Spießrutenlauf. Vor allem in Westdeutschland und aus der westdeutschen Presse schlug ihm neben Zustimmung und Dankbarkeit auch viel Feindseligkeit entgegen. Noch am Tag der Abreise nach Frankfurt notiert er: »Gefühl, alsob es in den Krieg ginge.« Die Frankfurter Eindrücke fasst er in die kärglichen Zeilen zusammen: »Die Feier am 25. in der Paulskirche und die Akklamation durch spalierbildendes Publikum nachher. Der Aufenthalt, trotz spuckender Briefe und Artikel, zweifellos ein Erfolg.« Das klingt nicht überschwänglich. Ganz anders, und mit offensichtlicher Genugtuung, die Notizen über den Aufenthalt in Weimar: »... unendlicher Volksfest-Trubel und Ehrungen, bei denen mit guter Miene meinen Mann zu stehen hatte […]. Die Feier im National-Theater, die prachtvollen Dokumente des Bürgerbriefes und des Goethepreises. Reden des Kirchenrats und Bechers. Mein Vortrag akklamiert bei der Stelle über Recht und Freiheit. Die Fahrten durch die Stadt. Fürstengruft, Frauenplan […]. Im Hotel stets Gedränge von Gästen, Offiziellen, Polizei. Zudrang von Briefen, Telegrammen, Büchern, Blumen. Auf der Straße Ansammlungen, Photographen, Mikrophonen, Kurblern. Abreise u. Rückfahrt durch die Ortschaften mit Bürgermeistern, Schulkindern, Fahnen, Ehrentrünken, Guirlanden, Heil- und Hochstraßenbändern, Blechmusik u. Trommeln, unbeschreiblich und phantastisch.«

Thomas Mann wagte die Weimar-Reise, obwohl er wusste, dass sie in Westdeutschland, vor allem aber in Amerika Verstimmung auslösen würde. Gab er sich einer Illusion hin, als er im Namen Goethes als Repräsentant eines geistigen Gesamtdeutschlands auftrat? Als Schriftsteller, wie es im Vorspruch der Goethe-Rede hieß, »dessen wahre Heimat die von Zonen-Einteilung unberührte deutsche Sprache« ist? Die Konstellation des Kalten Krieges musste das Unternehmen fast zwangsläufig scheitern lassen. Noch vor der Abreise nach Weimar sah Thomas Mann sich mit unliebsamen politischen Realitäten konfrontiert. Ein Komitee ehemaliger KZ-Häftlinge forderte ihn auf, nicht nur Weimars klassische Stätten, sondern in Buchenwald auch das Straflager der sowjetischen Besatzungsmacht aufzusuchen. Es gebe keine echte Wahl, schrieb Eugen Kogon in einem offenen Brief, zwischen den konkreten »Forderungen der Humanität« und einer »Humanität in Abstracto«. Thomas Mann wollte sich dieser Logik, hinter der bereits die Logik des Kalten Krieges wirksam war, nicht unterwerfen. Obwohl nur wenige Jahre zuvor noch Gast im Weißen Haus, sah er sich in den USA deswegen nun wie andere Prominente, darunter Albert Einstein und Charlie Chaplin, als Sympathisant des Sowjetkommunismus angeschwärzt. »Banale Russenhetze«, »Haß und leere Hysterie«, »bübische und inferiore Albernheit« – kaum eine Woche ohne solche oder ähnliche Eintragungen im Tagebuch. Er sei »tief angewidert von dem Treiben in diesem Gangsterland«, notierte er vor dem Aufbruch nach Europa und sprach offen von der »faschistischen Intoxikation« Amerikas. Im Tagebuch rechtfertigte er sich am Silvestertag 1949 mit den Worten: »Man bezieht seine moralischen Emotionen aus dem nahen Leben. Die Fehler, Sünden, Heucheleien des Westens sind mir zu nah ...«

Die nächste Europareise im Sommer 1950 ist denkwürdig und bleibt für den Leser des Tagebuchs unvergesslich durch die Begegnung des fünfundsiebzigjährigen Schriftstellers mit dem neunzehnjährigen Kellner Franz Westermeier im Zürcher Hotel Dolder. Dieser Franz, ein Bayer vom Tegernsee, wurde zum Gegenstand von Thomas Manns Altersliebe und Alterspassion. Eine Liebe *par distance,* unter den Augen der Familie, begrenzt auf drei kurze Wochen in einem Zürcher Hotel, ohne jede Möglichkeit der Verwirklichung. Thomas Mann strebte sie auch gar nicht an. Seine Insel der Seligkeit war das Tagebuch, dem er Glück und Schmerz anvertraute, *seine* Marienbader Elegie. Am 3. Juli notiert er: »Welche hübschen Augen und Zähne! Welche charmierende Stimme! Wüßte nicht, daß sein Körper mich anzöge. Aber hier ist etwas fürs Herz, was sich voriges Jahr nicht fand.« Einige Tage später: »Das Gefühl für den Jungen geht recht tief. Denke beständig an ihn und versuche, Begegnungen herbeizuführen, die leicht zum Anstoß werden könnten. Seine Augen sind garzu hübsch, seine Stimme garzu einschmeichelnd, und obgleich mein Begehren nicht weit geht, sind doch meine Freude, Zärtlichkeit, Verliebtheit enthusiastisch und untergründen den ganzen Tag.« Tags darauf: »*Noch einmal also dies, noch einmal die Liebe,* das Ergriffensein von einem Menschen, das tiefe Trachten nach ihm – seit 25 Jahren war es nicht da und sollte mir noch einmal geschehen.« Dann aber heißt es: »Zurückschrecken vor einer *nach ihren Glücksmöglichkeiten sehr zweifelhaften Wirklichkeit.*« Und wenige Tage später: »… die Rückkehr zur Arbeit als Ersatz für das Glück, so muss es sein.« Thomas Mann hat den Kellner Franz etwas später bei einem Besuch im Dolder noch einmal wiedergesehen, erhielt auch, als Antwort auf einen Brief, einige Zeilen von ihm, darin die Worte, er habe »sich wirklich sehr gefreut«. Das Blatt hütete er wie einen Schatz. Noch einmal war er entflammt, blühte in der Erotik des Alters. In St. Moritz beobachtete er drei Wochen später vom Hotelfenster aus einen Tennisspieler und notierte:

Auf dem Tennisplatz unten, während einer bestimmten Vormittagsstunde, junger Argentinier, schon ausgezeichneter Spieler, mit dem Trainer sich vervollkommnend.

Dunkles Haar, Gesicht ungenau kenntlich, schlanker, bewundernswerter Wuchs, Hermesbeine. Das ausholende Schlagen, der spielende Umgang mit den Bällen, das Gehen, Laufen, Hinspringen, gelegentliche übermütige Tänzeln. Federnde Ruhelosigkeit des Körpers bei Inaktivität auf der Bank. Wechsel der Beinkreuzung, Schlenkern, Zusammenschlagen der weißbeschuhten Füße, Aufstehen, Weggehen, Wiederkommen. Ergreifen der Barriere mit den Händen. Weißes Spielkostüm, kurze Hose, nach der Übung Sweater über den Schultern. – Tiefes erotisches Interesse. Aufstehen von der Arbeit, um zu schauen. Schmerz, Lust, Kummer, zielloses Verlangen. Die Kniee. Er streichelt sein Bein, – was jeder möchte. – Der Schmerz um den auf dem Dolder hat sich in diesen Tagen, unter dem Einfluß der Luft, der herrlichen Landschaft, der Mischung von Begeisterung und Unpäßlichkeit, die der Ort mir zufügt, zu einer allgemeinen Trauer um mein Leben und seine Liebe vertieft und verstärkt, dieser allem zum Grunde liegenden, wahnhaften und doch leidenschaftlich behaupteten Enthusiasmus für den *unvergleichlichen, von nichts in der Welt übertroffenen* Reiz männlicher Jugend, die von jeher mein Glück und Elend, nicht auszusagen, enthusiastisch und stumm [...]. Das Illusionäre, wolkenhaft Unfaßbare, Ungreifbare, das dennoch das Leidend-Begeisterungsvollste ist, Unsinn und Schwur, Fundament der Kunstübung – –
»In deinem Atem bildet sich mein Wort.«

Ein Michelangelo-Zitat: »*Nel vostro fiato son le mie parole*«. Angeregt durch das Erlebnis mit »dem auf dem Dolder« schrieb Thomas Mann einen Aufsatz über »Die Erotik Michelangelos«, reiste über London, New York, Chicago zurück nach Amerika. Die Tochter Erika folgte auf anderen Wegen, man fürchtete, sie könnte bei der Einreise abgewiesen werden. Die Ängste vor dem McCarthy-Amerika kehrten zurück. Umsiedlungspläne wurden erwogen, der Plan einer neuerlichen Emigration, diesmal in die Schweiz. Thomas Mann nahm seine Arbeit am *Felix Krull* wieder auf, dem Hochstaplerroman, und lieh der Hauptfigur die Züge des Kellners aus Zürich. In Chicago, am 25. August 1950, noch auf der Rückreise, zog er die Bilanz seines Europa-Aufenthaltes, zugleich die Bilanz eines Künstlers, der gewaltige Lasten trug und doch bis ins Innerste anrührbar und verwundbar war: »Weh und schwer. Erinnerungen glimmen an erschaute und geliebte Jugend. O Dio! O Dio! O Dio! Wundes Herz. Nel vostro fiato son le mie parole. Das will mir nicht aus dem Sinn, Augen, Hermesbeine, la forza d'un bel viso. – Dies die letzte Station der langen Herfahrt, das Ziel ist weit, und es ist unsicher. Dunkelheit der Zukunft. Möge sie mir soviel Ruhe gewähren, daß ich mich in der Arbeit zerstreuen und sammeln kann, die noch am meisten ans Leben bindet. Möchte Erika bald kommen! Möchte ich Frido noch wiedersehen! Möchte der Junge vom Dolder nur einmal schreiben! – Blick auf den weiten See, Ufer, Bäume, Straße mit eilenden Automobilen. – Zuviel gelitten, zu viel gegafft und mich entzückt. Mich zu viel von der Welt am Narrenseil führen lassen. Wäre alles besser *nicht* gewesen? Es *war* und der Händedruck, das ›Ich habe mich wirklich *sehr* gefreut‹ bleibt ein schmerzlicher Schatz. – – Warum schreibe ich dies alles? Um es noch rechtzeitig vor meinem Tode zu vernichten? Oder wünsche, daß die Welt mich *kenne?* Ich glaube, sie weiß, wenigstens unter Kennern, ohnedies mehr von mir, als sie mir zugibt.«

Aus dem kalifornischen Exil Thomas Manns war inzwischen, Anfang der 1950er Jahre, ein zunehmend bedrohtes Asyl geworden. Es herrschte die vergiftete Atmosphäre eines *Cold-War,* in dessen Turbulenzen auch Thomas Mann nolens volens hineingezogen wurde. Sein Sohn Golo brachte den amerikanischen Publizisten Melvin Lasky ins Haus, den die Tochter Erika für einen Spion und Agenten hielt. Die Feindseligkeit der Geschwister ging so weit, dass sie einander nicht mehr grüßten. Thomas Mann musste sich jetzt gegen Hetzartikel und Verdächtigungen zur Wehr setzen, geriet sogar in die Congressional-Records und wurde von offizieller Seite als politisch unzuverlässig eingestuft. Die politischen Querelen sind vor dem Hintergrund des Korea-Krieges zu sehen, der die USA in ihren Grundfesten erschütterte – Thomas Mann interpretierte ihn als kolonialistisches Abenteuer. Er fühlte sich an den aufkommenden Faschismus in Europa erinnert und fürchtete, dass das Land, das ihm fünfzehn Jahre zuvor Gastrecht gewährt hatte, nun – wie es im Tagebuch heißt – »dem Wahnsinn in die Arme taumelt«. Seine Einschätzung der Lage spricht aus einem Brief an den amerikanischen Hochschullehrer Ludwig Lewisohn vom 17. Januar 1951, eines der vielen Dokumente, die im Anhang der Tagebücher nachzulesen sind:

> »Sie scheinen wenig darauf acht zu geben, was in diesem Lande vor sich geht, was seit dem Tod Roosevelts aus ihm geworden ist, und auf welchen Wegen es wandelt und stolpert. Es sind Wege des Wahnsinns und des Verderbens, und offenkundig wird es mehr und mehr allein gelassen von seinen Freunden, auf niemanden kann es rechnen, alle wenden sich mit Grauen, bis auf ein paar politische Schurken wie Franco, Chiang und Syngman Rhee, die es für die Stützen der ewigen Ordnung hält. Aber auch die unheimlichste Isolierung glaubt es sich leisten zu können. Es wirft 140 Milliarden Dollars aus, um die asiatische Revolution – ein Naturereignis – zu stoppen und in Europa den notwendigsten Sozialismus zu verhindern. Überall in der Welt unterstützt es das Schlechte, Verrottete, den Völkern verhaßte – und kein Staatsmann weit und breit, keiner auch nur annähernd vom Range Pandit Nehru's, lauter Feiglinge, die aus Angst vor ihrem McCarthy handeln, niemand, der imstande ist, einen Gedanken zu Ende zu denken. [...] Sind sie auch nur sicher, daß Ihre Universität es noch lange treiben

kann? Die ganze Jugend wird ja eingezogen, den Lehrern wird vorsorglich gekündigt, und alle Colleges bereiten sich darauf vor, zu schließen. Der Analphabetismus wird kräftige Fortschritte machen im nächsten Menschenalter! Als Aufforderung zum Auswandern ist das alles nicht gemeint, denn wohin soll man wandern? Mangel und Elend wird es überall geben, und dieses Land hat Gewicht genug, die ganze Welt mit sich ins Verderben zu reissen.«

Sicher war das eine kritisch überspitzte Beschreibung der politischen Lage Amerikas. Doch sie offenbart Thomas Manns nicht unbegründete Furcht vor wachsenden Unannehmlichkeiten, etwa einem Passentzug und der Vorladung vor den berüchtigten Ausschuss zur Untersuchung »unamerikanischer Aktivitäten«. Unverhohlen wurde er in Teilen der amerikanischen Presse als *fellow traveller* des Kommunismus angeschwärzt, eine vielleicht nicht lebensgefährliche, aber existenzgefährdende Verdächtigung. Thomas Mann setzte sich zur Wehr, erwog sogar, etwa in der im Tagebuchanhang ausführlich dokumentierten Tillinger-Affäre, einen Verleumdungsprozess – den er wieder verwarf, weil er, wie es im Tagebuch heißt, »mein Leben verkürzen würde«. Stattdessen quälte er sich tagelang mit einer Rechtfertigungsschrift gegenüber seinen Verleumdern. Heute liest man sie im Anhang der Tagebücher als charakteristisches Dokument für Thomas Manns qualvolle Lage zwischen den ideologischen Fronten: »Nein, ich bin nicht gewillt, mich zum Sklaven eines Konformismus zu machen, der nur in terroristischen Diktaturstaaten [...] moeglich ist, nicht aber in einem noch freien Lande, dessen Verfassung seinen Buergern noch heute Gedankenfreiheit gewaehrleistet. Ich behalte mir vor, mir meine eigenen Gedanken zu machen ueber die Kulturkrise und Endzeit, in die wir ›geworfen‹ sind, ueber den Zustand unserer spaetkapitalistischen Gesellschaft und das relative historische Recht das dem revolutionaeren Sozialismus gegen sie zukommen mag

[…]. Ich behalte mir vor, mich zu fragen ob uns das unabsehbare und zehrende koreanische Abenteuer wirklich ›aufgezwungen‹ war. Ich behalte mir vor, denjenigen für einen schlechten Amerikaner zu halten, der in diesem Lande und seinem grundguten, tief beunruhigten Volk nicht von Herzen wuenscht, es moechte ihm vergoennt sein, ›freedom and happiness‹ mit anderen Mitteln in der Welt zu verbreiten als mit jellied gasoline Bomben und der Austilgung ganzer Bevoelkerungen; an der gesunden Vernunft eines jeden zu zweifeln, der glaubt, Amerika sei von Gott beauftragt, den Erdkreis in Asche zu legen, nur um den Kommunismus daraus zu vertreiben.«

Aber dieser bemerkenswerte Text wurde am Ende verworfen: Thomas Mann begriff, dass eine Rechtfertigung dieser Art leicht zum Zeugnis der Anklage gegen ihn hätte werden können. Unwillig notierte er am 3. April 1951: »… kein Wort mehr, keine Unterschrift, vollständige Abwendung von den Händeln und Handlungen dieses Landes, unverbrüchliche Teilnahmslosigkeit. Um keinen Preis länger Zielscheibe für Dreckwürfe sein.« Drei Wochen später, am 27. April, heißt es: »Es beschäftigt mich die Idee eines schaurig-monotonen Schuldbekenntnisses im russischen Stil.« Umso erstaunlicher, dass Thomas Mann nur wenige Wochen später einen großen Brief an Walter Ulbricht, den damaligen stellvertretenden Ministerpräsidenten der DDR, schrieb, worin er sich für politische Gefangene einsetzte. Dieser Brief beschäftigte ihn so nachhaltig, dass er darüber sogar die täglichen Tagebuchnotizen versäumte; er ist ein ebenso nobles wie hochpolitisches Zeugnis seiner geistigen Unabhängigkeit und menschlichen Anteilnahme: »Sie wissen vielleicht nicht, welches Grauen und welche Empörung […] jene Prozesse mit ihren Todesurteilen – denn es sind lauter Todesurteile – auf dieser Weltseite hervorgerufen haben, wie nutzbar sie sind dem bösen Willen und wie abträglich dem guten. Ein Gnadenakt, großzügig und summarisch, […] das wäre eine solche gesegnete, der

Hoffnung auf Entspannung und Versöhnung dienende Geste, eine Friedenstat. Nutzen Sie Ihre Macht, um diesen Gnadenakt herbeizuführen! Darum bittet, das rät Ihnen ein alter Mann, in dessen Denken und Dichten die Idee der Gnade längst bestimmend hineinwirkt.« So Thomas Mann an Walter Ulbricht im Juni 1951. Doch wurde der Versuch, zwischen den Lagern des Kalten Krieges die eigene Unabhängigkeit zu wahren, jetzt immer stärker überschattet von Todesahnungen und Fluchtwünschen. So reifte allmählich der Gedanke an eine zweite Emigration, an den Abschied von Amerika und die Rückkehr nach Europa, an einen neuerlichen Umsturz aller Lebensverhältnisse. »Todes- und Fluchtgedanken umringen mich immer dichter, sodaß ich wieder von der Sehnsucht sprach, in der Schweiz zu sterben und dort, nicht hier, begraben zu sein«, heißt es am 4. Mai 1951. Und noch andere Beweggründe spielten untergründig eine Rolle: gesundheitliche Beschwerden, das Versiegen der sexuellen Potenz, das Nachlassen der künstlerischen Schaffenskraft: »Ich esse, um mich zu nähren und um rauchen zu können. Mein Glaube an meine zukünftige Leistungsfähigkeit ist gering. Ich bin wütend über Anforderungen, Belästigungen, zittere vor Erschöpfung, wenn ich ausnahmsweise gezwungen war, ein Telephongespräch zu führen. Das Lagernde an Briefen und Manuskripten beschwert mich mit Ekel und Verzweiflung. Meist graut mir vor allem. Ich habe fast keine anderen als peinliche Erinnerungen und die Zukunft scheint nur Versagen zu bergen. Mein Leben scheint mir eines Umsturzes, wie er geplant ist, nicht mehr wert zu sein. Wenn ich in die Schweiz gehe, tue ich es nicht, um dort zu leben, sondern um dort zu sterben.«

Im Juni 1951 brach Thomas Mann mit Frau und Tochter nach Europa auf – es war eine Reise ohne Wiederkehr. Er kam in die Schweiz, nach Österreich, auch in die Bundesrepublik, wo ihn das westdeutsche Publikum ungleich freundlicher empfing als drei Jahre zuvor bei seinem ersten Deutschland-Besuch nach 1945. Für einige Monate verschlang den Siebenundsiebzigjährigen der Welttrubel: Reden, Vorträge, Lesungen, Interviews, die Pflichten literarischer Repräsentation. Er bewältigte all dies mit erstaunlicher Zähigkeit und Geduld. Im Dezember 1951 bezog er mit Katia ein Haus in Erlenbach bei Zürich, das vorletzte Domizil. Aber die düstere Grundstimmung wollte sich nicht aufhellen. Thomas Mann notierte am 20. Dezember 1952: »Mein Abnehmen, das Alter, zeigt sich darin, daß die Liebe von mir gewichen scheint und ich seit langem kein Menschenantlitz mehr sah, um das ich trauern könnte. Mein Gemüt wird nur noch freundlich bewegt beim Anblick der Creatur, schöner Hunde, Pudel und Setter.« Solche Altersschwermut wurde genährt durch die kritisch-besorgte Selbstintrospektion des Künstlers, der mit der Liebesfähigkeit auch seine Schöpferkraft einzubüßen fürchtete. Äußerlich betrachtet, bestand dazu kein Anlass, denn das Arbeitspensum Thomas Manns war auch jetzt unverändert groß. Nirgends Symptome der Erschöpfung. Und doch begegnet man im Tagebuch immer häufiger der Furcht, seine Themen erschöpft, sein Werk getan zu haben. Das Hauptgeschäft dieser Zeit war die Fortführung des *Felix Krull*-Fragments, das er vier Jahrzehnte zuvor, noch vor dem Ersten Weltkrieg, zugunsten anderer Pläne abgebrochen hatte. Nun quälten ihn Zweifel, ob dieser Stoff nach Charakter und Form seinen Jahren noch angemessen sei. Bereits nach Abschluss des *Erwählten* hatte er notiert: »Das Jugend-Buch ist originell, komisch und mit Recht berühmt. Aber ich blieb stecken, war überdrüssig, auch wohl ratlos, als es weitergehen sollte und ich mich stattdessen zum ›T[od] i[n] V[enedig]‹ wandte. Wird es möglich sein, neu anzugreifen? Ist genug Welt und Personal, sind genug Kenntnisse vorhanden. Der homosexuelle Roman« – es war das erste Mal, dass Thomas Mann das Buch in dieser Weise kennzeichnete – »interessiert mich nicht zuletzt wegen der Welt- und Reiseerfahrungen, die er bietet. Hat meine Isoliertheit genug Menschen-Erlebnis aufgefangen, daß es zu einem gesellschaftssatirischen Schelmenroman reicht?« Dann, während der Arbeit, notiert er (1. Juli 1951): »Gestern den ganzen Tag von tiefer physischer und seelischer Müdigkeit [...]. Arbeitsunsicherheit hat großen Anteil an meiner leidenden seelischen Verfassung. Nagende Zweifel, ob es ›Sinn‹ hat, den Krull-Roman fortzusetzen. Geistiger Hintergrund fehlt bis auf das Künstlertum, das abgeschmackt ist. Laszivität und moralisierende Unmoral werden in der Welt nicht anklingen und unschicklich gefunden werden.« Wenig später, am 11. August, liest man: »Das Schlimme, was mich quält, ist der Unglaube an die Krull-Memoiren und das Nicht wissen, was tun.« Die Zweifel weichen nur ein einziges Mal, im März 1951 – Thomas Mann arbeitet da am neunten Kapitel des zweiten Buches, das Felix Krulls Erfahrungen als Liftboy und sein Liebesabenteuer mit Madame Houpflé beschreibt. Thomas Mann nennt das Kapitel die »Apotheose des Jünglings« – ein Hinweis auf den homosexuellen Untergrund des Romans. Einen entsprechenden Hinweis seiner Tochter Erika kommentiert er mit den Worten: »Nun, freilich wohl.« Die Niederschrift fördert er mit Eifer und Ungeduld, es drängt ihn, »unter der erotischen Spannung des Kapitels«, wie es heißt, »zur Arbeit zu kommen«. Er nimmt auch das Tagebuch des letzten Schweizer Sommers mit den Notizen über seine Liebe zu dem neunzehnjährigen Kellner Franz im Züricher Hotel Dolder vor. Während der Arbeit am erotischen Krull-Kapitel war dieser Franz in seinen Träumen wiedergekehrt. Der Sechsundsiebzigjährige, der jede Regung seiner Sexualität im Tagebuch registriert, notiert am 6. März 1951: »Seit Wochen vollständiges und ungewohntes Versagen der geschl[echtlichen] Potenz. Drastischste (und betrüblichste? Der Teufel hol's!) Äußerung des seit der Europareise spürbaren Altersschubes. Da ich es ablehne, ohne Vollerektion zu masturbieren, scheint das Ende meines physischen sexuellen Lebens gekommen. Im Halbschlaf träumte ich, daß ich von

Franzl W., dem Letztgeliebten, als von dem Repräsentanten der ganzen angebeteten Gattung, mit einem Kuß Abschied nähme. Nach einem Blick in seine braunen Augen, die er schmelzen lassen konnte. Übrigens hatte er den zu dicken Kopf der oberbayerischen Rasse.« Dann folgt noch der Satz: »Ob die Wirklichkeit mich *je* tauglich gefunden hätte, ist eine Frage für sich.« Wieder einmal, wie schon in früheren Bänden der Tagebücher, schaut man für einen kurzen Augenblick in die seelischen und sinnlichen Hintergründe und Untergründe von Thomas Manns Kreativität, auf die ins Werk transponierte und darin sublimierte sexuelle Introversion, die die Wirklichkeit floh, um – sinnlich-übersinnlich – Kunst werden zu können. Über den *Felix Krull* heißt es im Tagebuch: »Die Grundidee des Romans nichts Geringeres als die Liebe in ihrer sinnlichen Übersinnlichkeit.« Nach Abschluss des Kapitels notierte Thomas Mann: »Festlicher und erregender Abend [...]. Nach dem Kaffee Vorlesung des 20 Seiten langen Liebeskapitels. Eindruck von Merkwürdigkeit, Originalität, Komik, und Poesie. Las sehr ruhig und unterhaltend diese Apotheose des Jünglings [...]. Wohlsein, Beruhigung nach dem tour de force dieses Abschnitts. Aber was noch? Der Roman kann es kaum weiter bringen. Mir hat er eigentlich damit Genüge getan.« Am 12. Dezember 1951 liest man: »Tage der Schwermut, der Verdüsterung, des Unwillens gegen die Abgeschmacktheit dessen, was ich mit quälender Mühsal komponierte [...]. Tiefste Zweifel ob die Laune finden werde, die Arbeit durchzuführen [...]. Was soll ich tun, wenn ich an den, mag sein, unwürdigen und undurchführbaren Krull-Scherzen verzweifle?«

Die Antwort fand Thomas Mann mit einer »Früh-Kaffee Erinnerung« seiner Frau an eine Münchner Aristokratin, die sich leidenschaftlich in den jungen Hauslehrer ihres Sohnes verliebt hatte. Sie lieferte den Stoff für seine letzte Erzählung *Die Betrogene*, für deren Niederschrift er zehn Monate benötigte. Sicher hatte sich das Produktionstempo des Achtundsiebzigjährigen verlangsamt. Doch hatte er neben den erzählerischen Arbeiten viele andere Pflichten zu erfüllen: literarische, politische, repräsentative. In diesen beiden Jahren entstanden mehrere große Essays, eine Rede auf Gerhart Hauptmann, kleinere Aufsätze über André Gide, Émile Zola, Stefan Zweig sowie eine Vielzahl von Vorworten, Einleitungen, Grußbotschaften und Zeitungskommentaren. Noch immer waren Thomas Manns Schreibweise und sein Stil in jedem Satz, in jeder Zeile, in jedem noch so beiläufigen Text von der gewohnten, gänzlich unverbraucht wirkenden Sicherheit und Makellosigkeit. Auch die Beziehung zu Theodor W. Adorno, dem musikalischen Ratgeber der *Doktor Faustus*-Zeit, wurde aufrechterhalten, brieflich jetzt, nachdem beide nach Europa zurückgekehrt waren. Im April 1951 las er Adornos *Minima Moralia*, im Untertitel »Reflexionen aus dem beschädigten Leben«, und notierte treffend: »Der nach-Nietzsche'sche Aphorismus, sprachlich entromantisiert, verschärft und überschreitend durch das soziologische Element«. Im Oktober 1952 erreichte ihn Adornos *Versuch über Wagner* und wurde unverzüglich gelesen. »Gehässig-interessant« oder »höchst geistvoll und scharfsinnig« lauteten die Tagebuch-Notizen, bevor am 30. Oktober »mit fliegender Feder« ein Brief an Adorno zu Papier gebracht wurde: »Es ist ein stupendes Buch, faszinierend durch die scharfsichtige Intimität mit seinem Gegenstande, der sich hier bei aller *bezwungenen* Bewunderung (die ein paar mal unversehens durchbricht) als einer der größten, geistentbindenden Gegenstände erweist, die sich der Kritik je geboten haben.« Thomas Mann nahm keinen Anstoß an Adornos Wagner-Kritik, aber ihre gesellschaftliche Schlussfolgerung leuchtete ihm nicht ein. Er zitierte den Satz »Wenn die verfallende Gesellschaft in sich die Möglichkeit der anderen entwickelt, die einmal vielleicht an ihre Stelle tritt ...« und knüpfte daran die nachgerade verzweifelte Aufforderung: »Gäbe es nur je ein positives Wort bei Ihnen, Verehrter, das eine auch nur ungefähre Vision der wahren, der zu postulierenden Gesellschaft gewährte!« Dass Thomas Mann dabei mehr an die *Minima Moralia* dachte, macht der nächste Satz des Briefes deutlich: »Die Reflexionen aus dem beschädigten Leben ließen es daran, nur daran, auch schon fehlen.« Adorno antwortete: »Wenn mir etwas von Hegel und denen, die ihn auf die Füße stellten, in Fleisch und Blut übergegangen ist, dann ist es die Askese gegen die unvermittelte Aussage des Positiven, wahrhaft eine Askese, glauben Sie mir, denn meiner Natur läge das Andere, der fessellose Ausdruck der Hoffnung, viel näher. Aber ich habe immer wieder das Gefühl, daß man, wenn man nicht im Negativen aushält oder zu früh ins Positive übergeht, dem Unwahren in die Hände arbeitet.« Thomas Mann vermerkte im Tagebuch: »Bedeutender Brief von Adorno«. Aber auch das Trennende war hier auf den Punkt gebracht, nämlich die Tendenz des Philosophen, das Positive völlig unbestimmt zu lassen. Thomas Mann wehrte sich gegen die spekulativen Denkbewegungen Adornos, die in jedem Detail das schlechte Ganze suchen und finden, gemäß dem berühmtesten Satz der *Minima Moralia*: »Es gibt kein richtiges Leben im falschen«. Auch dazu steht ein knapper Kommentar in Thomas Manns Tagebuch (20.V.51): »Beständige Kritik der Kultur-Industrie und der falschen Gesellschaft. Aber welche ist die richtige?«

Am Abend seines neunundsiebzigsten Geburtstags schrieb Thomas Mann ins Tagebuch: »Melancholie, Bangigkeit, Sorge um die Endzeit meines Lebens herrschen fort. Wie werde ich das anbrechende Jahr einigermaßen produktiv verbringen? Wie raffe ich mich noch einmal zu künstlerischen Unternehmen auf? Es droht das ›And my ending is despair‹.«
  Die letzten Jahre dieser Tagebuchchronik – sie umfassen die Jahre 1953 bis 1955 – sind ergreifend, nicht selten erschütternd. Thomas Mann spürt das Nachlassen seiner Kräfte, nimmt sie resigniert zur Kenntnis, lehnt sich nicht dagegen auf. Gewiss versucht er, auf Vorträgen und Reisen den Her-

ausforderungen der Öffentlichkeit gerecht zu werden, er wird gefeiert wie nie zuvor und lässt sich feiern, aber meist so, als sähe er einem Schauspiel zu. Ende 1953 wird der erste Teil der *Bekenntnisse des Hochstaplers Felix Krull* abgeschlossen, was im Tagebuch mit den Worten vermerkt wird: »Etwas ist abgetan, wieviel es nun wert sei.« Die öffentlichen Lesungen aus dem Buch, dessen zweiter Teil, wie Thomas Mann bewusst war, niemals geschrieben werden würde, sind regelmäßig Triumphe, in völligem Gegensatz zu seiner skeptischen Selbsteinschätzung des Buches: »Mich langweilt's unendlich«, schreibt er und nennt den Hochstaplerroman ein Werk, »vor dem keine Achtung habe«. Angesichts der Brieffluten, die über ihm zusammenbrechen, notiert er zwar: »Ich glaube kaum, daß seit Goethes alten Tagen an einen Dichter so geschrieben worden ist«, fügt aber gleich hinzu: »Dies seltsame Leben. Bald ist es aus und wird nie wieder gelebt werden.« Er weiß oder meint zu wissen, dass seine Zeit vorbei, sein Werk getan ist, und dass alles, was folgt, nur noch Nachspiel sein kann. Am 4. Juni 1954, zwei Tage vor dem erwähnten Geburtstag, schreibt er: »Meine Gedanken sind rückwärts gewandt und richten sich vorwärts auf makabre und zweifelhafte Feierlichkeiten. Freuen könnte ich mich nur auf neues u. verheißungsvolles Werk-Unternehmen. Aber wo ist es? Ich leide sehr ...« Hinzu kommen die körperlichen Beschwerden, die er nach Gewohnheit mit Medikamenten bekämpft: Abführmittel, Schlaftabletten, Salben und Tinkturen, Penicillin gegen Nasenentzündung, Spritzen gegen Augenvereiterung, Ohrentropfen und Gurgelwasser. Das hypochondrische Genie züchtigt seinen Körper, zwingt ihn medikamentös zum Wohlverhalten. Doch noch immer imponiert seine geistige Wachheit, die Sicherheit des Urteils, die Aufgeschlossenheit für Neues. In literarischen Fragen ist er keineswegs nur der Vergangenheit zugewendet. Er liest Novellen von Hermann Lenz, die er »merkwürdig, originell, anregend« findet, Hans Werner Richters Roman *Spuren im*

Sand, Arno Schmidts Prosastück *Aus dem Leben eines Fauns* und ist besonders beeindruckt von Alfred Anderschs autobiographischem Bericht *Die Kirschen der Freiheit*. Im Mai 1953 sieht er am Zürcher Schauspielhaus die Uraufführung von Max Frischs *Don Juan oder Die Liebe zur Geometrie* und notiert: »... oft reizvolles, aber etwas leeres Spiel mit dem Theater«. Einige Monate später sieht er, ebenfalls in Zürich, das Theaterstück *Ein Engel kommt nach Babylon* des jungen Friedrich Dürrenmatt. Er schreibt: »Wie mans heut so macht. Nicht ohne Bühnenphantasie, aber Gemisch von Anspruch und Billigkeit, Ideenunsinn, langweilig.« Das sind noch in der kritischen Abwehr treffende Bemerkungen über Dürrenmatts hervorstechende Eigenschaften als Dramatiker: Bühnenphantasie und »Ideenunsinn«. Am nächsten Tag bringt man ihm Samuel Becketts *Warten auf Godot*, das damals gerade die Theaterwelt verstörte, und er beginnt sogleich »mit Heiterkeit und Verwunderung« darin zu lesen, nennt es ein »amüsant-unmögliches Stück«. Über Becketts Roman *Molloy* urteilt er: »Musik nach meiner Zeit«. Das klingt leicht resignativ, aber anerkennend. Es wäre reizvoll, solche Passagen aus dem Tagebuchkorpus herauszuziehen und daraus einen separaten Band zu machen als Zeugnis einer bis zuletzt wachen Urteilskraft.

Der stärkste Lektüreeindruck dieser Jahre ist der Roman *Ich zähmte die Wölfin* von Marguerite Yourcenar. Er schlägt Thomas Mann so in Bann, dass er ihn gleich zweimal liest. Es ist das Buch einer Spätzeit, der Lebensrückblick des alten, unheilbar kranken römischen Kaisers Hadrian, der von zwei großen Leidenschaften bestimmt war: der Bewunderung für die griechische Kunst und der Liebe zu dem jungen Antinous, der mit zwanzig Jahren Selbstmord beging und auf Anordnung des Kaisers in zahllosen Kultstätten des Reiches verewigt wurde. Thomas Mann notiert im Tagebuch: »Tief bewegt von [der] Hadrianischen Memoiren-Fiktion. Die Antinous Liebesgeschichte, sein Tod, des Liebenden Schmerz, die Vergöttlichung – ergreifend. Las lange nichts Schöneres.« Zweifellos war es wieder »der unvergleichliche Reiz männlicher Jugend«, der ihn anzog und »wie ein Jüngling benommen« sein ließ von der Schönheit des Buches. Im Anhang des Tagebuchs, in einem Brief an den Berliner Arzt Paul Orlowsky, der anhand dreier Gedichte Goethes dessen Bisexualität erörtert hatte, stößt man auf eine längere Erörterung Thomas Manns über die Liebe zwischen Männern und besonders über die Knabenliebe, die er von der Homosexualität unterschieden wissen will: »Wirklich ›homosexuell‹ wäre doch nur die Liebe eines bärtigen Vollmannes zum andern, während die Knaben- und Jünglingsverehrung des Mannes offenbar nur eine leichte Abwandlung des Heterosexuellen ist. Wie kompliziert es psychologisch um das ›Homo‹ und ›Hetero‹ steht, zeigt das Verhältnis des Geistes zum Leben und zur Schönheit, eine erotische Spannung, die nach ihrer polaren Natur heterosexuell ist, aber zugleich ins Homosexuelle übergeht.« Wieder einmal bestätigt sich, dass Thomas Mann der vielleicht größte Erotiker unter den deutschen Autoren seiner Zeit war, wobei ihn die Stufenleiter des Geschlechtlichen am Manne besonders beschäftigte. Nach einem Besuch des Bargello in Florenz schreibt er am 1. März 1954: »Die Donatellos, der Sankt Georg, die Johannes-Gestalten von Cellini, der David von Verrocchio! Was gibt es Entzückenderes in der Welt als diesen jungen Sieger? Erstaunlich die Unermüdlichkeit in der Darstellung jugendlicher Männlichkeit, die die Renaissance von der Antike übernommen. Ich glaube, im ganzen Bargello ist außer ein paar Madonnen-Reliefs nichts Weibliches zu sehen. Verliebtheit und Darstellungsenergie gingen offenbar nach der anderen Seite.« Erstaunliche Zeilen. Die Renaissance, auf diese Weise angeschaut, ist eine andere Art der Wiedergeburt der Antike.

Immer größer wird in diesen letzten Jahren die Flut von Büchern und Aufsätzen, die Thomas Manns Werk gewidmet sind. Dazu gehört die Dissertation des jungen Reinhard

Baumgart über *Das Ironische und die Ironie in den Werken Thomas Manns.* »Erstaunlich gescheit und gründlich, wie so manche ihresgleichen«, heißt es im Tagebuch, mit dem sarkastischen Zusatz: »Man hat den Eindruck, daß diese Herren später nie wieder etwas so Gutes schreiben werden.« Dann schreibt ihm ein »junger Dichter«, in der Hoffnung vielleicht, einen Briefwechsel à la Rilke anzuspinnen, und man bewundert die freundliche Ironie, mit der Thomas Mann sich die Zumutung vom Halse schafft: »Sie haben mir einen sehr gewinnenden Brief geschrieben; ich danke Ihnen vielmals für das Vertrauen, mit dem Sie sich mir altem Mann nähern. Wir wollen uns aber in keiner Nachahmung ergehen und keinen ›Briefwechsel mit einem jungen Dichter‹ vorsätzlich entrieren. Die ganze Arbeitsökonomie und Lebensführung ist anders, und außerdem ist R[ilke] in einem vernünftigen Alter gestorben, während ich im 79. bin und dabei die Marotte habe, künstlerisch noch etwas vor mich zu bringen. Wüßten Sie, wie es auf meinem Schreibtisch aussieht und wie ich in Briefschulden stecke! Immer dicht vor der Bankerotterklärung, was daran liegt, daß ich vormittags arbeite und nachmittags zu müde bin, mit jungen Dichtern zu korrespondieren. Es kommt auch zuviel Thee-Besuch. Alles reist durch und muß mich unbedingt sprechen. Hoffentlich kommen Sie auch einmal.« Der so Angesprochene stellte sich im Juli 1954 tatsächlich in Zürich ein, um für den Bayerischen Rundfunk ein Interview mit Thomas Mann aufzunehmen, den er in einer depressiven Stimmungslage antraf: »Lesen, Brüten, Mattigkeit, Leiden unter meinem Zustand, dem alle Produktivität abhanden gekommen scheint«, notierte er im Tagebuch. »Das Haus ist schmuck, der Blick hinaus auf See und Ufer so heiter und mein Gemüt so mutlos. Spannte viele weiße Blätter ein zum Schreiben, was eigentlich das Ergebnis des Vormittags war. Scham, Kummer, Müdigkeit. Bin ich wirklich am Ende? Wie fang ich es an, mir die Schiller-Aufgabe leicht zu machen? Dies eben ist die Aufgabe, die mir so schwer wird.«

1955 war ein Schiller-Jahr. Man beging die einhundertfünfzigste Wiederkehr von Schillers Todestag, und Thomas Mann hielt aus diesem Anlass am 8. Mai 1955, nur drei Monate vor seinem Tod, im Württembergischen Staatstheater in Stuttgart eine Rede über Schiller, die er etwas später in Weimar wiederholte. Der *Versuch über Schiller* ist ein Gipfelpunkt in seiner ausgreifenden Essayistik, vergleichbar allein den großen Essays über Goethe und Richard Wagner. Er widerlegt auch jeden Zweifel daran, dass er in seinem letzten Lebensjahr nicht mehr auf der vollen Höhe seiner Schaffenskraft stand. Um sie zu erreichen, brauchte es nur ein Thema, einen Gegenstand, an dem er sich entzünden konnte. Als Erzähler mochte er sich ausgeschrieben fühlen und von Selbstzweifeln nicht frei sein – nach einer Dostojewskij-Lektüre notierte er: »Die wilde Größe der Karamasoffs, wie überhaupt der Gedanke ans Große läßt mich die kultivierte Mittelmäßigkeit meines ›Beitrags‹ empfinden. Laß gehen, ich werde nicht sein und nicht wissen« –, aber als literarischer Essayist steht er allein auf weiter Flur, kein Autor deutscher Sprache kann sich in dieser Hinsicht mit ihm messen. Dabei war er durchaus einseitig in seinen literarischen Vorlieben. »Weltliteratur« war für ihn weder Selbstverständlichkeit noch gar Herzenssache. Thomas Mann hat viele tiefdringende Essays zur deutschen Literatur geschrieben, aber keinen einzigen vergleichbar substantiellen Essay über einen Autor der romanischen oder angelsächsischen Literaturen. *Meerfahrt mit Don Quijote*, als Reisefeuilleton angelegt, reicht an die genannten großen Essays nicht heran. Nur die großen Russen waren seinem Herzen nah, ihnen fühlte er sich verwandt – der Held der Erzählung *Tonio Kröger* spricht einmal von der »heiligen russischen Literatur«. Einseitig war er auch hinsichtlich der deutschen Literatur. Da galten seine Vorlieben der Linie Schopenhauer-Wagner-Nietzsche, fast möchte man sagen: der spätromantischen Linie, der Linie der Gegenaufklärung. Die aufklärerische Linie, die von Lessing und Wieland zu

Heine führt, hat ihn viel weniger interessiert. An Heine hat ihn die Ironie angezogen, nicht aber das durch die jüdische Erfahrung geschärfte Gesellschaftsinteresse. Über Lessing hat er klug geschrieben, aber ohne innere Nähe. Selbst die *imitatio* Goethes, zu der Thomas Mann sich auf der Höhe seines Lebens entschloss, war zu großen Teilen ein ironisches Spiel, das er mit Goethe, aber noch mehr mit sich selber trieb. Schiller war die große Ausnahme: neben Richard Wagner die einzige große Liebe, die ihn durch sein ganzen Leben begleitete, ohne wie die Liebe zu Wagner immer neuen Schwankungen unterworfen zu sein. Das früheste Zeugnis dieses Schiller-Enthusiasmus ist die Novelle *Tonio Kröger*, das am stärksten autobiographisch bestimmte Erzählwerk Thomas Manns. Ihr Held, der junge Tonio Kröger, ist ein Schiller-Enthusiast, der seinen Schulfreund Hans Hansen für Schillers *Don Carlos* zu begeistern sucht: »Ich habe jetzt etwas Wundervolles gelesen, etwas Prachtvolles …« Aber Hans Hansen interessiert sich weit mehr für Pferdebücher, was Tonio nicht hindert, einen weiteren Ansturm auf ihn zu wagen. Er kommt auf seine Lieblingsstelle in *Don Carlos* zu sprechen, die Stelle, »wo der König geweint hat«. »›Geweint?‹ ›Der König geweint?‹« Tonio erklärt es mit den Worten: »Er ist immer so ganz allein und ohne Liebe, und nun glaubt er einen Menschen gefunden zu haben, und der verrät ihn …« Fast gelingt es Tonio, seine Schiller-Begeisterung auf Hans Hansen zu übertragen. Thomas Manns schwermütige Jugend-Novelle erschien 1903. Zwei Jahre später wurde Schiller selbst zur Hauptgestalt einer Novelle. Sie trägt den Titel *Schwere Stunde,* und Schiller erscheint darin als tragisch-heroische Künstlerfigur. Unverkennbar spiegeln sich in den Leiden des Dramatikers Schiller, der an seiner *Wallenstein*-Trilogie arbeitet, die Leiden des Schriftstellers Thomas Mann. Die Novelle wird in der dritten Person erzählt, es ist nur von einem »Er« die Rede, der Name Schillers wird nicht genannt. Der mit seinem Werk ringende Dichter klammert sich an das sittliche und künstlerische Postulat, das begonnene Werk gegen alle Zweifel und Anfechtungen und allen körperlichen Gebrechen zum Trotz zu vollenden.

Fünfzig Jahre später, in dem *Versuch über Schiller,* kommt Thomas Mann wieder auf *Don Carlos* zu sprechen, und zwar mit dem persönlichen Bekenntnis: »Wie könnte ich je die erste Sprachbegeisterung meiner fünfzehn Jahre vergessen, die an dem stolzen Gedicht sich entzündete!« Wieder zitiert er die Szene der Hofleute vor dem königlichen Kabinett, »wo der König geweint hat«, und knüpft daran bewundernde Bemerkungen über die Virtuosität, mit der Schiller den Vers auf fünf, sechs Stimmen verteilt und in seine rhythmischen Bestandteile auflöst. Mit anderen Worten, der alte Thomas Mann erklärt seinen Zuhörern, was den jungen Tonio Kröger einst an Schillers Stück so entflammt und hingerissen hat. Die Dankbarkeit für die Erfahrung hatte er sich auch im Alter noch bewahrt. Über das Manuskript der Schiller-Rede setzte er die in seinem Werk einzigartige Widmung: »*Zum 150. Todestag des Dichters – seinem Andenken in Liebe gewidmet*«. Kritische Vorbehalte gegenüber Schiller, wie sie gerade in der Intelligenz schon lange verbreitet waren, wollte Thomas Mann nicht anerkennen: gegenüber Schillers Pathos, seiner schwungvollen Rhetorik, seinem hochfliegenden Idealismus. In liebendem Altersenthusiasmus entdeckte er hinter dem Vorhang Schiller'scher Grandiosität den puerilen Knaben und das grausam spielende Kind, den Abenteurer und geschmeidigen Weltmann, den unablässigen Pläneschmied und Agenten des eigenen Erfolgs. Er entdeckte die irdische, dunkle Seite dieser Künstler Psyche im Verbund mit der anderen, der lichtvoll-überirdischen Seite, die alles Gemeine, Gewöhnliche, Menschlich-Gebundene hinter sich lassen wollte. In diesem Sinn war der *Versuch über Schiller* zweifellos das bedeutendste Dokument von Schillers Wirkungsgeschichte nach dem Zweiten Weltkrieg. Vier Monate hatte Thomas Mann an diesem allergrößten seiner Essays gearbeitet, bevor er ihn um die Jahreswende 1954/55 vorläufig abschloss. Die Schlussseiten las er am Neujahrstag im engsten Familienkreis vor, wo sie, wie er im Tagebuch festhielt, »*den glücklichsten Eindruck* machten«. Die tiefe Befriedigung, die er selbst empfand, lässt sich den Worten ablesen, die er hinzusetzte: »Wirklich erfüllte ich damit in großem Stil und ein für allemal die Forderungen, die man beständig an mich stellt.«

Die Schlusskorrektur des Aufsatzes war noch nicht abgeschlossen, als ein Aufnahmewagen des Nordwestdeutschen Rundfunks vor der Tür stand, um eine Lesung aufzuzeichnen. Für sie hatte Thomas Mann *Tonio Kröger*, die Jugendnovelle, ausgewählt, die ihm durch den Umgang mit Schiller wieder nahegekommen war. Sie wurde an fünf Tagen zwischen dem 19. und 23. April 1955 in einer Länge von zweihundertsechs Minuten aufgezeichnet – die einzige Gesamtaufnahme eines größeren Erzählwerkes, die wir von Thomas Mann besitzen. Es waren unruhige, anstrengende, auch emotional beanspruchende Tage, da in rascher Folge immer neue Todesnachrichten nach Kilchberg gelangten. Am 19. April starb Albert Einstein, mit dem Thomas Mann im kalifornischen Exil engen Umgang gehabt hatte. Sogleich war ein kurzer Nachruf zu schreiben, der tags darauf, nach Aufnahme von zwanzig *Tonio Kröger*-Seiten, auf Band gesprochen wurde. Am nächsten Tag kam die Nachricht vom Tod des befreundeten Arztes und Schriftstellers Martin Gumpert in New York. Thomas Mann schrieb ins Tagebuch: »Einer nach dem anderen. Und wann ich?« Wieder einen Tag später, am 23. April, starb in Zürich Alfred Polgar, der nur drei Wochen zuvor Gast in Kilchberg gewesen war. Wieder die Notiz: »Wann ereilt es mich – noch vor dem Geburtstag? oder bald nachher?« Die Aufnahme des *Tonio Kröger* stand also unter keinem guten Stern. Wiederholt verzeichnet das Tagebuch den schlechten Nervenzustand und die angegriffene Gesundheit, aber auch die Mühe der Lesung: »sehr anstrengend durch die Konzentration«. Der fertigen Aufnahme attestierte

Thomas Mann zum Schluss, dass sie »leidlich gelungen« sei. In Wahrheit zeigt er sich darin im Vollbesitz seiner Lesekunst: die Stimme ist resonanzreich und klar, die Artikulation prägnant, das Tempo gemessen, die Erzählweise bezwingend. Charaktere und Situationen werden mit größtmöglicher Plastizität vor unser Ohr gebracht, mit etwas altmodischem, gleichwohl nüchternem Erzählduktus. Es ist die Lesung eines alten, fast achtzigjährigen Mannes, der »in den Sonnenuntergang sieht«.

Tags darauf stürzt er und verletzt sich am Finger. »Erschütterung.« Von diesem Tag an gibt es immer wieder Zeichen solcher Erschütterung wie Vorahnungen des Todes. Zuvor aber sind noch die Schiller-Vorträge in Stuttgart und Weimar zu halten, die Ehrenbürgerwürde der Geburtsstadt Lübeck entgegenzunehmen und, als äußerliche Krönung, der achtzigste Geburtstag zu überstehen. Er erzwang eine zweiwöchige Tagebuchpause. Rückblickend notierte Thomas Mann: »Alle Vormittage waren ausgefüllt ... im Gefolge des Geburtstages, von dem das Wort umgeht, daß selten oder nie ein Mensch so gefeiert worden sei«. Als ungetrübtes Glück wurde es nicht empfunden. Im ganzen betäubenden Trubel waren der Schmerz und die Scham über den Verlust seiner Arbeitskraft nie ganz zu unterdrücken, gesteigert zum »ängstigenden Gefühl einer solennen Auflösung meines Lebens«.

Der letzte literarische Text, den Thomas Mann vollenden konnte, war ein Geleitwort für die Anthologie *Die schönsten Erzählungen der Welt*, die 1955 im Desch-Verlag erschien. Sie enthielt auch Herman Melville's späte Erzählung *Billy Budd*, die Thomas Mann überschwänglich lobte: »Sie ist selbst schön, groß, meisterhaft, herzergreifend [...] wirklich eine der *Schönsten Erzählungen der Welt!*« An einem Detail nahm er Anstoß, nämlich an Melville's Vergleich des Waffenmeisters und Erzschurken Claggart mit Shakespeares Jago: »[...] meiner Meinung nach bedeutet es keinen ganz kleinen Kunstfehler, daß dieser Name innerhalb der Geschichte *fällt*. Claggart blickt den guten, schönen Billy einmal ›mit dem höhnischen Grinsen Jagos‹ nach. Das tadle ich [...]. Seine Geschichte sollte sich als Kunstwerk soweit isolieren, daß sie von Shakespeare's furchtbarer Charakterkonzeption nichts wüßte.« Schon direkt nach der Lektüre hatte Thomas Mann im Tagebuch notiert: »Las mit großer Anteilnahme ›Billy Budd‹ von Melville. Vorzüglich. Jago sollte nicht genannt werden.« Offenbar störte ihn dieser Kunstfehler ganz besonders, was wieder einmal Grund gibt, seinen präzisen Kunstverstand zu bewundern. In Melville's Erzählung wird der Name Jago nämlich nicht genannt. Erst Richard Moering, der Übersetzer, hat ihn an der Stelle eingeschmuggelt, wo es im Originaltext heißt, dass Claggart bei den Begegnungen mit Billy zur Seite trat und ihn passieren ließ, »*dwelling upon Billy for the moment with the glittering dental satire of a Guise*«. Die Guise waren in den französischen Religionskriegen die Anführer der katholischen Partei im Kampf gegen die Hugenotten. Mit dem Namen Guise kann der gewöhnliche Leser vermutlich wenig anfangen, und man versteht, weshalb der Übersetzer es für richtig hielt, den Namen der historischen Figur durch Shakespeare's Jago zu ersetzen. In eben dieser Veränderung aber besteht der von Thomas Mann monierte Kunstfehler, der also nicht Melville, sondern dem Übersetzer anzukreiden ist. Thomas Mann schrieb das Geleitwort in Noordwijk, dem holländischen Badeort, und interessant und geradezu bewegend ist in diesem Zusammenhang ein Bericht des Malers Paul Citroen, der ihn am 8. Juli 1955 dort besuchte und ein letztes Porträt von ihm zeichnete, bereits in liegender Haltung aufgrund eines geschwollenen Beines. »Er lag angekleidet auf seinem Bett. Es war ein grosses Zimmer, der vordere Teil mit Balkon und Aussicht aufs Meer, der hintere Teil, der durch einen hohen Vorhang gegen das Tageslicht abzuschliessen war, als Schlafzimmer eingerichtet. Der Dichter sah besorgt und ernst aus, sein Zustand gefiel ihm gar nicht. Das habe ich noch nie gehabt, sagte er. Noch am Morgen hatte er, wie üblich, in seiner Hütte am Strand gesessen und geschrieben und – nun dies! Er hatte erst gar nicht bemerkt, dass das Bein sich verdickte; erst als die Schmerzen auftraten. Er durfte das Bein absolut nicht bewegen. Ich zog den Vorhang ein wenig vor und begann im Halbdämmer zu zeichnen.« Als die Zeichnung fertig war, signierte Thomas Mann das Blatt, und der Maler stand auf, um Abschied zu nehmen. »Da«, heißt es weiter in seinem Bericht, »zu meiner Verwunderung, begann Th. Mann auf einmal zu erzählen: dass er gerade eine Novelle von Melville wiedergelesen habe, Billy Budd, ein Meisterwerk – (ich setzte mich wieder) – eine der besten Erzählungen der Weltliteratur; aber irgendwo mache Melville einen Fehler, an einer Stelle vergleiche er den Hauptschurken seiner Novelle mit Jago. Diese Zitierung Shakespeares halte er, Th. Mann, für einen groben Kunstfehler, Melville hätte wissen müssen, dass dieser Vergleich nicht in seine Erzählung passe, ihre Geschlossenheit störe.« Der Maler hat dann noch hinzugesetzt: »Warum erzählte er mir das? Ich weiss es nicht. Jedenfalls beschäftigte es ihn, und ich war wohl nur ein zufälliger Zuhörer seiner Gedanken.«

An Citroens Bericht lässt sich ablesen, wie tief diese Lektüre Thomas Mann bewegte. Das Geleitwort wurde am 21. Juli abgeschlossen, tags darauf überfiel ihn die Krankheit, und schon einen Tag später wurde er ins Zürcher Kantonsspital überführt. »Die Nächte anfangs sehr schwierig. Abenteuer der Bettschüssel, nie erprobt.« Am 29. Juli, zwei Wochen vor seinem Tod, der letzte Eintrag im Tagebuch. Über den Arzt, der ihn behandelt: »Prof. Löffler, sympathische Berühmtheit, etwas Primadonna, aber angenehm.« Bis zuletzt die Schärfe der Wahrnehmung, wie vierundvierzig Jahre früher auf dem Zauberberg. Letzte Lektüre: das Mozart-Buch von Alfred Einstein. Letzte Sätze: »Lasse mir's im Unklaren, wie lange dies Dasein währen wird. Langsam wird es sich lichten.« Zweideutig, vielleicht auf Goethe anspielend. Letzte Worte: »Verdauungssorgen und Plagen.« Die Lebensbilanz steht schon früher im Tagebuch, am 20. September 1953: »War nicht das *ganze* Leben peinlich. Es gab wohl selten ein solches Ineinander von Qual und Glanz.« Es ist ein sonderbares Begriffspaar. Man würde neben der »Qual« eher »Glück« erwarten. Stattdessen das äußerliche »Glanz«, das das Ausmaß der Qual erahnen lässt.

Anmerkungen

Vorwort

Der Dichter gibt] Bertolt Brecht: Werke, Bd. 11 (Gedichte I), Frankfurt am Main 1988, S. 241. – *Großschriftsteller]* Robert Musil: Tagebücher, hrsg. von Adolf Frisé, Bd. 1, Reinbek bei Hamburg 1976, S. 766. – *Die Alles erlauben]* Joseph Roth und Stefan Zweig: Briefwechsel 1927-1938 (»Jede Freundschaft mit mir ist verderblich«), Göttingen 2011, S. 118. – *Zerfetzten Intellektuellen]* Helmut Kaiser: Mythos, Rausch und Reaktion. Der Weg Gottfried Benns und Ernst Jüngers, Berlin 1962, S. 224. – *Zu Thomas Mann]* Thomas Mann: Wirkungen. Stimmen von Zeitgenossen und eine Umfrage unter Autoren, gesammelt und veranstaltet von Hanjo Kesting und Alfred Paffenholz, NDR Drittes Programm, Abendstudio, 29.4.1975. – *Der Selbsterwählte]* Hanjo Kesting: Thomas Mann oder der Selbsterwählte. Zehn polemische Thesen über einen Klassiker, Der Spiegel, 26.5.1975. – *Undank vom Urenkel]* Rolf Hochhuth: Thomas Mann oder der Undank vom Urenkel, Der Spiegel, 8.6.1975. – *Viel interessanter ... demokratischer Wanderredner]* Thomas Mann: Briefe 1948-1955, hrsg. von Erika Mann, Frankfurt am Main 1965, S. 248. – *Romantik, Nationalismus]* Thomas Mann: Gesammelte Werke in 13 Bänden, Frankfurt am Main 1990, Bd. XII, S. 22 [zit. GW mit Band-und Seitenzahl]. – *Durch neuartige Anordnung]* Thomas Mann: Wirkungen, a.a.O. – *Es kommt nichts mehr]* Thomas Mann: Briefe 1948-1955, a.a.O., S. 201.

Seelengeschichte des deutschen Bürgertums
»Buddenbrooks. Verfall einer Familie«

Das Epische ist Hörwerk ... Keine rührt mich] GW Bd. XI, S. 552/551. – *Es ist lange her]* Thomas Mann: Ton- und Filmaufnahmen. Deutsches Rundfunkarchiv. Sonderdruck. GW Supplementband, Frankfurt a.M. 1974, S. 33. – *Ein Fall, wie]* Thomas Mann: Tagebücher 1944-1.4.1946, hrsg. von Inge Jens, Frankfurt am Main 1986, S. 8. – *Es sind mir im Laufe]* Peter de Mendelssohn: Der Zauberer. Das Leben des deutschen Schriftstellers Thomas Mann. Erster Teil, Frankfurt a.M. 1975, S. 945. – *Daß hier zu Hause ... Vielleicht wagte]* GW Bd. XI, S. 379. – *Am Tage, da sie]* GW Bd. I, S. 498f. – *Ich kauerte stundenlang]* GW Bd. XI,

S. 421f. – *Thomas Buddenbrook war in seinem Herzen]* GW Bd. I, a.a.O., S. 508. – *Wie aber wurde er ... Der Vater starb]* Hermann Kurzke: Thomas Mann. Epoche-Werk-Wirkung, München 1991, S. 25 [zit. Kurzke: Thomas Mann, mit Seitenzahl]. – *Ich war ein elfjähriges ... Zehn Jahre später]* GW Bd. X, S. 476. – *Sehr geehrter Herr Mann]* Peter de Mendelssohn: Der Zauberer, a.a.O., S. 255. – *Die psychologische short story]* GW Bd. XI, S. 379. – *Ich selbst hatte]* Thomas Mann: Briefe an Otto Grautoff 1894-1901 und Ida Boy-Ed 1903-1928, Frankfurt am Main 1975, S. 100f. – *Da geschah es]* GW Bd. XI, S. 379f. – *Das neue Haus]* Peter de Mendelssohn: Der Zauberer, a.a.O., S. 309f. – *Was war im Begriffe ... Die Arbeit]* Ebd., 380f. – *Was ich selber sei]* Ebd., S. 381. – *Die erste und einzige ... und so schickte]* GW Bd. XI, S. 381. – *Das im Untertitel]* Kindlers Neues Literatur Lexikon, München 1990, Bd. XI, S. 62. – *Glauben Sie, daß es]* Peter de Mendelssohn: Der Zauberer, a.a.O., S. 402. – *Parademarsch-Exercitien]* Heinrich Mann/Thomas Mann: Briefwechsel, hrsg. von Katrin Bedenig und Hans Wyskirchen in Erweiterung der Edition von Hans Wysling, Frankfurt am Main 2021, S. 91 [zit. HM/TM Briefwechsel mit Seitenzahl]. – *Bubenstück]* Ebd., S. 94. – *... er soll das Buch]* Ebd., S. 94. – *Es gäbe Bücher ... Ich glaube]* GW Bd. XI, S. 382. – *... daß der Zug]* HM/TM Briefwechsel, S. 110. – *Fraglich bleibt, ob ein Werk]* Eduard Engel: Geschichte der deutschen Literatur von den Anfängen bis in die Gegenwart, Leipzig 1907, S. 1078. – *Ich habe mich]* GW Bd. XI, S. 383. – *Wir lassen uns ... Unsere gesamte]* Egon Friedell: Ecce Poeta, Zürich 1992, S. 138-140. – *Abgekürzte Verfahren ... Telegramm-Stil ... Ich möchte einen Menschen]* Peter Altenberg: Was der Tag mir zuträgt, Berlin 1902, S. 6. – *Wie? hieß es]* GW Bd. XI, S. 382. – *Liebe auf den ersten Laut ... Geist der Epik ... Atemknappen Pointillismus]* GW Bd. X, S. 423-425. – *Was Tragen heißt]* Ebd. – *Ein Bürgerbuch]* HM/TM Briefwechsel, S. 242. – *Scharlatan]* Vladimir Nabokov: Briefwechsel mit Edmund Wilson 1940-1971, Hamburg 1995, S. 322. – *He would be ... Zweideutig]* Thomas Mann: Tagebücher 1935-1936, hrsg. von Peter de Mendelssohn, Frankfurt am Main 1978, S. 211. – *Es war ein ganz einfaches Motiv]* GW Bd. I, S. 747f. – *1682, im Winter]* Ebd., S. 23f. – *Abschied von Gerda ... Es war von]* Ebd., S. 755 u. 757. – *... betone, bitte, den deutschen Charakter ... die eminent epische Wirkung ... Das Wagnerische]* Thomas Mann: Briefe an Otto Grautoff 1894-1901 a.a.O., S. 139f. – *Man wird sich]* Rainer Maria Rilke: Sämtliche Werke in 12 Bänden, Frankfurt a.M. 1975, Bd. 10, S. 577. – *In ihm ist]* Ebd., S. 580f. – *Nur er begriff damals]* Heinrich Mann: Ein Zeitalter wird besichtigt, Berlin und Weimar 1973, S. 217. – *Der Roman wird wachsen]* Zit. nach Klaus Harpprecht: Thomas Mann. Eine

Biographie, Hamburg 1995, S. 179. – *Das Buch wurde]* GW Bd. XI, S. 383. – *Hergelaufene ... das ist die Hauptsache ... Selbstverständlich]* GW Bd. I, S. 118. – *Ich glaubte ... ich glaubte]* Ebd., S. 523. – *Ja, so geht es]* Ebd., S. 757. – *Was so erstaunlich]* Stephan Finsterbusch: Buddenbrooks. Verfall einer Familie, in: Frankfurter Allgemeine Zeitung, 3.7.2013. – *Wahrhaftig]* Thomas Mann: Briefwechsel mit Autoren, hrsg. von Hans Wysling, Frankfurt am Main 1988, S. 518. – *Ein unsterbliches Meisterwerk]* Thomas Mann: Tagebücher 1944-1.4.1946, a.a.O., S. 9. – *Obgleich das Jugendwerk]* GW Bd. XI, S. 189f.

Wider die Todessympathie
»Der Zauberberg«

Zeitroman] GW Bd. XI, S. 611. – *Arrogante Forderung ... seine besondere Machart]* Ebd., S. 610f. – *Das ganze Kunstwerk]* Richard Wagner: Über die Anwendung der Musik auf das Drama, in: R.W.: Gesammelte Schriften und Dichtungen in zehn Bänden, Berlin-Leipzig-Wien-Stuttgart o.J., Bd. X, S. 185. – *Beziehungszauber]* GW Bd. IX, S. 520. – *Und eben damit]* GW Bd. XI, S. 611. – *Sozusagen schon ganz ... unbedingt in der Zeitform ... zu beginnen wohl kaum ... ist der Vergangenheitscharakter ... Zudem könnte es sein]* GW Bd. III, S. 9f. – *Ungeheurer Laxheit ... sehr farbenreich ... unerhört geschlossenen]* Katia Mann: Meine ungeschriebenen Memoiren, o.O. 1974, S. 85. – *Wenn Sie]* GW Bd. XI, S. 604. – *Die letzten Juli-Tage]* GW Bd. III, S. 56. – *Nach dem Abschluss]* GW Bd. XI, S. 606f. – *Eine heimliche Ahnung]* Ebd., S. 607. – *Dann kam der Krieg]* Ebd., S. 608. – *Machtgeschützten Innerlichkeit]* GW Bd. IX, S. 419. – *Sympathie mit dem Tode ... tief eingeboren ... Mein ganzes Interesse]* HM/TM Briefwechsel, S. 242. – *Gedankendienst]* GW Bd. XII, S. 9. – *Ausdeutung, Verherrlichung]* Thomas Mann: Briefe 1889-1936, Frankfurt am Main 1962, S. 115. – *Der Tod und die geistliche Stimmung]* Ebd., S. 134. – *Menschenrechtler u.a.]* André Banuls: Thomas Mann und sein Bruder Heinrich, Stuttgart – Berlin – Köln – Mainz 1968, S. 33. – *Habt ihr wohl jemals]* Joseph von Eichendorff: Werke Band II (Romane – Erzählungen), München 1978, S. 527. – *Entschuldige, kannst du mir ... Und Pribislav]* GW Bd. III, S. 173. – *Ich befand mich ... Ich habe es vorgezogen]* GW Bd. XI, S. 605. – *Nur unter jenen Verhältnissen]* Ebd., S. 606. – *Ein liebreizendes]* GW Bd. III, S. 420. – *Die Geschichte von der Sterbenden]* Thomas Mann: Der Zauberberg. Große kommentierte Frankfurter Ausgabe, Bd. 5.2 (Kommentar), Frankfurt am Main 2002, S. 104. – *Der ideale Student]* Harold Bloom: Die Kunst der

Lektüre, München 2000, S. 205. – *Humanismus und Körpermystik ... Diese Zusammenhänge]* Thomas Mann: Tagebücher 1918-1921, hrsg. von Peter de Mendelssohn, Frankfurt am Main 1979, S. 450f. – *Die Bücher lagen]* GW Bd. III, S. 398f. – *Größten Erotiker]* Jean Améry: Der integrale Humanismus, Stuttgart 1985, S. 116. – *Und was tut sein Sorgenkind]* Robert Musil: Tagebücher. Hrsg. von Adolf Frisé, Reinbek bei Hamburg 1983, S. 722. – *Der Berg ist heute zaubertoll]* GW Bd. III, S. 452. – *Wer hat einen vernünftigen ... Hans Castorp aber stand]* Ebd., S. 462f. – *Quelles fêtes immense]* Ebd., S. 477. – *Parler français]* Ebd., S. 469. – *Eigenartig zwischen]* Helmut Koopmann (Hrsg.): Thomas-Mann-Handbuch, Stuttgart 1990, S. 406. – *Dass du nicht enden kannst]* Johann Wolfgang Goethe: Sämtliche Werke (Münchner Ausgabe), München 1998, Bd. 11.I.2, S. 25. – *Die Aufmerksamkeit ... Er hatte nichts]* GW Bd. III, S. 761-763. – *Eine kleine Gruppe ... Hans Castorp]* Ebd., S. 893. – *Es war ein reines]* Ebd., S. 897. – *Was ist die Zeit]* Zauberberg, S. 484/487/749f. – *Verzweifeltgeistreicher Reaktionär]* Thomas Mann: Briefe an Paul Amman 1915-1952, hrsg. von Herbert Wegener, Lübeck 1959, S. 53. – *Das Prinzip der Freiheit]* GW Bd. III, S. 554f. – *Oh, so ist es deutlich]* Ebd., S. 686. – *Was er gedacht]* Ebd., S. 688. – *Nicht sah, nicht hörte]* GW IX, S. 814. – *Wenig Aufmerksamkeit]* Katia Mann: Meine ungeschriebenen Memoiren, a.a.O., S. 47. – *Dieses idiotische]* Thomas Mann: Der Zauberberg, Frankfurter Ausgabe, Frankfurt am Main 1981, S. 1048. – *Sie besuchten mich]* Walter Jens: Inferno mit paradiesischen Wonnen, in: Romane von gestern – heute gelesen, Bd. 2 (1918-1933), Frankfurt am Main 1989, S. 64. – *Neues Motiv für den]* Thomas Mann: Tagebücher 1918-1921, a.a.O., S. 375. – *Hans Castorps Gedanken]* GW Bd. III, S. 907. – *Was man für den 6. Juni]* Thomas Mann/Agnes E. Meyer: Briefwechsel 1937-1955, Frankfurt am Main 1992, S. 796f. – *Welches Buch hat Ihnen ... Man kann sich]* Die Briefe Thomas Manns. Regesten und Register, Frankfurt am Main 1976-87, Bd. 1, S. 526. – *Zudem könnte es sein]* GW Bd. III, S. 10. – *Die fünfundzwanzig Buchstaben]* Ebd., S. 917. – *So lag er]* GW Bd. III, S. 984f. – *Man ist zu civilen]* HM/TM Briefwechsel, S. 246. – *Philosophischen Taugenichts]* Ebd., S. 782. – *Etwas Magisches ... Er könnte wie eine]* Harold Bloom: Die Kunst der Lektüre, a.a.O., S. 206. – *Weltfest des Todes]* GW Bd. III, S. 994. – *Ich glaube nicht, dass der Sieg]* HM/TM Briefwechsel, S. 257.

Der humanisierte Mythos
»Joseph und seine Brüder«

Wie wird die Nachwelt blicken] GW Bd. XI, S. 680f. – *In Deutschland gibt es viele Trotzige]* Klaus Mann: Briefe und Antworten 1922-1949, Reinbek bei Hamburg 1991, S. 133f. – *Arbeitete nach dem Frühstück]* Thomas Mann: Tagebücher 1940-1943, hrsg. von Peter de Mendelssohn, Frankfurt am Main 1982, S. 520. – *Immerhin, es ist der deutsche Rhythmus]* Thomas Mann: Briefe 1937-1947, a.a.O., S. 392. – *Um was es mir geht]* GW Bd. XI, S. 628. – *Roman der Seele]* GW Bd. IV, S. 42. – *So flüchtete ich gern]* Johann Wolfgang Goethe: Sämtliche Werke (Münchner Ausgabe), München 1985, Bd. 16, S. 152 u. 139. – *Tief ist der Brunnen der Vergangenheit]* GW Bd. IV, S. 9. – *Weitschichtiges, problematisches]* Briefe 1889-1936, a.a.O., S. 304. – *Ich bin aus inneren und äußeren]* Thomas Mann: Selbstkommentare. »Joseph und seine Brüder«, Frankfurt am Main 1999, S. 50. – *Das Buch hat das Andante-Tempo]* Thomas Mann: Briefwechsel mit seinem Verleger Gottfried Bermann Fischer 1832-1955, hrsg. von Peter de Mendelssohn, Frankfurt am Main 1973, Bd. 1, S. 5. – *Feststellende Berechnung ... Eine neue]* Thomas Mann. Tagebücher 1935-1936, a.a.O., S. 200. – *Wenigstens in der Perspektive]* GW Bd. XI, S. 659. – *Ich stand, wo Wagner gestanden hatte]* GW Bd. XI, S. 677. – *Einen Weh-Froh-Menschen]* GW Bd. IV, S. 890. – *Doch Wehwalt – muß ich mich]* Richard Wagner: Die Musikdramen, München 1978, S. 590. – *Zutage zu fördern]* GW Bd. IV, S. 878. – *Daß dieses berühmte]* Joseph und seine Brüder, GW Bd. V, 1482. – *Da er damals nach Sichem]* GW Bd. IV, S. 152. – *Raunende Beschwörung des Imperfekts]* GW Bd. X, S. 349. – *Mangelhaftigkeit ... Falsch-Angegriffenheit]* Thomas Mann: Tagebücher 1935-1936, a.a.O., S. 95. – *Die Partie von Menfe]* Ebd., S. 241. – *Großgerümpel des Todes]* GW Bd. IV, S. 741. – *Äffische Ägypterland]* Ebd., S. 685. – *Bevor ich zu schreiben begann]* Thomas Mann: GW Bd. XI, S. 626. – *Dein Buch beschäftigte mich]* HM/TM Briefwechsel, S. 463f. – *Ein Vorwegnehmender]* GW Bd. XI, S. 662. – *Eines jungen, vornehmen Engländers]* GW Bd. V, S. 1414. – *Thomas Mann hat ... im Mittelpunkt]* Hans Mayer: Thomas Mann, Frankfurt am Main 1980, S. 213f. – *... das Wissenschaftliche, angewandt]* GW Bd. XI, S. 656. – *... Ich setze die Lebensgeschichte]* GW Bd. XI, S. 627. – *Mit Segen oben vom Himmel]* GW Bd. XI, S. 625. – *Man hat in Joseph und seine Brüder]* GW Bd. XI, S. 663. – *Faust, der Ernährer]* Hans Mayer: Thomas Mann, a.a.O., S. 223. – *Staats-Geschäftsmann]* GW Bd. XI, S. 652. – *Und viel gewaltigere Züge]* GW Bd. V, S. 1259. – *Wir erwähnten zum Beispiel ... und so könnten wir]* GW Bd. IV, S. 19f. –

Mehr und mehr sehe ich] GW Bd. XI, S. 641. – *Der Geist der Erzählung, wenn man meine mythische Meinung]* GW Bd. XI, S. 680. – *Denn was wahr ist, ist nicht die Wahrheit]* GW Bd. V, S. 1452.

Goethe-Vision aus dem Exil
»Lotte in Weimar«

Das Büchlein ›Werther‹] GW Bd. IX, S. 640. – *Das ist auch so ein Geschöpf]* Johann Peter Eckermann: Gespräche mit Goethe in den letzten Jahren seines Lebens. In: Sämtliche Werke nach Epochen seines Schaffens (Münchner Ausgabe), Bd. 19, München 1986, S. 489f. – *... der Roman rief]* GW Bd. IX, S. 640. – *Sie hatten einander ... Ich meine]* Ebd., S. 654f. – *Schwer über das Produkt]* Thomas Mann: Tagebücher 1937-1939, hrsg. von Peter de Mendelssohn, Frankfurt am Main 1980, S. 493. – *... ich habe eine neue Bekanntschaft]* Goethes Gespräche. Biedermannsche Ausgabe, Düsseldorf und Zürich 1969, Bd. 2, S. 1162. – *Darauf gingen wir zu Tisch]* Ebd., S. 1160f. – *Irrealen]* Thomas Mann: Briefe 1937-1947, Frankfurt am Main 1963, S. 527. – *Goethe: so sehr wohl]* GW Bd. II, S. 762f. – *Der Kellner des Gasthofes]* Ebd., S. 369. – *Hofräthin Witwe Charlotte Kestner]* Ebd., S. 372. – *Buchenswertes Ereignis]* Ebd., S. 375. – *Verehrten Freund, der der Welt]* Ebd., S. 387. – *Da Gott das Ganze ist]* Ebd., S. 439f. – *Umfassende Ironie]* Ebd., S. 442. – *In ein gemachtes Nest]* GW Bd. II, S. 464. – *Große Mann]* Ebd., S. 734. – *Vom Genius an sich]* GW Bd. XIII, S. 169. – *Der würdig gewordene Geist]* Ebd., S. 168. – *Ödipalen Dilemma]* Peter von Matt: Das Schicksal der Phantasie, München 1994, S. 243. – *Goethe sei doch]* Heinrich Heine: Sämtliche Schriften, hrsg. von Klaus Briegleb, München 1971, Bd. 3, S. 397. – *Seine Augen waren ruhig]* Ebd., S. 405. – *War er denn größer?]* GW Bd. VIII, S. 377. – *Der Ehrgeiz]* Peter von Matt. a.a.O., S. 249. – *Die Entwürdigung]* GW Bd. XIII, S. 148. – *Tod vor dem Tode]* Ebd., S. 148. – *Er ist der Vater]* Ebd., S. 168. – *Böse Vorspiel]* Peter von Matt, a.a.O., S. 255. – *Unio mystica]* GW Bd. XIII, S. 169. – *Die Vaterbindung]* GW Bd. IX, S. 498f. – *Uns ist für gar nichts bang]* GW Bd. II, S. 367. – *Wo ich bin]* Heinrich Mann: Ein Zeitalter wird besichtigt, a.a.O., S. 215. – *Daß sie die Klarheit hassen]* GW Bd. II, S. 657f. – *Nicht deutscher]* Ebd., S. 678. – *Sie meinen]* Ebd., S. 658. – *So curialisch]* Ebd., S. 433. – *Das Leben wäre]* Ebd., S. 655. – *Aber zwei Augen]* Ebd., S. 439f. – *Umfassende Ironie]* Ebd., S. 442. – *Ist die Liebe]* Ebd., S. 647. – *Was gilts]* Ebd., S. 681. – *Ur-Kram]* Thomas Mann: Tagebücher 1953-1955, hrsg. von Inge Jens, Frankfurt am Main 1995, S. 43. – *Idee der Heimsuchung]* GW Bd. XIII, S. 136. – *Des*

Einbruchs] Ebd. – *Hätt ich]* GW Bd. II, S. 656. – *Heulenden Triumph]* GW Bd. XIII, S. 136. – *Das der Welt so bedeutend]* GW Bd. II, S. 387. – *Im unsicheren Halbdunkel]* Thomas Mann: Briefe 1937-1947, a.a.O., S. 527. – *Es riecht]* GW Bd. II, S. 763. – *Den Göttern]* Ebd. – *Mit der Szene im Wagen]* Thomas Mann: Selbstkommentare. »Lotte in Weimar«, Frankfurt am Main 1996, S. 59. – *Ich habe immer versucht]* Roman Karst: Thomas Mann. Eine Biographie, München 2006, S. 182. – *Welch freundlicher Augenblick]* GW Bd. II, S. 764.

Elend und Gnade
»Der Erwählte«

Glockenschall, Glockenschwall] GW Bd. VII, S. 9. – *Wer läutet]* Ebd., S. 9f. – *Der Geist der Erzählung]* Ebd., S. 10. – *Werk-Helden sondergleichen]* Thomas Manns Tagebücher 1953-1955, Frankfurt am Main 1982, S. 241. – *Mich verlangt]* Thomas Mann/Agnes E. Meyer: Briefwechsel 1937-1955, Frankfurt am Main 1992, S. 703. – *Erscheint mir mehr]* Thomas Mann: Regesten und Register, Frankfurt am Main 1976-87, Bd. 3, S. 50. –*Damals war ich]* GW Bd. XI, S. 687. – *In dieser Form]* Ebd., S. 688. – *Extremismus seiner Gemüthaftigkeit]* GW Bd. IX, S. 255. – *Sie gab ihm ihren süßen Mund]* Theodor Storm: Gedichte. Novellen 1848-1867, in: Sämtliche Werke in 4 Bänden, Bd. 1, Frankfurt am Main 1987, S. 780. – *Die Darstellung der Leidenschaft]* Ebd., S. 786. – *Dichtertum ist die lebensmögliche]* GW Bd. IX, S. 258. – *Sie waren einander]* GW Bd. VIII, S. 381f. – *Sie hielten sich aber]* GW Bd. VII, S. 22. – *Aus der Maßen]* Ebd., S. 37. – *Denn unser beider]* Ebd., S. 28. – *Amplifizieren]* GW Bd. XI, S. 690. – *Ein Gewöll]* GW Bd. VII, S. 36. – *Ich sage euch]* Ebd., S. 149. – *Teuflische Täuschung ... tief unten, wo still ... Unwissentlich-wissend ... weil es der einzig Ebenbürtige ... dort, wo die Seele keine Faxen]* Ebd., S. 254f. – *Gott sei dafür gepriesen]* Ebd., S. 258f. – *Übernational]* GW Bd. XI, S. 690. – *Also soll ich]* GW Bd. VII, S. 33. – *Höheres Abschreiben]* Thomas Mann: Briefe 1937-1947, a.a.O., S. 470. – *Denn so verhält es sich]* Der Erwählte, a.a.O., S. 14. – *Ich mache viele Scherze]* Zit. nach: Walter Jens, Einspruch, München 1992, S. 181. – *Denn alle Erwählung]* GW Bd. VII, S. 199. – *Ich glaube an das Gute]* Thomas Mann: Briefe 1948-1955, a.a.O., S. 314. – *Zwerchfellerschütternde Form]* Klaus Harpprecht: Thomas Mann, a.a.O., S. 1851. – *Rührendstes und stärkstes/O seltsames]* Thomas Mann: Tagebücher 1953-1955, a.a.O., S. 53f. – *Im Paradiese]* GW Bd. VII, S. 260.

Was meiner Humanität zum Grunde liegt
»Die Betrogene«

Er tritt uns als Exponent ... Dieser Schriftsteller] Doppelleben: Literarische Szenen aus Nachkriegsdeutschland, 2 Bd., Göttingen 2009, Bd. 1, S. 228. – *Alles Elementare]* Ebd. – *Eine Frauengeschichte]* Thomas Mann: Tagebücher 1953-1955, a.a.O., S. 72. – *Neu in meinem Werke]* Thomas Mann: Tagebücher 1953-1955, a.a.O., S. 36. – *Als Rosalie von Tümmler]* Hermann Kurzke: Thomas Mann. Das Leben als Kunstwerk, München 1999, S. 578. – *In den zwanziger Jahren]* GW Bd. VIII, S. 877. – *Heute möchte ich Ihnen]* Theodor W. Adorno: Noten zur Literatur. Gesammelte Schriften 11, Frankfurt/Main 1974, S. 676. – *Des Rühmens]* Ebd. – *Im Frühling geboren]* GW Bd. VIII, S. 878. – *Mein Abnehmen, das Alter]* Thomas Mann: Tagebücher 1951-1952, hrsg. von Inge Jens, Frankfurt/Main 1993, S. 315. – *Tage der Schwermut]* Ebd., S. 146. – *Die Memoiren sind kein ›Faust‹]* Ebd., S. 197. – *Beim Früh-Kaffee]* Ebd., S. 198. – *Um den Anfang]* Ebd., S. 212. – *Excerpte ... Versuche]* Ebd., S. 209. – *Zehn Monate!]* Thomas Mann: Tagebücher 1953-1955, a.a.O., S. 36. – *Nicht Glück oder Unglück]* »Herzlich zugeeignet«. Widmungen von Thomas Mann 1887-1955, hrsg. von Gert Heine und Paul Schommer, Lübeck 1998, S. 126. – *Die Baumblüte]* GW Bd. VIII, S. 884. – *Rosalie war es]* Ebd., S. 887. – *»Wie habe ich immer lachen]* Ebd., S. 888. – *Heiligen Ekstase]* Ebd., S. 890. – *»Glaube mir...«]* Ebd., S. 891f. – *Was man im dramaturgischen]* Arthur Schopenhauer: Werke in fünf Bänden, Frankfurt am Main 2000, Bd. IV, S. 528. – *... von Würde]* Ebd., S. 893. – *Ein neues Gesicht]* Ebd. – *Sein einfaches]* Ebd., S. 895. – *Überwältigt von Scham]* Ebd., S. 901. – *Triumph, Anna]* Ebd., S. 922f. – *In welchem Stadium ... Woran überhaupt ...]* Thomas Mann: Briefe 1948-1955, a.a.O., S. 254. – *... sexuelle Wiedererwachen ... Symptome ... diese grausige Taeuschung]* Thomas Mann: Tagebücher 1951-1952, a.a.O., S. 844-846. – *... daß ihre ekstatische ... Es hätte also]* Thomas Mann: Briefe 1948-1955, a.a.O., S. 255f. – *Das Illusionäre]* Thomas Mann: Tagebücher 1949-1950, hrsg. von Inge Jens, Frankfurt am Main 1991, S. 239. – *Nel vostro fiato ... Er hat die Liebe]* GW Bd. IX, 793, 792. – *Es fehlte nicht viel]* GW Bd. VIII, S. 946. – *Frau von Tümmler kam nicht]* Ebd., S. 947. – *Ich habe mir den Stoff]* GW Bd. XI, S. 529. – *Ganz kurz vor dem Ende]* GW Bd. VIII, S. 950. – *Problematisches Produkt]* GW Bd. XI, S. 529. – *Was man eben mit 78]* Thomas Mann: Späte Erzählungen. Hrsg. von Peter de Mendelssohn, Frankfurt am Main 1981, S. 534. – *Unverkennbar]* GW Bd. XI, S. 529. – *Scheinblüte des lädierten Lebens ... Welche unverwindlich makabren]* Hans Blumenberg: Schriften zur Literatur 1945-1958, hrsg. von Alexander Schmitz und Bernd Stiegler, Frankfurt 2017, S. 210. – *Inkommensurable Produktion ... Die Spannung zwischen der Kultur]* Theodor W. Adorno: Noten zur Literatur, a.a.O., S. 677. – *Im naturhistorischen Museum ... Gefühl, daß dies alles]* Thomas Mann: Tagebücher 1951-1952, a.a.O., S. 112-114.

Seelenzauber mit finsteren Konsequenzen
Thomas Mann und die Musik

Wie mechanisch und nach dem Cliché] Thomas Mann: Tagebücher 1951-1952, a.a.O., S. 26. – *Man hat zu tun mit deutschem Schicksal]* GW Bd. XI, S. 1128. – *Es war ein großer Fehler]* Ebd., S. 1131. – *Musikalität der deutschen Seele]* Ebd., S. 1132. – *Das Buch entgeht nicht]* Ludwig Marcuse: Essays, Porträts, Polemiken. Die besten Essays aus vier Jahrzehnten, Zürich 1979, S. 259. – *Die Musik habe ich immer]* Thomas Mann: Briefe 1889-1936, a.a.O., S. 315. – *Aktivität eines Dirigenten]* GW Bd. X, S. 510. – *Metaphysischen Vorsatz ... das nächste Mal]* Ebd. – *Paradigma der Kunst]* Thomas Mann: Briefe 1889-1936, a.a.O., S. 315. – *Zum Musiker geboren]* GW Bd. X, S. 510. – *Der entscheidende Punkt ... Francks typischste Melodie]* Wilfrid Mellers: Musik und Gesellschaft. Bd. II: Die Romantik und das 20. Jahrhundert, Frankfurt am Main 1965, S. 121. – *Für [ihn] war]* GW Bd. IX, S. 382. – *Die Musik Wagners]* Hans Rudolf Vaget: Seelenzauber. Thomas Mann und die Musik, Frankfurt am Main 2006, S. 122. – *Leichtgeschürzte Piecen]* GW Bd. III, S. 888. – *Um Musik zu genießen]* Thomas Mann: Tagebücher 1918-1921, a.a.O., S. 474. – *Er wollte immer dasselbe ... enthusiastisch]* Joachim Kaiser: Was mir wichtig ist, Stuttgart 1996, S. 48. – *Bloße Humanität ... aber ich bin]* GW Bd. II, S. 88. – *Zügellose Orgie]* GW Bd. I, 750. – *Es lag etwas Brutales ... Willen zu Wonne und Untergang ... Gier bis zum Ekel und Überdruß]* Ebd. – *Es war eine unlautere]* Ebd., S. 647. – *Feindliche Macht]* Ebd., S. 508. – *Was freut dich in der Musik?]* Ebd., S. 509. – *Wo es nach Cis geht]* GW Bd. VIII, S. 344. – *Die neunzehn Kinder]* Ebd., S. 247. – *Im Orchester war großer Betrieb]* Heinrich Mann: Der Untertan. Roman, Berlin 1956, S. 332. – *»›Das ist die Kunst, die wir brauchen!‹]* Ebd., S. 338f. – *Machtgeschützten Innerlichkeit]* GW Bd. IX, S. 419. – *Heiligen Grundtypus der Kunst ... [Die Musik ist] die eigentlich moralische Kunst]* GW Bd. XII, S. 317. – *Die Meistersinger: Gegensatz zur Zivilisation ... Die Aufzeichnung ist]* Ebd., S. 31f. – *Fortschritt von der Musik]* Ebd., S. 39. – *Kann man Musiker sein]* Ebd., S. 82. – *Tönenden*

Ethik] Ebd., S. 319. – *Als eine Tugend]* Ebd. S. 317. – *Abbild]* Ebd. S. 320. – *Ich denke an den Dritten Satz]* Ebd., S. 397. – *Dieser Zarte, Inbrünstige]* Ebd., S. 425. – *Viel tief Vertrautes ... Bis zum Lechzen]* Ebd., S. 407. – *Macht mich positiv]* Ebd., S. 407. – *Über das Elend der deutschen Wirklichkeit]* GW Bd. X, S. 419. – *... man wird nicht zum Ästheten]* GW Bd. XII, S. 107. – *Ich habe vielleicht]* GW Bd. XI, S. 809. – *Stunde todbereiten]* Ebd., S. 811. – *Konservativ – nicht im Dienste]* Ebd., S. 829. – *Die blöde und wüste Idyllik]* GW Bd. IV, S. 147. – *Liederwesen ist leider]* GW Bd. V, S. 1712. – *Musik ist das halb Artikulierte]* GW Bd. III, S. 160-162. – *Ja, Selbstüberwindung, das mochte wohl]* GW Bd. III, S. 907. – *Jeder, dem es darum zu tun war]* GW Bd. X, S. 434. – *Dieser Geist ist der Geist der Musik]* GW Bd. IX, S. 161. – *In Nietzsche's Verhältnis zu Wagner]* GW Bd. IX, S. 684. – *Die deutsche Mischung ... Können Sie]* GW Bd. X, S. 926. – *Vollständig begeistert ... an Ausdruckskraft ... Ich werde eben]* Ebd., S. 926f. – *... wir haben diesen Wagner]* GW Bd. X, S. 797. – *Schein-Ablehnungen ... jeder Ausdruck recht]* Thomas Mann: GW Bd. X, S. 928. – *Wagnerisch, auf der Stufe der Verhunzung]* GW Bd. XII, S. 848. – *Beziehung ist alles ... Nimm den Ton oder den]* GW Bd. VI, S. 66. – *Musik ist Zweideutigkeit als System]* Ebd. – *... die Gedanken auf den Faust-Stoff]* Thomas Mann: Tagebücher 1940-1943, a.a.O., S. 552-554. – *Vormittags in alten Notizbüchern]* Ebd., S. 551. – *Figur des syphilitischen Künstlers]* Hermann Kurzke: Thomas Mann. Epoche-Werk-Wirkung, München 1991, S. 277. – *Lebensgeschichte ist's immer]* GW Bd. II, S. 684. – *Autobiographie aber]* GW Bd. XI, S. 695. – *Eine geheime Verbindung des deutschen Gemüts]* Ebd., S. 1131. – *Nicht leicht zu vertreten ... inneren Erfahrung]* Ebd. – *Musikalität der deutschen Seele ... in anderer Sphäre teuer bezahlt]* Ebd., S. 1132. – *Zügellose Orgie]* GW Bd. I, S. 750. – *Eine hochtheologische Angelegenheit]* GW Bd. VI, S. 323. – *Nie hatte ich das Scherzo]* GW Bd. XI, S. 295. – *Ich sah sie lange an]* Ebd., S. 289. – *Die wohl bedeutendsten]* Michael Maar: Bloß die Musik fehlt, in: Die Zeit, 16.2.2017. – *Soll Faust der Repräsentant]* GW Bd. XI, S. 1131f. – *Sie haben dem Abendland]* Ebd., S. 1132. – *Schmerzlich zu Herzen]* GW Bd. XI, S. 227. – *Noch weiß ich]* Ebd. – *Hitler hatte den großen Vorzug]* GW Bd. XI, S. 253f. – *[...] auch jetzt, selbst jetzt, gerade jetzt]* GW Bd. X, S. 929.

Mehr als befreundet, weniger als Freund
Die Brüder Heinrich Mann und Thomas Mann

Mehr als befreundet] William Shakespeare: Sämtliche Dramen. Bd. III: Tragödien, München 1967, S. 598. – *Von seinen Werken liebe ich]* GW Bd. 10, S. 839. – *Vergleiche dich!]* GW Bd. XII, S. 7. – *Ihn sehe ich an meiner Seite ... Mit den Schmerzen]* Heinrich Mann: Ein Zeitalter wird besichtigt, a.a.O., S. 215f. – *In inimicos]* HM/TM Briefwechsel, S. 256. – *Dies ist ein Gratulationsbrief ... Fischer sollte das Buch]* Ebd., S. 91. – *Als sein Roman]* Heinrich Mann: Ein Zeitalter wird besichtigt, a.a.O., S. 218. – *Ich leide unter dem Gefühl]* Peter de Mendelssohn: Der Zauberer, a.a.O., S. 527. – *Ich arbeite mit Ekel]* HM/TM Briefwechsel, S. 116. – *Daß ich mit Deiner literarischen Entwicklung ... diese verrenkten Scherze]* Ebd., S. 118f. – *Ich jage nicht nach Wirkung]* HM/TM Briefwechsel, S. 128. – *Haben Sie geglaubt]* Thomas Mann: Briefe an Otto Grautoff, a.a.O., S. 150. – *Das alles ist das amüsanteste]* Thomas Mann/Heinrich Mann: Briefwechsel 1900-1949, Frankfurt am Main 1984, S. XXXIV. – *Haßneid]* Ebd., S. XVII. – *Geschlafen und schwer geträumt]* Thomas Mann: Tagebücher 1935-1936, a.a.O., S. 386. – *Ich bin geworden, wie ich bin]* GW Bd. I, S. 580. – *Das Bruderproblem ist]* Thomas Mann: Briefe an Otto Grautoff, a.a.O., S. 184. – *Einen Helden menschlich-allzumenschlich]* HM/TM Briefwechsel, S. 171. – *Das Bruderproblem reizt]* Ebd. – *Sexualismus ist das Nackte]* HM/TM Briefwechsel, S. 122f. – *Ich kann mich höchstens]* Ebd., S. 133. – *Du dagegen fühlst hinter Dir]* Ebd., S. 133. – *Was Dich lenkt]* Ebd., S. 134. – *Zum Liberalismus hin ... Du mußt Dich wohl ... für politische Freiheit ... Was ist überhaupt ›Freiheit‹?]* Ebd., S. 154. – *Ich will Euer Bruder nicht sein]* GW Bd. VIII, S. 1059. – *Hunderttausende, die dir gleichen]* GW Bd. II, S. 146. – *Ich fürchte, Du bist nicht in der Verfassung]* HM/TM Briefwechsel, S. 207. – *Abtrünnigen Literaten ... Sie haben das Leben des Volkes]* Heinrich Mann: Essays, Hamburg 1960, S. 13f. – *Ich bin oft recht gemütskrank ... Ich freue mich mehr auf Deine Werke]* HM/TM Briefwechsel, S. 241f. – *Heinrich war in diesem]* Viktor Mann: Wir waren fünf, Konstanz 1949, S. 368. – *Die letzte Verantwortung]* HM/TM Briefwechsel, S. 246f. – *Muß man nicht dankbar sein]* Ebd., S. 247f. – *Ein Angriff kann ja]* GW Bd. X, S. 99. – *Daß Friedrich den Krieg begann]* Ebd., S. 113. – *Kritik ist Geist]* GW Bd. XIII, S. 246. – *Er [Friedrich] fürchtete den Geist nicht]* GW Bd. X, S. 89. – *Als er von einem kritischen]* Ebd. – *Das war zynisch]* Ebd., S. 89f. – *Der Intellektuelle erkennt Vergeistigung]* Klaus Schröter: Thomas Mann im Urteil seiner Zeit. Dokumente 1891-1955, Hamburg 1969, S. 69. – *Sache derer, die früh]* Heinrich

Mann: Macht und Mensch, München-Leipzig 1919, S. 35. – *Indem ich vom deutschen Zivilisationsliteraten]* GW Bd. XII, S. 56-68. – *Die ganze Argumentation]* Klaus Schröter: Thomas Mann im Urteil seiner Zeit, a.a.O., S. 86f. – *Mögest Du und mögen die Deinen]* HM/TM Briefwechsel, S. 253f. – *Du hast nach allem ... Selbstgerechtigkeit?]* HM/TM Briefwechsel, 255-257. – *Wir fühlen uns angerührt]* Klaus Schröter: Thomas Mann im Urteil seiner Zeit, a.a.O., S. 87. – *Mir träumte]* Thomas Mann: Tagebücher 1918-1921, a.a.O., S. 19. – *Ich wollte, diesen Preis]* Ebd., S. 521. – *Keine Illusionen ... Ein modus vivendi]* Thomas Mann: An Ernst Bertram. Briefe aus den Jahren 1910-1955, Pfullingen 1969, S. 106f. – *Heinrich hing wirklich]* Katia Mann: Meine ungeschriebenen Memoiren, o.O. 1974, S. 142. – *Als wir neulich]* Alfred Döblin: Briefe, Olten 1970, S. 256. – *Ohne Vorsatz]* HM/TM Briefwechsel, S. 457. – *Politisch verstehen wir uns ja]* Katia Mann: Meine ungeschriebenen Memoiren, o.O. 1974, S. 142. – *Das klang unendlich komisch]* GW Bd. XI, S. 478. – *Der Schmerz über einen sittlichen Zusammenbruch]* Heinrich Mann: Ein Zeitalter wird besichtigt, a.a.O., S. 238. – *Zu denken, aufs neue]* Thomas Mann: Tagebücher 1944-1.4.1946, a.a.O., S. 69f. – *Abends lange in Heinrichs Memoiren]* Ebd., S. 266. – *... my beloved brother]* HM/TM Briefwechsel, S. 468. – *Wir hätten ein Buch gemeinsam]* Heinrich Mann: Ein Zeitalter wird besichtigt, a.a.O., S. 226.

Im Schatten des »Zauberers«
Thomas Mann und Klaus Mann

Wie könnte ich jemals] Klaus Mann: Der Wendepunkt. Ein Lebensbericht, Reinbek 1984, S. 21f. [zit. Der Wendepunkt mit Seitenzahl]. – *Morgens nichts als der Wunsch]* Klaus Mann: Tagebücher 1931-1933, Reinbek bei Hamburg 1995, S. 118. – *Wann der Todestrieb] Wann der Todestrieb]* Thomas Mann: Briefe 1948-1955 und Nachlese, Frankfurt am Main 1965, S. 91. – *Er zerrte am dünnen]* Hermann Kesten: Meine Freunde, die Poeten, Frankfurt-Berlin-Wien 1980, S. 229. – *Alles schien so leicht ... Was immer ich]* Klaus Mann: Der Wendepunkt. Ein Lebensbericht, Reinbek 1984, S. 149. – *Kläuschens Buch las ich]* Thomas Mann: Briefe 1889-1936, Frankfurt am Main 1962, S. 239. – *Man braucht nicht gleich]* Kurt Tucholsky: Gesammelte Werke. Hrsg. von Mary Gerold-Tucholsky/Fritz J. Raddatz, Hamburg 1960, Band II, S. 1059. – *Es ist nicht zu leugnen]* Klaus Mann: Kind dieser Zeit, Hamburg 1967, S. 152. – *Was ich mir nicht genügend]* Klaus Mann: Der Wendepunkt, S. 172. – *Die ganze Welt]* Ebd. – *Dem geschätzten Kol-*

legen] Der Wendepunkt, S. 171. – *[...] mein armer Bert]* GW Bd. VIII, S. 643. – *Schatten ... von meinem Dasein ... Seine Sohnschaft]* Thomas Mann: GW Bd. XI, S. 512. – *Empfinde wieder]* Klaus Mann: Tagebücher 1936-1937, Reinbek 1995, S. 110. – *Was mich betrifft]* Klaus Mann: Der Wendepunkt, a.a.O., S. 297. – *Was konnte Sie dahin]* Gottfried Benn: Sämtliche Werke. Band IV, Stuttgart 1989, S. 510. – *Sie stellen es so dar]* Ebd., S. 25. – *Es ist ja angenehm für ihn]* Klaus Mann: Briefe und Antworten 1922-1949, Reinbek bei Hamburg 1991, S. 99 [zit. Briefe und Antworten mit Seitenzahl]. – *Aber freilich müssen Sie]* Ebd., S. 512. – *Diese Zeitschrift]* Klaus Mann: Zahnärzte und Künstler. Aufsätze, Reden, Kritiken 1933-1936, Reinbek 1993, S. 38f. – *Man ist nicht dazu geschaffen]* Thomas Mann: Tagebücher 1933-1934, a.a.O., S. 177. – *Die Zeitschrift sollte sich ... Ich bilde mir keine Schwachheiten ein]* Briefe und Antworten 1922-1949, S. 124f. – *Großer Brief vom Zauberer]* Klaus Mann: Tagebücher 1931-1933, a.a.O., S. 168. – *Sei mir gegrüßt]* Gruß an das zwölfhundertste Hotelzimmer, in: Der Querschnitt. Jg. XI, H. 8, Anfang August 1931, S. 552-554. – *Er mußte jeden Tag]* Gespräch mit Golo Mann, WDR DOK 1481/3. – *Langen Qualen]* Der Wendepunkt, S. 335. – *Alles fiel ihm]* Hermann Kesten: Meine Freunde, die Poeten, a.a.O., S. 234. – *Text für den Prospekt]* Klaus Mann: Tagebücher 1931-1933, a.a.O., S. 157. – *... das Thema der ›Verführung‹]* Klaus Mann: Tagebücher 1931-1933, a.a.O., S. 129. – *Er machte mir Mut]* Der Wendepunkt, S. 226f. – *Es hat mich sehr gefesselt]* Briefe und Antworten, S. 503. – *Außergewöhnlich]* Klaus Mann: Auf verlorenem Posten. Aufsätze, Reden, Kritiken 1942-1949, Reinbek 1994, S. 467. – *Großen, zuletzt doch dem menschlichen]* GW Bd. X, S. 806. – *Sie sollten den Roman]* Briefe und Antworten 1922-1949, 238f. – *Es geht in diesem]* Klaus Mann: Der Wendepunkt, a.a.O., S. 337. – *Die besten und bedeutendsten Momente]* Briefe und Antworten 1922-1949, S. 274. – *Wer Sinn hat]* Ebd., S. 389. – *Sie haben Dich ja lange nicht]* Ebd. – *Die Emigration]* Klaus Mann: Der Wendepunkt, a.a.O., S. 291. – *Eine kranke Literaten-Existenz]* Thomas Mann: Tagebücher 1951-1952, a.a.O., S. 220. – *Von langer Hand]* Thomas Mann: Tagebücher 1949-1950, a.a.O., S. 57.

Endspiel im Hotel
Thomas Mann auf Reisen

Gala-Umgebung] Peter de Mendelssohn: Der Zauberer, a.a.O., S. 561. – *Meine Post schwoll an]* GW Bd. XI, S. 114. – *Das erste große]* Peter de Mendelssohn: Der Zauberer, a.a.O., S. 562. – *Je zwei Mark]* Ebd., S. 561. – *Der erstaunliche Siegeszug]* GW Bd. XI, S. 116. – *Ich war in jenen Jahren]* Ebd., S. 107f. – *Tiergarten mit echter Kultur]* HM/TM Briefwechsel, S. 155. – *Der Schriftsteller, durch den Ruhm ... Und wo ist der Kaviar]* Peter de Mendelssohn: Der Zauberer, a.a.O., S. 531. – *Ein pessimistischer Dichter]* Ebd., S. 539. – *Ich kann nichts Anderes]* HM/TM Briefwechsel, S. 156. – *Die Szene, die er ihm]* Peter de Mendelssohn: Der Zauberer, a.a.O., S. 665. – *Ich habe im Grunde]* HM/TM Briefwechsel, S. 155. – *Also kurz und kühl]* Ebd., S. 172. – *Großen Freund]* Hermann Kurzke: Thomas Mann. Das Leben als Kunstwerk, a.a.O., S. 209. – *Literarisch gehört er]* Ebd., S. 212. – *Selbstverständlich steht er]* Ebd., S. 214. – *Er wurde im Dezember]* Ebd. – *[...] einen Augenblick traten]* Thomas Mann: GW Bd. VIII, S. 410. – *Dagegen war seine Gattin]* Ebd., S. 49. – *Als wollte er ... gibt es]* Hermann Kurzke: Thomas Mann. Das Leben als Kunstwerk, a.a.O., S. 206. – *Voll ungemütlicher Komik]* Klaus Harpprecht: Thomas Mann, a.a.O., S. 260. – *Ganz ausgezeichnet ... heikle Thema ... künstlerisch]* Ebd., S. 265. – *Die Szene]* Klaus Pringsheim: Ein Nachtrag zu »Wälsungenblut«, in: Neue Zürcher Zeitung, 17.12.1961. – *›Nun‹, sagte er ... Beganeft]* Peter de Mendelssohn: Der Zauberer, a.a.O., S. 659. – *Und ich muß anerkennen]* HM/TM Briefwechsel, S. 172f. – *Glanz umgibt mich]* GW Bd. XI, S. 331f. – *Einzig auf Allotria]* GW Bd. XII, S. 574. – *Schmarren]* HM/TM Briefwechsel, S. 202. – *Etwas erzählen?]* GW Bd. VIII, S. 416. – *Ich kann mir nicht helfen]* HM/TM Briefwechsel, S. 173. – *Schwindel]* HM/TM Briefwechsel, S. 184. – *Was ein wirkliches]* Ebd. – *Zärtlich drückte ich meine Wange]* Marcel Proust: Auf der Suche nach der verlorenen Zeit, dt. von Eva Rechel-Mertens, 3 Bde., Frankfurt am Main 1967, Bd. 1, S. 10. – *Jemand, der dem Lebensglück]* Peter de Mendelssohn: Der Zauberer, a.a.O., S. 632. – *Wo ich zur Zeit]* HM/TM Briefwechsel, S. 162. – *Zum Bürger-Garten]* Peter de Mendelssohn: Der Zauberer, a.a.O., S. 562. – *Definitive Anmeldung]* Ebd., S. 782. – *Hotel, Palais d'Orsay]* GW Bd. XI, S. 13. – *Einer der Subdirektoren]* Ebd., S. 91f. – *Man meint wohl, Konstantinopel]* GW Bd. XI, S. 361f. – *Weltbuch]* GW Bd. IX, S. 432. – *Befremdlicherweise habe ich]* Ebd. – *Wir sitzen am runden Mitteltisch]* Ebd., IX, S. 441-443. – *Der sich als Leser]* Ebd., S. 448. – *Ein junger Holländer]* Thomas Mann: Tagebücher 1933-1934, a.a.O.,

S. 427. – *Gestern Unterhaltungen]* Ebd., S. 428. – *Er las ein Buch]* Ebd., S. 433. – *Magen- und Nervenstimmung]* Ebd., S. 434. – *[Journalisten] versäumten]* Thomas Mann: Tagebücher 28.5.1946-31.12.1948, Frankfurt am Main 1989, S. 126. – *Gedämpft vermischten]* GW Bd. VIII, S. 469. – *Eine Woche lang]* Thomas Mann/Robert Faesi: Briefwechsel, Zürich 1962, S. 20. – *Wir reisten, nämlich]* GW Bd. XIII, S. 64. – *Nun muß ich über]* Ebd. – *Die Herren geleiteten uns]* Ebd. – *Gestern ¾ 4 Uhr]* Thomas Mann: Tagebücher 1937-1939, a.a.O., S. 7. – *Wo wir am Abend]* GW Bd. XIII, S. 68. – *Dieser Teil der Reise]* Ebd., S. 69. – *Am 20. März]* Ebd., S. 71. – *Doch der Besitz entmannt]* GW Bd. VIII, S. 1040.

Der Unpolitische und die Republik
Die Tagebücher 1918-1921

Daily notes from 1933-1951] Thomas Mann: Tagebücher 1933-1934, a.a.O., S. XIII f. – *Es könnte sein]* Hans Mayer: Thomas Mann, a.a.O., S. 458. – *Die Zahl derer]* Marcel Reich-Ranicki: Sieben Wegbereiter. Schriftsteller des zwanzigsten Jahrhunderts, Stuttgart – München 2002, S. 52. – *Thomas Manns Tagebücher bergen]* Ebd., S. 54f. – *Ich habe im Grunde]* HM/TM Briefwechsel, S. 155. – *Es kommt darauf an, sein Leben subjektiv]* Thomas Mann: Tagebücher 1935-1936, a.a.O., S. 203. – *Begann mit der Vernichtung]* Thomas Mann: Tagebücher 1944-1.4.1946, a.a.O., S. 68. – *... alte Tagebücher vernichtet]* Ebd., S. 208. – *Ich liebe es, den fliegenden Tag]* Thomas Mann: Tagebücher 1933-1934, a.a.O., S. 319. – *Übrigens hat die bisherige Art]* Thomas Mann: Tagebücher 1918-1921, a.a.O., S. 137. – *Das Falsche, Schädliche]* Thomas Mann: Tagebücher 1940-1943, a.a.O., S. 390. – *Das Tagebuch ekelte mich]* Thomas Mann: Tagebücher 1953-1955, a.a.O., S. 243. – *Auf beschäftigungslose]* GW Bd. XI, S. 140. – *Ich habe nur zu viele]* Thomas Mann: Tagebücher 1918-1921, a.a.O., S. 5. – *Einsamen, abgesonderten]* Ebd., S. 119. – *Gestern Abend in den ›Nachrichten‹]* Ebd., S. 55. – *Zeit seines Lebens furchtbar]* Katia Mann: Meine ungeschriebenen Memoiren, a.a.O., S. 17. – *Seiner mir damals nahestehenden]* Theodor Lessing: Theater-Seele und Tomi melkt die Moralkuh. Schriften zu Theater und Literatur (Ausgewählte Schriften – Bd. 3), Bremen 2003, S. 268. – *Wer im Glashause]* GW Bd. XI, S. 724f. – *Mächtigsten Zuckerkönig ... beste deutsche Prosa ... wie an schön gemachtem Spangengeschmeid]* Theodor Lessing: Theater-Seele und Tomi melkt die Moralkuh, a.a.O., S. 277f. – *Thomas Mann ist heimlich]* Theodor Lessing: Theater-Seele und Tomi melkt die Moralkuh, a.a.O., S. 282. – *Mir graust vor]* Thomas Mann: Tagebücher 1933-1934, a.a.O., S. 165. – *Voller Sommer]* Ebd., S. 433. – *Es war sehr warm ... Für den Kulturmenschen]* Ebd., S. 436. – *Demütigenden Umständlichkeiten]* Thomas Mann: Tagebücher 1933-1934, a.a.O., S. 91. – *Neue Kündigung aller Dienstboten]* Thomas Mann: Tagebücher 1953-1955, a.a.O., S. 531. – *Mehr und mehr problematische Natur]* Ebd., S. 372. – *Güte in ihrem Verhalten]* Ebd., S. 517. – *Dankbarkeit gegen K.]* Ebd., S. 470. – *Rencontre mit K. ... Von eigentlicher Impotenz]* Ebd., S. 453. – *Ein auffallend schöner]* Ebd., S. 474. – *Anmutig-thörichtes Knabengesicht ... feinen deutschen Typus]* Ebd., S. 111. – *Vormännliche, glänzende Körper]* Ebd., S. 470. – *Eissi lag mit nacktem]* Ebd. – *Öde, ja widerlich]* Ebd., S. 176f. – *Penetranten Weibsgeruch]* Ebd., S. 420. – *Kurze Unterhaltung]* Ebd., S. 454. – *Sexuelle Problematik]* Ebd., S. 517. – *Es unterliegt für mich selbst]* Ebd., S. 303. – *Ich sehe ihn sein Arbeitszimmer]* Klaus Mann: Der Wendepunkt, a.a.O., S. 19. – *[Dieses Buch] entstammt einem in seinen Grundfesten]* GW Bd. XII, S. 12. – *Moralbonzentum]* Ebd., S. 382. – *Näher an die Sprache]* Gustav Korlén: Führt die Teilung Deutschlands zur Sprachspaltung? In: Deutsche Gegenwartssprache, München 1979, S. 49. – *Was will man? ... Uns das Erlebnis]* Thomas Mann: Tagebücher 1918-1921, a.a.O., S. 7. – *Pläne, betreffend eine]* Ebd., S. 30f. – *In Berlin ist ein Ultimatum]* Ebd., S. 60f. – *Bei uns ist Mitregent]* Ebd., S. 63. – *Bin ich ein Dichter?]* GW Bd. VIII, S. 1068. – *Lisa ist in gewissem Sinn]* Peter de Mendelssohn: Nachbemerkungen zu Thomas Mann II, Frankfurt am Main 1982, S. 71. – *Ausdruck einer durch Leiden]* Thomas Mann: Tagebücher 1918-1921, a.a.O., S. 47. – *15. November 1918]* Ebd., S. 79. – *28. November 1918]* Ebd., S. 97. – *3. Januar 1919]* Ebd., S. 125. – *21. März 1919]* Ebd., S. 175. – *24. März 1919]* Ebd., S. 177. – *2. Mai 1919]* Ebd., S. 222f. – *Sehr günstigen Licht]* Ebd., S. 367. – *Bildete mir aus dem Halbschlaf]* Ebd., S. 65. – *Im Liegen Vorstellungen]* Ebd., S. 71. – *Ekelhaften französischen Charakter]* Ebd., S. 136. – *Hört, ich bin weder ein Jude]* Ebd., S. 85. – *Bolschewistischen Asiatenwesen]* Ebd., S. 199. – *Kulturellen Hottentottentum]* Ebd., S. 217. – *Völkerwanderung von unten]* Ebd., S. 227. – *Sonntag, den 13. IV]* Ebd., S. 196. – *Donnerstag, den 1. V.]* Ebd., S. 218f. – *Montag, den 5. V.]* Ebd., S. 227. – *Hier sind wir denn]* Johann Wolfgang Goethe: Sämtliche Werke (Münchner Ausgabe), München 1998, Bd. 14, S. 516. – *Halb aus dem Morgenlande ... Prinzessin des Ostens]* GW Bd. VIII, S. 1088. – *Orkanische Zeiten]* Ebd., S. 1073. – *So ist auch dies wunderliche]* Thomas Mann: Tagebücher 1918-1921, a.a.O., S. 178. – *Was freilich die Führung]* Ebd., S. 97. – *Nationalen Empfindungen.... Nationale Erhebung]* Ebd., S. 178. – *Saß vorm Abendessen]* Ebd.,

S. 222f. – *Sehr günstigen Licht]* Ebd., S. 367. – *Devotion vor dem ›Geiste‹ ... Im Gegenteil: nur unter einem Führer]* GW Bd. XII, S. 366. – *Bildete mir aus dem Halbschlaf]* Thomas Mann: Tagebücher 1918-1921, a.a.O., S. 65. – *Im Liegen Vorstellungen]* Ebd., S. 71. – *Ekelhaften französischen Charakter]* Ebd., S. 136. – *Bolschewistischen Asiatenwesen]* Ebd., S. 199. – *Kulturellen Hottentottentum]* Ebd., S. 217. – *Völkerwanderung von unten]* Ebd., S. 227. – *Sonntag, den 13. IV.]* Ebd., S. 196. – *Donnerstag, den 1. V.]* Ebd., S. 218f. – *Montag, den 5. V.]* Ebd., S. 227. – *... wie es zuging an jenem Wendepunkt]* Hans Mayer: Thomas Mann, a.a.O., S. 487. – *Meine Einnahmen dieses Jahr]* Thomas Mann: Tagebücher 1918-1921, a.a.O., S. 556. – *Langen Kampf um Gut und Blut]* Thomas Mann: An Ernst Bertram. Briefe aus den Jahren 1910-1955, a.a.O., S. 107.

»Bin der Letzte, der überhaupt weiß, was ein Werk ist«
Die Tagebücher 1933-1955

»Diese Nacht habe ich mit Hülfe] Thomas Mann: Tagebücher 1933-1934, a.a.O., S. 3. – *Krankhaftes Grauen ... das mich seit zehn Tagen]* Ebd. – *Hundsföttische Dokument]* Thomas Mann: Ebd., S. 52. – *Der 11. Februar erscheint]* Ebd., S. 318f. – *Aber geht dennoch Bedeutendes]* Ebd., S. 46. – *Die Revolte gegen das Jüdische]* Ebd., S. 54. – *Mehrfache Gespräche mit Erika]* Ebd., S. 130f. – *Noch kein Wort gegen die Hitlerei ... Die journalistische Provokation]* Ebd., S. 168. – *Telegramm Saengers]* Ebd., S. 177. – *Ich sprach ihm von dem bedrückenden]* Ebd., S. 209f. – *Nervöse Unruhe ... Schließlich braucht man]* Ebd., S. 251. – *Die innere Ablehnung des Märtyrertums]* Ebd., S. 255f. – *Ein Brief an das ›Reichs-Innenministerium‹]* Ebd., S. 359f. – *Ich versuchte, weiterzuschreiben]* Ebd., S. 488f. – *Der Nationalsozialismus eine Weltanschauung! ... Hitler, der eigentliche]* Thomas Mann: Leiden an Deutschland. Tagebuchblätter aus den Jahren 1933/34, Los Angeles 1946. – *Die ganze national-sozialistische ›Bewegung‹]* Thomas Mann: Tagebücher 1933-1934, a.a.O., S. 497. – *[Das deutsche Volk] ist das einzige Volk Europas]* Thomas Mann: Tagebücher 1933-1934, a.a.O., S. 171. – *Großen, grundanständigen]* HM/TM Briefwechsel, S. 250. – *Schicksals- und rätselvolle Deutschland]* Ebd., S. 248. – *Lektüre eines hübschen Artikels]* Thomas Mann: Tagebücher 1935-1936, a.a.O., S. 203. – *Ich habe mich]* Ebd., S. 143f. – *Die Artikel und Briefe]* Ebd., S. 114. – *Ich möchte sagen]* Thomas Mann: Tagebücher 1935-1936, a.a.O., S. 72. – *Es ist sehr viel Hochmut]* Ebd., S. 567. – *Leidenschaftlich und unbesonnen]* Ebd., S. 245. – *Ich bin mir der Tragweite]* Ebd.,

S. 250. – *Heftige Nervenreaktion]* Ebd., S. 251. – *Erregung ... Wenn dies eine Mal]* Ebd., S. 270. – *Den Krieg in Spanien]* Ebd., S. 408. – *Ich bin weit eher zum Repräsentanten]* Thomas Mann: Briefe 1937-1947, a.a.O., S. 10. – *Stand trotz der späten]* Thomas Mann: Tagebücher 1937-1939, a.a.O., S. 3. – *Mein inneres Verhalten zu dieser Publikation]* Ebd., S. 6. – *Beim Abendessen mit K. und Golo]* Ebd., S. 129. – *Nachrichten über die Tschechoslowakei ... Desaströser]* Ebd., S. 282. – *... das nicht kampflose Untergehen]* Ebd., S. 292. – *Die Politik: schauderhaft]* Thomas Mann: Tagebücher 1918-1921, a.a.O., S. 174. – *Demokratischer Idealismus]* Thomas Mann: Tagebücher 1937-1939, a.a.O., S. 135. – *Konservativen Revolution]* GW Bd. XII, S. 801. – *Hätten die Nazis oder die Faschisten]* Hans-Albert Walter: Deutsche Exilliteratur. Bd. 4: Exilpresse, Stuttgart 1978, S. 538. – *Zufriedenheit mit der Zeitschrift]* Thomas Mann: Tagebücher 1937-1939, a.a.O., S. 423. – *Nach dem Frühstück Arbeit]* Ebd., S. 18. – *Schrieb vormittags das über hundert Seiten]* Ebd., S. 77. – *Las lange in alten Tagebüchern]* Thomas Mann: Tagebücher 1940-1943, a.a.O., S. 395f. – *Nach menschlichem Ermessen]* Thomas Mann: Tagebücher 1933-1934, hrsg. von Peter de Mendelssohn, Frankfurt am Main 1977, S. 185. – *Viel Zeit und Aufmerksamkeit]* Thomas Mann: Tagebücher 1940-1943, a.a.O., S. 898. – *Gestern am Strand]* Thomas Mann: Ebd., S. 264. – *Hunde im Souterrain]* Thomas Mann: Briefe an Otto Grautoff, a.a.O., S. 68. – *Wie ich sie hasse]* Ebd., S. 80. – *Wanderredner der Demokratie ... für deren Komik]* GW Bd. X, 397. – *Es ist eine Rolle]* Hermann Kurzke: Das Leben als Kunstwerk, a.a.O., S. 448. – *Entsetzliches Bombardement]* Thomas Mann: Tagebücher 1940-1943, a.a.O., S. 102. – *Alberne Platz ... geschichtlich verdient]* Ebd., S. 476. – *Es ist ein entsetzlicher Anblick]* GW Bd. XII, S. 918f. – *Endlose Konferenz]* Thomas Mann: Tagebücher 1940-1943, a.a.O., S. 608. – *Auch wir halten es für notwendig]* Thomas Mann/Agnes E. Meyer: Briefwechsel 1937-1955, a.a.O., S. 983. – *Das Ganze muß wohl sein]* Thomas Mann: Tagebücher 1940-1943, a.a.O., S. 608. – *Nichts geschehen]* Thomas Mann/Agnes E. Meyer: Briefwechsel 1937-1955, a.a.O., S. 504. – *Als Thomas Mann vorigen Sonntag]* Bertolt Brecht: Werke, Bd. 27 (Journale 2), Frankfurt am Main 1995, S. 164. – *Der Fall Deutschland ist darum]* GW Bd. XII, S. 924-926. – *Grundtorheit unserer Epoche]* Ebd., S. 934. – *In den Augen des konservativen Kapitalismus]* Ebd., S. 931. – *Vielfach äußere ich erschreckend]* Thomas Mann: Briefe 1937-1947, a.a.O., S. 329. – *Schmerzlichstes Erstaunen]* Bertolt Brecht: Werke, Bd. 29 (Briefe 2), Frankfurt am Main 1998, S. 317. – *Es ist zu früh, deutsche Forderungen]* Thomas Mann: Briefe 1937-1947, a.a.O., S. 341. – *Riesigen Lebens- und Schlüsselroman ... Roman ohne Autor]*

Reinhard Baumgart: Glücksgeist und Jammerseele. Über Leben und Schreiben, Vernunft und Literatur, München 1986, S. 35-56. – *Anti-Werk ... Un-Struktur]* Ebd. – *Es gibt kein Genie]* Heinrich Mann: Ein Zeitalter wird besichtigt, a.a.O., S. 219. – *Pessimistische Kriegsbetrachtungen]* Thomas Mann: Tagebücher 1944-1.4.1946, a.a.O., S. 28. – *Ist dies nun der Tag]* Ebd., S. 200. – *What to do with Germany? ... Prekär, verantwortlich]* Ebd., S. 7. – *Viel über Deutschland]* Ebd., S. 23f. – *Und doch muß Deutschland]* Ebd., S. 74. – *Deutschen Fundierung]* Ebd., S. 5. – *Man soll nicht vergessen]* Ebd., S. 78. – *Übrigens aber wird dies und das]* Ebd., S. 200f. – *Une race maudite ... Hier wie dort]* Ebd., S. 254. – *Wir Deutschen fühlen uns ... Ungefähr, wie ich vor 30 Jahren]* Ebd., S. 151. – *Schonungslos ... nicht seinetwegen, sondern unseretwegen!]* Ebd., S. 532. – *Dummheit!]* Ebd., S. 131. – *Who lived on in the skies ... Es ist ein politisches Kulturgeschwätz]* Ebd., S. 132. – *Kalten Blick]* Thomas Mann: Tagebücher 28.5.1946-31.12.1948, a.a.O., S. 113. – *Von mondäner Häßlichkeit]* GW Bd. VI, S. 269. – *Mit K[atia] über die ›Morde‹]* Thomas Mann: Tagebücher 28.5.1946-31.12.1948, a.a.O., S. 134. – *... ein solches ist]* Ebd., S. 919f. – *Stendhal, zugleich sehr männlich]* Ebd., S. 108. – *Ich nehme mir mein Gut]* Ebd., S. 108. – *Zum Abendessen Bruno Walter]* Ebd., S. 231. – *Die Montage von Adorno's musikalischen Gedanken]* Ebd., S. 107. – *Die Integrierung des Studierten]* Ebd. – *Diskretisierter]* Ebd., S. 75. – *Die Darstellung der Reihen-Musik]* GW Bd. XI, S. 174. – *Mehr noch, vieles]* Thomas Mann: Tagebücher 28.5.1946-31.12.1948, a.a.O., S. 949. – *... hysterischer Ausbruch]* Ebd., S. 221. – *Mit K. u. Erika]* Ebd. – *Morgens mit K.]* Ebd., S. 320. – *Nach einem langen geistigen Wirken]* GW Bd. XI, S. 174. – *Klares Wetter. Schrieb um ½ Uhr]* Thomas Mann: Tagebücher 28.5.1946-31.12.1948, a.a.O., S. 92. – *Seelischen Hochspannung ... wilden Rücksichtslosigkeit]* Thomas Mann: GW Bd. XI, S. 686. – *Impetuosen Stil]* Thomas Mann: Tagebücher 28.5.1946-31.12.1948, a.a.O., S. 31. – *Kabel von Bermann]* Ebd., S. 174. – *Die Post brachte Brief Bermanns]* Ebd., S. 176. – *Vorsprechen]* Ebd., S. 285. – *W[alter] über Musik]* Ebd., S. 271. – *In Gesellschaft mag Mann]* Thomas Mann/Agnes E. Meyer: Briefwechsel 1937-1955, a.a.O., S. 1005. – *Aber ich besitze wenig Welt]* Thomas Mann: Tagebücher 1951 1952, a.a.O., S. 83. – *Habe nichts dagegen]* Ebd., S. 43. – *Gelenkte Auswanderung]* Ebd., S. 106. – *Sehr mutig und ingeniös]* Ebd., S. 545. – *Der geistig moralische Schwerpunkt]* Ebd., S. 168. – *Unmögliche Lage der Deutschen]* Ebd., S. 206f. – *Ich habe mich nie als Deserteur]* Ebd., S. 608f. – *... wenn man sich erinnert]* Ebd., S. 607f. – *Bei Ankunft im Hotel]* Thomas Mann: Tagebücher 1949-1950, a.a.O., S. 57f. – *Halbstündig]* Ebd., S. 284. – *Ob ich das machen kann?* Ebd., S. 615. – *Ich* *habe sonst nichts ... Alles was ich]* Ebd., S. 294f. – *Sehr anstrengende Arbeit]* Ebd., S. 291. – *Magisterially ... so, oder so ähnlich]* Thomas Mann: Tagebücher 1951-1952, a.a.O., S. 381 [Übersetzung von H.K.]. – *Gefühl, alsob es]* Thomas Mann: Tagebücher 1949-1950, a.a.O., S. 82. – *Die Feier am 25. in der Paulskirche]* Ebd. – *... unendlicher Volksfest-Trubel]* Ebd., S. 83. – *Forderungen der Humanität ... Humanität in Abstracto]* Ebd., S. 430. – *Banale Russenhetze ... Haß und leere Hysterie ... bübische und inferiore Albernheit]* Ebd., S. 135/165f. – *Tief angewidert]* Ebd., S. 183. – *Faschistischen Intoxikation]* Die Briefe Thomas Manns. Regesten und Register, Bd. III: Die Briefe von 1944 bis 1950, hrsg. von Hans Bürgin und Hans-Otto Mayer, Frankfurt am Main 1982, S. 591f. – *Man bezieht seine moralischen]* Thomas Mann: Tagebücher 1949-1950, a.a.O., S. 145. – *Welche hübschen Augen]* Ebd., S. 207. – *Das Gefühl für den Jungen]* Ebd., S. 212. – *Noch einmal also]* Ebd., S. 213. – *Zurückschrecken]* Ebd., S. 214. – *... die Rückkehr zur Arbeit]* Ebd., S. 218. – *Sich wirklich sehr gefreut]* Ebd., S. 230. – *Auf dem Tennisplatz unten]* Ebd., S. 238f. – *Weh und schwer]* Ebd., S. 255. – *Dem Wahnsinn in die Arme taumelt]* Thomas Mann: Tagebücher 1951-1952, a.a.O., S. 8 – *Sie scheinen wenig darauf acht zu geben]* Ebd., S. 360f. – *Mein Leben verkürzen würde]* Ebd., S. 43. – *Nein, ich bin nicht gewillt]* Ebd., S. 809. – *... kein Wort mehr, keine Unterschrift]* Ebd., S. 43. – *Es beschäftigt mich]* Ebd., S. 53. – *Sie wissen vielleicht nicht]* Ebd., S. 461. – *Todes- und Fluchtgedanken]* Ebd., S. 56f. – *Ich esse, um mich zu nähren]* Ebd., S. 149. – *Mein Abnehmen, das Alter]* Ebd., S. 315. – *Das Jugend-Buch]* Thomas Mann: Tagebücher 1949-1950, a.a.O., S. 294f. – *Gestern den ganzen Tag]* Thomas Mann: Tagebücher 1951-1952, a.a.O., S. 77. – *Das Schlimme, was mich quält]* Ebd., S. 90. – *Apotheose des Jünglings]* Ebd., S. 38/42. – *Nun, freilich wohl]* Ebd., S. 29. – *Unter der erotischen Spannung]* Ebd., S. 39. – *Zur Arbeit zu kommen]* Ebd., S. 42. – *Seit Wochen vollständiges ... Ob die Wirklichkeit]* Ebd., S. 30f. – *Die Grundidee des Romans]* Ebd., S. 147. – *Festlicher und erregender Abend]* Ebd., S. 42. – *Tage der Schwermut]* Ebd., S. 146f. – *Früh-Kaffee Erinnerung]* Ebd., S. 198. – *Der nach-Nietzsche'sche Aphorismus]* Ebd., S. 63. – *Gehässig-interessant]* Ebd., S. 288. – *Höchst geistvoll und scharfsinnig]* Ebd., S. 290. – *Mit fliegender Feder]* Ebd., S. 293. – *Es ist ein stupendes Buch]* Theodor W. Adorno/Thomas Mann: Briefwechsel 1943-1955, Frankfurt am Main 2002, S. 121. – *Wenn die verfallende Gesellschaft ... Gäbe es nur je ein positives ... Die Reflexionen]* Ebd., S. 124. – *Wenn mir etwas von Hegel]* Ebd., S. 128. – *Bedeutender Brief]* Thomas Mann: Tagebücher 1951-1952, a.a.O., S. 309. – *Es gibt kein richtiges Leben im falschen]* Theodor W. Adorno: Minima Moralia. Reflexionen aus dem beschädigten Leben. Gesammelte Schriften 4, Frankfurt/M. 1997, Seite 43. – *Beständige Kritik]* Thomas Mann: Tagebücher 1951-1952, a.a.O., S. 63. – *Melancholie, Bangigkeit, Sorge]* Thomas Mann: Tagebücher 1953-1955, a.a.O., S. 236. – *Etwas ist abgetan]* Ebd., S. 159. – *Mich langweilt's unendlich]* Ebd., S. 173. – *... vor dem [ich] keine Achtung habe]* Ebd., S. 166. – *Ich glaube kaum ...Dies seltsame Leben]* Ebd., S. 351. – *Meine Gedanken sind rückwärts gewandt]* Ebd., S. 234. – *Merkwürdig, originell, anregend]* Ebd., S. 51. – *... oft reizvolles, aber etwas leeres Spiel]* Ebd., S. 57. – *Wie mans heut so macht]* Ebd., S. 177. – *Mit Heiterkeit und Verwunderung ... amüsant-unmögliches Stück]* Ebd., S. 177f. – *Musik nach meiner Zeit]* Ebd., S. 192. – *Tief bewegt]* Ebd., S. 151. – *Wie ein Jüngling benommen]* Ebd., S. 152. – *Wirklich ›homosexuell‹ wäre]* Ebd., S. 558. – *Die Donatellos, der Sankt Georg]* Ebd., S. 188. – *Erstaunlich gescheit und gründlich ... Man hat den Eindruck]* Ebd., S. 172. – *Sie haben mir einen sehr gewinnenden Brief]* Ebd., S. 566. – *Lesen, Brüten, Mattigkeit ... Das Haus ist schmuck]* Ebd., S. 272. – *Die wilde Größe der Karamasoffs]* Ebd., S. 93. – *Ich habe etwas Wundervolles]* GW Bd. VIII, S. 277. – *Wo der König geweint hat ... Er ist immer]* Ebd. – *Wie könnte ich je]* GW Bd. IX, S. 892. – *Zum 150. Todestag des Dichters]* Ebd., S. 870. – *Den glücklichsten Eindruck ... Wirklich erfüllte ich damit]* Thomas Mann: Tagebücher 1953-1955, a.a.O., S. 305. – *Einer nach dem anderen]* Ebd., S. 339. – *Wann ereilt es mich?]* Ebd., S. 340. – *Sehr anstrengend]* Ebd., S. 338. – *Leidlich gelungen]* Ebd., S. 339. – *Erschütterung]* Ebd., S. 340. – *Alle Vormittage]* Ebd., S. 351. – *Ängstigenden Gefühl]* Ebd., S. 348. – *Sie ist schön]* GW Bd. X, S. 833f. – *Meiner Meinung nach]* Ebd., S. 833. – *Las mit großer Anteilnahme]* Thomas Mann: Tagebücher 1953-1955, a.a.O., S. 358. – *Er lag angekleidet ... Da, zu meiner Verwunderung ... Warum erzählte]* Ebd., S. 787f. – *Die Nächte anfangs sehr schwierig ... Prof. Löffler ... Lasse mir's im Unklaren ... Verdauungssorgen]* Ebd. S. 360. – *War nicht das ganze Leben]* Ebd., S. 117.

Nachweise

Seelengeschichte des deutschen Bürgertums – »Buddenbrooks. Verfall einer Familie«, Hamburg, Bucerius Law School, 10.1.2007, ungedruckt

Wider die Todessympathie – »Der Zauberberg«, Hamburg, Bucerius Kunst Forum, 9.7.2014

Der humanisierte Mythos – »Joseph und seine Brüder«, NDR Kultur, Am Abend vorgelesen, 30.12.2005, ungedruckt

Goethe-Vision aus dem Exil – »Lotte in Weimar«, Hamburg, Bucerius Law School, 31.1.2007, ungedruckt

Elend und Gnade – »Der Erwählte«, NDR/SFB/ORB Radio 3, Am Morgen vorgelesen, 30.1.1999, ungedruckt

Was meiner Humanität zum Grunde liegt – »Die Betrogene«, Hamburg, Bucerius Kunst Forum, 12.4.2017

Seelenzauber mit finsteren Konsequenzen – Thomas Mann und die Musik (Neufassung), ungedruckt

Mehr als befreundet, weniger als Freund – Die Brüder Heinrich Mann und Thomas Mann, NDR Kultur, Am Morgen vorgelesen, 31.1.2003, ungedruckt

Im Schatten des »Zauberers« – Thomas Mann und Klaus Mann, NDR Kultur, Am Abend vorgelesen, 22.9.2006 [erweiterte Fassung], ungedruckt

Endspiel im Hotel – Thomas Mann auf Reisen, Bremen, Haus der Wissenschaft, 11.2.2015, ungedruckt

Der Unpolitische und die Republik – Die Tagebücher 1918-1921, Hannover, Theatermuseum, 18.11.2002, ungedruckt

»Bin der Letzte, der überhaupt weiß, was ein Werk ist« – Die Tagebücher 1933-1955, ungedruckt

Personenregister

Adorno, Theodor W. 149, 166, 186, 193, 324, 329-332, 355f.
Altenberg, Peter 33f., 278f.
Amenhotep III. 99f.
Amenhotep IV. 99f.
Améry, Jean 60
Andersch, Alfred 358
Andersen, Hans Christian 22, 75-78,
Arco, Anton Graf von 290
Bach, Johann Sebastian 21, 194
Baden, Max von 286
Balzac, Honoré de 193, 337
Bang, Herman 25f.
Barrison, Gertrude 283
Bartels, Adolf 245
Bartók, Béla 176f.,
Baudelaire, Charles 174f.
Bauer, Arnold 233
Baumgart, Reinhard 321, 359f.
Becher, Johannes R. 343
Beckett, Samuel 358
Beethoven, Ludwig van 21, 192, 194, 329
Bellini, Vincenzo 177
Benn, Gottfried 7, 228f., 301
Berlioz, Hector 176
Bermann Fischer, Gottfried 89, 230, 299, 334
Bertram, Ernst 213, 218, 294
Bidault, Georges 338
Bismarck, Otto von 23, 30, 285, 338
Bizet, Georges 73, 175, 177, 182
Bloch, Ernst 229
Bloom, Harold 59, 79

Blumenberg, Hans 165
Boehlich, Walter 8
Börne, Ludwig 111, 198
Bourget, Paul 26
Boy-Ed, Ida 204f.
Brahms, Johannes 177, 330
Brecht, Bertolt 7f., 58, 226, 229, 236, 272, 276, 310, 312, 317-319, 321
Brion, Friederike 118
Brod, Max 232
Bruckner, Anton 177
Busch, Adolf 194f., 300
Carlyle, Thomas 205
Ceconi, Ermano 286
Cellini, Benvenuto 359
Cervantes, Miguel de 92, 106, 256
Chamberlain, Houston Stewart 294
Chamisso, Adelbert von 312
Chaplin, Charlie 344
Chiang Kai-schek 348
Chopin, Frédéric 177
Citroen, Paul 366f.
Clark, Christopher 78
Clemenceau, Georges 286
Conrad, Joseph 337
Coster, Charles de 142
Cyrano de Bergerac 329
Dahn, Felix 96
Dante 71
Debussy, Claude 65, 73, 175, 177, 195
Defoe, Daniel 256
Dehmel, Richard 53
Dickens, Charles 18, 38, 256

391

Döblin, Alfred 8, 10, 218, 230f., 233
Donatello 359
Donizetti, Gaetano 177
Dostojewskij, Fjodor 70, 174, 327, 333, 361
Dürrenmatt, Friedrich 358
Dvořák, Antonín 177
Echnaton siehe Amenhotep IV.
Eckermann, Johann Peter 108, 119
Edward, Herzog von Windsor 259
Ehrenberg, Carl 253
Ehrenberg, Paul 313
Eichendorff, Joseph von 55, 79
Einstein, Albert 344, 364
Einstein, Alfred 171, 367
Eisner, Kurt 290
Eliot, George 256
Engel, Eduard 33
Epp, Franz von 292f.
Faesi, Robert 263
Feuchtwanger, Lion 318
Fischer, Gottfried Bermann 89, 230, 299, 308, 316
Fischer, Samuel 24f., 30-33, 40, 47, 201f., 231, 241, 243f.
Flaubert, Gustave 97, 256, 312, 333
Fontane, Theodor 28, 106
Franck, César 174f.
Franco, Francisco 307, 348
Frank, Bruno 62, 327
Frenssen, Gustav 40
Freud, Sigmund 85, 101, 137
Friedell, Egon 33, 215, 217
Friedrich II. 205, 211f., 285, 338
Frisch, Max 358
Geffcken, Walter 328

Gide, André 103, 229, 234f., 276, 355
Goebbels, Joseph 265, 322, 325
Goes, Albrecht 143, 164
Goethe, August von 116-119
Goethe, Catharina Elisabeth 115
Goethe, Christiane 116f.
Goethe, Cornelia 115
Goethe, Johann Wolfgang 10, 18f., 45, 61, 63, 74, 86-88, 91, 95, 101, 103, 106-130, 132, 146f., 153, 172, 174, 185, 192, 262, 265-267, 273, 276, 285, 287f., 301, 304f., 342-344, 357, 359, 361f., 368
Goncourt, Edmond de 26f., 276
Goncourt, Jules 26f., 276
Gounod, Charles 73
Grautoff, Otto 26, 38f., 275, 304
Gründgens, Gustaf 224, 235
Gumpert, Martin 364
Händel, Georg Friedrich 177
Hamilton, Nigel 25
Harpprecht, Klaus 247
Hartmann von Aue 131, 134, 138-141
Hauptmann, Gerhart 25, 71-73, 112, 121, 123, 301, 355
Haydn, Joseph 171, 177
Hegel, Georg Wilhelm Friedrich 356
Heidegger, Martin 166
Heimann, Moritz 31f.
Heine, Heinrich 121f., 198, 362
Heinrich von Preußen 205
Heller, Erich 274
Hemingway, Ernest 35, 229
Herder, Johann Gottfried 118
Herzog, Wilhelm 286
Hesse, Hermann 232

Heuser, Klaus 152, 312-314
Heuser, Werner 152, 313
Hiller, Kurt 233
Hindenburg, Paul von 263, 285, 290
Hitler, Adolf 9, 69, 102, 107, 124, 172f., 185-187, 221, 227, 229f., 238, 257, 262-266, 274, 280, 297, 300, 302f., 307, 309, 314f., 317f., 322, 324, 340
Hochhuth, Rolf 8
Hoffmann, E.T.A. 312
Hofmannsthal, Hugo von 25, 283
Hofmiller, Josef 40
Holitscher, Arthur 72
Homer 71, 100
Horkheimer, Max 324
Humboldt, Wilhelm von 59
Huxley, Aldous 229
Ibsen, Henrik 18, 25, 171
Jacobsen, Jens Peter 26
Jacobsohn, Siegfried 224
James, Henry 333
Jens, Inge 271, 330
Jessen, Friedrich 48
Joyce, James 10f., 35, 82, 259, 305, 333
Jünger, Ernst 145
Kästner, Erich 146
Kafka, Franz 8, 10, 305, 333
Kaiser, Joachim 176
Kant, Immanuel 114
Karasek, Hellmuth 8
Kerényi, Karl 103, 105
Kerr, Alfred 279, 298
Kershaw, Ian 324
Kesten, Hermann 218, 223, 232, 235
Kestner, Charlotte sen. 108-130
Kestner, Charlotte jun. 110
Kestner, Johann Christian 113

Kielland, Alexander 26f.
Kierkegaard, Søren 191, 327
Kleist, Heinrich von 153
Klopstock, Friedrich Gottlieb 118
Klotz, Ed 161
Knappertsbusch, Hans 187, 297
Kogon, Eugen 344
Kolb, Annette 327
Koopmann, Helmut 207
Korlén, Gustav 285
Korrodi, Eduard 306
Kröger, Nelly siehe Mann, Nelly
Kurzke, Hermann 23, 147, 190
Landauer, Gustav 290
Lasky, Melvin 347
Lazar, Maria 283
Le Fort, Gertrud von 161
Lenz, Hermann 357
Lessing, Gotthold Ephraim 361f.
Lessing, Theodor 279f.
Levetzow, Ulrike von 123, 146
Lewisohn, Ludwig 348
Lie, Jonas 26f.
Liebknecht, Karl 290
Liszt, Franz 177
Löffler, Wilhelm 367
Lorenzo de' Medici
Loti, Pierre 97
Lublinski, Samuel 40, 279
Ludwig II. 177, 337
Lukács, Georg 68, 274
Luther, Martin 285
Luxemburg, Rosa 290
Maar, Michael 22, 75, 193, 275
Mahler, Gustav 123, 176
Mann, Carla 152, 239, 251
Mann, Elisabeth 287f., 311
Mann, Erika 136, 200, 219, 222, 224, 245, 299, 305f., 311, 331f., 335, 340-342, 346, 353

Mann, Frido 335, 347
Mann, Friedrich 18f.
Mann, Golo 161, 199, 232, 282, 304, 308, 311, 347
Mann, Heinrich 7, 25, 31, 39, 53-55, 79f., 84, 97f., 103, 123, 125, 138, 179f., 197-221, 229, 236, 242-245, 248-252, 273, 298, 303, 309f., 310, 318, 321, 326, 337
Mann, Julia sen. 21
Mann, Julia jun. 152
Mann, Katia 48f., 72, 82, 218, 242f., 251-253, 279, 282, 287-289, 296, 298, 299, 300, 304, 306, 308, 335f., 352
Mann, Klaus 82, 221-238, 245, 247, 283f., 299, 304, 311, 336, 340
Mann, Michael 282, 311
Mann, Monika 311
Mann, Nelly 199, 326
Mann, Viktor 210
Marcuse, Ludwig 173, 325
Mascagni, Pietro 18, 175
Matt, Peter von 121-123
Maupassant, Guy de 189, 201
Mayer, Hans 100, 103, 271, 294, 322
McCarthy, Joseph 340, 346, 348
Mellers, Wilfried 175
Melville, Herman 333, 337, 365-367
Mendelssohn, Felix 177
Mendelssohn, Peter de 25, 32, 142, 161, 240, 271, 313
Mereschkowski, Dmitri 255
Meyer, Agnes E. 75, 317, 319f., 336f.
Meyer, Eugene 317
Michelangelo Buonarotti 160, 346

Milhaud, Darius 176
Moering, Richard 366
Molière 199, 329, 332
Molo, Walter von 325
Montaigne, Michel de 276, 322
Morgenthau, Henry 323
Moschytz, Dr. 48
Mozart, Wolfgang Amadé 171, 177, 191, 194, 196, 367
Mühsam, Erich 290
Müller, Friedrich von 111
Musil, Robert 7f., 10, 61, 82
Nabokov, Vladimir 35
Napoleon I. 114, 116f.
Nebel, Gerhard 145f.
Nehru, Jawaharlal »Pandit« 348
Nietzsche, Friedrich 10, 19f., 24, 38, 54, 74f., 85, 124, 174f., 180, 182-186, 189, 298, 309, 327, 329, 333, 338, 355, 361
Nikisch, Arthur Philipp 296
Nikisch, Grete 296
Nolte, Ernst 290
Nossack, Hans Erich 7
Novalis 60
Oberloskamp, Rudolf 161
Offenbach, Jacques 175
Orlowsky, Paul 359
Ossietzky, Carl von 299
Parks, Tim 47
Pasternak, Boris 229
Peter, Hans Armin 303
Pfitzner, Hans 177, 182, 187, 297
Pius XII. 144
Platen, August von 123
Pogwisch, Ottilie von 109, 116f., 119
Polgar, Alfred 364
Preetorius, Emil 186, 328
Pringsheim, Alfred 242, 244, 247, 304

Pringsheim, Hedwig 242, 247, 293, 304
Pringsheim, Katia siehe Mann, Katia
Pringsheim, Klaus 242, 247
Prokofieff, Serge 176
Proust, Marcel 10, 35, 106, 193, 251, 305, 332
Prus, Bolesław 96
Rabelais, François 256
Reich-Ranicki, Marcel 7, 205, 272f.
Reisiger, Hans 328, 341
Richter, Hans Werner 357
Riemer, Friedrich Wilhelm 109, 114f., 118f., 121f., 126, 310
Rilke, Rainer Maria 39, 360
Rodman, Selden 233
Röhm, Ernst 292
Roosevelt, Franklin D. 103, 315, 323, 337, 348
Rosenberg, Alfred 294
Rosenthal, Frederick 159f.
Rossini, Gioacchino 175, 177
Roth, Joseph 7, 229, 233
Rychner, Max 334
Saenger, Samuel 300
Savonarola 203, 207f., 246
Schickele, René 230f., 300, 315
Schiller, Friedrich 10, 122, 155, 174, 207, 239, 360-365
Schlegel, August Wilhelm 197
Schlieffen, Alfred von 211
Schmidt, Arno 11, 65, 82, 358
Schmitt, Carl 145
Schnitzler, Arthur 25, 272
Schönberg, Arnold 193
Schönemann, Lili 118
Schopenhauer, Adele 109, 116-118
Schopenhauer, Arthur 10, 19f., 28, 116, 124, 156f., 173f., 179, 182, 191, 309, 311, 361
Schopenhauer, Johanna 116
Schubert, Franz 73, 175, 177, 184, 195
Schumann, Robert 177, 195, 312
Schwab, Gustav 142
Schwarzenbach, Annemarie 233
Seghers, Anna 236
Shakespeare, William 197, 365-367
Shaw, George Bernard 341f.
Simmel, Georg 42
Simpson, Wallis 260
Smetana, Bedřich 177
Sokrates 123
Sontheimer, Kurt 274
Spohr, Louis 192
Stalin 237
Stein, Charlotte von 114
Stendhal 328f.
Sterne, Laurence 92, 106
Stevenson, Robert Louis 337
Stifter, Adalbert 70, 106
Storm, Theodor 136f.
Strauss, Richard 176, 187, 297, 301
Süskind, Walter E. 328
Syngman Rhee 348
Thackeray, William Makepeace 256
Thieß, Frank 325
Tillinger, Eugen 349
Timpe, Willi 313
Tirpitz, Alfred von 63, 182
Toller, Ernst 290
Tolstoi, Lew 25, 28, 75, 174, 185, 191, 333, 337
Trotzki, Leo 68, 229
Tschaikowsky, Peter 174, 177, 181, 233
Tschechow, Anton 333
Tucholsky, Kurt 42, 225

Tümpling, Alyke von 48
Turgenjew, Iwan 28
Ulbricht, Walter 350f.
Vaget, Hans Rudolf 175, 177
Verdi, Giuseppe 64, 73, 175, 177
Verrocchio, Andrea del 359
Viertel, Salka 218
Vulpius, Christiane siehe Goethe, Christiane
Wagner, Richard 10, 19f., 28, 36-38, 41, 46, 74, 82, 89-92, 123f., 132, 136, 138, 174f., 177-182, 185-187, 192, 195, 234, 296f., 310, 329, 335, 337f., 355, 361f.
Walser, Martin 8, 111
Walter, Bruno 174, 282, 329, 336
Wapnewski, Peter 8
Wassermann, Jakob 232
Weber, Carl Maria von 18, 177
Wedekind, Frank 206
Wedekind, Pamela 224
Weber, Max 42
Werfel, Franz 43, 199
Westermeier, Franz 344-347, 353f.
Wieland, Christoph Martin 361
Wilhelm II. 207, 286
Wilhelm von Preußen, Kronprinz 286
Willemer, Johann Jakob 118
Willemer, Marianne 118
Wilson, Woodrow 286
Winckelmann, Johann Joachim 127
Wißkirchen, Hans 200
Wolf, Hugo 177, 189
Wolfram von Eschenbach 142
Woolf, Virginia 10
Wysling, Hans 62, 204
Yourcenar, Marguerite 358
Zola, Émile 27, 53, 207, 256, 355
Zweig, Stefan 213, 230f., 355

Werkregister

Altes und Neues 190
Bekenntnisse des Hochstaplers
 Felix Krull 51, 81, 121f., 132,
 136, 146f., 150f., 166, 260,
 337, 342, 347, 352-354, 357
Bernard Shaw 341f.
Betrachtungen eines Unpolitischen 9f., 53, 55, 68, 123,
 180-183, 188, 190, 195, 197-
 199, 204, 207, 213, 215, 217,
 283-285, 288, 309-311, 315
Die Betrogene 136, 145-167, 354
Bruder Hitler 187, 309, 319
Buddenbrooks 7, 10, 13, 17-43,
 72, 81, 85, 121, 141, 177-179,
 191, 201-203, 207, 209, 219,
 221, 239-241, 258, 273, 279
Deutsche Hörer! 316f.
Deutschland und die Deutschen
 172, 190, 194
Doktor Faustus 10, 24, 43, 72,
 84, 132-135, 142f., 146, 149,
 165, 171-173, 176, 188-193,
 195, 220, 226, 246, 263, 274f.,
 312f., 316, 324-336, 339, 355
Einführung in den ›Zauberberg‹
 46, 49f., 51, 56f.
Ein Wort zuvor: Mein ›Joseph
 und seine Brüder‹ 97
Das Eisenbahnunglück 250
Die Entstehung des Doktor
 Faustus 43, 325-327, 330-333
Die Erotik Michelangelos 160,
 346
Der Erwählte 13, 131-144, 165,
 332f., 341f., 352

Fiorenza 207f., 267, 287
Freud und die Zukunft 124
Friedrich und die große
 Koalition 9, 211f.
Gesang vom Kindchen 121,
 287-289
Das Gesetz 132, 145, 188, 316
Gladius Dei 245f.
Goethe als Repräsentant des
 bürgerlichen Zeitalters 88f.,
 262
Goethes Laufbahn als Schrift-
 steller 89
Goethe's ›Werther‹ 107-109
Goethe und die Demokratie
 341
Goethe und Tolstoi 185
Joseph und seine Brüder 10, 13,
 29, 59, 79, 81-106, 124, 132,
 139, 143, 183f., 188, 230, 256,
 303f., 316
Die Geschichten Jaakobs 82,
 85, 88, 92-98, 102
Der junge Joseph 82, 88f., 94
Joseph in Ägypten 83, 87, 89,
 94-96
Joseph der Ernährer 83, 91,
 100-103, 105f., 124
Der kleine Herr Friedemann 24,
 178
Königliche Hoheit 51, 152, 176,
 208f., 239f., 246
Lebensabriß 239-242
Leiden an Deutschland 302
Leiden und Größe Richard
 Wagners 185f., 296

Lotte in Weimar 18, 84, 88, 90, 103, 107-130, 136, 143, 188, 190, 260, 304, 310f., 316
Lübeck als geistige Lebensform 19, 29, 33, 41
Mario und der Zauberer 145, 188, 260
Meerfahrt mit Don Quijote 256., 361
Meine Goethe-Reise 263-267
Nietzsches Philosophie im Lichte unserer Erfahrung 333
Notiz über Heine 198
On Myself 120
Pariser Rechenschaft 253f.
Phantasie über Goethe 333
Richard Wagner und der ›Ring des Nibelungen‹ 185f., 310
Rückkehr 163
Die schönsten Erzählungen der Welt 365
Schopenhauer 309
Schwere Stunde 122, 207, 362
Sechzig Jahre. Zur amerikanischen Ausgabe von ›Joseph und seine Brüder‹ 81

Theodor Storm 136f.
Der Tod in Venedig 52, 59, 122f., 136, 145, 178, 188, 191, 209, 234, 261, 281, 313f., 333, 352
Tonio Kröger 12, 121, 145, 209, 260, 361f., 364f.
Tristan 178f., 260
Unordnung und frühes Leid 188, 226, 237
Unterwegs 255f.
Versuch über Schiller 361-364
Die vertauschten Köpfe 145, 316
Von deutscher Republik 183, 295
Wälsungenblut 136f., 178f., 244, 246-248
The War and the Future 317, 320
Der Wille zum Glück 245
Das Wunderkind 179
Vorspruch zu einer musikalischen Nietzsche-Feier 183
Der Zauberberg 10, 17f., 44-80, 81, 121, 123, 136, 146, 159, 175f., 183-185, 188, 195, 246, 258, 261f., 310, 313